개정 2판

다국적 기업 경영론

정한경 · 서경 · 이규창 · 송인규 · 최창열 공저

글로벌 경영환경 변화와 4차 산업혁명의 시대 속
다국적 기업의 새로운 이슈 수록

형설출판사
www.hyungseul.co.kr

개정2판 머리말

17세기 초 영국과 네덜란드가 설립한 동인도회사를 근간으로 하는 다국적기업은 지금까지 과학기술의 발달과 세계화의 진전 등으로 급속하게 성장하여 왔다.

다국적기업의 성장, 즉 국제경영의 확산은 우리나라와 같이 자국 시장이 협소한 경우에도 세계시장을 대상으로 판매활동을 함으로써, 매출을 극대화시킬 수 있는 기회를 가질 수 있게 하였다. 또한 부족한 자원은 해외에서 획득할 수 있게 되었다. 동시에 기업 간 경쟁의 범위는 종전의 한 국가 내에 한정되었던 것에서 국경을 초월하여 범세계적으로 확장되었다. 경쟁의 강도도 더욱 치열하게 되어 세계적인 경쟁력이 없는 기업은 해외시장은 물론 자국 시장 내에서조차 생존할 수 없는 상황이 전개되고 있다. 이러한 변화는 한편으로는 세계의 소비자들에게 우수한 제품과 서비스를 공급함으로써 소비자 후생을 증진 시키는 계기로 작용하였다. 국가 간의 상품과 서비스, 정보, 인적 자원 등의 활발한 교류는 세계시민의 삶의 질을 향상시켰다.

또 다른 측면에서는 다국적기업이 전 세계의 빈부격차를 심화시키고, 자원을 고갈하고 있으며, 공해를 유발하고, 노동력을 착취하고 있다는 등의 비판이 거세지고 있다. 이에 따라 오늘날 다국적기업의 사회적 책임 문제는 어느 때보다도 심각하게 요구되고 있으며, 이의 일환으로 ESG경영 등이 화두가 되고 있다.

이러한 가운데 로봇과 인공지능의 4차 산업혁명은 다국적기업에게 새로운 이슈를 제시하고 있다. 다국적기업 대부분은 클라우드, 애널리틱스 및 AI에 투자하여 주요 비즈니스 과제를 해결하고 있지만, 이에 대한 효과적인 대응 여부는 앞으로 다국적기업의 존속과 성장에 중요한 요인으로 작용할 것으로 예측되고 있다.

이 책에서는 이러한 시대적 환경을 기반으로 국제경영자로서의 성장을 위해 학생들과 실무자들이 다국적기업과 국제경영에 대한 기초지식을 체계적으로 습득할 수 있도록 구성하였다. 특히 각 장의 도입 부분에는 그 장의 내용을 대표할 수 있는 사례를 제시하여 흥미를 유도하고 토의자료로 활용될 수 있도록 하였다.

이 책의 구성 내용은 대부분 기존의 연구를 정리한 것이다. 가급적 학생들이 이해하기 쉽도록 정리하였으나 저자의 부족함으로 미흡한 부분이 많을 것이다. 앞으로 지속적인 노력을 통해 개선할 것을 약속한다. 마지막으로, 본 교재가 독자들이 국제경영과 다국적기업에 대한 이해를 하는데 조금이나마 기여하기를 바라며, 이 책이 나올 수 있도록 노력해 주신 형설출판사 편집부 여러분께 감사를 드린다.

2023년 2월

저자 일동

차례

제1부 세계경제의 글로벌화와 다국적기업

제1장 세계경제의 글로벌화와 기업의 국제화

시작하면서 삼성전자 50년과 중소기업 / 14

제1절 기업경영의 개요 / 15

1. 기업경영의 의의 / 15　　*2. 기업의 환경 / 19*

제2절 기업 국제화의 의의 / 21

제3절 국제경영의 성장 배경 / 23

제4절 국제경영의 개요 / 25

제5절 본서의 구성 / 28

제2장 다국적 기업의 본질

시작하면서 다국적기업 철수 어떻게 봐야하나 / 32

제1절 다국적기업의 개념 / 34

1. 다국적기업의 용어 / 34　　*2. 다국적기업의 정의 / 35*

제2절 다국적기업의 특징 / 38

제3절 다국적기업의 발전과정 / 46

1. 다국적기업 이전 시대(~1850년대) / 46
2. 다국적기업의 출현과 초기 발전시대(1860년대~1940년대 전반) / 47
3. 미국계 다국적기업의 지배시대(1940년대 후반~1950년대) / 48
4. 비미국계 다국적기업의 등장과 성장시대(1960년대 이후) / 48

제2부 다국적기업 관련 이론

제3장 국제무역이론과 해외직접투자이론

시작하면서 탈중국 러시, 글로벌 기업 50곳 넘었다 / 56

제1절 국제무역이론 / 58

1. 중상주의 / 59
2. 고전 무역이론 / 60
3. 근대 무역이론 / 63
4. 현대 무역이론 / 66

제2절 해외직접투자이론 / 75

1. 국제자본이동적 접근에 의한 해외직접투자이론 / 75
2. 거시경제적 접근에 의한 해외직접투자이론 / 77
3. 급진주의적 접근에 의한 해외직접투자이론 / 79
4. 산업조직론적 접근에 의한 해외직접투자이론 / 80
5. 내부화이론 / 84
6. 절충이론 / 87

제3부 다국적기업의 환경

제4장 다국적기업의 문화적 환경

시작하면서 외국계 기업 임원 70%
"韓정부 차별적 정책 · 과도한 규제가 장애물" / 92

제1절 문화의 개념 / 94

제2절 문화의 구성요소 / 96

1. 언어 / 97 *2. 종교 / 100*
3. 미학 / 101 *4. 사회제도 / 103*
5. 가치관 및 태도 / 106 *6. 물질문명 / 107*

제3절 문화적 환경분석 모형 / 110

1. 클럭혼의 모형 / 110 *2. 홉스테드의 모형 / 111*
3. 홀의 모형 / 114

제4절 문화적 환경과 국제경영 / 117

1. 이문화 이해능력 / 117 *2. 문화와 경쟁우위 / 118*

제5장 다국적기업의 정치적 · 법적 환경

시작하면서 "정치적리스크, 다시 글로벌 금융시장 전면에" / 122

제1절 정치적 환경 / 124

1. 정치적 이념 / 124 *2. 정치적 위험 / 128*

제2절 법적 환경 / 135

1. 법제도의 종류 / 135 *2. 국제법 / 135*
3. 국제경영활동상의 법률적 분쟁해결 방법 / 136

제6장 다국적기업의 경제적 환경

시작하면서 中·濠 관계 악화 표면화...중국기업 호주 투자 70% 감소 / 140

제1절 해외경제환경 / 142

1. 인구 / 142 *2. GNI / 143*
3. 인플레이션 / 146 *4. 국제수지 / 148*

제2절 국제경제환경 / 149

1. WTO / 150 *2. 지역경제통합 / 161*

제4부 다국적기업의 경영전략

제7장 다국적기업의 국제경영전략

시작하면서 기업을 살리는 새로운 이노베이션 방식 / 182

제1절 국제경영전략의 의의 / 184

1. 국제경영전략의 개념 / 184　2. 다국적기업의 전략적 성향 / 185

제2절 국제경쟁전략 / 188

1. 경쟁우위의 의의 / 188　2. 경쟁우위의 원천 / 192

제3절 국제경쟁전략의 접근 / 194

1. 포터의 국제경쟁전략 / 194　2. 코긋의 국제경쟁전략 / 198

제4절 국제경쟁전략의 분석 / 200

제8장 다국적기업의 해외시장진출전략

시작하면서 매각 나선 맥도날드가 '보성 녹돈' 꺼내든 까닭 / 208

제1절 해외시장의 평가와 선택 / 210

제2절 해외시장진출방식 / 212

1. 수출에 의한 해외진출 / 213　2. 계약에 의한 해외진출 / 217

3. 직접투자에 의한 해외진출 / 223

4. 해외시장진출방식의 특성요약 / 232

제3절 해외직접투자가 본국과 현지국에 미치는 영향 / 236

1. 본국에 미치는 영향 / 236　2. 현지국에 미치는 영향 / 237

제4절 해외시장진출방식의 영향요인 / 240

제5절 해외시장진출방식의 모형 / 241

1. 루트의 모형 / 241　2. 러그만의 모형 / 242

제5부 다국적기업의 경영관리

제9장 다국적기업의 국제인적자원 · 조직관리

시작하면서 인적자원 관리 분야에서 유니콘이 나올 수밖에 없는 이유 '언번들링' / 248

제1절 국제인적자원관리 / 249

1. 국제인적자원관리의 의의 / 249 *2. 국제경영자의 선발 / 250*
3. 국제경영자의 교육훈련 / 253 *4. 국제경영자에 대한 평가 / 256*
5. 국제경영자에 대한 보상 / 257

제2절 국제조직관리 / 259

1. 다국적기업조직의 의의 / 259 *2. 다국적기업조직의 유형 / 260*

제10장 다국적기업의 국제마케팅관리

시작하면서 '15초 마법' 숏폼 영상, '인싸' 놀이터에서 마케팅 무대로 / 268

제1절 국제마케팅의 의의 / 270

1. 국제마케팅의 정의 / 270 *2. 국제마케팅의 환경 / 273*

제2절 국제마케팅조사 / 275

1. 국제마케팅조사의 의의 / 275 *2. 국제마케팅조사의 내용 / 277*

제3절 국제마케팅전략의 수립절차 / 278

1. 상황분석 / 278 *2. 목표설정 / 279*
3. 전략수립 / 279 *4. 마케팅믹스전략 / 279*

제4절 시장세분화와 제품포지셔닝 / 282

1. 시장세분화 / 282 *2. 제품포지셔닝 / 284*

제5절 국제마케팅믹스전략 / 287

1. 국제제품전략 / 288 *2. 국제가격결정 / 295*
3. 국제유통경로전략 / 298 *4. 국제촉진전략 / 302*

제11장 다국적기업의 국제생산관리

시작하면서 국내 생산 비중 '세계 1위' 현대차…생산성은 '최하위권' / 316

제1절 국제생산관리의 의의 / 318

제2절 국제생산입지의 선정 / 319

1. 국제생산입지의 조사 / 319 2. 최적생산입지의 결정 / 319

제3절 글로벌 소싱 / 321

1. 글로벌 소싱의 의의 / 321 2. 소싱의 방법 / 324

제4절 글로벌 로지스틱스 / 326

1. 글로벌 로지스틱스의 의의 / 326
2. 로지스틱스의 주요 기능 / 328

제12장 다국적기업의 국제재무관리

시작하면서 싱가포르의 금융허브성공 / 338

제1절 국제재무관리의 의의 / 339

제2절 외환시장과 환율 / 340

1. 외환시장과 환율의 의의 / 340
2. 환율에 대한 시장균형이론 / 344

제3절 환위험의 관리 / 346

1. 환위험의 의의 / 346 2. 환노출의 종류 / 347
3. 환위험의 관리 / 348

제4절 다국적기업의 자금조달 / 352

1. 자금조달의 원천 / 352 2. 금융시장 / 354

찾아보기 / 356

제 1부

세계경제의 글로벌화와 다국적기업

제 ❶ 장 세계경제의 글로벌화와 기업의 국제화

제 ❷ 장 다국적 기업의 본질

1장

세계경제의 글로벌화와 기업의 국제화

오늘날 세계경제는 글로벌화(globalization)의 시대를 맞이하고 있다. WTO의 출범과 더불어 세계 각국은 무역규제를 완화하여 자유무역이 전세계적으로 확대되었고, 외국인 투자의 자유화를 통해서 각국의 시장이 외국기업들에게 전면적으로 개방되고 있는 상황이 전개되고 있는 것이다. 이러한 세계경제의 글로벌화는 국가의 경계가 없어지고, 범세계적인 무한경쟁 시대가 도래하였음을 의미한다.

이에 따라 기업은 종전의 지리적으로 제한된 영역에서 활동하던 범주를 벗어나 이제는 전세계시장을 대상으로 경영활동을 수행할 수 있게 되었다. 보편적인 공업기술의 세계적인 확산, 커뮤니케이션의 발달, 그리고 각국의 경제발전으로 인해 전세계 소비자들의 라이프 스타일(life style)과 소비자 기호가 동질화되는 경향을 띠게 되었으며, 세계 각지에 구매력을 가진 많은 소비자가 존재하게 되었다. 상품과 시장 정보가 전세계에 신속하게 전파되고, 상품이 세계 각지에서 생산되고 판매되는 이른바 범세계적인 시장이 형성되고 있는 것이다.

반면에 기업들의 경쟁적 환경도 변화하고 있다. 종전의 개별국가시장에서 소수의 제한된 경쟁자들과 벌였던 경쟁상황을 벗어나 이제는 전세계시장에서 세계 유수 기업들과 범세계적인 경쟁을 벌여야만 하게 되었다. 더욱이 국내시장에서도 세계의 일류 기업들과 기업생존과 성장을 위한 치열한 경쟁을 벌여야만 하게 되었다.

이러한 환경변화에 대응하여 우리나라 기업들도 최근 들어 급속히 국제화 · 세계화를 추진하고 있다. 기업의 국제화 없이는 계속기업(going concern)으로 존속 · 발전하는 것이 불가능하게 되었기 때문이다. 따라서 기업경영자는 국제경영환경을 정확히 파악하고 이에 적합한 전략을 수립해야만 한다. 이 장에서는 기업경영과 기업의 국제화와 관련된 기본적이고 전반적인 내용을 논의하고자 한다.

제①절 기업경영의 개요

제②절 기업 국제화의 의의

제③절 국제경영의 성장 배경

제④절 국제경영의 개요

제⑤절 본서의 구성

삼성전자 50년과 중소기업

삼성전자가 2019년 11월 1일로 창립 50주년을 맞았다. 1969년 10명이 준비해 설립한 흑백TV회사가 직원 20만명(본사 인원만 10만명)에 가까운 글로벌 기업으로 성장했다.

메모리 반도체와 스마트폰, TV 등 12개 분야에서는 세계시장에서 1위를 달리고 있다. 올 상반기 기준 우리나라 전체 수출액의 5분의 1을 차지하고 있다. 명실 공히 한국경제를 견인하는 간판기업이라 하겠다.

창립 반세기를 맞는 삼성전자의 기적 같은 성장은 이 회사 관계자들만의 자랑이 아니라 수많은 협력업체와 소비자들의 기쁨이기도 하다. 삼성전자는 지난해 말 현재 74개 나라에 생산시설 37곳, 판매거점 52곳을 운영하는 등 모두 216개 거점을 보유하고 있는 세계적 기업이다.

각 생산시설에 부품을 납품하고, 판매거점과 연결돼 마케팅에서 호흡을 맞추는 등 삼성전자와 직접적으로 협력하는 1차 협력업체는 약 2400개에 이른다. 여기에 2차, 3차 협력업체를 보태면 협력업체수가 1만개를 훌쩍 넘어선다.

협력업체 중에는 매출액이 1조원을 넘어서는 큰 기업, 코스닥 상장업체도 상당수 있다. 물론 이런 업체는 대기업으로도 볼 수 있지만, 협력업체의 거의 대부분은 중소기업으로 분류된다.

이렇게 보면 삼성전자 50년의 역사는 우리나라 중소기업의 ICT분야에서의 기술발전사이기도 하며, 구조고도화 과정이었다고 해도 과언이 아니다.

'협력업체의 경쟁력이 곧 삼성의 경쟁력'이라는 도급기업의 인식과 '삼성의 글로벌화가 곧 중소기업의 국제화'라는 수급기업의 믿음이 상생과 발전의 원동력이 됐다. 물론 초기에는 모기업과 하청기업 사이에 갈등과 마찰이 있었을 것이다.

그러나 일찍부터 1차 협력업체 중심의 협성회를 만들어 정보를 공유하고, 나아갈 방향을 함께 모색함으로써 훌륭한 협력·상생관계를 정착시킨 것이 삼성전자 발전의 밑거름이 됐다고 본다.

모기업은 협력사에 대한 사회적 책임을 다하기 위해 협력업체에 대한 투명한 평가·관리뿐 아니라, 협력사 자체 경쟁력을 높일 수 있도록 다양한 지원 프로그램을 가동시키고 있다.

협력업체들 역시 치열한 경쟁체제에서 낙오되지 않고 모기업의 사랑을 받기 위해 피나는 노력을 경주해온 것이 사실이다.

삼성전자의 협력사 육성 프로그램은 2004년부터 전담조직을 설치, 자금지원·기술개발·현장지도·인력양성 교육 등을 실시하고 있다. 3차 협력사까지 지원하는 상생펀드 규모는 지난해 1조4000억원에 이르고 있으며, 상생협력 아카데미에는 2013년부터 누적으로 협력업체의 약 9만명의 임직원이 교육을 받았다.

삼성전자가 협력업체에 대한 지원뿐 아니라 국내의 일반 중소기업에까지 지원 폭을 넓혀오고 있음은 널리 알려진 사실이다. 2015년에 보유하고 있는 2만7000여건의 특허를 무상으로 개방했다. 특히 스마트공장 구축사업은 중소기업의 경쟁력 강화를 위한 대표적인 지원활동이다. 2015년부터 시작해 이미 약 2000개 중소기업의 스마트공장화를 선도했으며, 중소기업의 생산성 향상과 불량률 감소에 큰 기여를 했다.

이재용 부회장은 50주년 기념 영상 메시지를 통해 '기술·도전·상생'이란 세 가지 화두를 던졌다. 이어서 그는 "같이 나누고 함께 성장하는 것이 세계 최고를 향한 길"이라고 했다.

100년 기업을 향한 삼성전자의 꿈이 실현돼 4차산업혁명 시대를 주도하는 세계 최강의 기업이 되고, 한국 중소기업의 위상도 함께 세계적 반열에 오르길 기대한다. 아울러 제2, 제3의 삼성전자가 나타나 한국경제가 세계경제를 리드할 수 있는 날이 오기를 학수고대하는 바이다.

자료 : 중소기업뉴스(http://news.kbiz.or.kr), 경제발언대,
삼성전자 50년과 중소기업

제1절 기업경영의 개요

1. 기업경영의 의의

기업경영(企業經營, administration of enterprise)은 기업을 관리하고 운영하는 일이다. 영리를 목적으로 필요한 자금을 조달하고, 인적 요소와 물적요소를 결합하여 경제적으로 운용하는 생산과 판매활동이다.

1) 기업

기업(business, enterprise, firm, company, corporation, concern)에 대한 정의는 여러 가지 측면에서 설명될 수 있으나 '실체와 목적'이라는 측면에서 접근하면, '여러 사람이 모여 재화나 서비스를 생산하고 이를 판매함으로써 경제적으로 이윤을 극대화 하는 조직'이다.

기업은 국민경제의 주체로서 인간에게 필요한 상품이나 서비스를 생산한다. 물론 제조기업만을 지칭하는 것은 아니고 동네 슈퍼마켓이나 음식점 등도 기업이다. 이들은 사람들의 필요와 욕구를 충족시켜 준다.

[표 1.1] 기업의 역할

기업의 역할	의미
소비자의 필요와 욕구 충족	소비자가 필요로 하는 제품과 서비스를 생산함으로써 소비자의 욕구를 충족시킨다.
소득과 고용의 창출 및 기술 개발	기업에 종사하는 사람들에게 소득과 고용의 기회를 창출하고 새로운 제품의 개발이나 비용 절감 방법에 대한 모색, 신기술 개발 등 국민경제에 대하여 중요한 역할을 수행한다.
이윤의 극대화	기업은 이윤 극대화에 궁극적인 목표를 두고 있어 이를 달성하기 위해 노동 · 자본 · 원재료 등 투입물의 최소화를 추구하고 재화나 서비스 등 산출물의 최대화를 추구한다.

기업은 기본적으로 영리 추구를 목적으로 하지만 가계나 정부와 상호 의존하면서 사회적인 욕구를 충족시켜 주고, 고용 창출이나 신기술 · 신제품 개발, 원가 절감 등을 통해 주주나 소비자에게 사회적 이익을 환원시켜 주는 역할을 수행하고 있다. 따라서 기업은 소비자, 경영자, 주주, 종업원, 거래처, 지역 사회, 정부 등 다양한 이해 관계자와 직접적인 관계를 맺고 있다.

[표 1.2] 기업과 이해관계자의 관계

	주주	종업원	소비자	협력업체	지역사회	NGO
주요 관심	주가, 자본거래, 지배구조	급여, 복리후생, 근로조건	제품, 서비스	투자, 생산계획, 원가, 거래조건	고용, 환경, 지역발전 기여	complianc e, 환경, 인권
인지 채널	증권전산매체, 언론, 비공식정보 채널	사내통신, 언론, 노동조합	광고, 인터넷 커뮤니티, 언론, 영업사원	구매/기획/ 영업부서. 언론	규제당국, 언론, 간담회, 민관협의체	내부자제보, 언론, 자체모니터
인지 동기	주식투자수익, 경영감독, 의사결정 참고	고용안정, 급여등처우 개선	제품/서비스 공급및개선, A/S, 구매결정, 입소문	매출증대, 거래조건 개선	조세납부, 고용창출, 지역개발, 지역사회 공헌	준법/환경/ 인권감시, 사회공헌 파트너십

그러므로 기업은 이해 관계자 속에서 다양한 역할 수행을 통해 오늘날 산업 사회를 이끌어 가는 경제 활동의 핵심적인 조직체라고 볼 수 있다.

2) 경영(management)

경영은 변화하는 환경 속에서 기업이 가지고 있는 여러 가지의 제한된 자원을 최적으로 활용하고 조직 구성원들의 협동을 끌어 내 조직의 사명과 목표를 달성해 가는 과정이다. 즉, 경영은 조직의 목적을 효과적으로 달성하기 위해서 인적 자원, 물적 자원 그리고 기술이나 금융, 정보와 같은 여러 가지 자원을 효율적으로 활용하기 위한 계획, 조직, 지휘, 통제하는 일련의 활동을 의미한다.

피터 드러커 (1909~2005)

"경영은 조직의 방향을 제시하고 리더십을 통하여 조직의 여러 자원을 어떻게 활용할 것인지를 정하는 것이다."

앙리 페이욜 (1841~1925)

"관리적 관점에서 경영은 계획하고, 조직하고, 지시하고, 조정하고, 통제하는 과정이다."

체스터 버나드 (1886~1961)

"인간과 조직의 관점에서 보면 경영은 조직을 형성하고 운영하는 것이며, 의사 결정의 과정이다."

기업은 다양한 경영활동을 수행한다. 경영활동은 경영목표를 성취하기 위해서 경영자원을 이용하여 경영성과를 창출하는 일련의 행동을 의미한다. 경영활동은 경영과정과 경영기능으로 구분할 수 있다.

경영의 관리과정(management process)은 경영을 효율적으로 달성하기 위해 요구되는 기본적인 기능이다. 이러한 관리과정은 조직의 규모가 확대되고 업무가 복잡해짐에 따라 그 역할이 더욱 중요하게 부각되는 것으로 계획, 조직화, 지휘 및 통제로 구성된다.

[그림 1.1] 경영의 순환과정

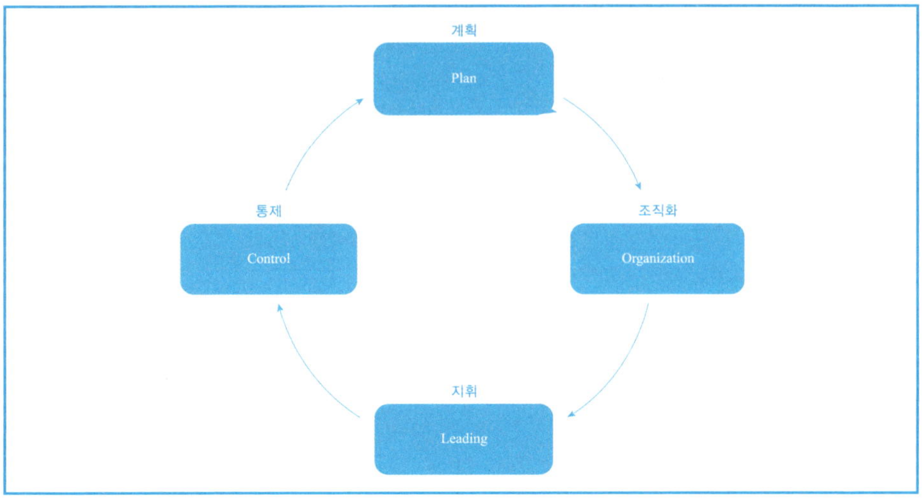

계획(planning)	목표를 정하고 달성하는 방법을 결정하기 위하여 필요한 일들을 미리 생각하는 활동
조직화(organizing)	인적 · 물적자원을 동원하고 조정하는 활동
지휘(leading)	구성원들에게 작업지시뿐만 아니라 분위기도 조성하는 활동
통제(controling)	조직이 목표를 향해 나아가고 있는가를 확인하는 활동

자료: 강병서, 신 경영론, 무역경영사, p 20.

경영기능(management function)은 업무의 성격별로 구분하는 것으로서 인사, 재무, 마케팅, 회계, 생산 등이 있다. 경영학에서 가르치고 있는 전공분야가 바로 이 업무기능에 따라 나누어진 것이며 기업이 부서를 만들 경우 경영기능별로 분리하는 것이 가장 일반적인 방법이다.

[표 1.3] 경영기능의 개념

구분	개념
경영전략	기업이 정해진 목표를 달성하기 위해서 기업의 내적 및 외적 환경에 대응하기 위한 방안에는 어떤 것이 있으며 이러한 방안의 수립 및 실행을 어떻게 할 것인가를 다룬다.
생산관리	기업이 유형 또는 무형의 자원을 이용하여 제품이나 서비스를 가공하는 생산 시스템을 계획, 운영, 통제하는 일련의 관리활동
마케팅관리	조직의 목표를 달성하기 위해서 해당 고객과 커뮤니케이션을 창출 및 유지하고 이를 위한 구체적인 프로그램의 분석, 계획, 실행, 통제
재무관리	기업의 경영목표를 달성하기 위해서 필요한 자금의 조달을 비롯하여 자금의 운용, 관리, 통제에 이르는 총체적인 관리활동
인사 · 조직관리	조직구성원들로 하여금 자발적으로 조직의 목표달성에 기여하게 함으로써 조직의 발전과 개인의 발전을 동시에 달성하게 하는 제도 및 기술의 체계
회계	기업 경영활동을 측정, 기록, 해석하고 기업 내부 및 외부의 관계자들에게 필요한 정보를 제공하여 의사소통을 원활하게 함으로써 경영의사결정을 지원하는 총체적인 시스템

2. 기업의 환경

기업은 기업 외부의 환경과 차단되어 독자적으로 존립할 수는 없다. 이는 마치 생물체가 외부환경과 부단한 접촉을 해야만 생존할 수 있는 원리와 같다. 기업은 외부로부터 노동력·원재료·자금·기계·정보 등과 같은 생산요소를 받아들이고 이들 요소들을 경영활동을 통해 재화나 서비스로 바꾸어 다시 외부로 내보내게 됨으로써 생존할 수 있는 것이다.

시스템적 접근방법(systems approach)을 취하는 학자들에 따르면 기업조직은 유기체와 같이 그들의 환경에 대하여 개방적이며 생존을 위해서는 항상 환경과 적절한 관계를 유지해야 한다. 그러므로 기업을 둘러싸고 있는 외부환경은 기업의 생존과 성장에 중요한 영향을 미치게 된다. [그림 1. 2]는 개방시스템(open system) 기업조직이다.

[그림 1.2] 개방시스템으로서의 기업조직

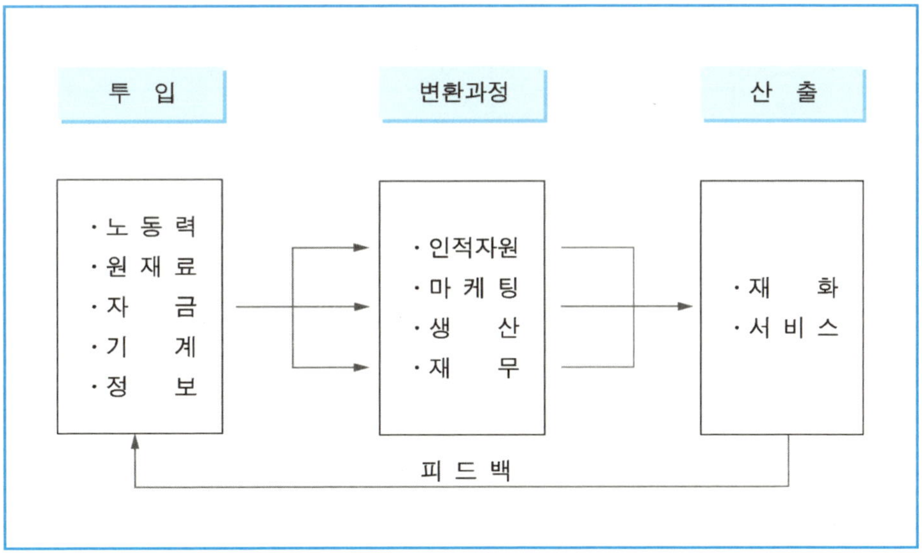

자료: R. M. Hodgetts, *Management : Theory, Process and Practices*, 3rd ed., Holt-Saunders, 1982, pp.417~419.

오늘날에는 이러한 기업의 환경이 급변하는 것은 예외적인 것이 아니라 일상적인 것이 되었다. 정치·경제·사회·문화·기술 등 모든 분야에서 과거와는 비교가 되지 않는 빠른 속도로 변화가 일어나고 있다.

환경 변화는 기업에게 기회를 제공 하지만 위협이 될 수도 있어 이에 대해서 올바르게 이해하는 것은 효과적인 경영을 위해서 필요한 과정이다.

[그림 1. 3]과 같이 기업의 환경은 기업과 직접적이고 단기적으로 연관을 맺고 있는 미시적 환경(micro environment)과 기업경영에 간접적이고 장기적으로 영향을 미치는 거시적 환경(macro environment)으로 구성된다.

미시적 환경은 각 개별경제 주체들 즉, 고객, 공급업자, 중간상, 공중, 경쟁자 등이며, 거시적 환경은 문화적 환경, 정치·법적 환경, 경제적 환경, 기술적 환경, 자연적 환경 등이 해당한다.

문화적 환경은 사회 구성원의 가치관, 태도, 신념, 생활양식 등 다양한 요인들로 구성되어 있는데 어느 사회에서 사람들이 자라면서 오랜 기간에 걸쳐 형성된 것이기 때문에 쉽게 바뀌지 않는 특성을 갖고 있다.

정치·법적 환경은 한 나라의 권력구조, 법률체제, 각 정치집단이 기업 활동에 대해 갖고 있는 태도 등을 포함한다. 일반적으로 선진국일수록 정치가 안정되어 있고 또 각 정치집단들의 태도나 가치관에 대한 예측이 어느 정도 가능하다.

[그림 1. 3] 기업의 외부환경

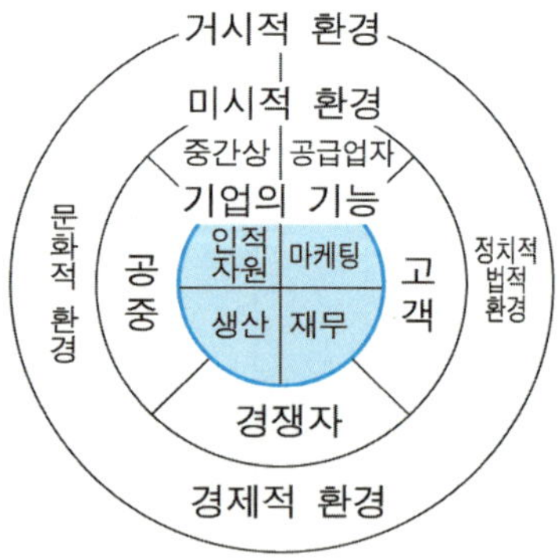

경제적 환경은 GNI, 1인당 GNI, 물가수준, 경제성장률, 환율 등 한 국가의 경제여건을 나타내는 요인들이다.

기업의 외부환경은 기업경영에 일방적인 영향을 미치며 기업이 이들을 통제하는 것은 불가능하다. 물론, 기업이 외부환경에 일정한 작용을 하거나 영향을 주는 경우도 있지만 그런 경우는 미미하기 때문에 경영자는 기업에 기회요인으로 작용할 수도 있고, 반대로 위협요인으로도 작용할 수 있는 외부환경을 면밀히 분석하여 이에 대응할 수 있는 기업의 경영활동, 즉 인적자원관리, 마케팅관리, 생산관리, 재무관리활동을 전개하여야 할 것이다.

제2절 기업 국제화의 의의

오늘날 많은 기업은 그 규모에 상관없이 국제경영(international business)활동을 수행하고 있다. 국제경영은 두 나라 이상이 참여하는 모든 경영거래를 말한다. 즉, 기업의 목표를 달성하기 위해 환경에 적응하면서 인적자원, 마케팅, 생산, 재무활동을 펼치는 기업의 경영활동을 국제적으로 확장시킨 것이라고 할 수 있다.

기업이 이처럼 국제화를 시도하는 이유는 무엇일까? 이에 대한 대답은 국제경영활동의 목표를 살펴봄으로써 이해할 수 있다. Daniel&Radebaugh(1998)는 기업이 국제경영활동을 통해서 달성하고자 하는 목표를 '매출증대, 자원의 획득, 판매와 공급원의 다양화, 경쟁적 위험의 최소화' 등을 제시하였다[1].

1) 매출액의 증대

기업의 매출은 자사의 제품과 서비스에 대한 소비자의 관심과 이를 구매하고자 하는 소비자의 의지와 능력이라는 두 가지 요인에 달려있다. 인구와 구매력의 규모는 개별국가보다는 세계전체가 더 크다. 그래서 기업은 해외시장에 진출함으로써 매출액을 증대시킬 수 있다.

세계의 많은 대기업들이 매출액 가운데 절반 이상을 해외에서 벌어들이고 있다. 이러한 기업으로는 BASF(독일), Electrolux(스웨덴), Gillette(미국), Michelin(프랑스), Nestlé(스위스), Philips(네덜란드), Sony(일본) 등이 있다.

---

1) J. D. Daniels and L. H. Radebaugh, *International Business : Environments and Operations*, 8th ed., Addison Wesley, 1998, pp.8~11.

중소기업도 해외 판매활동을 할 수 있다. 직접적인 해외판매 활동을 하지 않더라도 완제품을 해외에 판매하는 대기업에게 부품을 판매할 수도 있다.

2) 자원의 획득

기업은 해외에서 생산된 제품, 서비스, 그리고 부품 등을 구매하는 경우가 있다. 또한 본국에서 사용하고자 해외의 자본, 기술, 그리고 정보를 들여오는 경우도 있게 된다. 이를 통해서 기업은 비용을 절감하거나 본국에서 얻을 수 없는 제품이나 서비스를 획득할 수 있다. 이러한 것들은 기업의 비용을 절감하고, 품질을 개선시킬 수 있으며, 경쟁자와 차별화 시킬 수 있다. 결과적으로는 기업의 시장 점유율과 이윤을 잠재적으로 증대시킬 수 있다.

3) 판매와 공급원의 다양화

판매와 이윤의 급격한 등락을 피하기 위해서, 기업은 해외에서 판매시장과 공급원을 찾을 수 있다. 기업은 경영 사이클(business cycle)의 시기(쇠퇴기와 성장기)가 국가에 따라 상이하다는 사실을 통해서 이익을 얻을 수 있다. 즉, 쇠퇴기에 접어든 국가에서 판매가 감소한다면 판매가 증가하는 성장기의 국가로 판매를 집중시켜 이득을 취할 수 있는 것이다. 또한, 여러 국가에서 동일한 제품이나 부품을 공급받을 수 있게 됨에 따라 기업은 특정 국가에서의 가격 급변이나 공급부족사태로 인한 일방적인 영향을 피할 수 있게 된다.

4) 경쟁적 위험의 최소화

많은 기업들은 방어적인 이유 때문에 국제화를 하고 있다. 환언하면, 경쟁자가 해외활동을 통해서 얻은 우위를 국내에서 자사와 경쟁하기 위해 사용할 수 있다는 점을 우려하여 이를 견제하기 위해 국제화를 시도하기도 한다. 예를 들어, 경쟁기업이 해외 시장에 진입하여 이윤을 창출한다면 기업은 경계를 하게 된다. 왜냐하면, 경쟁기업이 획득한 이윤을 바탕으로 '우위'를 개선하기 위해 추가적인 광고비, 제품 개발비용을 지출할 수 있기 때문이다.

이러한 경계심을 갖고 있는 기업은 주로 경쟁자가 우위를 점하는 것을 방어하기 위해서 해외시장에 진입할 수 있다.

제3절 국제경영의 성장 배경

기업의 국제경영 활동이 최근 들어 과거에 비해 더 빨리 성장하고 있으며, 또한 국내거래보다 더 빠른 속도로 성장하고 있다. 최근 들어 국제경영활동이 급속히 성장하는 배경을 살펴보자.

1) 기술의 확산

4차 산업혁명이란 이름으로 많은 신기술들이 세상에 선보이고 있다. 사물인터넷(IoT), 빅데이타(Big Data), 인공지능(A.I) 등의 신기술의 기업의 경영활동을 변화시키고 있다. 크게 보면 생산 기술의 발전과 소비기술의 발전이다.

생산기술의 발전은 자동화, 대량화, 고객 맞춤형 생산으로 정의할 수 있다. 소비기술의 발전은 소비자간 정보를 공유하여 소비의 효율성을 증대시키는 것이다. 생산의 효율성과 소비의 효율성은 기업의 경영활동을 변화시키고 있다.

일반적으로 국제적인 차원에서 경영활동을 수행할 때에는 국내경영활동의 경우 보다 훨씬 먼 거리가 수반되며 멀어진 거리는 운영비용을 증대시키고 기업의 해외활동에 대한 통제를 어렵게 만든다. 오늘날의 향상된 커뮤니케이션과 운송기술은 멀리 떨어져 있는 사람들 간의 상호작용을 신속하게 만들었으며 해외활동을 통제할 수 있는 경영자의 능력을 향상시키고 있다.

2) 국가간 이동의 자유화

모든 나라는 상품과 서비스, 그리고 이들을 생산하기 위한 노동, 자본과 같은 자원의 국경간 이동을 제한하고 있다. 이러한 제한조치는 국제경영 활동을 수행하는 데 많은 비용이 들도록 만든다. 또한 이러한 정부의 규정은 언젠가는 변화할 소지가 있기 때문에, 그만큼 기업의 국제경영 활동에 위험부담도 커지게 된다.

하지만, 오늘날에는 10~20년 전에 비하면 국가간 이동에 대한 정부의 제한이 대폭 줄어들었다. WTO의 출범과 더불어 앞으로도 이러한 제한조치들은 점차적으로 사라질 것으로 보인다. 정부가 제한조치를 감축시키는 이유로는 다음의 세 가지를 들 수 있다.

① 시민들이 훨씬 다양한 상품과 서비스를 낮은 가격에 손쉽게 얻고자 하는 욕망을 표출하고 있다.
② 국내기업이 해외기업과의 경쟁으로 인해 보다 효율적으로 변화할 것이다.
③ 다른 나라에 국제경영 활동의 장벽을 낮추도록 권유하고 있다.

이처럼 제한조치를 감소시키는 것은 기업이 국제경영 활동을 보다 활발하게 수행할 수 있도록 한다.

3) 제도의 발전

오늘날의 국제경영활동은 은행·우편서비스·보험회사 등과 같은 기관이나 제도에 많이 의존하고 있다. 오늘날 기업은 은행신용협약, 통화 환전을 위한 교환협정, 운송상의 위험과 바이어의 미지급을 부보하는 보험 등과 같은 제도나 협정으로 인해서 해외에서 판매한 상품과 서비스의 대금을 비교적 쉽게 지급 받을 수 있게 되었다.

예를 들어 국제우편 제도를 생각해 보자. 프랑스와 독일 간에 최초의 국제우편협약이 체결된 16세기 전까지는 오늘날과 같은 우편제도가 없었다. 당시에는 우편물이 통과하는 각 국가와 개별협정을 체결해야만 했다. 하지만, 오늘날에는 우편물을 보낼 때 종착지까지 얼마나 많은 나라를 통과해야 하는지에 관계없이, 우편물을 운송하는 기업의 국적에 관계없이, 세계 어느 곳에서 자국의 우표만을 사용하여 우편물을 보낼 수 있다.

이처럼 오늘날 우리가 당연하게 생각하는 많은 것들은 기술 확산을 통해서만 이루어진 것이 아니라, 정부와 기업이 이러한 기술을 효과적으로 적용할 수 있는 제도를 개발한 것에 의해서도 이루어진 것이다.

4) 범세계적인 경쟁의 증대

치열해지고 있는 해외경쟁의 압력은 기업이 해외시장에 적극적으로 진출하도록 만들었다.

오늘날 기업이 해외시장에 진출하는 것은 앞서 언급한 바와 같이 기술적, 정부적, 그리고 제도적인 발전으로 인해서 과거에 비해 훨씬 쉬워졌다. 기업은 해외 판매 기회에 빠르게 대응할 수 있게 되었으며, 완제품이나 부품의 생산활동을 세계 각국에서 수행할 수 있게 됨에 따라 국내에서 얻지 못하는 고도의 서비스나 기술 등을 사용해서 자사 제품의 품질을 향상시킬 수 있게 되었다. 그리고 원가상의 우위도 가질 수 있게 되었다.

기업 입장에서 특정 기업이 해외 판매 및 생산기회를 활용하게 되면, 나머지 다른 기업들도 자신들에게 똑같은 해외기회가 존재하는 것으로 여길 수 있다. 따라서 많은 기업들이 해외시장에 진입하고 해외시장에서의 경쟁은 보다 치열해 진다. 결국 기업이 경쟁적인 우위를 차지하기 위해서는 세계적 기업으로 성장해야 할 것이다.

제4절 국제경영의 개요

제2절에서 언급한 바와 같이 국제경영은 국내경영을 해외로 확장시켜 놓은 것이다. 이러한 경우에는 국내에서 경영활동을 하는 경우와는 차이가 있다. 우선, 기업은 국내에서와는 다른 보다 다양하고 이질적인 기업의 외부환경에 직면하게 된다. 따라서 기업은 본국의 환경뿐만 아니라 현지국의 환경이나 국제환경을 고려하여 기업경영활동을 수행해야만 하게 된다.

국제경영자는 기업의 외부환경, 기업의 목표, 목표를 달성하기 위한 기업의 자원 등의 상호작용을 검토함으로써 기업의 전략과 이를 수행하기 위한 수단을 수립해야 한다. [그림 1. 4]에서 보듯이 기업의 외부환경은 한 국가의 정치, 경제, 법, 문화 등과 같은 요인과 공급자, 고객, 경쟁기업 등과 같은 경쟁적 요인들도 포함하고 있다.

또한 기업의 경영방식에 있어서도 차이가 있다. 국내에서와는 달리 기업이 해외에 진출할 시에는 수출 라인센싱, 해외직접투자와 같은 상이한 진출 방식을 사용해야 한다.

1) 수출에 의한 해외진출 방식

수출에 의한 해외진출은 기업이 자국에서 제품을 생산하여 현지국에 판매하는 방식이다. 이에는 간접수출(indirect exporting)과 직접수출(direct exporting)이 있다. 간접수출은 기업이 제품을 국내에 있는 중간수출업자를 통해 해외에 수출하는 것이며, 직접수출은 중간수출업자를 거치지 않고 기업이 직접 해외에 수출하는 것이다.

2) 계약에 의한 해외진출 방식

계약에 의한 해외진출 방식은 기업이 자사가 보유하고 있는 기술이나 지식을 일정한 대가를 받고 해외기업에게 이전하기로 하는 계약을 체결하여 해외에 진출하는 방식을 말한다. 계약을 통해서 해외시장에 진출하는 방식은 여러 가지가 있다.

라이센싱(licensing)은 라이센스 공여자(licensor)가 라이센스 도입자(licensee)에게 등록상표, 특허권, 저작권 혹은 전문기술 등과 같은 자산을 일정한 대가(royalty)를 받고 제공하는 계약을 체결하여 해외시장에 진출하는 방식이다.

프랜차이징(franchising)은 프랜차이즈 공여자(franchisor)가 프랜차이즈 도입자(franchisee)에게 상표 등에 대한 사용권을 허가해 주고 기업의 운영도 계속적으로 지원해 주는 계약을 체결하여 해외시장에 진출하는 방식이다.

턴키운영(turnkey operation)은 기업이 해외에서 공장이나 기타 산업시스템을 발주 받아 이를 설계·건설하고, 가동할 준비가 되면 소유자에게 이전한다는 계약하에서 수행되는 시설공사 등을 말한다.

관리계약(management contract)은 한 기업이 다른 기업에게 일반적이거나 특수한 경영기능을 수행하기 위한 인력을 제공하는 협정에 따라서 수행되는 경영 서비스이다.

계약생산(contract manufacturing)은 라이센싱과 해외직접투자의 중간형이라고 할 수 있는데, 이는 한 기업이 특정 제조업체로 하여금 일정한 계약조건하에 제품을 생산하도록 하고, 이를 현지국시장이나 제3국 시장에 판매하는 방식이다.

3) 직접투자에 의한 해외진출 방식

직접투자는 해외기업에 대한 통제권을 투자자에게 제공하게 된다. 흔히 해외직접투자(foreign direct investment)라고도 하는데, 이는 투자기업이 해외의 투자대상 기업에 대한 경영지배 또는 경영참여를 목적으로 유형의 경영자원뿐만 아니라 무형의 경영자원인 기술특허, 상표권, 경영 또는 마케팅 노하우 등 기업의 제반자원을 패키지 형태로 해외에 이전시키는 방식이다.

특정 기업이 해외직접투자를 통해 투자대상 기업의 주식을 95% 이상 소유하면 단독투자라고 하며, 2~3개의 회사가 해외직접투자의 소유권을 공유하면 합작투자(joint venture)라고 한다. 정부가 기업과 함께 해외직접투자에 참여하는 경우라면 혼합투자(mixed venture)라고 한다.

기업은 해외시장진출방식 가운데 한 가지 혹은 여러 가지의 대안을 선택해서 해외에 진출한 목표를 달성하기 위해서 현지국의 환경에 적합한 인적자원, 마케팅, 생산, 재무 등의 국제경영활동을 수행하게 된다.

[그림 1.4] 국제경영활동의 내용

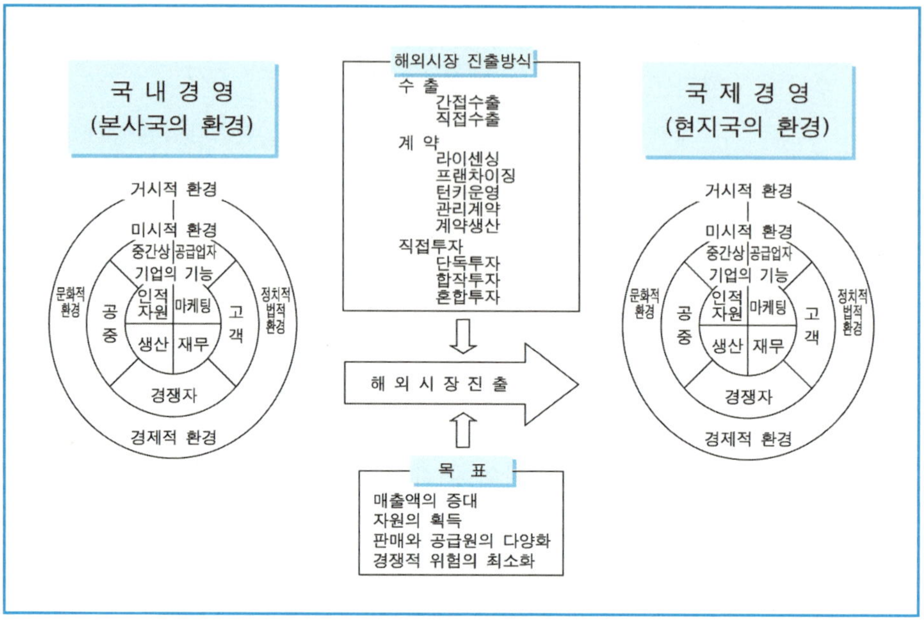

제5절 본서의 구성

본 저서는 앞절에서 설명한 국제경영활동의 전반적인 흐름을 적용하여 총 5부로 구성되어 있다. 제1부는 글로벌화되고 있는 세계경제 속에서 그 중요성이 점차 증대되고 있는 다국적기업에 관한 기본적인 내용을 정리하였으며, 제2부는 다국적기업과 관련된 이론을 정리함으로써 다국적기업이 직면한 미시적의 환경과 해외진출 전략에 관한 이해를 돕고자 하였다. 제3부에서는 다국적기업의 환경요인 가운데 거시적인 환경을 중심으로 설명하였고, 제4부에서는 다국적기업의 국제경영전략과 해외시장 진출 전략을 서술하였다. 그리고 제5부에서는 구체적인 경영관리전략을 인적자원, 마케팅, 생산, 재무관리로 구분하여 설명하였다.

본서의 구성을 그림으로 나타내면 [그림 1. 5]와 같다.

[그림 1.5] 본서의 구성

제1부 세계경제의 글로벌화와 다국적기업
제1장 세계경제의 글로벌화와 기업의 국제화
제2장 다국적기업의 본질

⬇

제2부 다국적기업 관련 이론
제3장 국제무역이론과 해외직접투자이론

⬇

제3부 다국적기업의 환경
제4장 다국적기업의 문화적 환경
제5장 다국적기업의 정치적·법적 환경
제6장 다국적기업의 경제적 환경

⬇

제4부 다국적기업의 경영전략
제7장 다국적기업의 국제경영전략
제8장 다국적기업의 해외시장진출전략

⬇

제5부 다국적기업의 경영관리
제9장 다국적기업의 국제인적자원·조직관리
제10장 다국적기업의 국제마케팅관리
제11장 다국적기업의 국제생산관리
제12장 다국적기업의 국제재무관리

2장

다국적기업의 본질

오늘날 세계경제는 국경의 의미가 없어지고 있는 이른바 무국경 세계(borderless world)에 접어들게 되었으며, 우리도 범세계적인 경영활동을 펼치고 있는 해외의 수많은 다국적기업과 많은 접촉을 하거나 깊은 관련을 맺으면서 생활하고 있다. 다국적기업은 그 엄청난 경제력과 이와 관련해서 수반되는 정치 · 사회 · 문화 및 기술적인 영향력을 통해 세계경제 및 사회문화 전반에 걸쳐서 많은 영향을 미치고 있는데, 이러한 점에서 현대사회를 '다국적기업의 시대'라고 해도 결코 지나치지 않을 것이다. 이 장에서는 다국적기업의 특성과 발전과정에 관해서 살펴보고자 한다.

제①절 다국적기업의 개념

제②절 다국적기업의 특징

제③절 다국적기업의 발전과정

다국적기업 철수 어떻게 봐야하나

2018년 2월 한국지엠(GM)은 전북 군산공장 폐쇄를 전격 발표했다. 같은 해 5월 군산공장이 문을 닫으면서 간간이 들려오는 소식은 다국적기업 경영 활동에 대중의 관심을 고조시켰다. 직접 영향 받는 사내 인력만 1만6천 명이고 2차, 3차 협력사까지 포함하면 노동자 약 15만 명이 영향 받는다고 한다.

2023년까지 저강도 구조조정은 계속될 것으로 예상된다. 수익성이 유지되지 않으면 지엠 등 다국적기업은 세계 어디에서라도 자회사 철수와 공장 폐쇄 등 공급망 재편에 망설이지 않는다는 점도 깊이 각인됐다. 군산공장 폐쇄를 막고 일자리를 지키기 위한 정부 노력도 있었지만, 다국적기업과 정부 사이에서 협상력 격차도 분명하게 드러나는 계기였다. 한국지엠 연구개발 법인 분리가 국내에 있는 지엠공장 모두를 폐쇄하기 위한 첫걸음이라는 의혹도 언론과 노동계에선 여전히 제기되는 상황이다.

국제투자법으로 철수 막을 수 없어

그러나 다국적기업 철수 우려에도 투자 보호를 지향해온 국제투자법으로는 철수를 무작정 막을 수 없다. 외국인 투자 보호를 위한 원칙은 내국민대우(NT), 최혜국대우(MFN), 공정하고 평등한 대우(FET · Fair and Equitable Treatment), 송금의 자유 보장 등이 관련돼 있다.

우리나라가 과거 체결한 한-칠레 자유무역협정(FTA)(10장), 한-미 FTA(11장), 한-유럽연합(EU) FTA(7장, 8장)에서도 투자에 관한 별도 장(chapter)을 두어 외국인 투자와 투자자를 보호하는 원칙을 명문화했다. 따라서 파산, 지급불능시 채권자 권리 보호, 법 집행 지원에 필요한 경우 등 예외 사항을 제외하고는 정상적인 활동에서 본사 방침이나 우리나라 경영 환경 변화 등으로 투자금을 회수하고 철수하는 활동을 금지할 수 없다.

우리 경제는 인구구조 변화, 중국과 아세안 등 신흥국 부상으로 대내외에서 구조적 변화를 겪고 있다. 한 국가와 지역이 과거 특정 산업에서 경쟁력을 갖추었다고 해서 계속 유지되는 것이 아니다. 특히 기술과 제도가 변화한 덕분에 상품뿐 아니라 업무와 자본의 국가 간 이동도 자유로워지는 거대한 세계화 흐름에서 한국이 경쟁력을 갖춘 영역도 지속해서 변화할 수 있다. 따라서 국내 대기업을 포함한 다국적기업이 수익성 유지를 위해 진입과 철수를 반복하는 세계 공급망 구조조정은 앞으로 좀더 빈번하게 일어날 수 있다. 제도적으로도 금지할 수 없는 흐름이다.

세계화에 대응해 한국 경제 발전 단계에 더 어울리는 산업을 육성하고 혁신 기업이 살아 성장할 수 있는 환경을 만들어가는 것이 중요하다. 그런 산업에서 외국자본을 유치하고 한국의 노동과 자본을 더 부가가치가 높은 미래 기술 산업으로 재배치함으로써 한국 경제의 성장동력을 회복할 수 있을 것이다.

세계화 피해 최소화하는 정책 필요

이때 '다국적기업 철수'라는 구조조정 과정으로 피해를 받는 노동자, 전방 · 후방 산업 중소기업, 지역사회 영세 자영업자 등은 억울할 수도 있다. 따라서 세계화가 주는 장기적인 이익과 이들이 받는 피해를 조화할 수 있는 정책적 노력이 필요하다. 이 노력은 세계화가 주는 피해를 받는 사람을 위한 재교육 · 재고용과 업종 전환, 기술개발을 위한 재정 지원을 포함한 사회안전망이다.

정책적 노력이 성과를 거두면 일시적으로 낙오한 노동자와 중소기업은 신속하게 새로운 업종과 산업으로 재조정돼 다시 경쟁 무대에 복귀할 수 있다. 이 경우 이들이 받는 피해는 단기적인 피해에 그칠 것이다.

이런 지원은 세계화와 구조조정의 피해로 일어나는 정치적 반발을 낮추고 한계기업 퇴출을 유도해, 한국이 새로운 미래기술 산업에서 경쟁력을 갖추는 데 기여한다. 또한 한국 경제가 시장 상황에 따라 유연하게 활동할 수 있는 투자하기 좋은 환경으로 비쳐 외국자본 유치에도 좀 더 긍정적인 영향을 미칠 수 있다.

다국적기업 철수가 지역경제에 가져올 부작용만을 보고 철수를 부정적으로만 볼 필요는 없다. 철수가 가져올 피해를 최소화·단기화하면서 지역경제가 새 성장 동력을 확보하도록 정부 전략이 더 중요하다.

물론 우리 정부가 외국자본 유치를 위해 정책적으로 제공한 혜택만 누리고 철수함으로써 부정적인 파급효과를 유발하는 외국자본도 있을 수 있다. 따라서 한국이 FTA 투자 규정에서 허용하는 범위에서 외국인 투자 기업이 약속한 국내 투자와 지원 조건 이행 여부를 면밀히 감시해 이런 혜택을 회수할 수 있는 정책적 방안도 모색해야 한다.

자료 : 한겨레(http://www.hani.co.kr), 2020.1.7.

제1절

다국적기업의 개념

1. 다국적기업의 용어

다국적기업의 개념은 1959년 맥켄지사(Mckensey, Co. Ltd.)의 클리와 디시피오(G. H. Clee and A. Di Scipio)가 「세계기업의 창조」라는 논문에서 세계기업(world enterprise)[2]이라는 용어를 사용하면서 도입되었다. 그 후 1960년에 릴리엔탈(D. E. Lilienthal)이 「다국적기업의 경영」이라는 자신의 저서에서 다국적기업(MNC : multinational corporation)[3]이라는 용어를 처음으로 사용하였으며, 1964년에 미국 싱어사(Singer Co. Ltd.)의 사장 커처(D. P. Kircher)는 초국적기업(transnational enterprise)[4]이라는 용어를 사용하였다.

이후, 최근에 이르기까지 국제기업(international firm), 범세계기업(global corporation), 초국적기업(TNC : transnational corporation), 우주기업(cosmocorp), 다국적기업(MNE : multinational enterprise, MNC : multinational corporation), 다국적회사(MNF : multinational firm) 등과 같은 다양한 용어가 사용되고 있으나 아직까지 통일된 용어와 정의가 확정되지 못하고 있는 실정이다.

---

2) G. H. Clee and A. Di Scipio, "Creating a World Enterprise," *Harvard Business Review,* November-December 1959, p.57.

3) D. E. Lilienthal, "Management of Multinational Corporation," in M. Anshen and G. L. Bach,(ed.), *Management and Corporation*, McGraw-Hill, 1960, p.119.

4) D. P. Kircher, "Now the Transnational Enterprise," *Harvard Business Review*, March-April 1964, pp.6~11.
런던 비즈니스 스쿨의 존 스톱폴드(John Stopfold) 교수에 따르면 초국적(transnational)이라는 용어는 1960년대 국제연합(UN)에서 다국적(multinational)이라는 용어를 회피하기 위하여 만들어진 용어이다. 그 당시 다국적이라는 용어는 개발도상국과 다국적기업의 관계를 통해 누가 이익을 보고 있는가에 대해 개발도상국들이 의문을 제시하였기 때문에 개발도상국에게는 부정적인 의미를 내포하게 되었다. 1960년대에는 다국적이라는 용어가 착취와 관련되어 있다는 의식이 팽배하였기 때문이다. 국제연합은 개발도상국과의 건설적인 관계를 유지하고자 초국적이라는 용어를 만들어 내게 되었다.(J. L. Daniels and N. C. Daniels저, 성태경역, 글로벌비전, 석정, 1995, p.15.)

이상의 용어들은 일반적으로 모두 동일한 의미를 지닌 개념으로 사용되고 있다. 그러나 학자에 따라서는 이러한 용어를 기업의 국제화 정도에 따라 각기 다른 의미로 사용하는 경우도 있다. 그러한 경우에는 국제기업, 다국적기업, 초국적기업 등의 순차적인 발전단계를 거치는 것으로 정의하고 있다.

UN에서는 초국적기업(transnational corporation)이라는 용어를 공식적으로 채택하고 있으며, 한국에서는 다국적기업과 국제기업이라는 용어가 가장 많이 사용되고 있다.[5)]

2. 다국적기업의 정의

다국적기업에 대한 개념은 기업의 구조적 특성, 경영성과 특성, 행동적 특성 등을 기준으로 다양하게 정의되고 있다.[6)]

기업의 구조적 특성을 기준으로 다국적기업을 규정하는 학자들은 기업이 경영활동을 하고 있는 국가의 수, 기업소유의 국제적 분산정도, 최고경영자의 국적분포 등을 기준으로 다국적기업을 정의하고 있다.

경영성과를 기준으로 다국적기업을 규정하는 경우에는 절대적 기준과 상대적 기준의 두 가지 방법에 의해 정의하고 있다. 절대적 기준에 의하면 다국적기업은 투입자원의 일정량 이상을 국제적인 사업 활동에 배정하는 기업이라고 정의한다. 반면에, 상대적 기준은 절대적 기준과 달리 일정한 수치를 제시하는 것이 아니라, 투자재원·기술·인적자원 등의 경영자원이 상당한 정도 국제적인 사업 활동과 연관되어 있는 기업을 다국적기업이라고 폭넓게 정의한다. 일반적으로 사용되는 성과 지표는 해외자산 / 총자산의 비율, 해외매출 / 총매출의 비율, 해외수익 / 총수익의 비율 등이다.

행동적 특성에서는 경영의 관점이나 사고가 세계적인가의 여부를 통해 다국적기업을 정의하고 있다. 이상과 같은 평가기준에 따라서 다국적기업에 관한 정의는 다양하게 나타나는데 이를 요약·정리하면 [표 2. 1]과 같다.

[표 2. 1]에 나타난 바와 같이 다국적기업에 대한 정의는 연구하는 학자에 따라서 매우 다양하지만, '2개국 이상에서 경영활동을 전개하는 기업'으로

5) 강태구, 다국적기업경영론, 무역경영사, 1997, p.13.

6) Y. Aharoni, "On the Definition of a Multinational Corporation," Quarterly *Review of Economics and Business*, Autumn 1971, pp.27~37.

정의할 수 있다. 이와 관련해서, 다니엘스와 레드버그(J. D. Daniels and L. H. Radebaugh)[7]는 다음과 같은 주장을 하고 있다.

"다국적기업(MNE : multinational enterprise)은 해외시장 및 생산 활동에 대해 범세계적인 접근방법(global approach)을 취하는 기업을 말한다. 따라서, 다국적기업은 전세계 모든 곳을 자사의 시장과 생산입지로 생각하지만, 기업이 범세계적인 접근방법을 취하는지의 여부를 정확하게 판단하는 것은 매우 어려운 일이다. 예를 들어, 혹자는 다국적기업의 자격을 갖추기 위해서는 최소한 몇 개국 이상에 생산시설이 갖춰져 있어야 하거나, 일정한 규모 이상이 되어야 한다고 말하고 있다. 이러한 정의하에서는 다국적기업은 보통 대기업이 되어야 한다. 그러나 소기업도 또한 회사의 가용자원 범위 내에서 적극적으로 범세계적인 접근방법을 취할 수 있다. 따라서 오늘날에는 많은 저자들이 다국적기업을 2개국 이상에서 사업 활동을 하는 기업을 포괄하는 개념으로 사용하고 있다."

7) J. D. Daniels and L. H. Radebaugh, *International Business : Environments and Operations*, 8th ed., Addison Wesley, 1998, p.18.

[표 2.1] 다국적기업의 정의

관 점	기 준	명 칭	학 자
구조	경영활동이 일어나는 국가의 수 : 2개국 이상	multinational corporation	D. E. Lilienthal
		multinational corporation multinational firm	J. Fayerweather
		multinational corporation	M. Z. Brooke H. L. Remmers
		multinational corporation	J. H. Dunning
		multinational enterprise	N. Hood and S. Young
	기업소유의 국적구성 : 2개국 이상	multinational firm multinational enterprise	J. N. Behrma
	최고경영층의 국적구성 : 2개국 이상	transnational enterprise	D. Kircher
	6개국 이상에 제조업 투자를 행하고 있는 대기업	multinational enterprise	R. Vernon
	초국적 주체에 의해 관리되고 있는 기업	cosmo corporation world corporation	G. Ball
성과	해외부문의 매출액 투자·자산·고용 등 : 일정비율 이상	multinational corporation	J. Bruck and F. Lee
	해외부문의 매출액 투자·자산·고용 등 : 25% 이상	international corporation	S. Rolfe
	해외부문의 매출액과 수익 : 35% 이상	multinational corporation	Business International사
행동	경영관리의 관점이 국제적인가?	world enterprise	G. Clee and A. Di Scipio
	범세계적 관점에서 자원배분을 하고 있는가?	supernational enterprise	R. D. Robinson
	세계를 단일시장으로 간주하고 기업의 성과를 전세계적인 시야에서 판단하며 기업의 세계적 지위를 추구하는 기업	multinational corporation	S. H. Hymer and R. Rowthorn
	경영자의 태도가 본국시장지향적인가, 피투자국시장지향적인가, 지역시장지향적인가, 세계시장적인가?	ethnocentric polycentric regiocentric geocentric	H. D. Perlmutter
	세계시장을 하나의 시스템으로 보아 각국에서 경영전략을 유기적으로 조정하는 기업	global corporation	M. Porter
	여러 국가에서 생산활동을 전개하며, 국경을 초월하여 본사가 직접 각 자회사를 통제 관할하는 기업	multinational enterprise	F. R. Root
다각적	· 다수국에서 기업활동 · 진출국의 총국민소득에 기여 · 다수국 국적의 경영층 · 주식소유의 다수국 분산	multinational corporation	J. Maisonrouge
	· 2개국 이상에서 생산 또는 서비스 활동 · 매출액 : 연 1억 달러 이상 · 소유와 경영 : 다국적화 · 최고경영자 : 국경을 초월한 의사결정	transnational corporation	U. N.

자료 : 원종근·현인규·지남용, 국제마케팅론, 법문사, 1995, pp.6~7.

제2절

다국적기업의 특징

많은 사람들은 다국적기업을 특수한 종류의 기업체로 생각하고 있으며, 따라서 다국적기업의 구조나 전략도 단일국적을 갖고 있는 일반 기업들과는 다를 것이라는 오해를 하고 있다. 그러나, 다국적기업은 경영활동을 상이한 국가의 국경선을 넘어서 행하는 한 가지 형태의 기업체일 뿐이지, 결코 특수한 종류의 기업체는 아니다. 그렇기 때문에 본질적으로 다국적기업의 행동원리는 단일국적기업과 다를 바가 없다. 즉, 이 두 가지 형태의 기업체들 모두가 추구하는 기본적인 목표는 그들이 생산하는 제품과 서비스를 판매하여 이익을 극대화시키거나 생산성을 극대화시키는 등과 같은 조직의 효과를 달성하는 데 있다.

그렇다면 단일국적기업과 다국적기업의 차이점은 무엇인가? 단일국적기업과 다국적기업의 차이점을 바탕으로 다국적기업이 갖는 독특한 특징을 정리하면 2개국 이상에서의 경영활동, 복수통화의 사용, 거대한 경제력 등 세 가지로 요약할 수 있다.

1) 2개국 이상에서의 경영활동

다국적기업과 단일국적기업 간의 차이점은 우선, 경영활동의 지리적 영역이 다르다는 데 있다. 즉, 단일국적기업이 한 국가 내에서 경영활동을 수행하는 반면에, 다국적기업은 2개국 이상의 상이한 국가에서 경영활동을 전개한다. 따라서, 다국적기업은 본국(home country)의 국내 경영환경은 물론 해외 현지국(host country)의 경영환경도 고려한 기업경영을 전개해야 한다.

[표 2. 2] 다국적 기업의 국제화 통계(비금융, 개발도상국 대상)

Variable	Global top 100 MNEs					Top 100 MNEs from developing andtransitioneconomies		
	2019a	2020b	2020–2019 Change(%)	2021b	2021–2020 Change(%)	2019a	2020	Change (%)
자산(Assets)								
해외	9332	9,591	2.9	10,092	5.2	2,479	2,642	6.6
국내	7,698	8,251	7.2	8,664	5.0	5,061	5,857	15.7
총합	17,021	17,842	4.8	18,756	5.1	7,540	8,499	12.7
해외비중	55	54	–	54	–	33	31	–
매출액(Sales)								
해외	5,982	5,196	−13.1	6,409	23.3	1,963	1,812	−7.7
국내	4,375	3,950	−9.7	4,720	19.5	3,155	3,041	−3.6
총합	10,357	9,146	−11.7	11,128	21.7	5,118	4,854	−5.2
해외비중	58	57	–	58	–	38	37	–
고용(Employment)								
해외	9,591	9,140	−4.7	9,157	0.2	4,359	4,150	−4.8
국내	10,396	10,192	−2.0	11,000	7.9	8,981	8,971	−0.1
총합	19,987	19,332	−3.3	20,157	4.3	13,341	13,121	−1.6
해외비중	48	47		45		33	32	

Source: UNCTAD. WorldInvestmentReport2022, p.40.
a: Revisedresults
b: Preliminaryresults

[표 2. 2]와 같이 2021년 글로벌 100대 다국적기업(MNEs)의 자산(asset)과 매출액(sales)의 해외비중이 각각 54%, 58%이며 고용(employment)은 45% 수준으로 나타났다. 이 같은 다국적화의 진전에 따라서 최근에는 다국적기업이 제조한 상품의 국적을 명확하게 판단하는 것이 매우 어렵게 되었다. 다국적기업들은 대부분 효율성의 원칙에 입각해, 가장 효율적으로 원료를 구입할 수 있는 곳에서 원료를 공급받고, 가장 효율적으로 생산이 가능한 곳에서 관련 부품을 생산하고, 가장 효율적으로 완성품을 만들 수 있는 곳에서 완성품을 조립하거나 만들어 판매하는 이른바 생산기지의 세계화를 실현하고 있기 때문에 상품 생산국이 진정 어느 나라인지 파악하는 것은 매우 어렵다.

예컨대, 1992년 포드자동차는 독일에서 안티록 브레이크의 통제장치를 조달하였으며, 스페인에서는 엔진 컴퓨터를, 일본에서는 완충장치를, 영국에서는 중요 차축 부품을 조달하였다. 그리고 전면유리, 계기판, 시트, 연료탱크는 멕시코에서 만들었다.[8] 과연 포드자동차의 국적은 어디인가?

또한 오늘날 많은 다국적기업이 자사의 이익을 극대화시키고 성장을 추구하기 위해서 전략적 제휴(strategic alliance)를 활발히 전개하고 있다. 포드의 Festiva는 기아자동차에서 만들었으며, GM의 Pontiac LeMans은 대우자동차에 의해 만들어졌다. 크라이슬러의 Dodge와 Plymouth Colt 및 Vista는 일본의 미쓰비씨자동차에 의해 만들어졌다. 토요타는 또한 미국의 GM에서 만든 Toyota Cavalier를 판매하였다. GM은 인도시장에 판매하기 위해서 인도에서 Mitsubishi Lancer를 만들었다. 이들의 국적은 어디인가?

이러한 다국적기업간의 전략적 제휴를 발판으로 상대방 기업의 주식을 매입하고 이를 통해서 특정 기업에 대한 소유도 할 수 있다. GM은 이스쯔의 36.7%를 소유하고 있으며, 포드는 마쓰다의 33.4%를 소유하고 있다.[9] 이스쯔와 마쓰다의 국적은 일본인가 아니면 미국인가?

2) 복수통화의 사용

다국적기업과 단일국적기업은 사용하는 통화가 다르다. 단일국적기업은 국내통화만 가지고도 거의 모든 국내거래를 수행할 수 있는 반면에, 여러 나라의 국경선을 넘어서 경영활동을 하는 다국적기업은 복수통화를 거래의 매개수단으로 삼는다. 따라서 다국적기업은 환율변동에 따른 환위험(exchange risk)에 노출될 수 있어 국제 금융환경 변화에도 민감하다.

[표 2. 3] 주요국의환율

순서	통화	2005년	2010년	2015년	2020년	2021년	2022년 6월
1	미국USD	1,004.50	1,122.00	1,177.50	1,180.05	1,144.42	1,234.21
2	일본JPY(100)	856.06	1,378.21	978.07	1,105.07	1,041.45	1,005.05
3	유로EUR	1,192.74	1,497.53	1,286.18	1,345.99	1,352.79	1,348.74
4	중국CNY	124.46	170.29	179.11	170.88	177.43	190.18
5	홍콩HKD	129.56	144.33	151.92	152.14	147.23	157.69

8) *Fortune*, June 17, 1992, p.53.

9) John D. Daniels and Lee H. Radebaugh, *op. cit.*, p.236.

순서	통화	2005년	2010년	2015년	2020년	2021년	2022년 6월
6	태국THB	24.5	37.27	32.63	37.72	35.80	36.60
7	대만TWD	30.57	38.54	35.86	40.07	41.00	42.96
8	필리핀PHP	18.96	25.62	25.1	23.78	23.22	23.67
9	싱가포르SGD	603.85	875.13	833.86	855.11	851.47	904.07
10	호주AUD	737.6	1,142.87	861.81	813.48	859.42	888.54
11	베트남VND(100)	–	5.73	5.24	5.08	4.99	5.38
12	영국GBP	1,734.97	1,737.98	1,746.11	1,513.05	1,573.96	1,602.04
13	캐나다CAD	863.71	1,124.02	847.73	879.91	913.26	970.76
14	말레이시아MYR	265.75	363.88	274.28	280.72	276.08	288.90
15	러시아RUB	–	36.74	15.96	16.41	15.53	16.65
16	남아공화국ZAR	–	169.26	75.53	72.01	77.45	80.22
17	노르웨이NOK	148.47	191.62	133.74	125.62	133.13	135.31
18	뉴질랜드NZD	688.79	867.75	808.12	766.45	809.07	819.12
19	덴마크DKK	159.47	200.82	172.36	180.57	181.90	181.28
20	멕시코MXN	94.25	90.4	67.75	55.19	56.41	60.92
21	몽골MNT	–	–	0.59	0.42	0.40	0.41
22	바레인BHD	2,664.81	2,975.97	3,123.34	3,128.33	3,035.48	3,273.73
23	방글라데시BDT	15.17	15.9	15.06	13.91	13.46	14.14
24	브라질BRL	428.72	674.88	297.29	231.20	212.29	244.28
25	브루나이BND	603.38	869.33	833.92	854.90	851.47	904.07
26	사우디아라비아SAR	267.85	299.15	313.75	314.46	305.09	328.98
27	스리랑카LKR	–	–	8.17	6.36	5.76	4.56
28	스웨덴SEK	126.45	166.85	140.17	128.42	133.35	128.81
29	스위스CHF	766.44	1,198.46	1,188.07	1,257.34	1,251.65	1,306.51
30	아랍에미리트공화국AED	273.48	305.5	320.58	321.27	311.57	336.02
31	알제리DZD	–	–	10.99	9.32	8.48	8.63
32	오만OMR	–	–	3,058.44	3,064.97	2,972.55	3,207.23
33	요르단JOD	1,417.18	1,586.85	1,660.79	1,664.38	1,614.19	1,740.74
34	이스라엘ILS	219.32	316.29	301.4	343.01	354.46	377.50
35	이집트EGP	175.38	192.97	150.38	74.60	72.90	71.54
36	인도INR	22.27	25.04	17.79	15.92	15.48	16.19
37	인도네시아IDR(100)	10.22	12.48	8.56	8.13	8.00	8.56

주:각 년도 12월말 매매기준율 (2022년은 6월 26일 기준)

자료 : KEB하나은행(https://www.kebhana.com/)

3) 거대한 경제력

일반적으로 다국적기업은 단일국적기업보다 대규모이다. 막대한 연구개발 비용을 지출하고 있으며, 기술 집약적인 차별화된 제품을 생산·판매하고 있을 뿐만 아니라, 고도의 경영관리기법을 보유하고 있어 현지국 기업에 대해 독점적 우위를 갖고 있다. 물론, 이러한 특징은 모든 다국적기업이 전부 갖고 있는 것은 아니며, 단지 거대 다국적기업들이 일반적으로 갖고 있는 특징이다.

[표 2. 4]는 다국적기업의 순이익(Net Income)과 각국의 GNI를 비교하여 열거한 것이다. 이 표에서 볼 수 있듯이, 많은 다국적기업의 이익이 한 나라의 GNI보다 더 높을 정도로 강력한 경제력을 갖고 있음을 알 수 있다.

[표 2. 4] 국적기업의 순이익과 국가별 GNI 비교

Global 500 Rank*	다국적기업 (MNEs)	매출(M$)*	순이익($M)**	국가명 (Country)	국민총소득 (10억US$)
6	Apple	365,817	57,411	앙골라	57.4-
14	Saudi Aramco	400,399	49,287	파나마	49.4-
184	SoftBank Group*	55,383	47,053	콩고민주공화국	48.6-
20	Industrial & Commercial Bank of China	209,000	45,783	룩셈부르크	45.5+
33	Microsoft	168,864	44,281	요르단	44.5+
11	Berkshire Hathaway	276,094	42,521	아제르바이잔	42.2-
21	Alphabe	257,637	40,269	볼리비아	40.1+
25	China Construction Bank	200,434	39,283	카메룬	39.2-
29	Agricultural Bank of China	181,411	31,293	에스토니아	30.8+
86	Meta Platforms	117,929	29,146	수단	30.6+
43	JP Morgan Chase	127,202	29,131	네팔	29.3+
39	Bank of China	152,409	27,952	에스토니아	26.2+
32	Tencent Holdings	157,095	23,166	엘사바도르	23.3-
63	Alibaba Group Holding	132,935	22,224	온두라스	22.2-
15	Samsung Electronics	244,334	22,116	트리니다드토바고	21.3-

출처: 포춘 글로벌500대 기업 순위(2020년 순위), 통계청 국제통계 국민총소득 2021년 기준 자료 비교(2022년)

* 매출(2021년 기준), **순이익(2020년 기준), 국민총소득(+2019년, -2020년 기준)

* Softbank Group은 2020년 4억7500만달러 손실에서 2020년 460억 달러 순이익이 발생함.

2021년 발표된 포춘지 글로벌 500대 기업 가운데 가장 많은 이익을 낸 기업은 애플(apple)로 574억 달러이며, 앙골라의 국민총소득 574억 달러와 비슷한 규모이다. 중국의 공상은행이 457억 달러로 룩셈부르크의 2019년 국민총소득과 유사한 크기이며, 한국의 삼성은 221억 달러로 트리니다드토바고의 국민총소득과 유사한 것으로 나타났다.

다국적기업의 연구개발비도 매출액의 경우와 마찬가지로 한 나라의 연구개발비를 초과하는 경우가 많다. [표 2. 5]에는 다국적기업의 R&D지출과 R&D 강도가 나타나 있다. 다국적기업을 대표하는 미국기업과 주요국의 연구개발비를 비교하여 열거한 것이다. 이 표에서 볼 수 있듯이, 상위 10위까지 100억 달러 이상의 R&D 비용을 지출하고 있으며, 삼성과 애플을 제외하고 10%가 넘는 R&D 집약도를 나타내고 있어, 다국적기업의 연구개발능력이 뛰어남을 시사하고 있다.

[표 2. 5] 다국적기업의 연구개발비 (단위 : 10억 달러, %)

Rank	Company	Country	Industry	R&D expenditures	R&D intensity
1	Amazon.com, Inc	United States	Tech	28.8	12.4
2	Alphabet Inc	United States	Tech	21.4	15.7
3	`Samsung Electronics Co, Ltd	Korea, Rep. of	Tech	16.5	7.5
4	Huawei Technologies	China	Tech	15.3	14.1
5	Microsoft Corp	United States	Tech	14.7	13.3
6	Apple Inc	United States	Tech	14.2	5.4
7	Intel Corp	United States	Tech	13.5	19.1
8	Roche Holding AG	Switzerland	Pharmaceuticals	12.3	20.3
9	Johnson & Johnson	United States	Pharmaceuticals	10.8	13.2
10	Toyota Motor Corpa	Japan	Automotive	10.0	3.6
11	Volkswagen AG	Germany	Automotive	9.6	3.4
12	Novartis AG	Switzerland	Pharmaceuticals	9.1	16.5
13	Robert Bosch GmbH	Germany	Automotive	8.7	9.2
14	Ford Motor Co	United States	Automotive	8.2	5.1
15	Pfizer Inc	United States	Pharmaceuticals	8.0	14.9
16	General Motors Co	United States	Automotive	7.8	5.3
17	Daimler AG	Germany	Automotive	7.5	3.9
18	Honda Motor Co Ltd	Japan	Automotive	7.3	5.1
19	Sanofi	France	Pharmaceuticals	6.7	16
20	Siemens AG	Germany	Industrial	6.4	6.7

자료: UNCTAD. World Investment Report 2019, p.22.

이 같은 대규모의 연구개발비 지출을 통해서 다국적기업은 단일국적기업과는 차별화된 제품을 생산·판매하고 있다. [표 2. 6]은 세계 일류 상품을 나라별로 나타낸 것이다. 세계의 일류 상품은 주로 다국적기업이 생산하고 있으며, 국가별로도 거대 다국적기업이 많은 국가에서 일류 상품을 생산하고 있음을 알 수 있다.

[표 2. 6] 주요 국별 세계 일류 상품 현황

국 가	브랜드/메이커명	제 품
미 국	Proctor & Gamble Walt Disney, Holywoood McDonald's, KFC, Pizza Hut Coke, Pepsi, Seven-up Wilson, Prince, Nike, Reebok Samson Nite IBM, Apple, MS Calvin Klein, Levis, Guess Harley-Davidson GM, Ford Visa, Master, American Express Marlboro, Camel, Kent Xerox MTV, CNN Gillette	세제, 비누, 치약, 휴지 영화 Character사업 Fast food 음료수 스포츠용품 가방 컴퓨터 대중용 의류 오토바이(대형) 자동차(대형) 신용카드 담배 복사기 방송매체 면도기
독 일	Volkswagen Mercedes-Benz, BMW, Porche Adidas, Puma BASF, Bayer Rodenstock 기타	자동차 자동차(고급) 스포츠용품 화학제품 안경태 광학기기, 문구류
스 웨 덴	Volvo Electrolux	자동차 가전제품
이탈리아	Benetton, Jeorgio Armani Fila, Ellesse Olivetti Fiat, Ferari 기타	패션제품 스포츠용품 및 운동화 전자제품 자동차 구두, 요업제품, 스키화, 조명기기, 가구

국 가	브랜드/메이커명	제 품
프 랑 스	Conak Chanel Yves ST Laurent, Pierre Cardin Michelin Renault	와인 향수 패션상품 타이어 자동차
영 국	Air Bus Burberry Reuters Loyd's BP Scotch Whiskey	비행기 의류 및 남성용품 정보 및 통신서비스 보험 석유화학 위스키
스 위 스	Nestlé Rolex, Swatch Ciba-Geigy Swiss Bank Corp	쵸코렛 시계 의약품 금융산업
네덜란드	Lego	완구류
일 본	Seiko Sony, Panasonic Canon, Minolta, Ricoh Yamaha Honda, Toyota, Lexus, Aucuira, Infinity Asics, Mizuno Sharp NEC Canon, Nikon Nintendo 기타	시계 VCR, 마이크웨이브오븐, 워크맨 Fax, 복사기 음향기기 자동차(소형) 자동차(대중용고가품) 스포츠용품 소형(휴대용)계산기 통신기기 카메라 게임기 자전거, 전기면도기, 진공청소기, 전기담요
한 국	Korea Samsung, LG Samick Hyundai, Kia Hyundai Hyundai 기타	인삼 가전제품, 모니터, 메모리 칩 피아노 자동차 조선 건설 김치, 손톱깍기, 텐트, 모자

자료: 한국무역협회, 문화가 체화된 수출상품 개발전략, 1996.11, pp.189~190을 수정.

제3절

다국적기업의 발전과정

1. 다국적기업 이전 시대(~1850년대)

기원전 2800년경에 이집트와 페니키아시 간에 무역이 발생하면서 국제경영 활동이 존재하였다. 무역은 주로 천연자원의 공급원을 확보하기 위한 수단인 직접투자형태로 발전해 갔다.

1600년에는 영국의 동인도회사가 아시아에 해외지사를 설립하였다. 1602년에 설립되어 1874년까지 거의 3세기 가량 존속한 네덜란드 동인도회사는 세계에서 가장 큰 국제경영 활동을 하는 기업 가운데 하나였으며 자원추구(resourceseeking)형의 직접투자활동도 한 회사였다.10)

하지만, 이 당시의 유럽 무역회사들에 의한 해외진출은 오늘날 다국적기업이 하고 있는 해외진출과는 그 성격이 다르다. 즉, 17세기~19세기에 식민지를 가지고 있던 유럽의 무역회사들도 적극적으로 해외에 진출했지만, 이들의 해외진출은 어디까지나 해외 현지에서의 제품을 생산하기 위한 것이라기보다는 다분히 식민지의 유지와 확장을 위한 것이었다. 그들은 주로 자국의 해외 식민지와 영향권 내에 있는 지역만을 대상으로 수출입활동을 전개하였다. 반면에 다른 독립 국가들과는 무역과 기타 상거래를 중요시하지 않았으므로 범세계적 운영을 했다고 볼 수 없다. 또한 이들의 투자형태는 기업의 소유나 경영참여를 위한 직접투자이기보다는 해외 공사채에 대한 간접투자의 형태를 띤 것들이었다. 설사 직접투자가 있었다 하더라도 그것은 식민지의 천연자원을 개발하기 위한 산업과 이를 본국에 수송하기 위한 운송 산업에만 집중하였다. 따라서, 기업의 해외활동은 오늘날과 같은 다국적기업의 활동과 그 성격이 전혀 다르다.

반면에 식민지가 거의 없었던 미국기업의 해외진출은 유럽 국가들의 무역회사들과는 다르게 캐나다, 중남미, 유럽 등지를 대상으로 처음부터 직접투자형태였다. 미국의 해외직접투자에 대한 효시로는 1853년 Colt Fire Arms가

10) S. H. Robock, *International Business and Multinational Enterprises*, 4th ed., Irwin, 1989, pp.13~14.

권총을 생산하기 위해 영국공장을 설립한 바 있지만 모두 실패하였다.

2. 다국적기업의 출현과 초기 발전시대(1860년대~1940년대 전반)

오늘날 우리가 알고 있는 바와 같은 다국적기업의 기원은 미국의 Singer Company가 국제적으로 사업을 확장하고 세계적인 관점에서 경영을 시작한 1800년대 중반으로 거슬러 올라간다. Singer는 1868년에 미국 최초로 성공적인 해외생산을 한 스코틀랜드공장을 설립하였다. 그 후 Singer는 뛰어난 해외판매 조직과 여럿의 해외생산 공장을 소유한 범세계적인 조직으로 성장하였다. 다른 기업들도 곧 이를 뒤이었으며, 1914년까지 최소한 37개의 미국기업들이 2개국 이상의 해외입지에 생산시설을 보유하고 있었다.

이러한 기업들 가운데 일찍이 해외에 공장을 설립한 기업으로는 유럽에 공장을 세운 National Cash Register와 Burrough, 런던 근처에 공장을 세운 Parke–Davis, 그리고 14개국에 조립시설이나 판매점을 갖춘 포드자동차 등이 있다. GM과 크라이슬러도 곧 포드자동차의 뒤를 따랐으며, 1920년대에는 세 개 회사 모두 규모가 큰 해외사업을 갖고 있었다. 흥미 있는 것은, 1920년대에는 오늘날과는 정반대로 일본에서 판매되는 모든 자동차는 포드자동차와 GM에 의해 미국 내에서 만들어진 것이며, 단순히 현지조립을 위한 조립품들만이 일본에 보내졌다는 것이다. GE도 1919년 유럽, 라틴아메리카 및 아시아에 공장을 설립하는 등의 해외투자를 하였다. 그 밖에도 Alcoa, American Tobacco, Armour, Coca–Cola, Eastman Kodak, Gil–lette, Quaker Oats, Western Electric, Westinghouse 등의 미국기업들이 당시에 유럽에 투자를 하였다.[11)]

이처럼 1920년대에 미국의 많은 기업들은 직접투자 중심의 국제화를 시도하였으며 기존의 다국적기업들도 팽창을 거듭하였다. 이는 제1차 세계대전 이후 미국기업들이 주로 수출을 해 오던 대부분의 유럽국가에서 자국산업 보호정책을 채택하여 수입장벽을 높임에 따라 수출중심보다는 해외직접투자 중심의 국제경영전략을 적용하였기 때문이다.

미국의 기업들이 가장 큰 해외 투자자였기는 하지만, 유럽기업들도 해외로 이동을 하였다. Bayer은 1865년에 뉴욕공장의 지분을 매입하였으며, 2년

11) D. A. Ball and W. H. McCulloch, Jr., *op.cit.*, p.9.

후에는 독일에 자사 공장을 설립하였다. 그리고 해외시장의 높은 수입관세 때문에 이 회사는 계속해서 러시아(1876), 프랑스(1882), 벨기에(1908) 등지에 공장을 설립하였다. 바이엘은 오늘날 세계 3대 화학회사로 성장하였으며 70여 개국에서 사업을 하고 있다.

3. 미국계 다국적기업의 지배시대(1940년대 후반~1950년대)

제2차 세계대전의 종전에서부터 1950년대 말까지는 미국계의 다국적기업들이 급속하게 성장한 시기이다. 전쟁기간 동안 피해를 보지 않은 미국기업은 종전 직후에 해외직접투자를 활발하게 할 수 있었다. 반면에, 전쟁으로 황폐화된 서유럽과 일본의 대다수 기업들은 국내재건에 집중할 수밖에 없었다. 더욱이 서유럽과 일본은 심각한 외환부족에 시달렸기 때문에, 이들 정부는 엄격한 통제를 통해 자본의 해외유출을 억제하였다. 또한 독일과 일본 기업들은 자신들이 해외에 투자한 자산을 전쟁과 관련해서 몰수당했으며, 해외직접투자에 내재된 위험이 높다고 인식하였다.

이와는 대조적으로 미국기업들은 국제적으로 사업을 확장하는 데 우월한 위치에 있었다. 이들은 축적된 재무적 자원을 보유하고 있었으며 전쟁기간 동안 신기술을 개발하였다. 자본의 해외유출에 대한 정부의 통제도 받지 않았다. 더욱이 미국정부의 정책은 유럽과 일본의 재건을 위한 원조와 개도국에 대한 지원의 형태로 해외직접투자를 하는 것을 장려하였다.

1950년대 말 전체 투자국의 해외직접투자액은 600억 달러 정도가 되었다. 그 가운데 미국이 약 55%를 차지하고 있었으며, 영국이 20%, 그리고 네덜란드, 스위스, 캐나다, 프랑스에서 나머지 25%를 차지하고 있었다.

4. 비미국계 다국적기업의 등장과 성장시대(1960년대 이후)

이 시기에서 가장 주목할 만한 사건은 1958년에 EEC(European Economic Community)와 1960년에 EFTA(European Free Trade Association)가 출범하였다는 것이다. 이러한 지역경제통합 현상은 해당 지역에 대규모 생산시설을 설립하는 것이 가능할 정도로 시장을 크게 만들었으며 제조업에 대한 대규모 직접투자를 유인하였다. 서유럽과 일본의 기업들은 자본유출에 대한 정부의 제한이 완화되자 해외에 투자를 하기 시작하였다. 서독은 1941년에 해외직접투자에 대한 금지조치를 완전히 폐지하였으며, 일본의 제한조치도 1969년에 자유화되기 시작하였다.

1960년대에도 미국과 영국은 월등한 해외투자국의 위치를 고수하였다. 특히, 1960년대의 국제경영활동은 미국계 다국적기업이 주도하였다. 미국계 다국적기업이 이 기간 동안 이루어진 해외직접투자의 약 2/3 가량을 차지하였으며, 많은 사람들이 다국적기업은 미국계기업이라고 생각하였다. 그러나 다른 국가에서도 해외직접투자에 참여하는 경우가 많아짐에 따라서 이들의 점유율은 점차 하락하였다. 1970년대에는 전체 해외직접투자에서 차지하는 미국의 비중은 50%로, 그리고 영국의 비중은 16%로 떨어졌다.

그럼에도 불구하고 세계경제에서 차지하는 미국계와 영국계의 다국적기업의 비중은 여전히 컸다. [표 2. 7]에 나타난 바와 같이 1973년에는 세계 260대 다국적기업 가운데 48.5%가 미국기업이었다. 2위는 영국으로 18.8%를 차지하였다. 일본은 단지 3.5%만을 차지하고 있었다. 이렇게 많은 비중을 차지하고 있는 미국계 다국적기업의 수는 제2차 세계대전 이후 30년간 지속된 미국경제의 우위를 반영하는 것이며, 영국계 다국적기업의 수는 20세기 초 영국의 산업지배 상황을 암시하는 것이었다.

[표 2. 7]에서 보는 바와 같이 2021년에는 상황이 많이 변화하였다. 글로벌 500대 다국적기업 가운데 미국 기업의 비중은 30.5%(122개), 중국은 33.8%(135개)로 중국 기업이 미국 기업보다 더 많이 등재하였다. 일본기업들이 13.3%(53개)로 중국과의 격차가 크게 나타났다. 세계시장에서 미국과 일본 기업의 지배력은 상대적으로 쇠퇴하고 중국 기업의 지배력이 크게 성장한 것으로 나타났다.

[표 2. 7] 국가별 다국적기업 현황

구분		미국	중국	일본	프랑스	독일	영국	한국
1973년	기업수	126	0	9	19	21	49	0
	비중	48.5%	0.0%	3.5%	7.3%	8.1%	18.8%	0.0%
1995년	기업수	158	2	158	45	42	35	8
	비중	31.6%	0.4%	31.6%	9.0%	8.4%	7.0%	1.6%
2000년	기업수	175	9	107	33	34	40	12
	비중	35.0%	1.8%	21.4%	6.6%	6.8%	8.0%	2.4%
2005년	기업수	174	16	81	34	35	37	11
	비중	34.8%	3.2%	16.2%	6.8%	7.0%	7.4%	2.2%
2010년	기업수	139	46	71	31	34	30	10
	비중	27.8%	9.2%	14.2%	6.2%	6.8%	6.0%	2.0%
2015년	기업수	128	98	54	31	38	29	17
	비중	25.6%	19.6%	10.8%	6.2%	7.6%	5.8%	3.4%
2019년	기업수	121	119	52	31	29	17	16
	비중	24.2%	23.8%	10.4%	6.2%	5.8%	3.4%	3.2%
2021년	기업수	122	135	53	26	27	22	15
	비중	30.5%	33.8%	13.3%	6.5%	6.8%	5.5%	3.8%

자료: http://fortune.com/global500, (검색일 2022.6.28.)

산업별로 살펴보아도 미국계 다국적기업의 지배력 약화현상이 지속되었음을 알 수 있다. [표 2. 8]을 보면 미국이 1959년에는 주요 산업분야에서 상위 10위권에 드는 기업이 7~9개로 대부분을 차지하였지만 2021년에는 '제약' 산업을 제외하고 대부분의 산업에서 중국기업이 많아졌다.

[표 2. 8] 산업별 상위 10위 기업 수

산업	1959년	1999년	2008년	2015년	2019년	2021년
항공 우주	8 미국	6 미국	7 미국	5 미국	6 미국	5 미국
	2 유럽	2 유럽	3 유럽	2 유럽	2 유럽	2 유럽
				3 중국	6 중국	6 중국
화학	7 미국	2 미국	2 미국	2 미국	1 미국	2 미국
	3 유럽	6 유럽	5 유럽	3 유럽	3 유럽	2 유럽
		2 일본	1 일본	1 일본	1 일본	1 일본
			1 한국	1 중국	1 중국	4 중국
					1 한국	1 한국
전자	7 미국	2 미국	1 미국	2 미국	1 미국	1 미국
	3 유럽	2 유럽	2 유럽	3 유럽	1 유럽	1 유럽
		6 일본	4 일본	7 일본	5 일본	5 일본
			2 한국	3 한국	2 한국	2 한국
			1 대만	1 중국/1 대만	4 중국/2 대만	4 중국/2 대만

산업	1959년	1999년	2008년	2015년	2019년	2021년
금속 제조	9 미국	1 미국	1 미국	1 미국	1 미국	2 독일
	1 유럽	3 유럽	2 유럽	2 유럽	2 유럽	1 룩셈브루크
		5 일본	3 일본	2 일본	2 일본	2일본
		1 한국	2 중국	10 중국	13 중국	16 중국
			1 한국	1 한국	1 한국	1 한국
제약	7 미국	5 미국	5 미국	4 미국	4 미국	8 미국
	3 유럽	5 유럽	5 유럽	5 유럽	5 유럽	7 유럽
				1 중국	2 중국	3 중국

주: 국가명 앞의 숫자는 국가(지역)별 기업 수

자료: 2021년 포춘지 500대 글로벌 기업, 저자 정리.

제 2부

다국적기업 관련 이론

제 ❸ 장 국제무역이론과 해외직접투자이론

3장

국제무역과 해외직접투자이론

이 장에서는 국제무역이론과 해외직접투자이론을 다룬다. 국제무역이론은 국가간에 무역이 이루어지는 이유와 그 이익을 설명하기 위한 이론인데, 여기서는 고전무역이론, 근대무역이론 및 현대무역이론으로 나누어 고찰하고자 한다. 또한 다국적기업의 등장으로 이들의 직접투자나 기술이전 등과 같은 새로운 거래에 대한 설명을 하고자 하는 해외직접투자이론도 살펴보고자 한다.

제①절 국제무역이론

제②절 해외직접투자이론

탈중국 러시, 글로벌 기업 50곳 넘었다

중국 정부가 미국이 부과하는 무거운 관세 부담을 덜어 주기 위해 각종 특별 혜택을 제시하며 외국 기업을 자국 내에 머무르게 하려고 애를 쓰고 있지만 탈중국 러시를 막기에는 역부족으로 보인다.

미국과의 무역 전쟁이 시작된 지 1년 만에 애플, 닌텐도(Nintendo) 등 50여 개 글로벌 기업이 중국 내 생산 이전 계획을 발표했거나 검토하고 있는 것으로 나타났다고 닛케이가 최근 보도했다.

탈중국 러시에 동참하는 회사는 외국 기업들만이 아니다. 미국, 일본, 대만 제조업체들뿐만 아니라 개인용 컴퓨터, 스마트폰, 기타 전자제품을 만드는 중국 제조업체들도 탈러시 대열에 끼여 있다.

PC 제조업체인 다이나북(Dynabook)의 카쿠도 기요후미 최고경영자(CEO)는 "관세 위험을 피하고 미국 정부 조달의 대상이 되기 위한 영구적인 대책이 필요하다"고 말했다. 샤프(Sharp)의 자회사인 디아나북은 미국으로 수출되는 노트북 PC 생산을 베트남에 건설 중인 신공장으로 이전하는 방안을 검토 중이다. 이 회사의 전체 노트북 생산량 중에서 미국으로 수출되는 물량이 10%를 차지한다. 다이너북은 노트북 PC의 거의 대부분을 상하이에서 남서쪽으로 175km 떨어진 항저우의 공장에서 생산한다. 카쿠도 CEO는 "미국이 그동안 관세를 부과하지 않았던 나머지 중국 제품에 대해서도 10% 관세 부과를 발표한 만큼, 다시 또 언제 어떤 일이 일어날지 알 수 없다"고 말했다.

애플은 주요 공급업체들에게 아이폰 생산량의 15%에서 30%를 중국 밖으로 이전하는 방안을 검토해줄 것을 요청했다. 닛케이아시안리뷰는 애플이 최근 인기를 끌고 있는 에어팟(AirPods) 무선 이어폰의 베트남 시험 생산을 시작할 예정이라고 보도했다. 이와 같은 시험 생산은 대개 대량생산으로 이어지는 게 보통이다.

미국의 PC 제조업체 HP와 델(Dell)도 중국에서 생산하고 있는 노트북의 최대 30%가량을 동남아 등으로 이전할 생각이다. 일본의 게임기 회사 닌텐도도 스위치(Switch) 게임기 생산의 일부를 중국에서 베트남으로 이전할 계획이다.

이런 움직임들이 중국의 고용과 소비를 압박할 수 있다는 우려는 당연하다. 피해를 최소화하기 위해 중국 정부는 외국 기업을 위해 각종 특혜를 쏟아내고 있다. 테슬라가 대표적 사례다. 이 회사는 상하이 외곽의 새 공장에 설비를 이전하고 있다. 이 공장은 불과 반 년 전에 착공되었으며, 이르면 이 달부터 생상 라인 직원을 채용할 예정이다. 테슬라는 중국 현지 지방정부로부터 싼 값에 토지를 불하 받고 유리한 조건으로 대출도 받은 것으로 알려졌다.

중국은 미국과의 무역 갈등이 깊어진 2018년부터 점차 해외 기업에 문호를 개방하고 있다. 중국상무부에 따르면 중국의 외국인 직접투자는 올해 1월에서 6월 사이에 약 707억 달러로 전년도에 비해 3.5% 증가했다. 중국은 또 지난 6월 말, 석유와 가스 등 7개 분야에 대한 외국인 투자 규제를 완화하겠다고 발표했고, 7월에는 2020까지 금융업에 대한 외국인 지분 투자 제한을 완전 철폐하겠다고 발표했다.

중국의 이런 조치들이 무역전쟁으로 인한 미국의 압박을 상쇄하기에 충분한지 여부는 불분명하다. 중국의 가구업체 UE 가구(UE Furniture, 永艺家具)의 직원들은, 상하이에서 서쪽으로 약 200km 떨어진 곳에 있는 회사의 메인 공장을 철수 작업을 시작했다. 이 회사의 직원들은 "관세 때문에 더 이상 초과근무를 하지 않는다"고 말했다. 이 회사는 미국의 관세를 피하기 위해 베트남에 생산시설을 세우기로 결정했다. 지금까지는 감원을 하지 않고 버텼지만 많은 직원들이 단축된 근무 시간으로 수입 감소를 감수해야 했다.

중국의 정치 지도자들도 이런 상황에 대한 우려하기 시작했다. 중국 국무원은 지난 5월 고용대책을 담당할 조직을 신설하기로 했고 국가보험의 여유자금을 활용해 직업훈련 프로그램을 강화할 계획이다. 미국과 중국간의 무역 분쟁은 이제 상품과 자본의 흐름에 구체적으로 나타나기 시작하고 있다. 올 들어 5월까지 중국의 대미 수출은 금액 기준으로 전년 대비 12% 감소한 반면, 인도, 베트남, 대만의 대미 수출은 두 자릿수 증가율을 기록했다. 제품의 원산지를 위장해 미국 관세를 우회하는 수출이 크게 늘어나고 있음을 보여준다. 무역분쟁이 장기화될 것이라는 전망에 따라 많은 회사들이 투자를 회피하고 있다. 이들은 한편으로는 미국 수출용 상품을 위한 대체 생산지를 찾아야 하고, 다른 한편으로는 중국 시장을 위해 중국 공장을 계속 운영해야 한다. 많은 제조업체들이 이중 공급망을 갖춰야 할 상황이 된 것이다. 중국을 위한 것과 중국 외 다른 시장을 위한 것. 결국 비용은 증가하고 이익을 갉아먹을 것이다.

일본연구소(Japan Research Institute)의 미우라 유지 선임연구원은 "세계 시장이 중국과 비중국으로 갈라질 가능성이 커지고 있다"고 말했다. 기업 입장에서는 고래싸움 속에서 세계경제를 적대 블록으로 나누는 이른바 디커플링(decoupling) 전략이 현실적 가능성으로 대두되고 있다는 것이다.

기업들은 비용 상승 외에도, 분리된 세계 경제에서 과잉설비에 직면할 가능성이 있다. 애플의 맥북(MacBook) 등을 하도급 생산하는 대만의 PC 제조업체인 콴타컴퓨터(Quanta Computer)는 일부 공장을 대만으로 이전할 예정이다. 그러나 이전에 따른 가격 상승을 둘러싸고 고객사와의 협상은 어려울 전망이다. 이 회사의 배리 람 CEO에 따르면, 콴타는 이미 수익률아 매우 낮은 상황이어서 이전 비용과 생산비 상승을 감당할 여력이 없다.

일본의 한 기계 제조업체도 미국 수출용 상품 생산을 동남아 국가로 옮겼다. 새 공장은 중국만큼 광범위한 공급망이 갖춰져 있지 않다. 이 회사의 한 임원은 "우리는 중국에서 부품을 수송하거나 새로운 조달 네트워크를 구축해야 한다. 어느 경우든 비용은 오를 것"이라고 말했다.

미국 정부는 지난해 7월부터 세 차례에 걸쳐 2500억 달러의 중국 수입품에 대해 관세를 부과했고, 지난 주 다음달 1일부터 나머지 3000억 달러에 대해서도 관세를 부과하겠다는 계획을 발표했다. 결국 중국에서 사실상 출하되는 모든 상품에 대해 관세가 부과되는 셈이다. 대부분 이전 장소는 동남아시아, 특히 베트남이다. 덕분에 베트남은 전기 및 전자 장비 제조업체들의 본거지가 되고 있다. 그 중에는 베트남에서 스마트폰을 생산하는 한국의 삼성전자도 있다. 베트남은 중국과 국경을 맞대고 있어 물류상의 이점이 있다.

일본의 교세라도 프린터 생산을 베트남으로 이전할 것을 고려 중이다. 중국 전자업체 TCL도 베트남에 TV 공장을 설립할 예정이다. 일부 제조업체들은 또 선진국 시장을 겨냥한 기존의 조달 네트워크를 활용하기 위해 생산 기지를 본국으로 이전하고 있다. 일본의 중장비 제작회사인 고마쓰 제작소(Komatsu)는 건설장비 부품 생산의 일부를 일본으로 이전했다. 미국 기업들도 디지털화와 자동화를 촉진해 공장 생산성을 높이기 위해 노력하고 있다.

자료 : 이코노믹리뷰(http://www.econovill.com/), 검색일(2020.1.15.)

제1절 국제무역이론

국제무역이론은 국가 간에 무역이 왜 이루어지며, 무역이 이루어지면 어떤 이익이 발생하는가 하는 것을 설명하기 위한 이론이다. 국제무역이론의 발전은 고전무역이론, 근대무역이론 및 현대무역이론으로 나누어 설명할 수 있다. 본 절에서는 다국적기업이 처해 있는 국제무역환경을 체계적으로 분석하기 위해 기본적인 국제무역이론을 살펴보도록 한다.

[그림 3.1] 무역이론의 전개과정

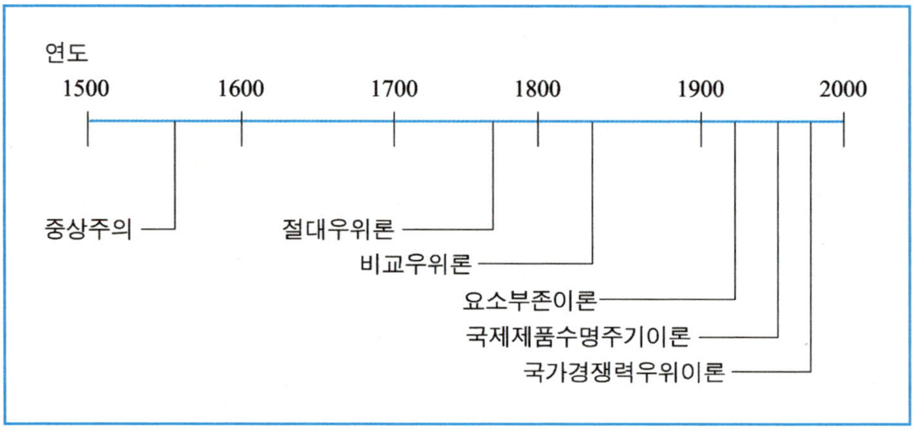

자료: J. J. Wild, K. L. Wild, and J. C. Y. Han, *International Business : An Integrated Approach*, Prentice-Hall, 2001, p.164.

1. 중상주의

1602년 영국과 네덜란드의 동인도회사 설립으로 유럽 각국의 식민지개척과 이에 따른 식민지 무역이 본격화되었다. 당시 봉건영주로부터 권력을 쟁취하여 통일된 국가를 세우게 된 유럽의 절대군주들은 도시국가, 종교단체, 길드와 같은 전통적 조직단체의 결속력을 약화시키고 새로운 국가에 대한 국민의 충성을 굳게하기 위한 강력한 군사력과 국가기관이 필요하였다. 이에 따라 유럽 각국은 강력한 군사력과 국가체제를 유지하는 데 필요한 재정수입을 극대화하기 위한 중상주의정책(mercantilism)을 선택하였다.

16세기부터 영국의 산업혁명 전인 18세기에 걸친 중상주의 시대에는 국가의 부는 통상 금의 형태인 귀금속 보유량에 의해서 측정된다고 인식하였다. 중상주의는 중금주의에 기반을 두어 금, 은의 획득을 중요시한 초기 중상주의와 무역차액설에 중심을 둔 후기 중상주의로 나눌 수 있다. 무역차액을 극대화하기 위해서는 가능한 한 수입보다 수출을 더 많이 해야 하며, 이를 위해서는 수입품에 대해서는 고율의 관세를 부과하여 억제하는 한편 수출에 대해서는 보조금을 지급하는 등 정부가 모든 경제활동을 강력하게 통제하여야 한다고 주장하고 있다.

그러나 이러한 중상주의 정책에서는 무역으로 발생하는 새로운 가치의 창출은 등한시하고, 고정된 가치를 어느 나라가 더 많이 차지하는가의 경쟁관계로만 보았다는 한계가 있다. 오늘날 국내수요를 초과 생산하여 그 잉여분을 해외에 수출함으로써 완전고용을 달성하거나 혹은 특정 지역으로부터 수입한 재화보다 더 많은 재화를 그 지역에 수출함으로써 해당 지역에 대한 정치적 영향력을 유지하고자 하는 사회적 또는 정치적 목표를 달성하려는 시도로 무역차액을 얻기 위해 노력하는 국가들을 신중상주의(neo-mercantilism) 라고 비난하는 이유가 여기에 있다.

이러한 중상주의정책은 유럽의 제국주의 국가가 무역을 통하여 피식민지 국가를 일방적으로 수탈하는 과정에서 이루어지는 것으로 무역당사국이 모두 이익을 얻는다는 기본전제가 성립되지 않으므로 보편타당성과 가치를 갖는 이론체계라고는 할 수 없다.

2. 고전 무역이론

1) 절대우위론

애덤 스미스(A. Smith)는 1776년 자신의 저서인 「국부론(The Wealth of Nations)」에서 한 국가의 부는 귀금속의 보유량에 달려 있다는 중상주의적 가정에 대해 이의를 제기하고 한 국가의 실질적인 부는 자국의 시민들이 이용할 수 있는 상품과 서비스로 이루어진다고 주장하였다.

애덤 스미스는 국제무역에 분업론을 적용시켜 각국이 생산성이 높은 상품의 생산에만 서로 집중하여 국제무역을 하면 두 나라 각각의 생산량을 합한 전체의 생산량이 증가한다는 절대우위론(absolute advantage theory)을 주장하였다. 즉, 각국이 생산에 있어서의 절대적인 우위를 가진 상품의 생산에 특화(specialization)하고 이러한 재화를 다른 나라에서 특화되어 생산된 상품과 교환함으로써 교역국 모두의 부(welfare)가 증대하다고 보았다.

예를 들어 한국과 중국 두 나라가 있고 이들은 각각 컴퓨터와 양복지를 생산하는 경우를 가정해 보자. 절대우위론에서는 상품의 생산을 위해 단지 노동만이 유일한 생산요소라고 가정하므로 생산비는 그 상품을 생산하기 위해 투입된 노동량으로 측정되며 이는 노동자의 수로 표시할 수 있다.

이 경우 [표 3. 1]에서와 같이, 컴퓨터 1단위를 생산하는 데 필요한 노동량이 한국에서는 6명이고 중국에서는 12명이므로 한국은 컴퓨터를 중국보다 값싸게 생산한다는 것을 알 수 있다. 즉, 한국은 컴퓨터의 생산에 절대우위가 있다. 한편 양복지의 경우는 중국이 1단위 생산하는 데 7명이고 한국이 10명으로 중국이 값싸게 생산한다. 즉, 중국이 양복지의 생산에 절대우위가 있다.

따라서 한국은 컴퓨터의 생산에 특화하고 중국은 양복지의 생산에 특화하여 국제적 분업을 한다. 즉, 한국은 컴퓨터만을 생산하여 이를 중국에 수출하고 그 대가로 양복지를 수입한다. 반면에 중국은 양복지 생산에만 전념해 양복지를 한국에 수출하고 그 대가로 컴퓨터를 수입한다.

[표 3. 1] 절대생산비

	한 국	중 국
컴퓨터 1단위	6명	12명
양복지 1단위	10명	7명

무역으로 인한 이득을 살펴보자. 무역 전 두 나라에서 생산되는 것을 모두 합하면 컴퓨터 2단위와 양복지 2단위이다. 무역이 이루어져 한국과 중국이 각각 컴퓨터와 양복지의 생산에 특화한다고 가정한다. 무역 후 한국은 16명의 노동을 전부 컴퓨터의 생산에만 투입한다면 컴퓨터 1단위 생산에 6명의 노동이 필요하므로 16/6단위의 컴퓨터를 생산하게 된다. 그리고 중국은 19명의 노동을 전부 양복지 생산에만 투입한다면 양복지 1단위 생산에 7명의 노동이 소요되므로 19/7단위의 양복지를 생산할 수 있게 된다. 그러므로 무역은 두 나라의 컴퓨터 생산을 4/6단위 증가시키고 양복지의 생산을 5/7단위만큼 증대시킬 것이다. 이러한 생산의 증가분이 무역참가국들의 무역이익(gains from trade)이라고 할 수 있다.

이처럼 절대우위론에 입각하여 무역을 하게 되면 무역에 참여하는 당사국 모두가 무역이익을 얻을 뿐만 아니라 세계적으로도 이익이 발생한다는 것이다. 그러나 절대우위론은 한 국가가 두 상품생산에 모두 절대우위 혹은 절대열위를 가질 때의 무역가능성을 밝히지 못했다는 한계를 갖고 있다.

2) 비교우위론

일국이 절대우위에 있는 모든 상품을 생산할 수 있는 경우에는 어떤 일이 발생할까? 애덤 스미스의 절대우위론은 한 나라가 다른 나라에 대하여 모든 상품의 생산에 있어서 절대적으로 우위가 있을 때에는 두 나라 간에 무역이 발생하지 않는다는 문제가 있다. 1817년에 데이비드 리카르도(D. Ricardo)는 이러한 문제와 관련해서 애덤 스미스의 절대우위론을 보완한 비교우위론 (comparative adv antage theory)을 전개하였다. 여기서 비교우위란 두 상품의 우위를 비교하여 그 우위가 보다 큰 것을 가리킨다.

리카르도는 비교우위론에서 일국이 절대우위에 상관없이 다른 상품보다 더 효율적으로 생산할 수 있는 상품에 특화를 한다면 무역을 통해 이익을 얻을 수 있을 것이라고 생각했다. 즉, 한 나라가 다른 나라에 대해서 모든 상품에 대해 절대우위(절대열위)에 처해 있다고 할지라도 상대적인 효율성이 높은(낮은)산업에 전문화함으로써 두 국가 모두에게 이익이 발생한다는 것이다. 비교우위론의 예를 들어 설명해 보자.

[표 3. 2]에서 보는 바와 같이 한국에서는 컴퓨터 1단위를 생산하는 데 8명의 노동이 필요하고, 양복지 1단위를 생산하는 데는 9명의 노동이 필요하다. 중국에서는 컴퓨터 1단위를 생산하는 데 12명의 노동이 필요하고, 양복지

[표 3.2] 비교생산비

	한 국	중 국
컴퓨터 1단위	8명	12명
양복지 1단위	9명	10명

1단위를 생산하는 데는 10명의 노동이 필요하다.

한국은 중국에 비해 컴퓨터 및 양복지 생산에 있어서 모두 절대우위에 있고 중국은 절대열위에 있다. 그런데 한국은 두 상품 중 중국과 비교할 때 컴퓨터 생산에서 우위의 정도가 더 높다. 왜냐하면 생산비면에서 단위당 투입 노동량비율이 양복지는 9/10명으로 중국의 90%에 해당하고, 컴퓨터는 8/12명으로 66.7%이기 때문이다. 중국은 한국에 비해 생산비가 두 상품 모두에서 절대열위에 있으나 양복지는 10/9명으로 111%이고, 컴퓨터는 12/8명으로 150%이므로 양복지의 생산이 상대적으로 유리하게 된다. 따라서 중국은 양복지의 생산에 비교우위를 갖게 된다.

비교우위론에 따르면 한국은 비교우위가 있는 컴퓨터의 생산에 전문화하여 중국에 수출하고 양복지는 중국에서 수입하는 것이 경제적으로 유리하다. 반면에 중국은 비교우위가 있는 양복지의 생산에 전념하여 한국에 수출하고 컴퓨터는 한국에서 수입하는 것이 유리하다.

무역 이익을 살펴보자. 무역 전 한국은 17명의 노동으로 컴퓨터와 양복지 각 1단위씩을 생산하였다. 중국은 22명의 노동으로 컴퓨터와 양복지 각 1단위씩을 생산하였다. 이제 무역이 발생하여 한국이 컴퓨터의 생산에 17명의 노동을 전부 투입한다면, 컴퓨터 1단위의 생산에 8명이 소요되므로 한국은 17/8단위의 컴퓨터를 생산할 수 있게 된다. 그리고 중국이 양복지의 생산에 22명의 노동을 전부 투입한다면, 양복지 1단위의 생산에 10명이 소요되므로 중국은 22/10단위의 양복지를 생산할 수 있게 된다. 세계적으로 무역 전에는 두 교역상품의 생산은 각 2단위였지만, 무역개시 후에는 컴퓨터 17/8단위와 양복지 22/10단위로, 두 교역상품의 생산량이 각각 1/8단위, 2/10단위만큼 증가하여 이익이 된다는 것을 알 수 있다.

한편 이러한 무역이익은 노동의 절약이라는 측면에서도 살펴볼 수 있다. 컴퓨터와 양복지가 1:1로 교환된다고 할 경우 한국은 8명의 노동으로 생산한 컴퓨터를 수출하여 지금까지 9명의 노동으로 생산했던 양복지와 교환함으로써 1명의 노동을 절약할 수 있게 된다. 중국도 10명의 노동으로 생산한 양복지로 12명의 노동으로 생산했던 컴퓨터를 구입할 수 있으므로 2명의 노동을 절약할 수 있게 된다.

리카르도의 비교우위론은 절대우위론의 결함을 보완하여 자유무역의 이론적 기초를 확고히 하였다는 점에서 높이 평가되고 있다. 그러나 비교우위론의 주장과는 달리 현실적으로 각국은 자국의 비교우위가 있는 상품의 생산에만 모든 노동을 투입하기보다는 비교열위의 상품도 생산하는 경향이 짙으며, 이론의 전개에 있어서도 교역 당사국에 배분되는 무역이익을 정확히 규명하지 못하였다는 한계가 있다.

3. 근대 무역이론

1) 헥셔-오린의 정리

리카르도의 비교우위론이 국제무역의 발생원인이 생산비의 상대적인 차이에 기인한다는 점을 밝힌 것이라고 한다면, 헥셔-오린의 정리는 그러한 비교생산비 차가 발생하는 이유를 규명한 이론이라고 할 수 있다. 스웨덴의 경제학자인 헥셔와 오린(E. Heckscher and B. Ohlin)은 국가 사이의 비교생산비 차가 발생하는 원천은 요소부존도의 차이에 있다는 것을 밝힘으로써 무역이론의 발전에 기여를 하였다.

헥셔-오린의 정리는 크게 두 가지 명제로 구분할 수 있다. 제1명제는 요소부존이론으로서 이는 국가 간에 생산요소의 부존상태가 각각 다르고 또 각 상품에 투입되는 생산요소의 비율이 다르기 때문에 국가간에 비교생산비 차가 발생한다는 것을 설명한 것이다. 제2명제는 요소가격균등화정리로서 국가 간의 비교생산비의 차이에 의해 무역이 발생하면, 이러한 무역의 전개에 따라 요소의 국가 간이동이 이루어지지 않더라도 국 요소의 상대가격이 균등화되는 경향이 있다는 것을 밝힌 것이다.

(1) 요소부존이론(제1명제)

요소비율이론(factor-proportions theory)이라고 하는 이 이론은 한 나라가 다른 나라에 비하여 상대적으로 풍부하게 부존된 생산요소를 보다 집약적으로 사용하여 생산한 상품에 비교우위를 갖는 경향이 있다는 것이다.

미국과 중국 두 나라가 두 생산요소(예컨대, 자본과 노동)를 투입하여 X재와

Y재 두 가지 상품을 생산한다고 가정하자. 여기서, 미국은 상대적으로 자본이 풍부한 나라이고, 중국은 노동이 풍부한 나라라고 하면, 미국에서는 상대적으로 자본가격이 싸고 노동가격이 비쌀 것이며, 중국에서는 자본가격이 비싸고 노동가격이 쌀 것이다.

한편, X재와 Y재는 기술계수가 서로 달라서 X재에는 자본, Y재에는 노동을 더 많이 사용하여 생산된다고 가정하자. 그렇다면 자본풍부국인 미국에서는 자본집약적인 X재가, 노동풍부국인 중국에서는 노동집약적인 Y재가 비교우위의 상품으로 특화될 것이다. 따라서 미국은 X재를 수출하고 Y재를 수입하며, 반대로 중국은 Y재를 수출하고 X재를 수입하게 된다.

이처럼 각국의 생산요소의 부존상태에 따라 산업형태나 무역형태가 달라진다는 것이 제1명제이다.

(2) 요소가격균등화정리(제2명제)

제2명제는 국가 간에 생산요소의 이동이 불가능하더라도 자유무역을 하게 되면 국가 간에 생산요소의 가격이 같아진다는 것이다.

미국과 중국 간에 무역이 성립되면 미국에서는 무역 이전에 노동집약적인 Y재를 생산하는 데 사용되던 자본과 노동의 일부 또는 전부가 자본집약적인 X재의 생산으로 옮겨질 것이다. 그런데 X재는 자본집약적 상품이므로 자본의 수요는 상대적으로 증가하고 노동의 수요는 감소한다. 그 결과 상대적으로 낮던 자본의 가격은 오르고 높았던 노동의 가격은 떨어지게 되어 두 생산요소의 가격은 점차 균등화되게 된다.

중국에서도 노동집약적인 Y재의 생산에 특화를 하는 경우 자본의 가격은 하락하고 노동의 가격은 오르게 되어 두 가격 역시 균등화의 경향을 나타낸다. 결국 양국의 자본과 노동 가격은 균등화경향을 보일 것이다.

이처럼 요소가격 균등화정리는 생산요소의 국제적 이동을 가정하지 않더라도 무역의 자유화로 말미암아 생산요소의 가격은 균등화되는 경향이 있다는 것을 설명하고 있다.

2) 레온티에프의 역설

레온티에프(W. Leontief)는 1947년 미국의 200개 산업의 투입산출표

(input-output table)를 이용하여 수출품과 수입품 100만 달러어치를 생산하는 데 소요되는 자본과 노동의 양을 계산하여 헥셔-오린 정리의 제1명제를 검증하였다.

연구 결과 자본풍부국인 미국은 헥셔-오린 정리의 제1명제 내용대로 자본집약재를 수출하고 노동집약재를 수입할 것이라는 예상과는 달리, 곡물과 같은 노동집약재를 수출하고 섬유와 같은 자본집약재를 수입한다는 결론에 도달하였다. 이를 레온티에프의 역설(Leontief paradox)이라고 한다.[12]

[표 3. 3]에서 보는 바와 같이 미국의 수출산업과 수입경쟁산업의 요소투입비율(수입경쟁산업의 요소투입비 / 수출산업의 요소투입비)이 1.3(=18,184 / 14,015)이기 때문에 미국의 수출산업은 수입경쟁산업에 비해 덜 자본집약적(더 노동집약적)이라고 할 수 있으므로 미국과 같이 자본이 풍부한 국가는 자본집약재를 수출할 것이라는 헥셔-오린 정리의 내용과는 상반된 결과가 나온 것이다.

이러한 레온티에프의 역설에 대하여 레온티에프 자신은 다음과 같이 설명하고 있다. 즉, 미국의 노동은 타국의 노동에 비하여 동일한 자본과 결합하더라도 3배 이상의 노동생산성을 가진 까닭에 비록 노동량 그 자체는 희소하더라도 노동으로부터 비롯하는 생산성은 오히려 상대적으로 풍부하며, 이에 따라 미국은 자본집약적 상품보다는 생산성이 높은 노동집약적 상품을 수출한다는 것이다.

이외에도 미국 국민은 타국 국민보다 자본집약적 상품을 선호한다거나, 국내 노동자들을 보호하기 위하여 노동집약적 상품의 수입을 억제한다는 설명도 제시되고 있다.[13]

[표 3. 3] 미국의 수출산업과 수입경쟁산업 각 100만 달러의 생산에 필요한 노동량과 자본량

		수출산업	수입경쟁산업
자본	1947년 가격(달러)	2,550,780	3,091,339
노동	연간(시간)	182	170
자본/노동(K/L)	1947년 가격(달러)	14,015	18,184

자료: 김행권·신동수, 「무역학개론」, 법경사, 1996, p.114.

12) W. Leontief, "Domestic Production and Foreign Trade," in Bhagwati(ed.), *International Trade*, Penguin, 1969.

13) 조동성, 「국제경영」, 경문사, 1999, p.220.

4. 현대 무역이론

레온티에프 역설 이후 실제로 일어나고 있는 무역형태를 설명하려는 움직임이 활발히 전개되었다. 여기서는 1960년대 이후 자주 거론되고 있는 무역이론에 관해 살펴본다.

1) 대표수요이론

린더(S. B. Linder)가 제시한 무역이론으로 이는 제조업부문에서 한 국가의 비교우위는 그 국가의 대표적 수요에 의해 결정되고, 이는 다시 그 국가의 소득수준에 의해 결정된다고 보는 이론이다.[14)]

그는 특정 상품이 수출가능하기 위해서는 우선적으로 국내에서 상당한 정도의 수요, 즉 대표수요가 있어야 한다고 주장하였다. 국내수요가 큰 상품일수록 국내시장의 생산규모 증대로 인한 규모의 경제효과나 기술습득효과로 인해 생산비를 절감함으로써 비교우위를 가질 수 있다는 데 그 근거를 두고 있다.

대표수요이론(representative demand theory)의 핵심은 소득수준의 변화에 따른 수요구조의 질적 변화에 있는 것이며, 평균소득수준이 유사한 국가들 간에는 무역잠재력이 크다고 보는 것이다. 지금까지의 이론이 공급측면만을 강조하고 있는 데 반하여 수요측면에서 무역을 설명하고 있다는 특징이 있다.

2) 연구개발이론

그루버, 메타, 버논(W. Gruber, D. Metha and R. Vernon) 등의 연구개발이론(theory of research and development factor)은 연구개발요소가 국가 간 비교생산비의 차이를 발생시키는 주요 요인이라는 주장을 하고 있다.[15)]

---

14) S. B. Linder, *An Essay on Trade and Transformation*, John Wiley & Sons, 1961. ch.3.

15) W. H. Gruber, D. Metha, and R. Vernon, "The R&D Factor in International Trade

이 이론은 미국이 공산품 수출에서 비교우위를 갖게 된 배경에는 기존상품의 생산비용 절감과 신제품개발을 위한 연구에 투입되는 양질의 인력을 보유하고 있기 때문이라고 주장하고 있다. 이 이론은 기술격차이론과 함께 제품수명주기이론에 중대한 영향을 미쳤다.

3) 기술격차이론

포스너(M. V. Posner)와 호프바우어(G. C. Haufbauer)가 주장한 기술격차이론(technology gap theory)은 각국 간에는 기술수준의 차이가 존재하며, 이러한 기술수준의 차이는 기술후진국이 기술을 모방하는 데 일정한 기간이 필요하므로 기술선진국은 기술후진국이 모방할 수 있는 시점까지 비교우위를 가지고 이를 수출할 수 있다는 이론이다.[16)]

[그림 3.2] 기술격차이론하의 무역패턴

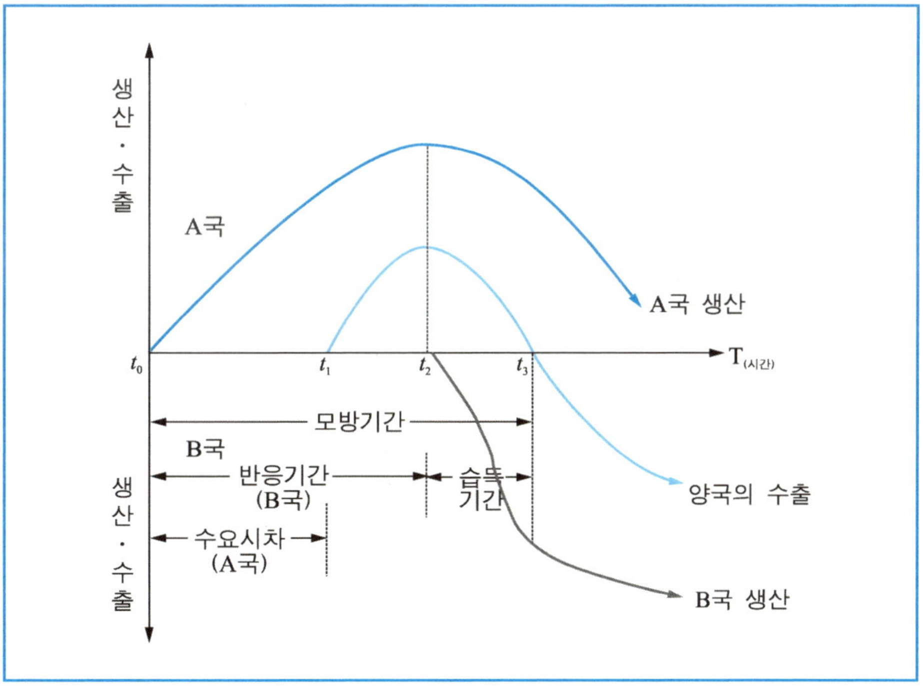

자료: 이장노·문희철, 「무역개론」, 무역경영사, 1998, p.43.

and International Investment of United States Industry," *Journal of Political Economy*, February 1967, pp.20~37.

16) M. V. Posner, "International Trade and Technical Change," *Oxford Economic Papers*, October 1961, pp.323~341.

예를 들어 기술선진국인 A국과 기술후진국인 B국이 있다고 하자. [그림 3. 2]를 보면 기술선진국인 A국에서 신제품을 생산하기 시작한다. 수평축의 윗부분은 A국의 생산과 수출을 나타내고 아랫부분은 B국의 생산과 수출을 나타낸다.

기술선진국인 A국에서 생산량이 증가하여 국내수요를 충당한 시점인 t_1시점에서 A국으로부터 B국으로 수출이 시작된다. 이러한 시간의 차이(t_0-t_1)를 수요시차(demand lag)라고 한다. 그리고 시간의 흐름에 따라 A국의 생산과 수출은 계속 증가하여 t_2점에서 A국의 생산과 수출은 최대가 되는 반면, B국도 동제품을 모방 생산하게 되는데 이 시기(t_0-t_2)를 반응기간(reaction lag)이라고 한다. 반응기간을 지나게 되면 B국이 A국의 기술을 습득하여 국내생산을 늘리게 되는 습득기간(t_2-t_3)을 거치게 되고, t_3부터는 A국은 수출을 중단하고 오히려 B국에서 수입하게 된다. 즉 t_1에서 t_3까지는 A국의 기술혁신으로 인한 격차로 수출을 하게 되지만 t_2에서 B국이 기술을 모방하기 시작하여 t_3 이후에는 B국이 모방 기술을 터득하고 저임금 등에 의한 생산 등의 비교우위를 갖게 되어 수출이 역전되는 것이다.

이 이론은 기술격차에 따른 무역패턴을 동태적으로 설명하였으며 저임금에 의해 무역구조가 역전될 가능성이 있다는 점을 설명하였다는 데 그 특징이 있다.

4) 제품수명주기이론

제품수명주기이론(product life cycle theory)은 마케팅 분야에서 개발된 것으로서, 신제품이 시장에 처음 도입되어 판매되기 시작한 후 시간의 경과에 따라 소멸되기까지의 과정을 나타낸 이론이다.

버논(R. Vernon)은 이러한 제품수명주기이론을 국제적인 차원으로 확대·발전시켜 국제제품수명주기이론을 개발하였다. 이 이론은 선진국 기업들이 신제품을 개발한 후 그 제품이 점차 성숙단계에 접어들면 생산을 비용이 낮은 개발도상국으로 이전하는 과정에서 무역이 나타난다고 제시한 이론이다.[17)]학자들마다 제품수명주기단계와 각 단계별 주장 내용에 차이가 있지만,

17) R. Vernon, "International Investment and International Trade on the Product Life Cycle," *Quarterly Journal of Economics*, May 1966, pp.190~200.
L. T. Wells, Jr., "A Product Cycle for International Trade?" *Journal of Marketing*, July 1968, pp.1~6.

본서에서는 Vernon의 정의를 사용하여 도입기, 성장기, 성숙기, 쇠퇴기의 특징을 살펴보고자 한다.

(1) 도입기(introduction stage)

신제품이 처음 개발되었을 때에는 개발된 나라에서 주로 생산이 이루어진다. 왜냐하면 신제품개발의 초기단계에는 소비자들의 선호를 민첩하게 파악하여 제품을 자주 변경해야 하므로 그 제품이 개발된 국가에서 생산하는 것이 더 유리하기 때문이다. 판매도 주로 신제품 개발국에서 이루어지며 일부는 수출되기도 한다. 수요는 신제품에 대한 소비자의 인식이 부족한 까닭에 불확실하며 판매증대도 완만하다. 신제품개발 기업의 경쟁적인 지위는 거의 독점적인 지위를 유지할 수 있으며, 생산과 관련해서는 제품을 자주 개선해야 하므로 단기조업에 의한 생산을 하고 숙련노동자가 필요하게 된다.

(2) 성장기(growth stage)

이 시기에는 신제품 개발국과 여타 선진국에서 생산이 이루어지게 된다. 제품은 주로 선진국에서 판매되며, 제품이 소비자에게 널리 인식됨에 따라 판매량이 급증하게 된다. 이에 따라 경쟁자도 급증하게 되며, 대량생산을 위한 자본의 투입이 증대하고 표준화된 생산기법이 도입된다.

(3) 성숙기(maturity stage)

이 시기에는 제품 생산이 보다 많은 국가로 확장되며, 개발도상국에서 제품의 판매가 성장하고 선진국에서는 판매가 일부 감소한다. 시장이 포화상태에 이르게 됨에 따라서 전반적으로 안정적인 판매량을 갖게 되며 경쟁자의 수도 경쟁력이 떨어지는 기업이 퇴출됨에 따라 감소하게 된다. 제품의 가격이 매우 중요한 의미를 갖게 된다. 제품이 고도로 표준화되어 반숙련 노동자에 의한 생산이 가능해지고 많은 자본이 소요되는 장기생산체제를 갖추게 된다.

[표 3.4] 제품수명주기의 단계별 특성

	수 명 주 기 단 계			
	도입기	성장기	성숙기	쇠퇴기
생산입지	· 신제품개발국 (보통선진국)	· 신제품 개발국과 여타 선진국	· 여러 국가	· 주로 개발도상국
시장입지	· 주로 신제품개발국 일부 수출	· 주로 선진국 · 해외생산이 일부 시장에서 수출을 대체함에 따라 수출 시장으로 이동	· 개발도상국에서 성장 · 선진국에서는 일부 감소	· 주로 개발도상국 · 일부 개발도상국 수출
경쟁요소	· 거의 독점적 지위 · 가격보다는 독특함에 의한 판매 · 제품의 특성을 개발	· 수요의 급속한 성장 · 경쟁자의 증대 · 일부 경쟁자의 가격인하 · 제품은 더욱 표준화됨	· 전체적으로 안정된 수요 · 경쟁자의 감소 · 가격은 매우 중요함(특히 개발도상국)	· 수요의 감퇴 · 가격이 중요한 무기임 · 생산자의 지속적인 감소
생산기술	· 단기 생산조업 · 제품의 개발과 적합한 방법개발 · 숙련노동자 투입	· 자본투입증대 · 더욱 표준화된 방법	· 많은 자본투입이 소요 되는 장기생산 조업 · 고도로 표준화됨 · 반숙련 노동자가 필요함	· 장기생산 조업을 위한 미숙련노동자

자료: J. D. Daniels and L. H. Radebaugh, *International Business : Environment and Operations*, 8th ed., Addison Wesley, 1998, p.207.

(4) 쇠퇴기(decline stage)

대체제품의 출현으로 기존제품의 수요가 급속히 감소되는 단계로서 무역활동의 규모도 축소된다. 생산입지는 개발도상국에 위치하게 되며 판매도 주로 개발도상국에서 이루어진다. 일부 개발도상국은 선진국에게 수출을 하기도 한다. 판매가 급속히 줄어들게 됨에 따라서 가격이 중요한 경쟁수단이 되며 생산자의 수도 지속적으로 줄어들게 된다. 미숙련 노동자들에 의한 장기생산체제가 가동된다.

(5) 제품수명주기와 무역패턴

각 단계에서 일어나는 무역의 패턴을 국가별로 보면 [그림 3.3]과 같다. 즉, 제품이 도입기로부터 성장기, 성숙기, 쇠퇴기를 거치면서 생산시설이 신제품 개발국이던 미국에서 일본이나 유럽과 같은 선진국으로, 그리고 다시

[그림 3.3] 제품수명주기에 따른 무역패턴

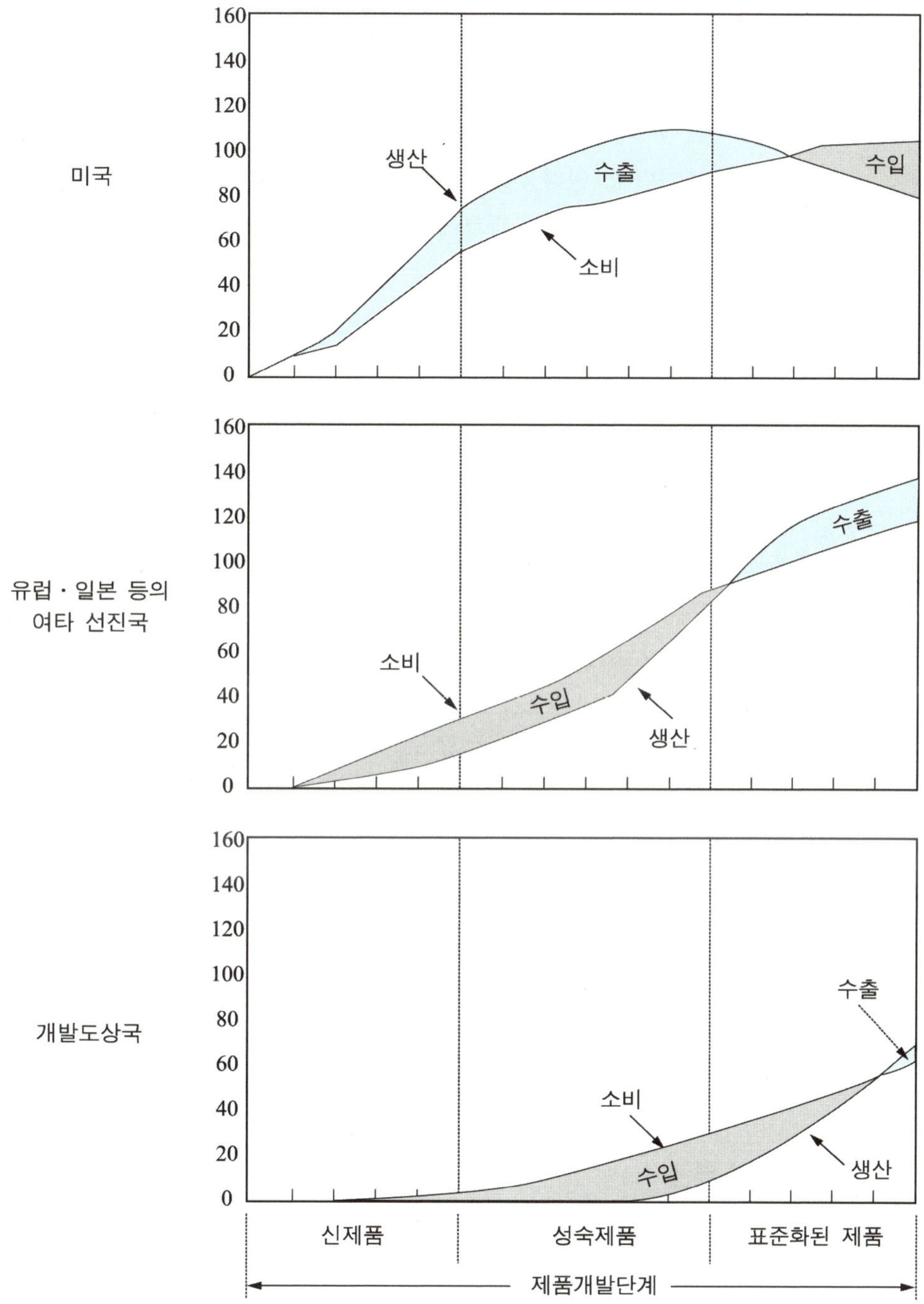

자료: R. Vernon and L. T. Wells, *The Economic Environment of International Business*, 4th ed., Prentice-Hall, 1986.

개발도상국으로 이전되고 미국은 해외생산기지로부터의 수입에 의존하게 되어 국제무역패턴이 제품의 도입단계에서는 해외에 수출을 하게 되지만 성숙단계에서는 오히려 그 제품을 수입하게 된다는 것이다.

이러한 제품수명주기이론은 1960년대와 1970년대에 미국이 세계 신제품 개발을 주도할 때, 미국기업의 해외직접투자와 수출입 형태를 잘 설명했던 이론으로 평가받고 있다. 그러나 세계적으로 많은 기술혁신기업이 등장하고 다국적기업의 첨단제품도 세계에서 동시다발적으로 생산되고 판매되는 오늘날에는 이 이론의 적용가능성에 많은 의문이 제기되고 있다.

5) 국가경쟁력 우위이론

1990년대에 포터(M. Porter)는 특정 산업에서 국제적인 경쟁력을 갖춘 국가를 결정하는 요인을 규명하기 위해 집중적인 노력을 기울였다. 일본이 자동차산업에서 성공을 한 이유는? 스위스가 정밀시계와 제약 산업에서 우위를 갖고 있는 이유는? 독일과 미국이 화학 산업에서 우위를 갖고 있는 이유는 무엇인가? 이런 질문에 대해 핵셔-오린의 정리로는 쉽게 답할 수 없다. 그리고 비교우위론으로도 일부만 설명할 수밖에 없다. 비교우위론에서는 스위스가 정밀기계 산업에서 매우 생산적으로 자원을 사용하기 때문에 이의 생산과 수출에서 탁월한 것이라고 설명할 수 있을 것이다. 이 설명이 옳다고 하더라도 이는 스위스가 영국이나 독일보다 정밀산업에서 보다 생산적이라는 이유를 설명하는 것은 아니다. 포터는 이러한 문제를 해결하려고 하였다.

포터의 이론에서는 국가의 네 가지 광범위한 속성이 현지기업이 경쟁하는 환경을 형성하며 이러한 속성이 경쟁우위의 창출을 촉진한다고 주장하였다. 네 가지 속성은 다음과 같다.

(1) 요소부존

해당산업에서 경쟁하는 데 필요한 기본 시설이나 숙련된 노동력 등과 같은 생산요소의 국가 보유를 의미한다.

포터는 국가에 부존된 요소를 기본요소(basic factors)와 고급요소(advanced factors)로 구별하였다. 기본요소에는 천연자원, 기후, 입지, 인구통계 특성 등이 해당되고, 고급요소에는 커뮤니케이션 기본시설, 정교한 숙련노동력, 연구시설,

기술적인 노하우 등이 포함된다. 그는 경쟁우위를 갖기 위해서는 고급요소가 매우 중요하다고 주장하였다. 포터는 기본요소가 빈약한 일본이 많은 제조업 분야에서 성공을 하는데 결정적인 역할을 한 요소로 대규모 엔지니어 집단이 존재한다는 것을 주목하였다.

(2) 수요조건

해당산업의 제품이나 서비스에 대한 국내 수요의 본질을 의미한다. 기업은 가장 가까이 있는 고객의 욕구에 민감하게 반응할 수밖에 없다. 따라서 본국 수요의 특성은 국내에서 만든 제품의 속성을 형성하고 혁신과 품질향상에 대한 압력을 형성하는 데 특히 중요하다. 포터는 세련되고 요구가 많은 소비자가 존재하는 나라의 기업이 경쟁우위를 갖게 된다고 주장하였다. 세련되고 요구가 많은 소비자는 기업으로 하여금 높은 품질 수준을 갖출 것과 혁신적인 제품을 생산하도록 압력을 가할 것이기 때문이다. 포터는 일본의 세련되고 지식이 풍부한 카메라 소비자가 일본의 카메라 산업에 대해 제품의 품질을 향상시키고 혁신적인 모델을 도입하도록 자극을 주었다는 점을 지적하고 있다. 또한 스칸디나비아의 세련되고 요구가 많은 소비자가 오늘날 세계적인 경쟁력을 갖고 있는 핀란드의 Nokia나 스웨덴의 Ericsson과 같은 휴대폰 업체를 만드는 데 기여하였다는 점도 예로 들 수 있다.

(3) 관련산업 및 지원산업

국제적인 경쟁력이 있는 관련 산업과 공급 산업의 자국 내 존재여부를 말한다. 관련 산업 및 지원 산업분야에서 생산의 고급요소에 대한 투자를 하게 되면 그 혜택은 해당산업으로 흘러 들어가게 되어 강력한 국제경쟁력을 갖도록 도와준다.

예를 들면 1980년대 중반까지 지속된 미국 반도체산업의 리더십은 미국의 개인용 컴퓨터와 여타 첨단기술 전자제품 성공의 기반이 되었다. 또한 스위스 제약 산업의 성공은 과거 기술적으로 관련이 있는 염료산업에서의 국제적인 성공과 밀접한 관련이 있는 것이다. 또한 한 국가의 성공적인 산업들은 관련된 산업의 군집으로 집단화된다. 그러한 군집으로는 면, 모직, 합성섬유, 재봉틀바늘, 그리고 광범위한 섬유기계류를 포함하는 독일의 섬유 및 의류부문을 들 수 있다.

(4) 기업의 전략, 구조, 경쟁

국내에 존재하는 기업의 형성, 조직, 경영방침의 여건 및 국내 경쟁의 본질을 말한다. 여기서 포터는 두 가지 중요한 점을 지적했다. 첫째, 국가는 상이한 경영이념으로 특징지어진다는 것이다. 예를 들어 독일과 일본기업의 최고경영진에는 엔지니어 출신들이 많다. 따라서 이들 국가의 기업에서는 제조 공정의 개선과 제품디자인의 향상을 강조하는 경향이 많다. 반대로 미국기업의 최고경영진에는 재무(financial) 전문가가 많다. 포터는 이러한 점을 1970년대와 1980년대에 걸쳐 많은 미국기업들이 제조공정의 개선과 제품디자인의 향상을 등한시하였다는 사실과 연관시켜 지적하였다. 그는 또한 재무 분야 출신들의 지배가 미국기업이 단기적인 이익을 극대화하는 데 과도하게 치중하도록 만들었다고 주장하였다. 포터는 이러한 미국의 경영이념 결과 제조공정과 제품디자인의 문제가 매우 중요한 자동차산업 등과 같은 제조업 분야에서 미국의 경쟁력을 약화시켰다고 주장하였다.

[그림 3. 4] 국가경쟁력우위이론

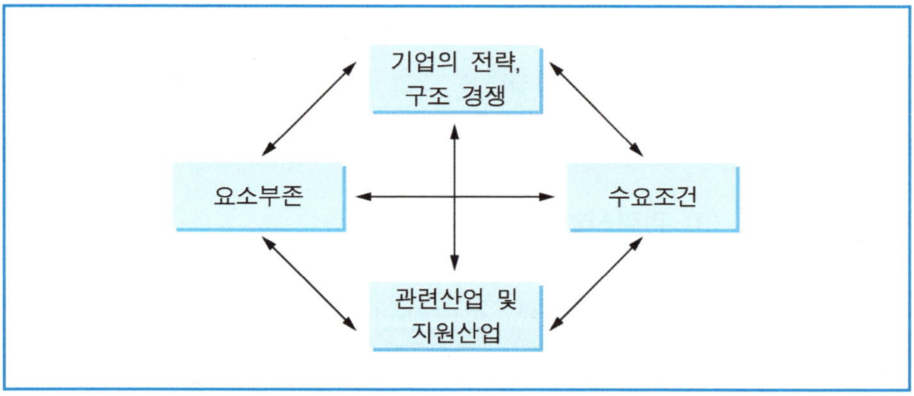

둘째, 강력한 국내 경쟁자와 경쟁우위의 창출 및 존속 간에는 강한 관계가 있다는 것이다. 강력한 국내 경쟁자는 기업으로 하여금 효율을 높이는 방법을 추구하도록 하며, 이는 기업의 국제경쟁력을 높여 준다. 강력한 국내 경쟁자는 혁신, 품질향상, 비용절감, 고급요소의 향상을 위한 투자 등에 대해 압력을 가하게 된다. 이러한 모든 요소들은 세계적인 경쟁력을 가진 기업으로 만드는 데 도움을 주게 된다.

제2절

해외직접투자이론

전통적인 무역이론은 국가와 국가 간의 교역을 설명하는 과정에서 개인이나 기업의 존재를 고려하지 않았다. 그러나 다국적기업의 등장으로 인해 전통적인 무역거래에 대해 새로운 설명이 요구될 뿐만 아니라, 기술이전이나 직접투자와 같은 새로운 거래에 대한 설명도 필요하게 되었다. 이와 관련해서 해외직접투자이론은 첫째, 해외기업이 현지기업에 비해 불리한 점이 있음에도 불구하고 왜 투자를 하는가? 둘째, 다른 사업형태가 있는 데도 불구하고 왜 직접투자라는 위험부담이 높고 많은 자원이 소요되는 사업형태를 택하는가? 셋째, 왜 특정 국가에 생산입지를 결정하는가? 의 세가지 핵심을 설명하고자 하였다. 본 절에서는 해외직접투자이론을 국제자본이동적 접근, 거시경제적 접근, 급진주의적 접근, 산업조직론적 접근, 내부화이론, 절충이론의 여섯 가지로 분류하여 고찰하고자 한다.

1. 국제자본이동적 접근에 의한 해외직접투자이론

국제자본이동적 접근의 관점은 전통적인 경제학적 접근방법으로서 해외직접투자를 단순한 국제적 자본이동의 측면에서 파악하려는 것이다. 여기서는 이자율격차이론, 통화지역이론, 자본시장불완전이론 등을 설명한다.

1) 이자율격차이론

맥두갈과 켐프(McDougall and Kemp) 등의 이자율격차이론(differential return theory)은 국가간의 자본의 한계수익률 차이 때문에 국제적인 자본이동이 발생하게 된다고 설명하고 있다.

이 이론에 따르면 투자국과 피투자국 간의 자본의 한계생산력 차이 때문에 국제적인 자본이동이 발생하며, 이러한 자본이동은 투자국과 피투자국의 국민소득 수준을 다 같이 상승시킨다는 이론이다.[18] 즉, 자본은 이자율이 낮은 자본잉여국으로부터 이자율이 높은 자본부족국으로 이동하게 되는데 이러한 자본의 이동은 두 나라 자본의 한계생산성이 같아질 때까지 계속된다는 것이다.

이자율 차이를 기초로 한 해외투자현상의 설명은 서유럽의 자본수익률이 미국의 자본수익률보다 높으며, 미국기업의 서유럽에 대한 해외직접투자가 크게 증대되었던 1950년대에 크게 지지를 받았다. 그러나 1960년대 중반 이후 서유럽과 미국의 자본수익률 차이가 상호 역전 되었음에도 불구하고 미국의 해외직접투자는 증가하는 양상을 보임으로써 이 이론의 현실적 타당성은 사라지게 되었다.[19]

이 이론은 간접투자의 이론으로서는 어느 정도의 타당성을 가지나, 해외직접투자를 간접투자의 개념과 구분하지 않았으며, 이 이론에서 가정하고 있는 완전경쟁하에서는 해외직접투자가 발생할 수 없다는 것, 그리고 투자국의 이자율이 피투자국의 이자율보다 반드시 낮다고 볼 수 없다는 등의 한계점을 갖고 있다.

2) 통화지역이론

알리버(R. Aliber)의 통화지역이론(currency area theorem)은 일국의 통화가치를 기초로 해외직접투자 현상을 설명한 이론이다.[20] 그는 해외기업이 현지기업에 대해 가지고 있는 우위는 개별기업 특유의 우위가 아니라 특정 통화지역에 위치하는 모든 기업이 현지의 경쟁기업에 대해 공통적으로 갖는 우위라고 주장하고, 강세통화국에 위치한 기업은 환율이나 통화가치의 차이 등에 있어서 약세통화국의 기업보다 우위를 점하고 있기 때문에 자본조달 등의 측면에서 훨씬 유리하다는 점을 주장하고 있다.

통상 투자국 기업인 강세통화국의 기업은 시장의 불확실성에 의한 통화프리미엄의 존재로 인하여 약세통화국에 위치한 기업보다 낮은 이자율로 자본을 차입할 수 있게 되며, 또한 주식시장에서 강세통화국 기업의 소득은 약세통화국 기업의 소득보다 훨씬 높은 비율로 자본화할 수 있게 된다.

---

18) G. D. A. McDougall, "The Benefits and Costs of Private Investment from Abroad: A Theoretical Approach," *Economic Record*, 1960, pp.13~35.

19) G. C. Haufbauer, "The Multinational Corporation and Direct Investment," in P.B. Kenen (ed.), *International Trade and Finance*, Cambridge, 1975, pp.253~319.

20) R. Aliber, "A Theory of Direct Foreign Investment," in C. P. Kindleberger(ed.), *The International Corporation*, MIT Press, 1970, pp.17~34.

이 이론은 1950년대 및 1960년대에 걸친 미국기업들의 대유럽 직접투자 현상과, 1960년대 후반에서 1970년대 초반에 이르는 일본기업의 대동남아 직접투자 현상을 설명하는 데 유용하게 사용되었다.

그러나 이 이론은 해외직접투자를 단순히 환율만을 가지고 설명하려 함에 따라, 동일 통화지역 내의 해외직접투자와 통화지역 간의 상호교차투자에 대한 설명을 할 수 없다는 한계점을 갖고 있다.

3) 자본시장불완전이론

라가지(G. Ragazzi)의 자본시장불완전이론은 통화의 안정성보다는 자본시장 자체의 불완전성 때문에 해외직접투자가 발생한다고 주장한다.[21] 즉, 각국의 자본시장이 완전하다면 해외직접투자를 행할 필요성이 없겠지만 실제로는 국제적인 자본이동에 대한 제약과 비효율성이 존재하기 때문에 국제간접투자의 방법으로는 해외시장에 침투하기가 불가능하거나 불리하므로 이에 대한 대안으로 해외직접투자를 행한다는 것이다.

특히 개발도상국의 경우에는 증권시장이 형성되어 있지 않을 뿐만 아니라 자본의 유출입에 대한 여러 가지 제약이 있기 때문에 이러한 국가에 대한 투자는 해외직접투자의 형태를 띠게 된다. 이렇게 증권시장이 비효율적일 때에는 증권투자의 위험이 실제 그 기업의 기업 활동에 따른 위험보다도 크기 마련이다. 따라서 그러한 위험을 분산시키는 방법으로 현지기업의 다수지분을 확보하여 해외직접투자의 방식으로 경영통제권을 행사하게 된다.

이 이론은 다른 사업대안 대신에 왜 직접투자를 하는가라는 문제의 대답에 도움이 되기는 하지만, 이를 뒷받침할 만한 실증적 연구가 아직 미흡하다는 한계를 갖고 있다.

2. 거시경제적 접근에 의한 해외직접투자이론

고지마(K. Kojima)는 해외직접투자가 이윤극대화 내지 시장점유율 확대를 목표로 하는 개별 기업적 관점에서 이루어지게 되면 투자국과 피투자국이

21) G. Ragazzi, "Theories of the Determinants of Foreign Direct Investment," *IMF Staff Papers*, July 1973, pp.471~498.

마찰을 빚는 등 역무역지향적인 작용을 하기 때문에, 해외직접투자는 개별 기업이 아닌 투자국과 피투자국 간의 거시적인 국민경제적 관점에서 이루어져야 한다고 주장하였다.[22] 즉, 투자국과 피투자국 간의 잠재적 혹은 현재적 비교생산비를 기초로 하여 투자국에서는 비교열위 상태에 있고 피투자국에서는 비교우위에 있는 산업에서 해외직접투자가 이루어져야만 양국 간의 마찰을 피해 조화로운 발전을 할 수 있으며, 무역도 확대된다고 주장하고 있다. 이러한 주장을 근거로 그는 해외직접투자의 유형을 미국형과 일본형으로 구분하였다.

미국형 해외직접투자는 미국기업의 독점적 우위를 활용하거나 무역장벽을 회피하기 위한 역무역지향적 투자로서 이는 미국의 비교우위를 약화시키고, 국제수지의 악화, 고용감소 등을 유발하게 된다고 주장하였다.

반면에 일본형은 국민경제활동의 일환으로서, ① 일본에서 불가결한 자원의 확보, ② 개발도상국에 비해서 비교우위를 갖는 기계설비·반제품 등과 같은 생산재의 수출촉진, ③ 노동력 부족, 고임금 등으로 비교우위를 잃어가는 섬유·잡화산업 등의 개발도상국 이전 등과 같은 무역지향적 동기에 의해 이루어지고 있다는 것이다. 따라서 일본형의 해외직접투자는 일본의 비교우위를 보완시켜 줄 뿐만 아니라, 피투자국의 비교우위 요소를 이용함으로써 양국 간의 교역을 증대시켜 준다고 하였다.

오자와(T. Ozawa)는 고지마의 이론을 확장하여 일본기업의 해외직접투자 촉진요인을 미국의 경우와 비교하였다.[23] 그도 역시 일본은 본국의 생산요소의 희소성, 증가하는 환경적 제약 및 주요 산업자원 공급에 있어서 증가하는 불확실성 등과 같은 거시적 요인에 의해 해외직접투자가 이루어진다고 주장하고 있다. 따라서 미국 및 기타 선진국 다국적기업의 해외직접투자에는 미시경제적 요인이, 일본의 경우는 거시경제적 요인이 더 크게 작용하고 있다고 주장하였다.

일본형 해외직접투자이론은 정부정책과 밀접한 관계를 유지하는 개발도상국 기업의 해외직접투자를 설명하는 데 유효하다. 그러나 이 이론은 일국의 해외직접투자에 대한 국민경제적 입장을 반영할 뿐, 투자국 기업이 현지국 기업에 대하여 갖는 경쟁상 우위요인이 무엇인가에 대해서는 설명하지 못하고 있다는 한계가 있다.

22) K. Kojima, *Direct Foreign Investment : A Japanese Model of Multinational Operations*, Croom Helm, 1978, pp.9~15.

23) T. Ozawa, "International Investment and Industrial Structure," *Oxford Economic Papers*, March 1979, p.88.

3. 급진주의적 접근에 의한 해외직접투자이론

다국적기업의 해외직접투자에 대한 주류경제학적 이론에 대하여 비판적인 급진주의적 견해는 해외직접투자를 자본주의체제의 내재적 모순을 해결하기 위한 자본 팽창의 결과로서 인식하고 있다. 이 분야의 대표적인 이론으로는 신제국주의 견해와 종속이론 등이 있다.

마르크스주의에 보다 동조적인 신제국주의론자들은 기업의 국제화 및 다국적기업은 자본주의 기업이 택하게 될 숙명적인 길로 보고 있으며, 해외직접투자는 자본의 국제화를 위해 다국적기업이 수행하는 해외착취 활동으로 보고 있다. 즉, 폐쇄된 자본주의 경제는 유효수요의 부족과 불충분한 사업기회로 인하여 부득이 해외시장을 개척해야 하며, 해외직접투자는 이러한 잉여투자의 출구로서의 수단이 됨과 동시에 투자국이 피투자국을 착취하는 도구가 된다는 것이다.[24]

종속이론과 관련하여 길핀(R. Gilpin) 등에 의하면 국제경제시스템은 일종의 계층적 구조로서 재배적인 중심부(core)와 종속적인 주변부(periphery)로 구성된다고 보고 있다.[25] 종속이론가들은 세계자본주의 발전에 있어서 기업규모의 거대화와 불평등발전의 결과 세계경제의 주요한 의사결정과 권력은 일부 중심부 국가에 집중되는 반면, 주변부인 후진 국가들의 성장은 그로 인하여 지체된다고 주장하고 있다.

이들도 다국적기업의 해외직접투자를 경제적 종속의 범세계적 지배체계의 결과인 동시에 원인이라고 보고 있다. 즉, 투자국의 다국적기업은 원료의 확보와 시장의 확보를 위해서 해외생산자산을 소유하고 통제하게 된다. 이 과정에서 다국적기업은 피투자국의 내부적 경제성장 노력을 의도적으로 교란시켜 후진국인 피투자국들의 경제성장을 방해하게 된다. 이때 생산원료의 특권적 취득, 공업국가들이 자국의 생산물을 빈약한 피자본국시장에 강요할 수 있는 독점적 능력, 자국에 유리하도록 세계시장의 메커니즘을 통제할 수 있는 강력한 국가권력, 덤핑 등의 수단을 통해서 공업화를 꾀하는 피투자국의 내부노력을 교란시킬 수 있는 경제적 기반 등을 통해 양 경제는 불공평한 종속관계를 이루게 된다. 따라서 다국적기업의 해외직접투자는 이러한 종속관계를 이루고 유지해 나가는 데 필요한 요체로서 파악하고 있다.

24) 정구현, 「국제경영학」, 박영사, 1982, p.60.
25) 강태구, 「국제경영학」, 박영사, 2000, p.106.

이러한 이론들은 다국적기업의 해외직접투자현상을 정치·경제론적 차원에서 접근하였다는 데 그 의의가 있다. 하지만 사회주의 국가들의 시장개방과 실용주의 노선 채택 경향이 짙어짐에 따라 그 설득력이 약화되고 있다고 할 수 있다.

4. 산업조직론적 접근에 의한 해외직접투자이론

산업조직론적 관점에서는 섬유산업, 철강산업 등과 같은 각 산업의 시장이 불완전한 데서 해외직접투자의 원인을 찾는다. 이에는 독점적 우위이론, 과점적 경쟁이론, 제품수명주기이론 등이 있다.

1) 독점적 우위이론

하이머(S. H. Hymer)와 킨들버거(C. P. Kindleberger) 등에 의해 주장된 독점적 우위이론(monopolistic advantage theory)은 해외직접투자에 있어 외국기업이 현지국 기업에 비해 여러 가지 불리한 점이 있음에도 불구하고 이러한 외국비용을 상쇄하고도 남을 현지국 기업이 갖지 못하는 기업 특유의 우위(firm-specific advantage)가 무엇인가를 규명하고 있다.[26)]

여기서 외국비용의 원천으로는 현지국 기업에 유리한 경제·사회·법률 제도, 사회적 관습, 소비자의 기호, 교통 및 통신비용, 현지국의 주민 또는 공공기관으로부터 받는 차별대우, 현지국 사정에 대한 지식부족 등을 들 수 있다.

이러한 외국비용에도 불구하고 해외직접투자를 통해서 외국기업이 수익을 얻기 위해서는 기업 특유의 독점적 우위요소를 갖고 있어야만 한다. 독점적 우위요소란 장기간의 투자를 통해서 기업내부에 축적되어 있는 우수한 지식을 말하는데, 여기에는 기술, 마케팅 노하우, 경영관리능력 등이 있다. 기술이란 장기간의 연구개발투자를 통해서 형성된 지식이며, 마케팅 노하우는 광고나 유통경로 등에 대한 투자를 통해서 구축해 놓은 지식이고, 경영능력은 인력에 대한 투자와 경영시스템 개발을 위한 투자를 통해서 형성된 지식이다.

---

26) 이 이론의 효시라고 볼 수 있는 Hymer의 MIT 박사논문은 1960년에 완성되었지만 출판된 것은 1976년이었다(S. H. Hymer, *The International Operations of National Firms*, The MIT Press, 1976). 정구현, 전게서, p.95.

공원이나 도로와 같이 공공재(public goods)적 성격을 띤 이러한 지식은 이미 과거의 투자를 통해서 형성된 것이기 때문에 외국기업이 추가적으로 그 지식을 사용하는 데 드는 한계비용은 0에 가깝다. 반면에, 현지국 기업이 이 같은 지식을 획득하는 데는 상당한 시간과 비용이 필요하게 된다. 따라서 외국기업은 이러한 독점적 우위를 이용하여 본국에서와 동일한 제품을 해외에서 생산하는 수평적 투자(horizontal direct investment)의 경우 제품을 차별화(product differentiation)할 수 있으며, 산업구조는 과점적 형태를 띠게 되어 추가적인 이익을 누릴 수 있게 된다는 것이다.[27]

이 이론은 국가 간의 비교우위에 기초한 순수무역이론과는 달리 개별기업의 독점적 우위에 기초를 두고 해외직접투자 현상을 설명한다는 점에서는 유용하나, 독점적 우위요소가 해외직접투자의 필요조건은 되지만 충분조건은 되지 못한다는 점에서 한계를 갖고 있다.

2) 과점적 경쟁이론

과점적 경쟁이론은 닉커보커(F. Knickerbocker)가 미국 187개 제조업 부문 다국적기업의 해외직접투자 자료를 이용하여 기업의 해외투자 동기를 조사한 결과 제시된 것으로서, 과점산업에서는 차별화된 제품이나 동일한 제품을 취급하는 몇몇 소수 거대기업들이 시장을 완전히 지배하고 있기 때문에 해외직접투자는 경쟁기업 상호간의 행동－반응(action－reaction)에 따라서 이루어진다고 주장한다.[28]

예를 들어, 과점시장의 산업에서 선도 기업이 신제품을 개발하거나 새로운 시장을 개척하여 경쟁상의 우위를 확보하려고 한다면, 경쟁기업은 선도기업의 새로운 행동(action)에 반응(reaction)하게 될 것이다. 그렇게 하지 않을 경우 선도기업의 우위에 의해서 경쟁기업은 시장에서의 경쟁적 위치를 상실하거나 성장의 기회를 상실할 위험에 처하게 될 것이기 때문이다.

이렇게 볼 때 과점기업의 1차적 목표는 이윤극대화라기 보다는 경쟁기업과 같은 속도로 성장하거나 상대적인 시장점유율을 유지함으로써 기업간 균형을 유지하는 데 있다고 볼 수 있다. 따라서 전체시장 규모가 성장하여 기업의

27) R. E. Caves, "International Corporation: The Industrial Economics of Foreign Investment," *Economica,* vol. 38, February 1971, p.2.

28) F. T. Knickerbocker, *Oligopolistic Reaction and the Multinational Enterprise*, Harvard University Press, 1973, ch.3.

절대적인 매출과 이익이 증가하는 경우에도 경쟁기업의 행동을 주시하고 상대적인 시장점유율의 하락을 경계하게 되는 것이다.

이러한 현상은 해외직접투자의 경우에도 일어나게 된다. 즉, 과점시장에서 경쟁관계에 있는 선도기업이 특정 국가에 해외직접투자를 하게 되면, 경쟁기업은 선도기업의 해외직접투자활동이 자사에 미치는 불리한 영향에 대해서 우려하게 된다. 그 결과 경쟁기업도 그 국가에 방어적인 직접투자를 하게 된다는 것이 해외직접투자에 관한 과점적 경쟁이론이다. 이러한 과점적 경쟁의 결과 동종 산업 내의 기업들이 특정 국가에 집중적으로 투자를 하는 현상을 밴드웨건효과(band wagon effect)[29]라고 한다. 이론은 1950년대와 1960년대에 동일 업종의 미국기업이 단기간에 대유럽 직접투자를 하는 현상을 잘 설명해 주었으나, 선도기업의 최초투자에 대해서는 설명을 못 한다는 한계가 있다.

용어산책

◆ 스놉효과(Snob Effect)]

남들이 많이 사는 것은 구입하기 싫어하는 소비심리를 나타내는 용어로 '스놉효과'라고 불리는 이것은 특이하고 비싼 제품을 구입함으로서 자신을 남과 차별화 시키려는 심리에서 나왔다. 다른 사람들이 구입하기 어려운 상품을 구입해 과시하고 싶어 하는 속물(Snob)근성에서 비롯된 소비행태라는 뜻에서 생겨났다. 자신을 남과 다르게 구분 짓고 싶어 하는 심리라는 뜻에서 백로효과라 불리기도 한다. 최근에는 과시적인 소비현상이기라기 보다는 구매자의 기호를 드러내는 경향이 크다는 주장이 나오기도 한다. 꼭 비싼 제품이 아니더라도 한정판 디자인 제품, 희귀본 책이나 음반 등을 구입하는 사람들도 이 현상으로 설명되기 때문이다.

◆ 트루먼 효과(Truman effct)

지능적인 문제 해결 능력을 요구하는 현실에서 지능지수가 높으면서도 실패하는 사람이 많고 지능지수가 낮으면서도 성공하는 사람들도 많다. 이처럼 예측이 어긋나는 불완전한 예측을 '트루먼 효과' 라고 한다. 1948년 미 대선에서 민주당의 해리 트루먼 후보는 투표일 직전까지 토머스 듀이 후보에 20%포인트의 지지율 차이로 뒤졌다. 그런데 최종 개표결과 당선자는 트루먼이었다. 트루먼은 전임 프랭클린 루스벨트 대통령에 비하면 누구도 기대하지 않는 평범한 인물이었다. 하지만 탁월한 위기대처 능력을 발휘해 사람들의 감탄을 자아냈으며 이를 통해 지지율 격차를 이겨내고 대통령에 선출됐다. 이후 막판 뒤집기 현상을 트루먼 효과라고 일컫게 됐다.

---

29) 미국 경제학자 하비 라이벤스타인(Harvey Leibenstein, 1922~1994)이 네트워크효과 가운데 하나로 언급하면서 알려졌다. 서부개척시대에 밴드왜건(악대마차)이 요란한 음악과 함께 금광이 발견됐다고 선전하면 무작정 따라가던 사람들을 빗댄 말이다. 우리말로 편승효과라고 한다. '밴드웨건 효과'는 유행에 따라 상품을 구입하는 소비현상을 뜻하는 경제용어이다.

◆ 언더독 효과(Underdog effect)

'경쟁에서 현저하게 뒤처지는 사람'(언더독)에게 동정표가 몰리는 현상을 말한다. 1948년 미 대선 때 유력 언론과 여론조사 기관의 예상에서 매우 뒤지던 해리 트루먼이 4.4%포인트 차이로 토머스 두이 후보를 물리치고 당선되자 언론들이 처음 이 말을 썼다.

◆ 브래들리 효과(Bradley effect)

와일더 효과(Wilder effect)로도 불린다. 브래들리 효과는 흑백 대결에서 백인 유권자가 여론조사 때 흑인 후보를 찍겠다고 해놓고 실제 투표에서는 백인 후보에게 투표하는 현상을 일컫는다. 1982년 캘리포니아 주지사 선거에서 민주당 후보였던 톰 브래들리(전 LA 시장)는 여론조사와 출구조사에서 백인인 공화당 후보 조지 듀크 미지언(전 캘리포니아 주지사)를 앞섰지만, 실제 선거 결과에서는 브래들리가 패배했다. 학자들은 일부 백인들이 인종적 편견을 숨기기 위해 투표 전의 각종 조사에서 흑인 후보를 지지한다고 거짓으로 진술한 것으로 분석했다. 상당수의 백인 유권자들은 실제 투표 전에는 조사원에게 아직 후보를 결정하지 못하였다거나 비백인 후보를 지지한다고 말하지만 실제 투표장에서는 백인 후보를 찍는 현상이 있다고 한다. 투표 후의 출구조사에서는 출구조사원의 인종에 따라 자신의 지지후보를 밝히기를 어려워하는 측면도 있다고 보고 있다.

3) 제품수명주기이론

버논(R. Vernon)[30]이 제시하고 웰스(Wells)[31] 등에 의해 발전된 제품수명주기이론(product life cycle theory)은 수명주기에 따른 각국 간의 무역패턴과 선진국기업의 해외직접투자를 설명하는 동태적 생산입지이론이다. 이 이론은 무역이론에서 설명한 바 있다. 제품수명주기 단계에서 해외직접투자는 다음의 두 경우에서 일어나게 된다.[32]

첫째, 모방국 기업이 제품을 생산하거나 또는 모방국 정부가 국내생산을 촉진하기 위해서 관세보호 등의 유인책을 쓸 때 기존의 수출시장을 빼앗기지 않으려는 방어적 목적에서 현지에 생산시설을 세우게 된다.

둘째, 제품이 성숙기로 접어들면서 가격경쟁을 하게 되고 모방국이 혁신국에 역수출을 하게 됨에 따라 본국시장에서의 시장위치를 빼앗기지 않으려는 의도하에 저생산비 국가에 생산시설을 이동하게 된다.

30) R. Vernon, *op. cit.*, pp.190~207.

31) L. T. Wells, "International Trade : The Product Life Cycle Approach," in L. T. Wells (ed.), *The Product Life Cycle and International Trade*, Harvard University Press, 1972, pp.3~38.

32) 정구현, 전게서, 1982, p.57.

이렇게 볼 때 제품수명주기이론은 해외직접투자가 국내외의 기존 시장을 빼앗기지 않으려는 방어적 기업전략의 결과로 일어난다고 설명하고 있다.

5. 내부화이론

다국적기업이 시장거래를 지양하고 해외사업을 기업의 내부로 끌어들이는 현상을 설명한 내부화이론(internalization theory)은 코오스(R. Coase)의 연구에서 시작되어 윌리암슨(O. Williamson)에 의해 체계화되었으며, 버클리(P. Buckley)와 캇슨(M. Casson)이 다국적기업에 처음 적용하였고, 러그만(A. Rugman)은 이를 더욱 발전시켜 다국적기업의 일반이론으로 제시하였다.

내부거래의 개념과 관련해서 캇슨은 외부시장에서 소유권의 교환을 통해 이루어지는 정상적인 시장거래를 정상시장거래(arm's length transaction)라 하고, 반면에 기업 내부의 내부시장에서 소유권의 이전이 이루어지지 않는 개념상의 거래를 내부거래(internal transaction)라고 하였다.[33] 내부화이론에 의하면 외부시장은 비용이 많이 들고 비효율적인 불완전성을 갖고 있으므로, 자기 기업 내부에서 낮은 비용으로 거래를 할 수만 있다면 기업은 외부시장기능을 대신하여 그 거래를 내부화하게 된다는 것이다.

버클리와 캇슨은 내부화의 동기가 되는 이러한 불완전시장의 발생요인으로 [표 3. 5]에서와 같이 산업특유의 요인, 지역특유의 요인, 국가특유의 요인, 그리고 기업 특유의 요인 등 네 가지를 들고 있다.

이들은 또한 [표 3. 6]에서와 같이 시장내부화의 이익과 비용을 구체화함으로써 경영의사 결정의 기초를 제공하고 있다. 시장내부화에 따른 이익으로는 내부거래시장의 창조, 가격차별화 시스템의 구축, 거래 쌍방간의 협상회피, 구매자 불확실성의 회피, 정부영향의 최소화 등을 들고 있다.

반면에 이러한 내부화의 이익과 더불어 비용도 발생하게 되는데, 시장내부화의 비용으로는 단일의 외부시장을 여러 개의 내부시장으로 분할하는 데서 기인하는 자원비용 증대, 시장세분화에 따른 커뮤니케이션 비용 증대, 현지국 정부로부터의 차별적 대우 가능성 증대, 경영자의 전문성을 제고시키기 위한 비용 증대 등을 들 수 있다. 여기서 내부화로부터 얻는 이익이

33) M. Casson, *Alternatives to the Multinational Enterprise*, Macmillan, 1979, p.45.

내부화로 인한 비용을 상쇄할 수 있어야 그 타당성을 인정받게 된다.[34]

이들은 기업 활동은 상호 의존적이며, 반가공품, 지식 및 인적자본 등을 포함하는 중간재의 흐름으로 연결되어 있으므로 시장의 불완전성은 완제품 시장에서 뿐만 아니라 중간재시장에서도 이를 파악하여야 한다고 주장하면서, 다국적기업이 해외직접투자를 통하여 시장을 내부화하는 유형으로 다음의 세 가지를 들었다.

[표 3.5] 시장불완전성의 발생요인

시장불완전성의 요인	내 용
· 산업특유의 요인	산업의 특성, 외부시장의 구조, 규모의 경제
· 지역특유의 요인	지리적 특성, 사회적 특성
· 국가특유의 요인	정치적·경제적 요소
· 기업 특유의 요인	기술, 연구개발, 마케팅, 경영능력 등

자료: P. J. Buckley and M. Casson, *The Future of the Multinational Enterprise*, Macmillan, 1976, p.45.

[표 3.6] 내부화의 이익과 비용

내부화의 이익	내부화의 비용
· 내부거래시장의 창조 · 가격차별화 시스템의 구축 · 거래 쌍방간의 협상 회피 · 구매자 불확실성의 회피 · 정부영향의 최소화	· 내부시장 분할에 따른 자원비용 · 시장세분화에 따른 커뮤니케이션 비용 · 현지국 정부로부터의 차별적 대우 가능성 · 경영자의 전문성 제고 비용

자료: *Ibid.*, pp.36~49.

1) 중간재시장을 내부화하기 위한 수직적 통합

중간재시장이 불완전할 경우 다국적기업은 이를 기업 내로 흡수하여 내부화하려는 수직적 통합(vertical integration)의 경향을 갖게 된다. 중간재시장의 내부화는 기업이 그 생산라인에 원료를 공급하는 후방통합을 하거나, 또는 기업이 생산한 제품이나 반제품을 사용하거나 판매하는 공장을 다른 나라에 설립하는 전방통합을 의미한다.

34) P. J. Buckley and M. Casson, *op. cit.*, pp.36~49.

원자재 및 부품공장 등 중간재를 조달하기 위한 모든 해외직접투자는 이 범주에 속한다고 할 수 있다.

다국적기업은 수직적 해외직접투자를 통해서 원자재의 공급을 장기적, 안정적으로 저렴하게 조달할 수 있으며, 외부시장을 통한 원자재의 장기공급계약 경우보다 위험을 크게 줄일 수 있게 된다.

2) 지식 및 기술시장을 내부화하기 위한 수평적 통합

다국적기업은 불완전한 지식 및 기술시장을 내부화하기 위해 수평적 통합(horizontal integration)을 추구한다. 지식은 오랜 기간 동안 축적된 기업자산으로서, 이를 개발하여 생산이나 마케팅에 도입하는 데는 많은 비용과 시간이 소요된다. 그러나 지식이나 기술은 일단 개발된 이후에는 기업 내에서 공공재와 같은 성격을 갖게 된다. 공공재의 가격은 '0'이므로 기업은 외부 시장거래를 통해서는 그 지식이나 기술개발에 투하된 비용을 보상받을 수 없다. 따라서 기업은 지식시장을 내부화하여 지식을 중간재로 사용하는 완제품을 생산하고 이를 독점함으로써 지식 및 기술개발에 사용한 비용을 보상받고자 한다.

즉, 다국적기업은 기존의 국내생산시설과 동일한 생산시설을 해외에 설치하는 수평적 통합에 의한 해외직접투자를 통해 지식 및 기술을 독점적으로 사용함으로써, 지식 및 기술개발에 사용한 비용에 대한 수익을 극대화시킬 수 있게 된다.

3) 자본시장을 내부화하기 위한 다각적 통합

다국적기업은 국제적인 자본시장의 불완전성에 직면하여 자본시장의 기능을 내부화함으로써 다각적 통합(conglomerate integration)에 따른 해외직접투자를 하고 있다. 여기서 다각적 통합에 의한 해외직접투자는 기존의 국내생산시설과는 관련이 없는 상이한 분야의 생산시설을 해외에 확대하여 투자하는 것을 말한다.

즉, 피투자국의 자본시장이 발달되어 있지 않다면, 다국적기업은 자체 내의 효율적인 내부시장을 활용하여 자원을 효율적으로 배분하고자 국경에 관계없이 수익이 가장 높은 곳에 투자를 하게 되는데, 이 경우 다각적 해외직접투자를 통하여 위험을 분산시키고 안정적인 수익의 흐름을 확보할 수 있게 된다.

이상에서 살펴 본 내부화이론은 시장의 불완전성만 가정하게 되면 어느 시장에도 적용할 수 있다는 장점이 있다. 반면에, 내부화이론은 몇 가지 한계점을 갖고 있다. 첫째, 다국적기업의 해외진출동기를 시장 불완전성의 존재만으로 설명하는 것은 무리가 있다. 둘째, 기업이 오히려 시장 불완전성을 창조할 수 있다는 것을 고려하지 못한다. 즉, 다국적기업은 직접투자를 통해 시장을 선점하여 독점적 지위를 향유하려고 하기 때문에 스스로 시장 불완전성을 창조할 수도 있다는 점을 고려하지 못한다. 셋째, 생산입지 요인은 주로 국가 및 지역 특유의 요소이기 때문에 이들은 기업의 내부화 대상이 되기 어려운 관계로, 이 이론으로는 생산입지를 설명할 수 없다.

6. 절충이론

더닝(J. H. Dunning)은 앞서 살펴본 독점적 우위이론과 내부화이론에 입지이론을 덧붙인 국제생산에 관한 절충이론(eclectic theory)을 주장하였다.[35] 그는 해외직접투자를 하는 기업이 그렇지 않은 기업에 대하여 가지는 우위를 기업 특유의 우위요소(ownership-specific advantage), 내부화 우위요소(inter-nalization advantage), 생산입지 특유의 우위요소(location-specific advantage)로 구분하고 해외직접투자 현상을 이러한 우위로 설명하였다.

즉, 해외직접투자가 이루어지기 위해서는 첫째, 외국기업으로서 갖는 불리함에도 불구하고 현지국에서 경쟁할 수 있는 기업 특유의 우위요소가 있어야 한다는 것이다. 기업 특유의 우위요소는 기업이 일정기간 동안 독점적으로 사용할 수 있는 무형자산으로서 새로운 진입기업에 대해서는 진입장벽이 되는 요소를 의미한다. 둘째, 기업 특유의 우위를 라이센싱과 같은 외부시장을 통하여 이용하는 것보다 내부거래를 통해 이용하는 것이 유리해야 하는 내부화 우위요소를 갖고 있어야만 한다. 셋째, 국내보다 현지국이 생산 입지상 우위에 있어야 하는 생산입지 특유의 우위요소를 갖고 있어야만 한다.

더닝은 기업 특유의 우위요소와 내부화 우위요소 그리고 생산입지 특유의 우위요소를 해외직접투자, 수출, 라이센싱 등 해외시장 개입방식과 관련하여 [표 3. 7]과 같이 제시하고 있다.

---

35) J. H. Dunning, "Toward an Eclectic Theory of International Production," *Journal of International Business Studies*, 11(1/2) 1980, pp.10~12.

즉 해외직접투자는 기업 특유의 우위요소, 내부화 우위요소, 그리고 생산입지 특유의 우위요소가 모두 충족되어야 이루어질 수 있고, 수출은 기업 특유의 우위요소와 내부화 우위요소가 충족되면 이루어질 수 있으며, 라이센싱은 기업 특유의 우위요소만 있으면 이루어질 수 있다는 것을 나타내고 있다.

[표 3.7] 해외시장진출형태와 그 결정요소

구분 / 해외시장 진출형태	우위요소(advantages)		
	기업 특유의 우위요소 (ownership)	내부화 요소 (internalization)	입지적요소 (foreign location)
해외직접투자 (foreign direct inverstment)	○	○	○
수출(exports)	○	○	×
포트폴리오자원이동 (portfolio resource transfers)	○	×	×

자료: 조동성, 전게서, p.390.

더닝의 절충이론은 해외직접투자이론 가운데 가장 일반적이고 포괄적인 이론이라고 할 수 있으며, 미시적이며 기업적인 관점에서 독점적 우위이론과 내부화이론을, 그리고 거시적이며 국제 분업적인 관점에서의 생산입지이론을 결합하였기 때문에 유용성 면에서도 설득력이 크다고 할 수 있다.

그러나 이 이론에도 다음과 같은 문제점을 갖고 있다. 첫째, 해외직접투자를 단순히 기업의 측면에서만 설명함으로써 해외직접투자이론과 무역이론의 통합모형을 제시하지 못한 부분분석이론이다. 둘째, 해외직접투자의 유인요소를 가장 많이 갖고 있는 다국적기업의 여러 기업행위를 이념적으로 합리화하는 결과를 낳을 수 있다. 셋째, 미시기업이론적 접근에 치우쳐 거시경제적인 관점은 고려하지 않아 거시적인 경제단위인 국가경제와의 마찰 가능성을 배제할 수 없다.

이상에서 살펴본 해외직접투자이론은 크게 보아 독점적 우위이론, 내부화 이론, 절충이론의 큰 줄기로 발전하여 왔다. 나머지 이론들은 복잡한 성격을 가지고 있는 해외직접투자의 여러 단면을 설명하는 부분적인 이론으로 볼 수 있다.

제 3부

다국적기업의 환경

제 4 장 다국적기업의 문화적 환경
제 5 장 다국적기업의 정치적 · 법적 환경
제 6 장 다국적기업의 경제적 환경

4장

다국적기업의 문화적 환경

정보통신기술과 운송수단의 발전으로 국가간 이동이 자유로운 상황에서 여전히 국가간 문화적 차이는 여전히 존재하고 있다. 따라서 다국적기업의 경영자가 다양한 문화적 배경을 갖고 있는 여러 국가에서 국제경영활동을 성공적으로 수행하기 위해서는, 현지국의 문화를 이해하고 적응할 수 있는 이문화 이해능력(cross-culture literacy)을 갖추는 것이 필요하다. 이 장에서는 문화의 개념과 이를 구성하는 요소에 관해 다루었다. 그리고 문화적인 차이가 다국적 기업의 경영활동에 어떻게 영향을 미칠 수 있으며, 경영자는 어떻게 대응해야 하는가를 논의하고자 한다.

제①절 문화의 개념

제②절 문화의 구성요소

제③절 문화적 환경분석 모형

제④절 문화적 환경과 국제경영

외국계 기업 임원 70% "韓정부 차별적 정책 · 과도한 규제가 장애물"

우리나라에 진출한 외국기업들이 정부의 차별적 정책과 과도한 규제를 가장 큰 장애물이라고 생각하는 것으로 나타났다. 이른바 '최순실 게이트'로 정계와 재계의 유착 문제가 드러난 가운데 외국기업들도 정부의 차별적 정책을 문제점으로 꼽았다.

15일 삼일회계법인이 한국에 진출한 외국기업 임원 73명(16개 국가에 본사를 둔 다국적 기업)을 대상으로 한국의 투자환경에 대한 설문조사를 실시한 결과 대부분의 응답자들이 "한국 시장은 경쟁이 매우 치열하다"고 답했다. 특히 약 3 분의 2 이상이 국내 기업들과 경쟁에서 공정한 위치에서 경쟁하고 있는지에 대해 회의적인 시각을 갖고 있는 것으로 나타났다.

이번 설문 조사는 일반적으로 사용되는 평가 척도 혹은 순위를 매기는 질문 형식 대신 응답자가 자유롭게 의견을 기입을 할 수 있는 개방형 질문 방식으로 진행됐다. 한국의 시장 전망, 노동력, 규제 환경, 문화 등 4가지 주제에 대한 총 18개 문항으로 구성됐다.

〈질문〉 한국 회사들과 동등한 위치에서 공평하게 경쟁한다고 생각하는지에 대한 외국기업 임원의 응답결과

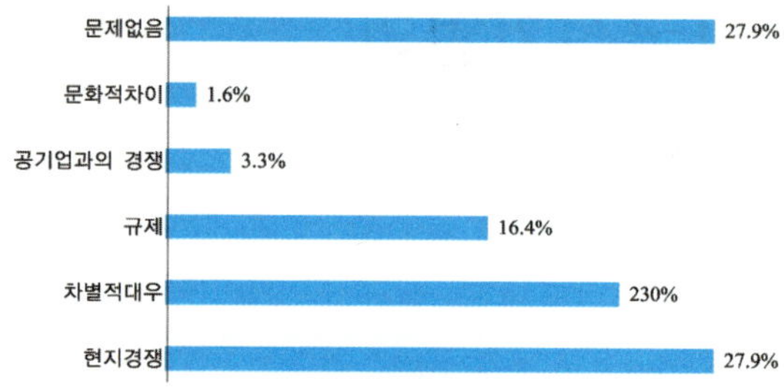

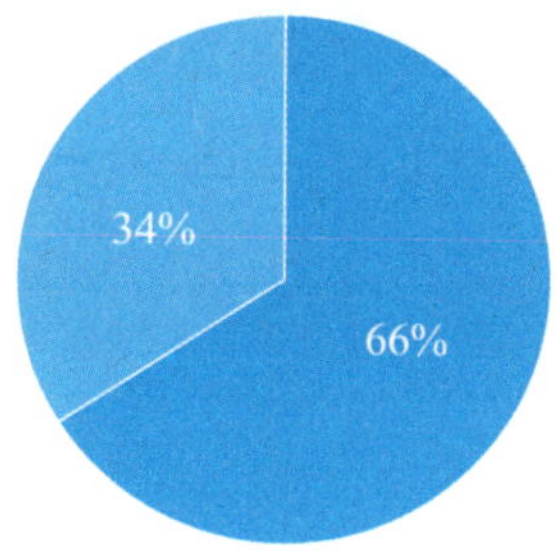

이들은 한국의 바람직하지 않은 속성으로 어려운 규제 환경, 특정 영역의 포화 시장으로 겪는 어려움, 한국의 독특한 문화 등을 꼽았다. 아울러 높은 노동 비용, 경직된 노동 시장, 국내 기업의 치열한 경쟁, 그리고 소비자와 규제 기관의 차별 등을 문제점으로 꼬집었다. 외국기업 임원들은 명확하고 투명하지 못한 규정과 한국만의 고유의 기준 혹은 차별적 정책, 그리고 과한 규정 준수 감사 및 조사 등으로 영업에 상당한 어려움을 느끼고 있다고 답했다.

직원 해고와 관련해 한국 노동 규정이 과도하게 경직돼 있다는 의견도 나왔다. 이들은 경직된 노동 규정이 낮은 생산성뿐만 아니라 새로운 신입 인력을 모집을 제한하는 의도하지 않은 결과를 초래할 수 있다고 우려했다. 특히 이들 임원 중 경영진 응답자들은 회사 내의 조합원 및 단체 협약 협상에 과도한 시간을 보낸다고 생각하고 있었다.

문화적인 장벽에 대해서는 응답자의 32%가 한국의 수직적 기업문화를, 30%의 응답자는 언어 장벽을 기업 관리에 있어 가장 큰 문제점이라고 답했다. 응답자들은 이러한 문화적 특성이 직장 내에서의 창의성, 혁신을 억압하

고 비효율을 초래하고 있다고 생각하는 반면, 직원들이 지닌 회사에 대한 충성도, 직업윤리 의식에 바탕을 둔 개인의 희생정신은 장점으로 여기는 것으로 나타났다.

이런 문제점에도 불구하고 외국기업 임원들은 세계경기 침체, 경기 불확실성의 심화 등 부정적인 투자여건에도 불구하고 한국을 매력적이고 중요한 시장으로 보고 있었다. 이는 한국의 경제성장이 예전만큼 빠르지 않고 내수시장 규모가 제한돼 있는 점을 고려한다면 기대 이상의 결과로 볼 수 있다.

많은 응답자들이 한국에서 영업하는 것이 전 세계 진출 여력을 갖춘 한국의 대기업을 포함, 많은 국내 기업들과의 사업 기회 촉진에 도움이 되는 것을 장점으로 꼽았다. 또 응답자의 58%가 한국 시장이 자사의 영업에 매우 중요하다고 답했다.

한국을 매력적인 시장이라고 생각하는 이유에 대해서는 시장의 역동성과 경제 변화에 대한 빠른 적응력을 들었으며, 다음으로 한국의 첨단 인프라와 직업 윤리의식이 높고 고등교육을 받은 인력의 풍부함 등이 그 뒤를 이었다. 응답자의 대부분이 한국의 성장 전망에 대해 낙관적인 입장을 보이는 가운데, 향후 투자(62%) 와 인력(57%)을 확충할 계획이라고 답했다.

헨리 안 삼일회계법인 부대표는 "이번 설문에서 외국인 투자자들이 언어장벽, 경직된 규제 환경 등을 장애물로 여기고 있음을 알 수 있었다"며 "이러한 부분을 개선하면 한국이 더욱 매력적인 곳으로, 외국인 직접투자를 꾸준히 유도할 수 있는 좋은 시장이 될 것"이라고 강조했다.

자료 : 조선비즈(https://biz.chosun.com),
검색일(2020.1.5.)

제1절 문화의 개념

문화(文化, culture)는 한 사회의 주요한 행동 양식이나 상징체계를 의미한다. 문화란 세계관, 사회사상, 가치관, 행동양식 등의 차이에 따른 다양한 관점의 이론적 기반에 근거하여 여러 가지 정의가 존재한다.

문화의 정의에 대해서는 학자에 따라 매우 다양한 견해를 보이고 있어 한 마디로 정의를 내리기는 어렵다. 문화에 대한 고전적인 정의는 1870년대에 문화인류학자인 타일러(E. Tylor)에 의해 "지식, 신념, 예술, 도덕, 법, 관습, 그리고 사회의 구성원으로서 획득한 그 밖의 능력을 포함하는 복합체"로 제시되었다.

[표 4.1] 문화에 관한 제 정의

학 자	정 의
간스(H. Gans)	문화란 예술, 음악, 문학을 비롯한 상징물은 물론 사고와 감정 등도 포함하고 있다.
프로서(M. Prosser)	문화란 한 세대에서 다음 세대로 전해 내려오는 전통, 관습, 규범, 믿음, 가치관, 사고방식 등을 말한다.
허스쿼트(M. Herskouits)	문화란 인간이 접하고 있는 환경의 일부로서 지식, 예술, 도덕, 법률, 관습 등 사회의 한 구성원으로서 습득한 능력과 버릇의 총체이다.
훼벨(A. Hoebel)	문화는 사회구성원들에 의해 공유되고 학습된 행위의 총체이다.
텝스트라와 데이비드 (V. Terpstra and K.David)36)	문화란 사회구성원들의 특성을 나타내는 학습되고, 공유되고, 강제되고 상호관련된 일련의 상징으로서, 구성원들의 생존에 관련된 문제의 해결책을 제공해 주기 때문에 그 문제의 해결책을 실천하는 영리단체인 기업의 존속과 성장에 지대한 영향을 미친다.
스탠톤(W. J. Stanton)37)	문화란 전적으로 인간이 학습할 수 있는 것이며, 일종의 계승해 내려오는 생활양식과도 같은 것이다.
페라로(G. P. Ferraro)38)	문화란 한 사회구성원들이 소유하고, 생각하고, 행동하는 모든 것이다.
제인(S. C. Jain)	문화는 공유된 경험을 통해서 특정 사회 내의 개인적 생활에 전이되는 모든 학습된 행동과 가치관을 포함한다.

36) V. Terpstra and K. David, *The Cultural Environment of International Business*, 2nd ed., South-Western Publishing, pp.5~25.

37) W. J. Stanton, *Fundamentals of Marketing*, McGraw-Hill, 1978, p.103.

38) G. P. Ferraro, *The Culture Dimension of International Business*, Prentice-Hall, 1990, p.18.

문화를 정의하는 데 있어서 [표 4. 1]과 같이 학자들에 따라 다양한 견해가 존재하고 있지만, 다음과 같은 세 가지 특징을 갖고 있다는 데에는 제반 학자들 간에 의견이 일치하고 있다.[39]

첫째, 문화는 선천적인 것이 아니라, 학습되는 것이다.

둘째, 문화의 여러 구성요소는 상호관련성이 있다.

셋째, 문화는 특정 집단의 구성원에 의해 공유되며, 다른 사회의 구성원들과 확연히 구별할 수 있게 한다.

[표 4. 2] 문화의 공통적인 구성인자

학 자	문화의 공통적인 구성인자
다니엘(F. Daniels)	일과 성취에 대한 태도, 미래에 대한 태도, 의사 결정에 대한 태도, 권위에 대한 태도, 가족에 대한 책임, 사회구조
홀(E. THall)	시간의식, 공간의식, 물질적 소유, 우정의 패턴, 합의 도달의 패턴, 상호작용, 결합(association), 생존방식, 남녀관계, 영역·공간에 대한 의식, 시간에 대한 의식, 학습, 놀이, 방어, 환경에 대한 이용
콜대(E. J. Kolde)	사고방식, 문제해결방식, 구두의사소통, 비언어적 의사소통, 계급구조, 경영자의 사회적 지위, 권력지향성, 위험의 회피, 의사결정스타일, 리더십 스타일, 성취의 개념, 친족간의 유대, 개인주의 대 집단주의, 성적(性的) 유형화, 시간의식, 언어, 무질서
해리스와 모란 (P. Harris & R. T. Moran)	의사소통과 언어, 의복과 외양, 음식과 식사관습, 시간의식, 보상과 인정, 관계, 가치관과 규범, 자아와 공간의식, 지적 과정과 관습, 신념과 태도, 각종 사회시스템 (가족·교육·정치·경제·종교단체·건강·오락 등)
텁스트라(V. Terpstra)	교육, 종교, 가치관, 기술, 사회조직, 정치적 환경
홉스테드(G. Hofstede)	권력간의 간격, 개인주의 대 집단주의, 불확실성의 회피 정도, 남성다움 대 여성다움
카토라(P. Cateora)	물질문화 : 기술, 경제 사회제도 : 사회적 조직·교육·정치구조 신념체계 : 인간·우주·세계관 미적정서 : 조형예술·민속·음악·연극·무용·언어

자료: 조동성, 「국제경영」, 경문사, 1999, p.166.

39) E. T. Hall, *Beyond Culture*, Anchor Books, 1977, p.16.

이와 같은 문화에 대한 다양한 견해와 정의를 종합하여 문화란 “한 사회 구성원들의 특성을 나타내는 학습된 행동과 가치관을 포함하는 것으로서, 다국적기업의 경영환경을 결정짓는 가장 중요한 기초적 요인 중의 하나”로 정의하고자 한다. 따라서 다국적기업의 경영자는 선천적인 것이 아니라 후천적으로 학습을 통해 습득될 수 있다는 문화의 특질로 인해서 다른 나라의 문화를 배우고 이러한 문화적 차이를 극복함으로써 성공적으로 국제경영활동을 수행할 수 있게 된다.

제2절 문화의 구성요소

문화적 차이를 분석하고 이해하는 데 편리한 방법은 문화를 구성하는 여러 가지 요소를 검토하는 것이다.

한 사회의 문화는 그것을 구성하는 많은 요소들이 독립적으로 존재하는 것이 아니라 상호 긴밀한 관계를 유지하면서 하나의 체계를 이루고 있다.

[그림 4.1] 문화의 구성요소

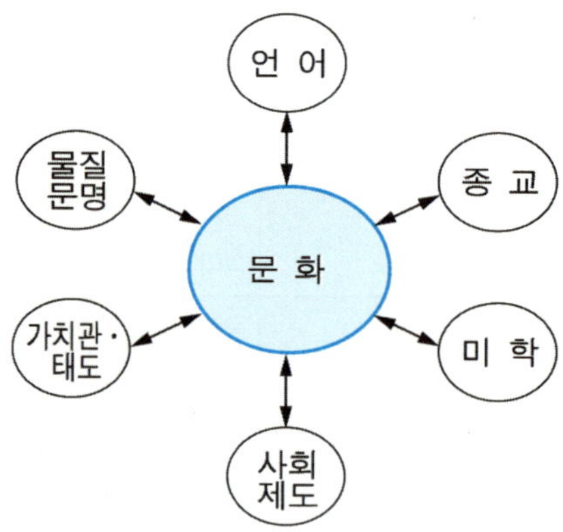

그러나 이러한 체계를 구성하고 있는 문화요소들은 너무나 다양하기 때문에 모든 요소들을 다 밝혀낸다는 것이 매우 어렵다. 따라서 인류학자들은 [표 4. 2]와 같이 해당 문화의 성격과 내용을 대표할 만한 몇 가지 요소 또는 특질에 관심을 두고 접근하고 있다.

[표 4. 3] 제1언어의 비율 (단위 : %)

언 어	제1언어로 사용하는 비율
중 국 어	20.0
영 어	6.0
인 도 어	4.5
러시아어	4.5
스페인어	3.0
포르투칼어	2.0
일 본 어	2.0
아 랍 어	2.0
프랑스어	1.5
독 일 어	1.5
기 타	54.0

[표 4. 2]에 나타나 있는 여러 가지 요소 가운데서 일반적으로 중요한 것으로 받아들여지는 문화의 구성요소로는 [그림 4. 1]에서 볼 수 있는 바와 같이 언어, 종교, 미학, 사회제도, 가치관 및 태도, 물질문명 등을 들 수 있다.

1. 언어

언어(language)는 의사소통을 위한 기본적인 수단이며 중요한 문화적 요소이다. 일반적으로 언어는 말로써 표현되는 음성언어(verbal language)와 손짓, 몸짓, 신호 등의 비음성언어(nonverbal language)가 있다.

1) 음성언어

대체적으로 언어라고 하면 음성언어를 말하는데, 현재 인간이 사용하고 있는 언어는 모두 3천 내지 5천 가지나 된다고 한다.[40]

언어는 1개국에서 1개가 사용되는 것이 보통이나, 국가에 따라서는 2개

40) J. K. Fairbank, The U.S. & China, *Harvard University Press*, 1979. p.21.

이상의 언어가 동시에 사용되기도 한다. 언어가 다르면 문화권이 다르다는 논리를 받아들인다면, 한 나라 안에서 여러 가지 언어가 사용된다는 것은 그 나라에는 여러 개의 문화가 공존하고 있다는 증거가 된다. 즉, 1개국에서 2가지 언어가 사용될 경우에는 2개의 별개의 문화가 존재하고 있으며, 4가지 언어가 사용될 경우 4개의 문화가 있게 된다.[41] 예를 들어 캐나다의 경우 영어와 프랑스어가 공용되고 있는데, 두 언어 집단간에는 문화적 이질성이 많은 것으로 나타나고 있다. 이처럼 1개국에서 2개 이상의 언어가 동시에 사용되는 나라로는 알제리, 미얀마, 중앙아프리카공화국, 체코슬로바키아, 인도, 유고슬라비아 등 62개국이 있다. 그러나 사용하는 언어가 같다고 해서 반드시 동일한 문화를 가지고 있다고 할 수는 없다. 예컨대, 종전의 영국, 프랑스, 스페인 식민지에서는 주요 언어로 이들 국가들의 언어가 사용되는 지역이 많지만, 이러한 지역들의 문화가 동일하다고는 말할 수 없는 것이다.

이와 관련해서 인도에서는 여러 가지 언어가 사용될 뿐만 아니라 방언이 203개에 달하며 문맹률이 높기 때문에 상호간의 커뮤니케이션에 어려움이 많다. 따라서 광고를 비롯한 상업적 커뮤니케이션도 문자가 아닌 심벌로서 할 수밖에 없는 경우가 많다. 아프리카의 일부지역에서는 부족간이나 인접국가간의 의사소통은 토착 언어로 보다는 과거 종주국의 언어인 프랑스어 등 유럽의 언어를 사용하고 있다. 그러나 이들 부족의 토착 언어는 표기언어가 아닌 표음언어(spoken language)가 많으며, 실제로 토착민에게는 유럽의 언어가 제2언어가 되는 경우가 많다. 따라서 지역이나 국가에서 기업활동을 하는 데 있어서는 실제 고객들인 토착민과의 상업적인 커뮤니케이션이 원활하게 될 수 없는 경우도 있다.

이처럼 세계 각국의 복잡하고 다양한 언어구조는 국제경영활동을 어렵게 하는 커다란 제약요인이 되고 있다. 그러므로 커뮤니케이션에 고도로 의존하는 국제경영자는 현지 고객과 같은 언어를 사용하지 않을 경우, 큰 성공을 거두기는 어렵게 된다. 따라서 다국적기업의 경영자는 현지국의 언어에 능통해야 하며, 나아가 그 언어의 내면에 존재하는 고유의 문화까지도 이해할 수 있어야 한다.

41) 벨기에는 북부지방에서 사용되는 프랑스어와 남부지방에서 사용되는 플레미쉬(Flemish)어의 2개 국어가 있으며, 스위스에서는 4개 국어가 사용되고 있다.

2) 비음성언어

음성언어만이 유일한 커뮤니케이션의 수단은 아니다. 사람들은 묵시적 언어(silent language)를 형성하는 일련의 비음성적인 언어 수단으로 메시지를 교환한다. 예를 들어, 색상(colors)은 문화적 경험에 근거한 의미를 상상으로 나타나게 한다. 대체로 서양에서는 흑색이 죽음과 관련된 색상이며, 동양에서는 흰색이, 그리고 라틴 아메리카에서는 자주색이 죽음의 의미를 담고 있다.

사람들 간에 대화를 할 때의 거리(distance)도 묵시적 언어를 나타내는 한 요소가 된다. 적절한 거리에 대한 감각은 학습되는 것이며 사회에 따라서 차이가 난다. 예컨대, 미국에서는 사업상 대화를 할 때의 관습적인 거리는 5피트에서 8피트 가량 되며, 개인적인 일인 경우의 거리는 18인치에서 3피트 정도가 된다. 거리가 관습적인 것보다 가깝거나 멀 경우에 사람들은 불안함을 느끼게 된다. 예를 들어 라틴아메리카에서 사업상의 대화를 하는 미국인 경영자는 라틴아메리카의 관리가 익숙해 있는 근접한 대화 거리를 피하기 위해서 계속 뒷걸음질을 치게 될 수 있다.

시간에 대한 인식(perception of time)도 비언어적인 단서 가운데 하나이다. 미국에서 사람들은 보통 사업상의 약속일 경우 정해진 시간보다 약간 일찍 도착한다. 남의 집에 저녁초대를 받았을 경우에는 손님들은 몇 분 늦거나 정시에 도착하며, 칵테일 파티일 경우에는 약간 더 늦게 도착한다. 이러한 시간엄수(punctuality)의 개념은 민족이나 나라에 따라서 차이가 난다. 예를 들어, 라틴아메리카에서 미국인 경영자는 라틴아메리카의 경영자가 약속시간을 지키지 않을 경우, 이를 실례되는 것으로 생각할 것이다. 하지만, 라틴아메리카 경영자도 미국인 경영자가 저녁초대 시간에 정확히 도착하였다면 똑같이 이를 실례되는 일이라고 생각할 수 있을 것이다.

개인의 지위와 관련된 단서도 인식하기 어려울 수 있다. 권위의 단서로 사물에 많이 의존하는 경향이 있는 미국인 경영자는 나무책상과 카페트가 깔린 커다란 사무실이 없는 외국 파트너의 중요성을 낮춰 생각할 수 있는 경우가 있다. 외국인 경영자도 역시 스스로 문을 열거나 커피를 타는 미국인 경영자에 대해서 똑같이 반응할 수 있다.

몸짓언어(body language)나 동작(kinesics ; 사람들이 걷거나, 만지거나 신체를 움직이는 방식) 또한 국가에 따라서 차이가 난다. 세계적으로 공통된 의미를 갖고 있는 동작은 거의 없다.

예를 들어서, 그리스, 터키, 불가리아인의 'yes'는 미국과 유럽의 여타 국가에서는 부정적인 몸짓인 고개를 좌우로 흔드는 것이다. 어떤 경우에는 한 가지 동작이 여러 가지 의미를 가질 수도 있다. 엄지와 검지 손가락을 합쳐서 'O'자를 만드는 것은 미국에서는 'Okay'를, 일본에서는 '돈'을, 그리고 튀니지(Tunisia)에서는 '나는 당신을 죽이겠다'라는 의미를 나타낸다.

따라서 국제경영자는 음성언어뿐만 아니라 진출국의 관습적인 비음성언어에 대한 충분한 이해를 해야만 성공적인 국제경영활동을 수행할 수 있을 것이다.

2. 종교

종교(religion)는 국제경영활동에 커다란 영향을 미치는 도덕 및 윤리기준의 주요 결정요인이지만 각 종교의 일반적 성격을 규정한다는 것은 쉽지 않다.

일반적으로 종교는 보수적인 경향이 많으므로, 경제 및 기타 분야에 걸친 근대화의 노력 및 과정과 충돌하는 경우가 많다. 특히 물질적인 근대화 또는 유행과는 충돌할 가능성이 더욱 많다.[42)]

세계의 중요한 종교로는 신교, 로마카톨릭교, 이슬람교, 불교, 힌두교 등이 있다.

첫째, 북유럽과 앵글로색슨계 국가들(미국, 캐나다, 호주)에서는 신교의 영향이 일반적으로 우세하다. 신교문화의 근원은 엄격한 인생규범으로서 근면과 검약을 신조로 하는 캘빈주의로 요약되는 신교윤리관에서 찾을 수 있다.

둘째, 로마카톨릭교는 세계에 널리 전파되어 있는데, 특히 라틴계의 이탈리아, 프랑스, 스페인 등 남유럽제국과 중부유럽의 독일, 스위스, 오스트리아 등 게르만계 그리고 중남미 여러 나라에서 우세하다.

셋째, 이슬람교는 중동 여러 나라에서부터 북아프리카제국과 그리고 인도네시아에 이르는 지역에까지 전파되고 있다.

넷째, 불교와 힌두교는 주로 아시아국에 전파되고 있으며 이들 두 종교는 정신적 가치를 숭상하고 물질적 가치를 경시하는 경향이 있다.

이러한 종교는 일반적인 인생관과 구매활동에 영향을 미친다. 예를 들어 크리스마스 기간은 기독교의 영향이 있는 국가에서는 주요 판매기간이지만, 그 밖의 많은 종교에서는 종교적 휴일은 중요한 제품구매시기가 아니다.[43)]

42) 반병길, 「글로벌경쟁시대의 국제마케팅」, 박영사, 1994, p.177.

43) W. F. Schoell and T. T. Ivy, *Marketing : Contemporary Concepts and Practices*, Allyn

[그림 4. 2] 세계의 주요 종교

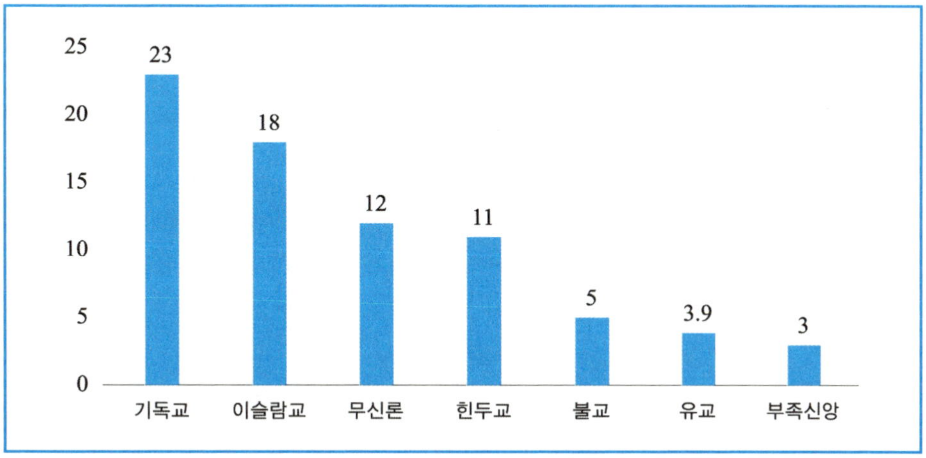

출처: 위키피디아(https://ko.wikipedia.org), 인용

그리고 특정한 종교는 일정한 유형의 소비를 금지시키고 있다. 예컨대, 회교도들은 음주나 돼지고기를 먹는 것이 금지되고, 유태교는 돼지고지나 조개를 먹는 것을 금지하며, 힌두교는 육식을 금지시키고 있다. 또한 금욕생활을 강조하는 종교도 있다. 이슬람교에서는 라마단(Ramadan) 기간 동안 금욕생활을 강조하며 그 기간 동안 정상적인 업무를 수행하기가 힘들다.

이처럼, 세계의 주요 종교는 문화간 및 각 문화 내에서도 크게 다르며 각 문화에 대한 그 영향도 달라 국제경영활동에도 지대한 영향을 미친다. 따라서 국제경영자는 진출 대상국의 종교적 배경과 특성 및 이를 기반으로 해서 나타나는 행동을 잘 이해해야만 한다.

3. 미학

국제경영 활동을 하는 데 있어서, 또 하나 고려하지 않으면 안 될 점은 각 국민의 예술적·감각적 취향이다.

미학(aesthetics)이라 함은 예술(미술, 연극, 무용)과 객체 및 형상에 관한 특별한 감상으로 표현되는 것과 같이, 미와 기호에 관한 개념을 말하는데,[44] 미학적으로는 세계적으로 차이가 많으나 그 차이는 국가별보다는

and Bacon, 1981, pp.662~663.

44) H. Assael, *Marketing Management : Strategy and Action*, Wadsworth, 1985, p.661.

지역별로 더욱 현저하다는 것이 일반론이다. 오늘날에는 커뮤니케이션과 교통이 발달하고 문화, 경제, 정치 등 여러 분야에 걸친 국제적 교류와 상호작용이 확대되고 있어서 미학적 차이는 점차 감소하는 경향이 있으나 아직까지 지역별 및 국가별로 실질적인 미학적 차이가 현저하여 국제경영에 상당한 영향을 미치고 있다.

특히 국제광고나 수출제품의 설계와 포장에는 색, 금기(taboo) 따위의 심벌과 심미적인 측면의 이해가 필요하다.[45] 국제제품 및 광고의 설계에는 그 나라 사람이 좋아하는 색과 싫어하는 색을 식별할 줄 알아야 한다. 그들이 신성시하거나 꺼리는 색을 함부로 쓰다가는 현지소비자로 하여금 커뮤니케이션의 왜곡이나 저항감 따위를 불러일으켜 국제경영활동의 역효과가 나타날 수도 있으며, 경영자가 현지 당국으로부터 어떤 제재나 불이익을 받을 수도 있다.[46]

[표 4. 4]는 일부 국가의 선호·혐오색 및 금기사항을 나타내고 있다.

[표 4. 4] 주요 국가의 선호·혐오색 및 금기사항

국 명	선호색	혐오색	금기 및 해설
중국	적	백·흑·청	· 극동제국에서는 전통적으로 백색 등이 상색인데 중국에서는 특히 백색을 싫어함. 〈사례〉: 외국계 석유회사가 가솔린 스탠드를 백색으로 도장했는데 장의의 색채라는 이유로 손님이 얼씬도 하지 않았으며, 석유마저도 사지 않았다. · 개(犬)는 불길한 상징으로 터부시함.
홍콩	적	백·흑·청	· 중국의 색채 편견이 지배되며, 청은 비애를 연상시킴.
말레이시아	녹	황	· 황색은 회교군주의 황제색이므로 결코 황색복장을 착용하지 않는다.
이스라엘	백 청 (sky blue)	황	· 중세기 여러 나라에서 거주하고 있는 유태(Juda)민족은 황색의 천을 걸치도록 강제되어 있었다. 그런데, 히틀러에 의해서 나치즘(nazism)의 시대에 들어와 그 실천이 부활되었다. 이러한 연유로 이스라엘에서는 불길한 색이라고 극도로 혐오함.
시리아	적·청·남	황	· 황색은 죽음을 상징하므로 회교도가 모두 싫어함.
스위스	백·적	흑	· 흑이 상색으로 좋아하지 않으나 자동차의 흑색은 일반적으로 좋아한다.
브라질		자·황	· 자색이 비애를 뜻하며, 황색은 절망에 빠지게 한다는 미신이 지배하고 있다. 또한 자색과 황색의 배색은 병의 전조라고 믿고 있으

45) 한상복, 이문웅, 김광억, 「문화인류학개론」, 서울대학교출판부, 1996, p.81~82.

46) 한국디자인 포장센터, 해외시장에서의 색채기호, 디자인과 포장 시리즈 2, 1971, pp.47~68.

국 명	선호색	혐오색	금기 및 해설
			며, 농차색은 불길을 초래한다고 대단히 싫어함. 개, 말, 사자를 선호하고 뱀, 쥐는 혐오.
모로코		적·황	· 서부지역에서 직물의 색으로서 싫어함.
페루		자	· 자색은 10월의 종교상의 의식에서 사용되기 때문에 일반적으로 사용하지 않음.
이라크	녹	청·흑	· 국기의 올리브 그린(olive green)은 토템(totem)의식의 상징이므로 상업목적 사용은 금기임.
이집트			· 로다스(차스)나 악어는 토템으로 신성시하고 있으므로 금기임. 어떤 직물회사에서 악어에 창이 꽂힌 모양의 포장디자인을 하여 수출하였다가 이집트인의 노여움을 사 반품되었다는 이야기가 있다.
미국	순	황·흑	· 황색은 비겁함을 암시하며, 흑색은 거의 모든 크리스트교 국가에서 상색임. 개, 고양이, 말을 선호하며, 하이에나, 늑대, 사자는 혐오하는 동물임. 선호하는 식물은 이끼, 담쟁이덩굴 등임.
독일	순	적·다·청·흑	· 적색은 불운, 부정의 상징이며, 다색, 검은색, 녹청색의 셔츠와 붉은 넥타이는 싫어함. 개, 고양이, 말을 선호하며, 뱀, 쥐는 혐오하는 동물임. 선호하는 식물은 장미, 튤립, 카네이션 등임.
프랑스	핑크 소년(blue) 소녀(pink)	녹	· gray green은 옛 독일의 군복을 연상시킴.
인도	적·녹	백	· 백색은 비애를 나타냄.

자료: 한국디자인 포장센터, 전게서, pp.37~53. / 고경순, "국제 광고 표현에서의 문화적 금기", 광고연구, 1994년 봄호, 제22호, pp.96~103.

4. 사회제도

사회제도(social institution)의 구성내용으로는 사회조직(social organization), 정치구조(political structure), 교육(education) 등을 들 수 있다. 인간이 다른 사람들과 관계하는 방법을 말하는 사회조직은 가장 기본적인 사회집단이라 할 수 있는 가족에서부터 지역집단, 특수 이해집단, 연령집단, 종교집단 등으로 나눌 수 있다.

가족의 예를 들어보면 선진국은 일반적으로 부모와 그 자녀들로 구성된

핵가족제도이지만 개발도상국의 가족들은 3~4세대와 친척들을 포함하는 대가족인 경우가 많다.

이러한 가족제도에 따라서 구매단위나 구매력 및 구매결정에 영향을 미치는 요인이 많이 달라진다. 대가족제도의 형태를 띠고 있는 전통적인 유교권에서는 구매의사결정권을 주로 가장인 남편이 행사하였지만, 핵가족제도가 보편화된 미국에서는 구매결정은 통상 부인이 내리게 마련이다. 가족단위의 쇼핑에 있어서는 어린이들의 발언권이 의외로 클 때가 많다. 일반적으로 이러한 가족형태는 경제발전과 더불어 변화하게 되는데, 1960년대에 급속한 경제성장을 이룩한 일본에서는 가족규모가 평균 4.5명에서 3.7명으로 거의 20% 가량 축소되었다.

또한 가족 구성원간의 연대의식은 기업경영방식에도 영향을 미치게 된다. 가족 구성원간의 연대의식이 강해서 외부인에 대해 신뢰가 낮은 중국과 남부이태리 같은 곳에서는 여러 이질적인 가족 구성원들로 이루어진 대기업보다는 한 가족이 운영하는 기업이 성공한 경우가 더 많다.

또 하나의 사회조직 유형으로는 같은 영역에 거주함으로써 형성되는 지역집단을 들 수 있다. 주로 선진국에서는 이웃(neighborhood), 교외(suburb), 도시, 농촌 등이 지역집단에 해당된다. 한편, 중남미, 중동, 동남아, 아프리카의 일부 지역에서는, 부족집단(tribal group)이 가장 중요한 지역집단일 수도 있다. 아프리카에서 이들 부족집단들은 보통 서로에 대해 어느 정도의 적대감을 갖고 있다. 따라서 같은 나라에 여러 부족집단들이 있을 경우, 이들은 중앙정부를 인정하지 않고 각기 부족주의(tribalism) 중심의 활동을 전개하는 경우가 많다. 또한 특정 국가가 여러 민족들로 구성되어 있는 경우도 있다.

미국 내의 백인, 흑인, 스페인계들은 각기 다른 프로그램이 요구되는 상이한 표적시장으로 나타나는 경우가 자주 있다. 유고슬라비아는 세르비아계와 크로아티아계 및 여타 종족집단간의 지속적인 분쟁으로 슬로베니아와 크로아티아로 초기에 분리되었다. 프랑스와 독일조차도 외국인 및 북아프리카 이주민들과 갈등을 빚고 있다.

특수이해집단(special interest groups)은 종교, 직업, 경제, 노동, 정치, 군사, 지역 등의 이해관계를 중심으로 형성된 협회·조합 등을 말한다. 다국적기업은 현지시장에서 이들의 정치적 및 경제적 권력을 확인하고 평가해야 하며, 또한 이들은 상이한 세분시장으로 작용할 수 있다.

소비재(consumer goods) 제조업자들은 종종 문화를 초월해서 연령집단

(age groups)에 의해서 시장을 세분화하는 것을 중시하고 있다. 이러한 사실은 선진국과 개발도상국의 모든 청년시장(youth market)에 의류나 식품과 같은 특정 종류의 제품을 성공적으로 판매할 수 있음을 의미하는 것이다. 그러나 청년층이 모든 지역에서 부모에게 동일한 영향력을 행사한다고 가정하는 것은 잘못이다. 미국에 비해 제품을 선택하는 데 자녀로부터의 영향을 덜 받는 영국에서 어린이들을 통해 시리얼을 판매하려고 했던 캘로그사의 시도는 성공하지 못했다. 미국과 같이 자녀들과 따로 사는 지역에서도 고연령층(senior citizen)은 중요한 집단이지만, 대가족 개념이 우세한 지역에서는 노인들이 젊은층과 함께 살며 이들에 대해 강력한 영향력을 갖는다.

정치구조는 다국적기업의 운명과 의사결정에 매우 중요한 영향을 미치는 요소이다. 정치구조에는 경제활동에 대한 정부의 역할 및 형태, 경제 및 정치이념, 다른 국가와의 외교관계, 기업과 정부와의 관계 등이 포함된다.

교육과 관련해서 우리는 교육을 통상적으로 공식교육기관 또는 산업훈련기관에서 받는 것으로 생각하고 있다. 하지만 이러한 공식적인 정의는 너무 제한된 것이다. 그 이유는 교육에는 기술, 아이디어, 태도 등의 전파과정과 어떤 특수 활동 분야에 대한 훈련도 포함되기 때문이다. 이러한 의미에서 미개인들 역시 그들이 생활하는 제한된 문화 내에서는 교육을 받았다고 할 수 있겠다.

그런데 해외시장국의 교육제도를 고찰하면 상당한 국제적 격차가 있음을 알 수 있다. 이 격차는 공식교육제도에 기준을 둔 것이며, 교육수준은 문자해독률과 같은 의미로서 이는 경제발전의 수준을 알아보기 위해 1인당 소득을 활용하는 것과 효과가 유사하다.

보통 이러한 문맹률은 미국과 유럽 등지에서는 거의 0%에 가까운 반면에 개발도상국에서는 그 비율이 높게 나타나고 있다. 이렇게 문맹률이 극도로 높은 국가에서는 인쇄매체를 이용한 촉진활동은 성공적이지 못할 것이다. 따라서 그런 국가에서는 촉진전략의 초점을 라디오나 영화 광고에 두어야 할 것이다. 반면 교육을 많이 받은 사람은 제품에 대한 복잡하고 상세한 정보를 원하며 구매결정시 다양한 정보원을 이용하는 경향이 있다.

다국적기업의 인사담당자는 어떤 사람이 어떻게 경영활동에 참여할 수 있는 가를 측정하는 기준으로 문자 해독율을 사용할 수도 있을 것이다.

[그림 4. 3] 세계의 문해율

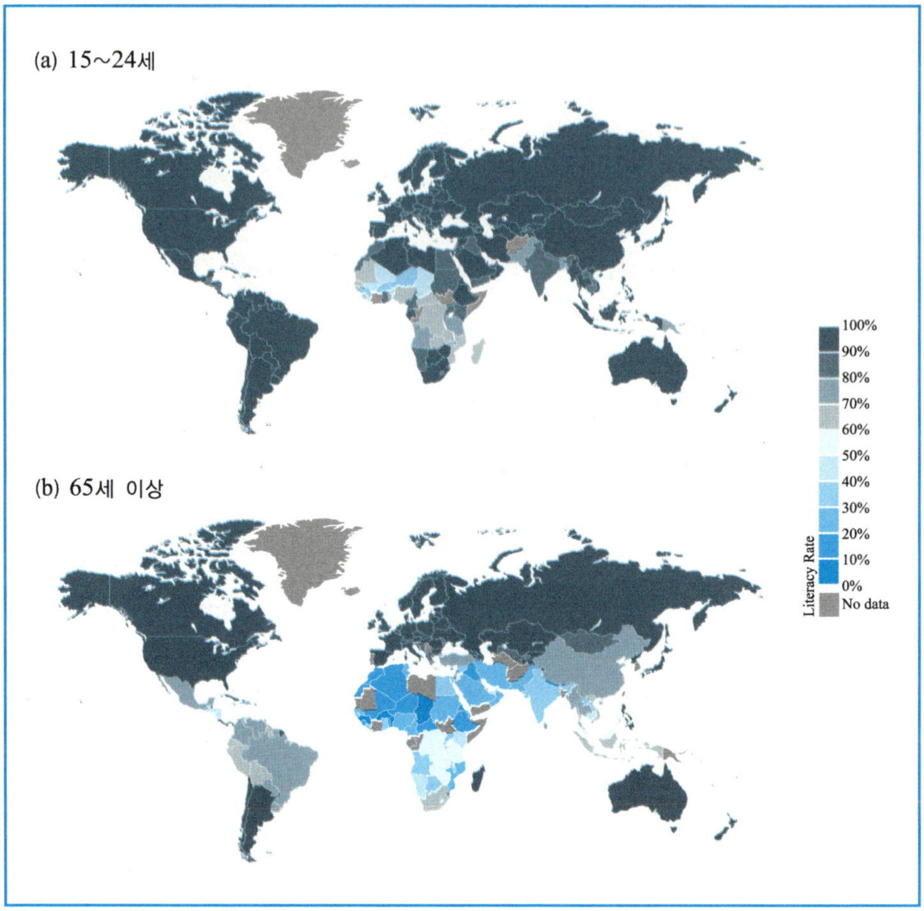

출처: Our World in Data (https://ourworldindata.org/literacy)

5. 가치관 및 태도

모든 문화는 인간행동의 거의 모든 면에 영향을 미치고 사회와 개인의 이치를 형성하는 데 도움을 주는 가치관과 태도(value and attitude)를 갖고 있다. 이러한 가치관은 종교적 토대 위에서 형성되는 경우가 많으며 보통 허락 또는 도덕적인 판단을 의미한다.

상이한 가치관의 예를 들면, 미국과 같은 사회에서는 풍요한 사회(affluent society), 성취적 사회(achieving society), 구입적 사회(acquisitive society) 등으로 표현되는 것으로 보아 부가 사회적 가치척도의 기준이 되는 한편, 불교와 힌두교 사회 등지에서는 무념이 사회적 이상으로 되어 있어 생산과 소비의 동기가 불확실하고 매우 부족하다. 이외에도 불교국가에서의 경건함, 인도 중산층 사이의 가족책임, 중남미 남자들 사이의 남성적임, 그리고 북미인들 사이의 개인적인 성취감에 관한 중시 등을 들 수 있다.

가치관과 태도에 관련된 여러 가지 내용들 가운데, 기업의 경영활동에 중요한 영향을 미치는 것으로는 시간에 대한 태도, 성취감과 일에 대한 태도, 변화에 대한 태도 등이 있다.

시간에 대한 태도는 문화권에 따라서 차이가 난다. 대체로 서구인들은 시간관념이 철저한 반면, 라틴아메리카나 중동사람들은 그렇지 않은 경향이 있다. 성취감과 일에 대한 태도도 문화권에 따라서 다르다. 전통적으로 서구의 선진국에서는 일은 도덕적이며 종교적인 덕행이라고 하였으며, 부를 성공과 성취의 표시라고 생각하였지만, 많은 개도국에서는 물질적인 집착을 중시하지 않는 문화를 갖고 있었다. 그러나 오늘날 개도국 소비자들도 보다 많은 소비재를 사용할 수 있게 됨에 따라, 상품을 구매할 수 있는 돈을 벌기 위해서 일에 대한 태도에 변화가 일어나고 있다. 반면에 선진국에서는 근로시간이 짧아지고 휴가기간이 늘어나는 반대현상이 일어나고 있다.

변화에 대한 태도도 역시 문화권에 따라서 다르게 나타난다. 미국의 경우 '새로운'이란 단어는 호의적인 뜻을 갖고 있지만, 유럽인들은 미국을 전통이 없는 어린 국가라는 생각을 갖고 있다. 세계적으로 전통지향적인 성향이 있는 문화권이 아직도 많은데, 이 경우에는 현지국의 전통적인 가치관을 염두에 두어 국제경영활동을 전개하는 것이 중요하다.

경영자가 특정한 태도에 관해 잘 학습을 하였다면 사람들이 어떤 행동을 하는 이유를 더 잘 이해할 수 있고 특히, 자국민을 다루면서 배웠던 것과는 다른 반응이 나타났을 때 이에 더 잘 대응할 수 있게 된다.

6. 물질문명

물질문명(material culture)은 인간이 만든 모든 물질을 의미하는 것이며, 사람들이 물질을 만드는 방법(기술)과 누가 무엇을 왜 만드는가(경제)하는 것과 관련이 있다. 즉 상품과 서비스의 유통과 소비뿐만 아니라 이를 생산하기 위해서 한 문화가 사용하는 도구, 지식, 기법, 방법, 과정 등의 모든 것을 말한다. 따라서, 물질문명의 두 가지 기본적인 부문은 기술과 경제라고 할 수 있다.

1) 기술

한 사회의 기술은 문화 및 경제적 목표의 달성을 위해 적용하고 지향하는 사용 가능한 지식으로 구성된다. 기술은 모든 문화조직 내에 일정한 형식으로 존재하고 있다. 이것은 개발도상국이 생활수준을 향상시키는 데 있어서, 그리고 다국적기업의 경쟁 전략에 있어서 중요한 요소가 된다.

기술적 우위를 갖는 것은 대다수 기업의 목적이기도 하지만, 특히 다국적 기업의 경우에는 다음과 같은 점 때문에 그 중요성이 더욱 크다고 할 수 있다.

① 기술은 기업이 세계시장에서 경쟁력을 갖거나 선도적인 위치에 오를 수 있게 한다.
② 기술은 팔 수 있으며(라이센싱이나 관리계약), 기업의 제품으로 구체화될 수 있다.
③ 기술은 해외시장에서 이미 다른 기업이 설립되어 있는 경우에도 그 시장에 진입할 수 있다는 신념을 줄 수 있다.
④ 기술은 현지국 정부가 그 기업만이 갖고 있는 기술을 원하는 경우가 있기 때문에 해외시장 투자시 유리한 조건을 가질 수 있게 한다.
⑤ 기술은 소수지분만을 갖고 있는 기업도 합작회사를 통제할 수 있도록 한다.
⑥ 기술은 국제분업을 변화시킬 수 있다. 일부 기업은 현재 신기술을 기초로 한 생산방법이 자사제품의 직접노무비를 감소시키기 때문에 노동비가 저렴한 해외생산을 본국으로 전환하고 있다.
⑦ 기술은 주요 기업들이 기술을 공유하고 높은 연구개발비를 공동으로 부담하는 제휴를 하도록 한다.

이러한 기술은 생산기술뿐만 아니라 마케팅, 재무 등의 경영기술도 포함한다. 정부는 신기술이 초래할 수 있는 문화적 변화를 자국민이 수용할 만한 준비가 되어 있지 않을 경우에 기술의 문화적 측면에 관해서 관심을 갖게 된다. 이러한 기술의 문화적 측면은 새로운 생산기법과 신제품이 국민들의 신념과 생활방식에 변화를 요구한다는 점 때문에 국제경영자에게는 특히 중요하다.

각국의 기술격차는 그 나라가 선진국인가 혹은 개발도상국인가의 여부를 판단하는 기초로 사용된다. 일반적으로 일인당 GNI가 많은 국가가 적은 국가에 비해 기술수준이 높다.

2) 경제

다국적기업의 본사는 물질문명의 여러 가지 척도를 통해 현지국 정부가 제한을 두지 않을 만한 범위 내에서 해외 지사가 사용할 기술의 유형을 결정한다. 1인당 소득과 인구, 고교졸업생수 등과 같은 경제지표들은 제품의 유통과 촉진시 발생 가능한 문제점을 밝혀주고, 시장규모를 결정하는 데 도움을 주며, 천연자원, 숙련 및 비숙련 노동자, 자본설비, 경제하부구조(커뮤니케이션, 금융시스템 등) 경영능력 등과 같은 자원의 가용성에 관한 정보를 제공한다.

이상에서 문화적 환경의 대표적 요인들을 몇 가지 살펴보았는데, 이 같은 제반 요인들은 각기 독립적으로 존재하는 것이 아니고, 상호 연결되어 하나의 전체적인 문화 환경을 형성하게 되는 것이다.[47]

47) V. Terpstra, *The Cultural Environment of International Business*, South-Western Publishing, 1978, p.14.

제3절

문화적 환경분석 모형

현지국의 문화를 이해하고 분석하려는 시도는 여러 학자들에 의하여 행하여졌는데, 이러한 문화에 관한 비교연구모형으로는 일반적으로 다음의 세 가지가 잘 알려져 있다.

1. 클럭혼의 모형

문화인류학자인 클럭혼(F. Kluckhohn)은 서로 다른 사회의 문화지향성을 비교하기 위해 인간의 본성, 인간과 자연의 관계, 인간관계, 활동양식, 시간지향성, 공간지향성의 여섯 가지 기본문제에 대한 질문을 제시하였다.[48] 그런데 클럭혼의 모형은 문화의 여러 측면 중 일부 항목만 비교한 것일 뿐 문화 전체를 완전히 이해할 수 없다는 단점이 있다.[49]

애들러(N. J. Adler)는 이들 여섯 가지의 기본적 요인들은 태도와 행위의 형성과 밀접한 관계가 있는 인간의 가치를 반영한다고 강조하고 있다.[50]

---

48) F. Kluckhohn and F. L, Strodtbeck, *Variation in Value Orientation*, Row, Peterson, 1961.

49) 원종근, 「국제마케팅론」, 법문사, 1988, p.120.

50) N. J. Adler, "CrossCultural Management : Issues to be faced", *International Studies of Management & Organization*, 18(1/2), 1983, pp.7~45.

〈클럭혼의 문화지향성〉

① 인간의 본성과 관련해서 미국인들은 선과 악의 복합체로 생각하며, 미국이외의 다른 문화권에서는 사람을 근본적으로 악하거나 선한 것으로 본다.
② 인간과 자연과의 관계에 있어서는 북미인들은 자연에 대한 지배적 성향을 가지고 있는데 반해, 중국인 등과 같은 다른 사회의 사람들은 인간과 자연은 더불어 존재하는 합일체로 보거나 인간은 자연의 복종적인 존재라고 믿고 있다.
③ 인간관계에 있어서 미국인들은 개인주의적이라 할 수 있으며, 일본·중국·이스라엘 등지에서는 집단주의적 성향이 강하다.
④ 인간의 활동양식에 관해서 미국인은 동적지향문화인 데 반해 여타 사회에서는 정적이며 통제지향적이다.
⑤ 삶의 주관심시기에 대하여 북미인들은 미래지향적인 데 반해 대부분의 유럽인들은 과거지향적이다.
⑥ 공간을 이용하는 방식에 있어서, 대부분의 미국인들은 매우 사적인 데 반해, 일본인과 중동인들은 매우 공적이라 할 수 있다.

2. 홉스테드의 모형

홉스테드(G. Hofstede)는 클럭혼의 모형과는 달리 실증적 조사를 통하여 조사대상이 된 40개국이 갖고 있는 문화적 특성을 권력격차, 불확실성회피, 개인주의, 남성화라는 네 가지 차원별로 분석하여 세계 150개 국가와 3개 지역(동아프리카, 서아프리카, 기타 아랍 언어를 사용하는 국가)을 몇 개의 국가군으로 분류하였다. 그리고 이러한 네 가지 차원에서 다시 각각 양극단으로 분류된 여덟 가지 독립적 차원(즉, 개인주의 대 집단주의, 작은 권력격차 대 큰 권력격차, 약한 불확실성의 회피 대 강한 불확실성의 회피, 그리고 여성다움 대 남성다움) 들은 서로 교차되면서 한 나라의 문화를 형성하고 있다고 주장하였다.[51)]

그는 핵가족 제도가 발달된 미국, 영국, 네덜란드 등이 개인주의 성향이 있으며, 대만, 파키스탄, 폴란드 등은 집단주의에 속한다고 하였다. 그리고 이들의 중간적인 성격을 띤 국가로는 일본, 오스트리아, 인도, 스페인 등을 들고 있다.

51) G. Hofstede, *Culture's Consequences : International Differences in Work Relate Values*, Sage Publications, 1980.

불확실성에 대해 강한 회피를 나타내는 국가로는 필리핀, 멕시코, 유고슬라비아, 베네주엘라, 브라질, 일본과 한국 등이 있고, 불확실성에 대한 회피가 작은 국가들은 권력간의 간격이 작은 덴마크, 스웨덴, 노르웨이, 네덜란드 등이 있다.

[표 4.6] 국가 및 지역 약어표

약어	국가 및 지역	약어	국가 및 지역
ARA	Arab countries (Egypt, Lebanon, Libya, Kuwait, Iraq, Saudi Arabia, United Arab Emirates)	JAM	Jamaica
		JPN	Japan
		KOR	South Korea
ARG	Argentina	MAL	Malaysia
AUL	Australia	MEX	Mexico
AUT	Austria	NET	Netherlands
BEL	Belgium	NOR	Norway
BRA	Brazil	NZL	New Zealand
CAN	Canada	PAK	Pakistan
CHL	Chile	PAN	Panama
COL	Colombia	PER	Peru
COS	Costa Rica	PHI	Philippines
DEN	Denmark	POR	Portugal
EAF	East Africa (Kenya,Ethiopia, Zambia)	SAF	South Africa
		SAL	Salvador
EQA	Ecuador	SIN	Singapore
FIN	Finland	SPA	Spain
FRA	France	SWE	Sweden
GBR	Great Britain	SWI	Switzerland
GER	Germany	TAI	Taiwan
GRE	Greece	THA	Thailand
GUA	Guatemala	TUR	Turkey
HOK	Hong Kong	URU	Uruguay
IDO	Indonesia	USA	United States
IND	India	VEN	Venezuela
IRA	Iran	WAF	West Africa (Niferia, Ghana, Sierra Leone
IRE	Ireland		
ISR	Israel	YUG	Yugoslavia
ITA	Italy		

자료: G. Hofstede, "The Cultural Relativity of Organizational Practices and Theories," *Journal of International Business Studies*, 14(3), 1983, pp.75~89.

가장 남성다운 국가로는 일본, 오스트리아, 베네주엘라 등이 있으며, 가장 여성다운 국가로는 덴마크, 스웨덴, 노르웨이, 네덜란드 등이 있다.[52]

홉스테드 모형은 방법론에 있어서 클럭혼 모형과는 달리 계량적인 분석 방법을 도입하고 있기 때문에 객관성이 훨씬 높다고 볼 수 있다.

[그림 4.4] 개인주의와 권력격차

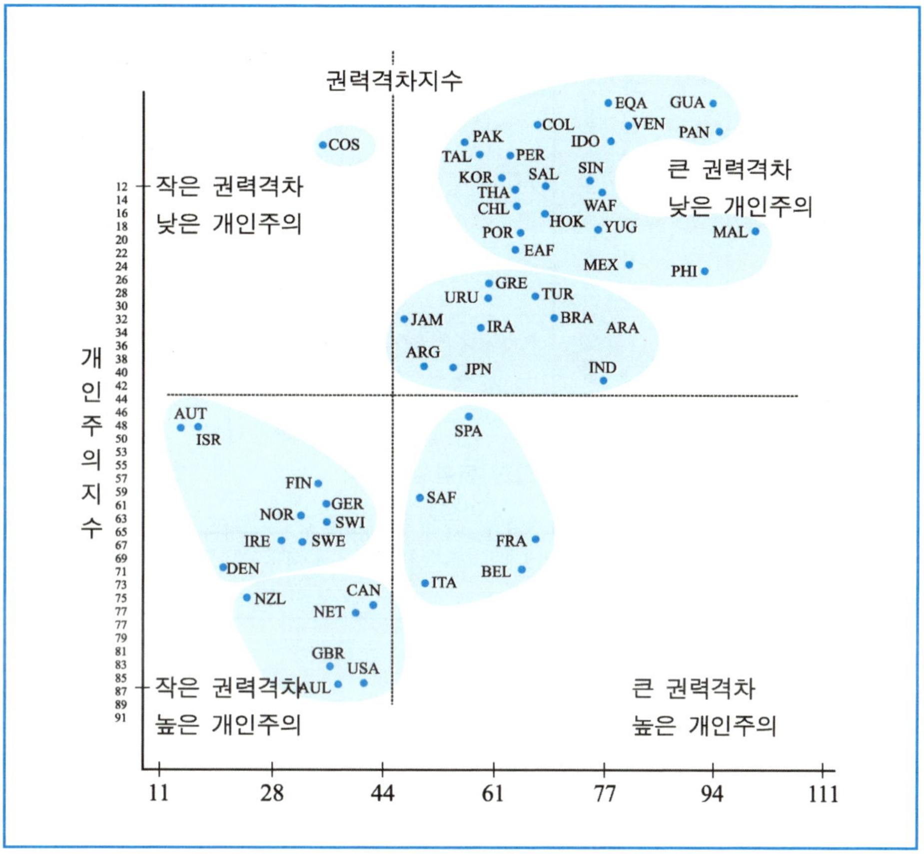

자료 : *Ibid.*

---

52) 이승영·박영배, 「비교경영론」, 법문사, 1991, pp.55~56.

[그림 4.5] 불확실성 회피정도와 남성다움

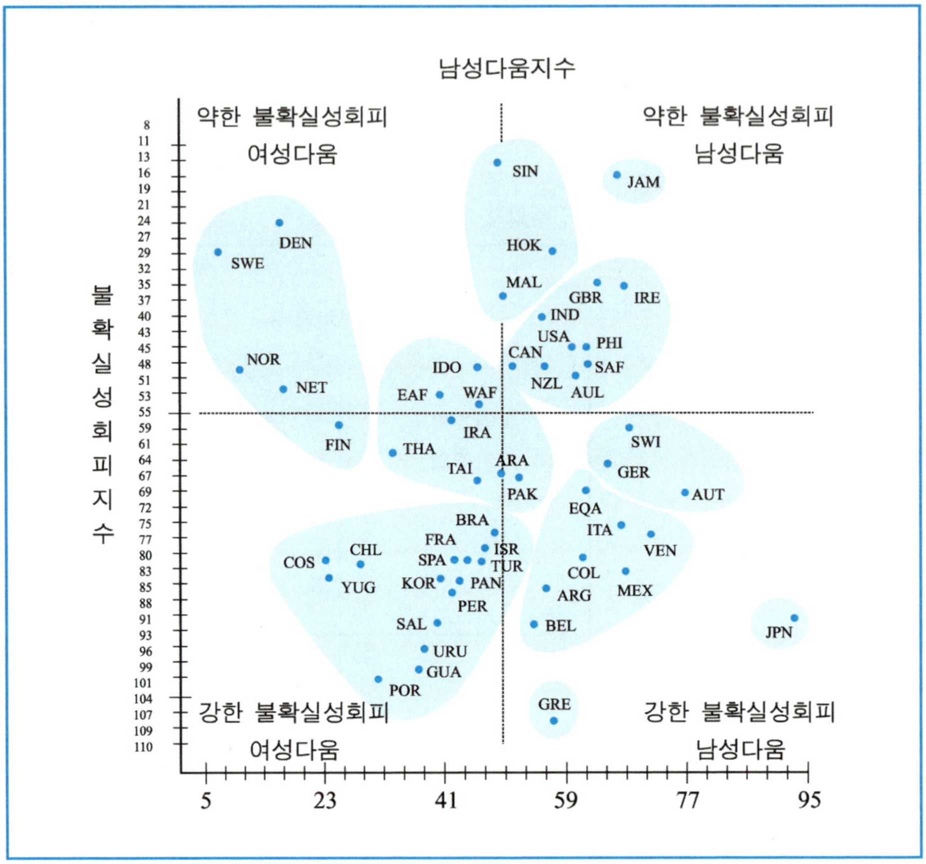

자료 : *Ibid.*

3. 홀의 모형

홀(E. T. Hall)은 각 국가의 문화를 하이 컨텍스트 문화(HCC ; high context culture)와 로우 컨텍스트 문화(LCC ; low context culture)로 분류하고 있다. 하이 컨텍스트 문화는 삶의 정황이 보다 중요하게 여겨지는 문화이고, 로우 컨텍스트 문화는 구체적으로 표시된 문서와 문장의 표현 그 자체가 중요한 문화이다.[53] HCC에서는 커뮤니케이션을 위한 메시지나 정보가 대부분 신체적 배경 또는 개인에 내면화됨에 따라 이것이 명백하게 부호로 나타나거나 코드화되지 않는데, 이러한 차원에는 중국, 일본, 아랍 문화권이 해당된다.

53) E. T. Hall, "The Silent language in Overseas Business," *Harvard Business Review*, March- June 1960, pp.87~96.

전반적으로 책임과 신뢰가 중요한 가치로서 강조되며, 책임의 소재는 고위층에 있고 집단지향적인 성격이 강하다.

반면에, 미국 또는 독일 문화는 커뮤니케이션의 대부분이 명백한 언어적 코드, 즉 구두나 글로 쓰여진 어휘를 통하여 이루어지는 LCC에 해당되게 된다. 따라서, 구체적이고 분명한 대화를 통해서 정보의 교환이 이루어지고, 책임은 대체로 최하위층에게 전가된다.

[그림 4. 6] 하이컨 텍스트 문화와 로우 컨텍스트 문화에 대한 국가별 비교

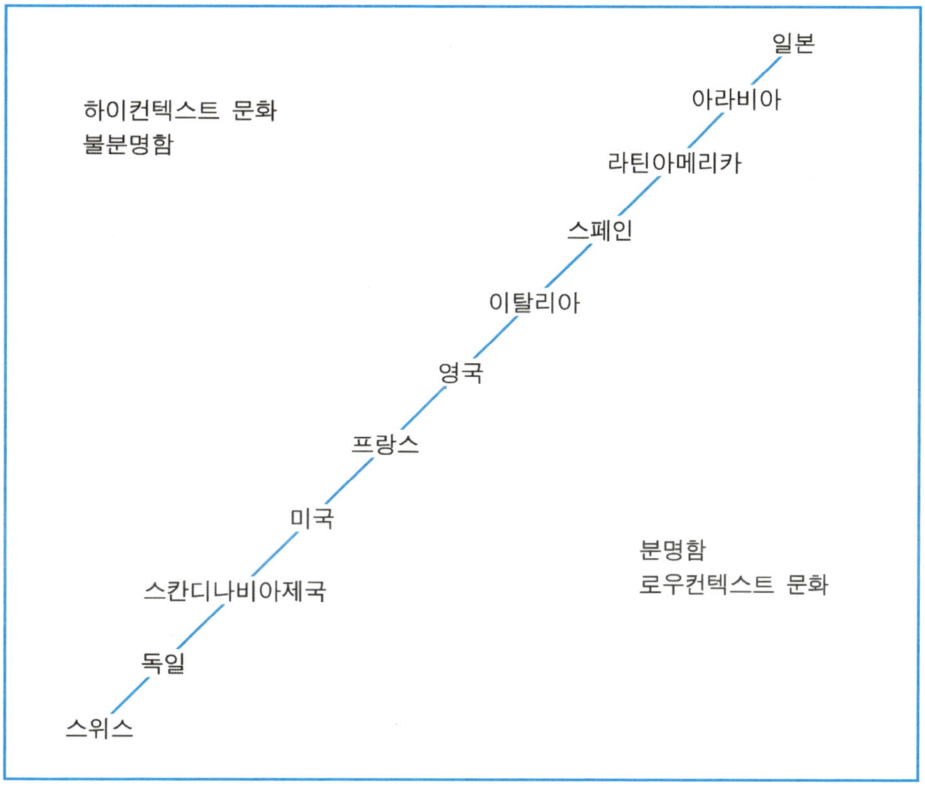

자료: 원종근, 전게서, p.122.

이처럼 문화간 차이는 국제 경영활동시에 많은 영향을 미칠 수 있다. 따라서 국제경영자는 국가간의 문화적 차이를 신중히 탐색할 필요가 있다. 그러나 실제로 존재하는 것 이상으로 그 차이를 지각함으로써 오류가 발생할 수도 있기 때문에 국제경영자는 문화적인 차이점뿐만 아니라 그 유사점에도 주의를 기울여야 한다. 참고로 문화의 보편성에 관한 머독(G. P. Murdock)의 분류를 보면 [표 4. 7]과 같다.

[표 4.7] 문화의 보편성

1. 연령등급
2. 운동경기
3. 몸치장
4. 법
5. 청결훈련
6. 공동체조직
7. 요리
8. 협력노동
9. 우주론
10. 구혼
11. 무도
12. 장식술
13. 점
14. 분업
15. 꿈해석
16. 교육
17. 종말론
18. 논리
19. 인종식물학
20. 예의범절
21. 신앙요법
22. 가족
23. 향연
24. 발화방법
25. 민속
26. 음식금기
27. 장례식
28. 오락
29. 몸짓
30. 선물제공
31. 정부
32. 인사
33. 머리형
34. 환대
35. 주택·위생
36. 근친상간금기
37. 상속법칙
38. 농담
39. 혈족집단
40. 혈족용어
41. 언어
42. 법률
43. 행운·미신
44. 마술
45. 결혼
46. 식사시간
47. 의술
48. 자연에 대한 겸손
49. 애도
50. 음악
51. 신화
52. 수사
53. 조산술
54. 형벌제재
55. 성명
56. 인구정책
57. 출산요양
58. 임신관습
59. 재산권
60. 초자연적 존재에 관한 위안
61. 사춘기 관습
62. 종교적
63. 거주규칙
64. 성적 제한
65. 영혼개념
66. 신분차별화
67. 외과술
68. 도구제작
69. 교역
70. 방문
71. 이유(離乳)
72. 기상통제

자료: E. Cundiff and M. T. Hilger, *Marketing in the International Environment*, 2nd ed., Prentice-Hall, 1988, p.145.

제4절

문화적 환경과 국제경영

국제경영은 상이한 국가와 사회에서 수행되는 것이므로 국내경영활동과는 차이가 있다.

이 장에서 우리는 각 사회가 얼마나 상이한가 하는 점을 검토하였다. 각 사회는 그들의 문화가 다르기 때문에 이질적일 수 있다. 그리고 이들의 문화는 언어, 종교, 미학, 사회제도, 가치관 및 태도, 물질문명 등이 다르기 때문에 또한 상이할 수 있다. 이러한 차이점과 관련해서 국제경영에 적용할 수 있는 두 가지 사항이 있다. 첫째는 이문화 이해능력을 개발할 필요가 있다는 것이다. 문화적 차이가 존재한다는 것뿐만 아니라, 그러한 차이가 국제경영활동에 어떤 의미가 있는가 하는 것도 인식할 필요가 있다. 두 번째는 문화간의 연계성, 한 국가에서의 경영활동 비용, 국가의 경쟁력 우위 등에 관심을 두는 것이다. 이 장에서 지적한 것처럼 문화와 경쟁적 우위 간에는 관련이 있을 수 있다.

1. 이문화 이해능력

처음 해외에 진출한 기업이 직면하는 가장 큰 위험 가운데 하나는 잘못된 정보를 갖는 것이다. 다른 문화권의 관행에 대해 그릇된 정보를 갖고 있는 기업은 국제경영활동을 성공적으로 수행하기가 어렵다. 협상방법, 판매원에 대한 인센티브 지급 시스템, 조직의 구조, 브랜드 네임, 노사관계, 촉진 방법 등은 문화적 차이에 민감한 것들이다. 상이한 문화권에서 활동하는 기업은 그 문화의 가치관과 규범에 적응하는 것이 필요하다.

그릇된 정보의 위험에 대처하기 위해서, 다국적기업은 특정 문화권에서 경영활동을 용이하게 하기 위한 현지인의 고용을 염두에 두어야 한다. 본국의 국제경영자는 어떠한 문화적 차이가 국제경영활동에 영향을 미치는가 하는 점을 이해할 정도의 세계적인 안목을 갖고 있어야 한다. 세계적인 안목을 갖춘 경영진을 구축하는 한 가지 방법은 정기적으로 경영자를 해외로 이동시킴으로써 이질적인 문화에 노출되도록 하는 것이다.

다국적기업은 또한 자국중심주의적 행동(ethnocentric behavior)의 위험을 지속적으로 경계해야만 한다. 자국중심주의(ethnocentrism)는 자기 민족이나 문화가 우월하다는 신념이다. 자국중심주의로 무장을 하게 되면 다른 나라의 문화를 무시하거나 멸시하게 된다. 불행하게도 자국중심주의는 만연되어 있다. 많은 미국인, 프랑스인, 일본인, 영국인 등과 같이 많은 한국인도 그렇다. 이러한 것은 국제경영자가 지속적으로 경계해야 하는 사항이다.

2. 문화와 경쟁우위

이 장에서 지속적으로 부각된 주제는 문화와 국가의 경쟁우위 간의 관계이다. 간단히 말해서, 한 국가의 가치체계와 규범은 그 국가에서 기업활동을 하는 데 드는 비용에 영향을 미친다. 한 국가에서의 기업활동비용은 그 문화권에서 활동하는 기업이 글로벌 시장에서 경쟁우위를 확보하는 데 영향을 미친다. 예를 들어 앞서 살펴본 바와 같이 노사간의 협조, 일 등에 대한 태도는 사회구조와 종교에 의해 영향을 받게 될 것이다. 또한 한 국가에서 노사간, 계층간 갈등이 산업분쟁을 촉발시킨다면 그 문화권에서의 기업 활동 비용은 증대할 것이다.

다국적기업의 국제경영활동에 있어서 문화와 경쟁우위 간의 연계는 다음과 같은 두 가지 이유에서 중요하다. 첫째, 이러한 연계가 있는 국가는 경쟁력이 높은 경쟁자가 될 것이다. 예를 들어, 자유시장경제와 유교적 이념, 집단 지향적인 사회구조, 그리고 진보된 교육제도 등이 조합된 아시아·태평양 국가들 가운데서 앞으로도 적극적이고 효율적인 경쟁자들이 계속 등장하고 성장할 것이다.

둘째, 문화와 경쟁우위 간의 연계는 다국적기업이 생산시설과 사업 활동을 하는 입지를 선택하는 데 중요한 사항이 된다. 기업이 생산시설을 입지하기 위해 A와 B라는 두 국가 가운데 한 국가를 선택하는 경우를 가정해보자.

양국은 저렴한 노동비와 세계시장에 대한 좋은 접근성을 갖고 있다. 양국은 인구도 거의 비슷하며 경제발전 수준도 비슷하다. 그런데, A국은 교육제도가 발달되어 있지 않다. 사회는 상층과 하층으로 엄격하게 구분되어 있다. 지배적인 종교는 윤회의 중요성을 강조하고 있다. 그리고 세 가지의 주요 언어집단이 있다. 반면에, B국은 교육제도가 잘 발달되어 있다. 사회적 계층화가 거의 없다. 집단정체성이 이 문화가 강조하는 가치이다. 재배적인 종교는 열심히 일하는 것을 강조하고 있다. 단일 언어만 존재한다. 어느 국가에 투자를 할 것인가?

물론 B국에 투자를 할 것이다. B국의 문화는 생산과 사회적 조화의 자본주의 방식을 지지하고 있지만, A국의 문화는 그렇지 않다. A국에서의 노사간 갈등과 상이한 언어집단간의 갈등은 사회 및 산업분쟁을 초래할 수 있으며, 결과적으로 사업 활동비용을 증대시킬 수 있다. 또한 훌륭한 교육제도가 부족한 것과 내세에서 영달을 얻는 방법으로 고행주의적인 행동을 강조하는 지배적인 종교는 기업목적을 달성하는 데 반하는 역할을 할 수도 있을 것이다.

똑같은 비교가 A국과 B국 가운데 어느 국가에 자사의 제품을 진입시킬 것인가를 결정하는 국제경영활동에서도 이루어질 수 있다. 역시 논리적으로 B국이 선택될 것이다. 왜냐하면 B국의 문화적 요소는 장기적으로 뛰어난 경제성장을 이룩할 수 있는 소지를 갖고 있기 때문이다. 반면에 A국의 문화는 경제적인 침체를 초래할 가능성이 크다.

5장

다국적기업의 정치적·법적 환경

정보통신기술과 운송수단의 발전으로 국가간 이동이 자유로운 상황에서 여전히 국가간 문화적 차이는 여전히 존재하고 있다. 따라서 다국적기업의 경영자가 다양한 문화적 배경을 갖고 있는 여러 국가에서 국제경영활동을 성공적으로 수행하기 위해서는, 현지국의 문화를 이해하고 적응할 수 있는 이문화 이해능력(cross-culture literacy)을 갖추는 것이 필요하다. 이 장에서는 문화의 개념과 이를 구성하는 요소에 관해 다루었다. 그리고 문화적인 차이가 다국적 기업의 경영활동에 어떻게 영향을 미칠 수 있으며, 경영자는 어떻게 대응해야 하는가를 논의하고자 한다.

제①절 정치적 환경
제②절 법적 환경

"정치적리스크, 다시 글로벌 금융시장 전면에"

글로벌 성장 스토리와 중앙은행들의 통화부양책에 가려 한동안 크게 주목 받지 못했던 정치적 위험이 다시금 시장의 전면에 등장했다고 월스트리트저널(WSJ)이 11일(현지시간) 보도했다.

미국 연방준비제도(연준)를 비롯한 주요국 중앙은행들이 부양책 축소를 시작했거나 조만간 착수할 것으로 전망되는 가운데 일부 성장 둔화 신호들이 목격되면서 정치적 위험들이 시장이 미치는 영향이 커지고 있다는 분석이다. 이는 동시에 불확실성이 앞으로 더 확대될 것임을 의미한다. 시장에선 주요 7개국(G7) 불화, 이탈리아 정국 불안정, 북·미 회담, 중동과 베네수엘라의 혼란, 글로벌 무역전쟁 우려 등이 중요한 정치적 위험으로 거론된다.

물론 투자자들 입장에서 정치 이벤트는 해석이 쉽지 않고 때로는 실제 경제에 미치는 영향 또한 가늠하기가 어렵다. 하지만 WSJ에 따르면 시장의 정치적 위험을 측정하는 전형적 기준인 스위스 프랑과 다우존스 실렉트 우주항공 및 국방지수는 지난달 상승했다. 또 미국의 소기업 주가는 무역 이슈 및 지정학적 혼란에 보다 민감하게 반응하는 다국적 기업들과 비교해 최근 좋은 성적을 거뒀다.

경제정책과 관련해 주요 신문 기사에 언급되는 '불확실한'과 '불확실성'이라는 단어들을 추적해 산출하는 글로벌 경제정책 불확실성지수는 지난달 1년래 최고 수준으로 상승했다.

컨설팅업체 언스트앤드영의 최근 조사에 따르면 유럽에 투자하고 있는 기업들의 지금 가장 큰 우려는 지정학적 불안정으로 나타났다. 이는 2016년 조사에서 지정학적 불안정이 5번째 우려로 꼽혔던 것과 큰 차이다.

WSJ은 투자자들이 얼마 전까지만 해도 정치적 위험에 비교적 느긋한 반응을 보였다고 평가한다. 미국과 북한의 상호 호전적 수사에도 시장은 상승했다. 지난 4월 미국의 시리아 공습을 포함한 시리아 사태는 시장의 랠리에 심각한 흠집을 내지 않았다. 그리고 지난해 유럽 여러 나라에서 실시된 선거와 국민투표도 투자자들을 크게 불안하게 만들지는 않았다.

그러나 주요국들의 통화부양책 축소 움직임과 성장 둔화 조짐은 정치적 위험을 대하는 투자자들의 태도에 변화를 가져왔다. 보스턴 소재 이튼 밴스의 글로벌 채권 담당 공동 디렉터 에릭 스타인은 "투자자들은 작년에는 모든 정치적 위험들을 무시한 것처럼 보였다. 지금은 사람들이 정치적 위험에 훨씬 민감하게 반응한다"고 말했다.

씨티그룹에 따르면 세계 경기 흐름을 가리키는 글로벌 구매관리자지수(PMI)는 수년 고점에서 후퇴했고 선진국 경제 데이터들은 예상치를 큰 폭 하회했다. 지난해 선진국들의 경제 데이터가 대부분 예상을 상회했던 것과는 대조적인 모습이다. 연준은 이번 주 통화정책회의에서 기준금리를 인상할 것이 확실시 되며 올해 남은 기간 금리 인상 예상 횟수도 상향 조정할 가능성이 일부 점쳐진다. 유럽중앙은행(ECB) 정책결정자들도 조만간 채권 매입프로그램을 추가 축소할 가능성이 있다는 신호를 보내고 있다. 중앙은행 부양책 축소는 금융위기 이후 시장을 지지해온 대규모 유동성이 사라진다는 것을 의미한다.

BNY 멜론 자산운용의 분석가들은 이미 지난 4월 보고서에서 "우리는 시장이 중앙은행들의 유동성 공급과 같은 왜곡 때문에 현재, 그리고 앞으로 나타날 수 있는 글로벌 지정학적 위험을 제대로 가격에 반영하지 못하고 있다"고 경고한 바 있다.

펜 뮤추얼 자산운용의 수석 투자 담당자 마크 헤펜스톨은 WSJ와의 인터뷰에서 "지금 환경은 이전과는 달라졌고 변동성이 커졌다. 때문에 시장은 정치적 위험에 훨씬 더 크게 반응할 것"으로 내다봤다.

〈글로벌 경제정책 불확실성지수〉

	Global	China	Germany	Japan	Korea	Mexico	UK	US
2000년	72.6	48.7	84.7	91.6	91.8	128.9	47.8	96.6
2005년	66.5	63.0	81.4	67.7	68.6	80.8	73.5	70.9
2010년	119.2	117.1	140.2	127.6	148.7	70.3	231.9	147.6
2015년	120.0	140.6	157.0	94.3	128.2	32.5	204.5	112.9
2016년	173.1	245.7	231.4	146.4	188.8	49.7	542.8	145.1
2017년	179.3	296.8	177.6	99.0	160.8	64.7	475.8	142.4
2018년	194.8	386.4	172.4	94.9	145.2	68.9	368.1	153.2
2019년	266.1	590.0	204.0	124.3	254.2	75.1	431.2	188.9

자료 : Global Policy Uncertainty Data (http://policyuncertainty.com)

자료 : 파이낸셜 뉴스(https://fnnews.com), 검색일 (2020.1.4.)

제1절

정치적 환경

1. 정치적 이념

정치적 이념은 사회·정치적 프로그램을 구성하는 목표, 이론, 그리고 구조(복잡한 이념)의 체계적이고 통합된 실체를 말한다. 대부분의 현대사회는 정치적인 관점에서 다원적이다. 즉, 모든 사람들이 수용하는 공식적인 이념이 없기 때문에, 한 사회 안에는 여러 가지 상이한 이념들이 공존하게 된다.

정치적 이념은 매우 많고 다양해서, 의사결정을 할 때 시민이 참여하는 정도를 나타내는 연속선상에 이들을 논리 정연하게 정렬하는 것은 매우 어려운 일이다. 이론적으로 정치적 이념의 양극단은 민주주의(democracy)와 전체주의(totalitarianism)가 된다. 이 양극단으로부터 다양한 참여의 정도가 전개된다. [그림 5. 1]은 정치적 이념의 여러 가지 유형을 나타내고 있다.

[그림 5. 1] 정치적 이념의 유형

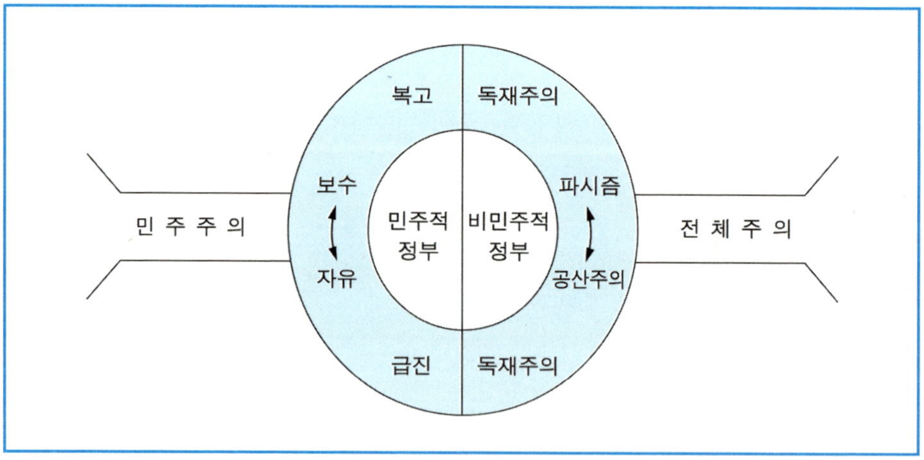

자료: J. D. Daniels and L. H. Radebaugh, *International Business : Environment and Operations*, 8th ed., Addison Wesley, 2001, p.94.

1) 민주주의

순수 민주주의 이념은 시민이 직접 의사결정과정에 참여해야 한다고 믿었던 고대 그리스에서 유래되었다. 민주주의에 따르면 모든 시민은 정치·법적으로 동등해야 하며, 광범위한 자유를 향유해야 하고, 정치과정에 능동적으로 참여해야 한다.

그러나, 현실적으로 인구증가에 따라서 사회가 복잡해 졌으며, 시민의 완전한 참여는 불가능하게 되었다. 따라서, 대부분의 현대 민주주의 국가는 실제로 시민이 모든 특정 주제에 대해서 투표를 하는 것이 아니라, 의사결정을 위한 대표자를 선출하는 다양한 형태의 대의민주주의(代議民主主義, representative democracy)를 실행하고 있다.

경영cafe.

현대 민주정치제도의 특성

① 여론, 표현, 언론의 자유 및 결사의 자유
② 유권자가 자신의 대표자를 결정하는 선거
③ 선출된 공직자의 임기제한
④ 개인의 권리와 재산을 존중하는 독립적이고 공정한 사법제도
⑤ 상대적으로 비정치적인 관료와 국방의 하부구조
⑥ 의사결정과정에 대한 상대적인 접근성

민주주의의 핵심적인 요소는 정치적 권리(political rights)와 시민의 자유(civil liberties)라고 할 수 있다. 1941년에 설립되었고 뉴욕에 소재하는 비영리조직인 프리덤 하우스(Freedom House)는 자유의 정도에 따라서 서열화 시킨 국가리스트를 발표하고 있다.

[그림 5. 2]는 정치적 권리와 시민의 자유가 모두 높은 국가를 '자유국가'로 분류하고, 정치적 권리와 시민의 자유가 모두 낮은 국가를 '비자유국가'로 분류하였으며, 중간에 해당하는 국가를 '부분적 자유국가'로 분류한 방법을 나타내고 있다.

[그림 5.2] 프리덤 하우스에 의한 자유의 비교척도와 해당국가

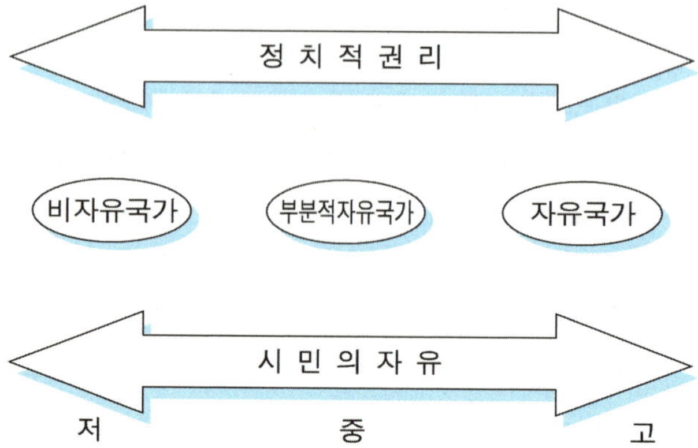

유 형	해 당 국 가
자유국가	호주, 바하마, 벨기에, 캐나다, 칠레, 체코, 인도, 일본, 남아프리카, 한국
부분적 자유국가	아르메니아, 방글라데시, 말레이시아, 파키스탄
비 자유국가	캄보디아, 중국, 이집트, 이란, 이라크, 북한, 러시아, 사우디아라비아

자료 : www.freedomhouse.org

프리덤 하우스(Freedom House)의 조사는 세계의 자유화추세와 자유수준에 따른 인구비율을 함께 보여주고 있다. 2015년 이후 자유국가의 수가 감소한 반면 부분적 자유국가의 수는 조금 상승하였다. 세계 인구는 총 76억 명이며 자유국가에 39%, 비자유국가에 37%가 거주하고 있다.

[표 5.1] 세계의 자유화추세와 인구비율

〈세계의 자유화추세〉

연도	자유국가		부분적 자유국가		비자유국가	
	국가 수	%	국가 수	%	국가 수	%
1978	47	30	56	35	55	35
1988	60	36	39	23	68	41
1998	88	46	53	28	50	26
2008	89	46	62	32	42	22
2015	89	46	55	28	51	26

연도	자유국가		부분적 자유국가		비자유국가	
	국가 수	%	국가 수	%	국가 수	%
2019	86	44	58	30	51	26
2021	83	43	56	29	56	29

자료: Freedom House 연도별 보고서 (www.freedomhouse.org)

〈자유 수준에 따른 세계 인구 비율〉

연도	1981	1990	1998	2008	2015	2019	2021
인구수(billion)	4.4	5.2	5.9	6.7	7.2	7.6	7.9
자유국가	35.9%	21.6%	40.0%	46.0%	24%	39%	20.3%
부분적 자유국가	38.9%	21.6%	26.5%	20.0%	40%	24%	41.3%
비자유국가	20.0%	40.0%	33.5%	34.0%	36%	37%	38.4%

자료: FREEDOM IN THE WORLD 2022. (2022). Freedom House 연도별 보고서. p.20

[표 5. 1]은 세계의 자유화 추세와 '자유국가', '부분적 자유국가', '비자유국가'에 살고 있는 자유화 추세와 세계 인구 비율의 추이를 나타낸 것이다.

2) 전체주의

민주주의가 정치적 이념의 한 극단인 것과 마찬가지로, 전체주의 역시 정치적 이념의 또 다른 극단이다. 전체주의 국가에서는 단일의 정당·개인, 혹은 집단이 정치적 권한을 독점하고 반대를 인정하거나 허용하지 않는다. 소수의 개인들만이 의사결정에 참여한다. 전체주의의 구조는 여섯 가지의 상호 관련이 있는 사항을 포함하고 있는데 단일의 이념, 전형적으로 한 사람이 지도하는 단일의 정당, 폭력경찰, 커뮤니케이션의 독점, 무기의 독점, 중앙 집권적 경제 등이다. 전체주의 제도는 '부분적 자유국가'와 '비 자유국가'의 범주에 해당된다.

[그림 5. 1]은 전체주의를 파시즘(fascism), 공산주의(communism), 독재주의(authoritarianism)로 분류하고 있다. 과거 파시즘적인 전체주의의 예로는 독일, 헝가리, 루마니아, 포루투칼, 스페인 등이 있다. 공산주의는 비종교적인 전체주의의 한 형태인데 이 체제하에서는 정치적 제도와 경제적 제도가 사실상 분리되지 않는다. 공산주의의 예로는 중국, 쿠바, 베트남, 구소련 등이 있다. 독재주의적인 전체주의로는 피노체트(Pinochet)하의 칠레와,

인종차별 종식과 흑인통치 시작 이전의 남아프리카가 있다. 독재주의는 공산주의, 파시즘, 혹은 회교 원리주의와 차이가 있다. 전자는 단순히 사람을 통치하려는 욕망인 것인 반면에, 후자는 사람의 마음과 영혼을 통제하여 자신의 신념으로 이를 전환하려고 하는 욕망인 것이다.

전체주의 정부는 전형적으로 신권적인 전체주의와 비종교적인 전체주의라는 두 가지 형태 가운데 한 가지를 취하게 된다. 신권적인 전체주의에서는, 종교 지도자가 정치 지도자가 된다. 이러한 형태는 이란과 같은 중동의 회교주의 국가에서 잘 나타난다. 비종교적인 전체주의에서는, 정부가 군사력을 통해서 명령을 내리는 일이 잦은데, 이러한 형태는 캄보디아와 이라크에서 발견할 수 있다.

2. 정치적 위험

1) 정치적 위험의 개념

정치적 위험(political risk)은 '다국적기업의 자산 또는 수익에 손실을 미칠 수 있는 정치적 사건들이 발생할 가능성'[1] 혹은 '상거래에 대한 개입이나 방해, 협정 조건이나 내용의 일방적 변경 내지는 파기, 외국기업의 재산몰수 등 현지국 정부의 정책이 초래하는 위험'[2] 등으로 정의되고 있다. 이는 정치적 불확실성(political uncertainty), 정치적 불안정(political instability) 등으로도 부르나, 일반적으로는 정치적 위험이라는 용어가 가장 많이 사용되고 있다.

정치적 위험에 있어서 가장 중요한 두 가지 요건은 첫째, 예측하기 어려운 정치적인 변화가 발생하고 둘째, 이러한 정치적인 변화가 기업에 영향을 미쳐야 한다는 것이다. 따라서 정치적인 변화나 정치적 불안정을 정치적 위험이라고 볼 수는 없다. 즉, 단순히 특정 국가가 정치적으로 불안정하다든지, 정치적인 변화가 자주 일어난다고 해서 모두 정치적 위험이 되는 것이 아니라, 특정 기업 또는 특정 산업의 수익성이나 영업활동에 영향을 미칠 때에야 비로소 정치적 위험이 된다.

---

1) F. R. Root, "Analyzing Political Risk in International Business" *Nationalism and the Multinational Enterprise*, 1972, p.335.

2) F. V. Weston and B. Sorge, *International Managerial, Irwin*, 1972, p.60.

[표 5.2] 정치적 위험과 국가위험의 비교

구 분	정치적 위험	국가 위험
투자주체	해외직접투자기업	· 국제적 은행
현지노출 자산	· 기계, 설비, 인적자원, 재무자산 등	· 재무자산
노출기간	· 무기한(현지법인 존속기간)	· 단기 또는 장기계약
손실의 형태	· 수용, 몰수, 국유화, 납치테러, 송금 제한, 부품사용강요, 차별과세, 생산제한	· 재협상, 채무불이행, 자금봉쇄, 계약조건 변경 등
손실의 크기	· 사건의 종류에 따라 상이	· 사건의 종류에 따라 상이
손실방지수단	· 위험이전 : OPIC(미)계약 수출입은행계약 · 위험분산 : 국제다각화 위험회피, 억제, 보존, 감소	· EXIMBANK(미)계약 · 국제포트폴리오 다각화

자료: 정구현, 「국제경영학」, 법문사, 1999, p.217.

이러한 정치적 위험은 국가위험(country risk)과 구별하여 생각할 필요가 있다. 국가위험은 현지국에 행하여진 투자나 공여된 차관 등 재무자산에 대하여 그 나라의 정치적·사회적 및 경제적 여건에서 발생하는 채권 또는 투자회수상의 위험을 총칭하는 개념으로 주로 해외투자를 하는 은행의 투자 위험을 의미한다.

다국적기업의 경우에는 재무자산뿐만 아니라 실물자산 및 인적자원이 모두 포함되는 정치적 위험에 노출되는 반면에, 은행의 경우에는 재무자산과 관련된 국가위험에 주로 노출된다.

요약하면, 현지국의 정치적 환경의 변화로 인한 해외직접투자의 위험을 정치적 위험이라고 하고, 재무자산으로 해외투자를 하는 은행의 위험을 국가위험이라고 구분할 수 있다. 정치적 위험과 국가위험을 비교하면 [표 5.2]와 같이 나타낼 수 있다.

2) 정치적 위험의 원천과 영향

(1) 정치적 위험의 원천

정치적 위험이 현지에 진출한 모든 해외기업에게 똑같은 영향을 미치는가 아니면, 일부의 특정한 기업이나 산업에만 영향을 미치는가에 따라서 거시적 위험(macro risk)과 미시적 위험(micro risk)으로 구분된다.[3)]

오늘날 국제적으로 사업 활동을 전개하고 있는 기업들이 직면하고 있는 대부분의 정치적 위험은 일부의 특정 기업이나 산업에만 영향을 미치는 미시적 위험이라고 할 수 있다.

이러한 정치적 위험을 발생시키는 근본요인, 즉 정치적 위험의 원천을 로벅과 시몬즈(S. Robock and K. Simmomds)는 현지국에 본국과 상반된 정치적 이념이 존재하는 경우, 현지국 내에 사회적 불안과 무질서가 존재하는 경우, 현지 기업집단의 기득권이 있는 경우, 현지국이 정치적 독립과 주권선언을 한 경우, 현지국에 전쟁·내란 또는 테러행위가 발생할 경우, 새로운 외교관계의 형성으로 본국과 현지국의 관계가 악화될 경우 등의 여섯 가지 요인으로 나누어 설명하고 있다.[4] 정치적 위험의 원천이 되는 집단으로는 집권정부 및 산하기관, 의회 내의 세력집단, 의회 이외의 반대집단, 비조직적 일반대중집단, 외국정부 또는 EU와 같은 정부간의 기관, 전쟁에 개입하거나 또는 내란을 지원하려는 외국정부 등을 들 수 있다.

[표 5.3] 정치적 위험의 원천과 영향

원 천	원천이 되는 집단	정치적 위험의 영향
1. 상반된 정치적 이념(민족주의, 사회주의, 공산주의) 2. 사회적 불안과 무질서 3. 현지기업집단의 기득권 4. 정치적 독립과 주권선언 5. 전쟁·내란·테러의 발생 6. 새로운 외교관계	1. 집권정부 및 정부의 산하기관 2. 의회내의 세력집단 3. 의회이외의 반대집단(국내외의 폭력혁명가 또는 테러주의자의 활동) 4. 비조직적 일반대중집단(학생·노동자·농민·소수집단 등) 5. 외국정부 또는 EU와 같은 정부간의 기관 6. 전쟁에 개입하거나 또는 내란을 지원하려는 외국 정부	1. 재산몰수 2. 재산수용 3. 기업경영상의 규제(시장점유율·고용 정책·제품 특성 등) 4. 이전자유의 제한(상품·배당금·이자·인력 등) 5. 계약의 일방적파기 또는 변경 6. 차별정책(조세·하청 등) 7. 재산피해 또는 인명피해

자료: *Ibid.*, p.383.

(2) 정치적 위험의 영향

다국적 기업의 활동에 영향을 미치는 정치적 위험은 구체적으로 다음과 같은 형태로 나타날 수 있다.

3) S. Robock "Political Risk: Identification and Assessment," *Columbia Journal of World Business*, July / August 1971, pp.6~20.

4) S. Robock and K. Simmonds, *International Business and Multinational Enterprises*, 4th ed. Irwin, 1989, p.383.

첫째, 재산몰수(confiscation)이다. 재산몰수는 현지국 정부가 자국에 소재하고 있는 외국기업의 사유재산을 아무런 보상 없이 수용하는 경우이다.

둘째, 재산수용(expropriation)이다. 이는 재산몰수보다 더 넓은 의미로 보상의 유무에 관계없이 현지국 정부가 특정 외국기업의 소유권을 강제로 징수하여 처분하는 행위이다.

셋째, 기업경영에 대한 규제이다. 기업경영에 대한 규제는 현지국이 다국적기업의 시장점유율·소유지분·제품의 특성·고용정책 등 경영관리 전반에 대해 일정한 기준을 정해 놓고 이를 준수하도록 요구하는 경우이다.

넷째, 기업 내부의 이전거래(transfer restriction)에 대한 제한이다. 다국적기업은 기술·인력·자본·원료 등을 내부적으로 현지에 이전하여 제품을 생산·판매하고, 여기에서 획득한 이익이나 배당금 등을 본국으로 송금하게 되는데, 현지국 정부가 이들의 이전을 제한하는 경우이다.

다섯째, 계약의 일방적인 파기나 변경이다. 현지국 정부가 자국의 특정 목적을 달성하기 위하여 기업들 간에 체결된 원래의 계약을 파기하거나 그 내용을 변경하는 경우이다.

여섯째, 현지국의 차별정책이다. 현지국 정부가 자국의 특정 목적에 따라서 필요한 경우 조세정책이나 하청 등에 있어서 차별정책을 취하는 경우이다.

일곱째, 재산 및 인명상의 피해이다. 현지국에서의 전쟁·폭동·내란·테러 등과 같은 정치적 위험으로 인해 재산이나 인명이 피해를 입는 경우이다.

3) 정치적 위험의 분석방법

정치적 위험을 분석하는 방법은 다양하다. 하지만, 정치적 위험을 정확하게 평가하거나 예측할 수 있는 독자적인 기법이 아직까지는 개발되지 않고 있다. 정치적 위험을 분석하기 위한 주요 기법은 다음과 같다.

(1) 현지국 방문조사(grand tours)

현지국을 직접 방문하여 정치적 위험의 정도를 조사·평가하는 방법이다. 이 방법은 투자 대상국의 여러 상황을 직접 확인·조사한다는 장점을 가지고 있으나, 조사단이 단기적이고 부분적인 정보에 지나치게 의존할 가능성도 있다. 또한 조사자의 주관적인 선입견과 견해가 크게 작용하는 단점도 있다.

(2) 자문제도(old hands)

투자대상 국가나 지역에 경험이 있거나 지식을 가진 전문가들로부터 자문을 받아 정치적 위험의 정도를 평가하는 방법이다. 이 방법은 현지국 방문 조사단이 획득한 정보를 판단하는 데 유용하다는 장점이 있다. 그러나 자문단의 주관적인 견해와 판단이 틀릴 경우 다국적기업의 경영에 부정적인 영향을 미칠 수도 있다.

(3) 델파이 기법(delphi method)

반복적인 설문조사에 의하여 전문가들의 의견을 분석하는 방법이다. 이 방법은 최초의 설문조사 결과를 토대로 하여 제2의 설문조사를 행하고, 다시 이 결과를 토대로 하여 제3의 설문조사를 행하는 식으로 반복함으로써 많은 전문가들 간에 판단의 재조정과 의견일치를 이루어 나가는 방법이다. 이 방법은 분석이 체계적일 뿐만 아니라 시간 변화에 따른 위험수준의 변화를 일관성 있게 측정할 수 있다는 장점을 가지고 있다. 그러나 예측이 주로 거시적 위험에 초점을 맞추고 있다는 약점도 있다.

(4) 서술법(qualitative method)

서술법은 현지국의 경제적·사회적 특성에 맞추어 평가요소를 선정하고 이를 분석함으로써, 현지국의 정치적 위험정도를 질적으로 평가하는 방법이다. 이 방법은 각국이 당면하고 있는 중요 문제에 초점을 맞출 수 있다는 장점이 있지만, 주관성이 개입될 수 있다는 단점도 있다.

(5) 체크 리스트법(check list method)

표준화된 체크 리스트에 따라 국가별로 점수를 부과하고, 각 항목별로 가중치를 두어서 종합적인 가중 평균점수를 산출한 후, 이 점수를 국가별로 비교함으로써 정치적 위험의 정도를 평가하는 방법이다. 이 방법은 국제비교가 용이하고, 계량화할 수 없는 요소도 고려할 수 있으며, 미래 예측도 어느 정도 가능하다는 장점이 있다. 그러나 지표의 산정이나 가중치 부여시 주관적인 견해가 개입하고, 각국의 특수한 상황이 배제될 수 있다는 단점을 가지고 있다.

BERI(Business Environment Risk Index), BI(Business International), WPRF (Frost & Sulivan's World Political Risk Forecast), 미국의 수출입은행, 한국의 수출입은행 등은 체크 리스트를 작성하여 투자 대상국의 정치적 위험을 분석하고 있다.

(6) 시나리오 분석법(scenario method)

시나리오 분석법은 융통성 있는 의사결정을 위하여 인과관계를 설명하는 일련의 가상적 사건을 전제하고, 이에 대한 상황전개를 예측·분석함으로써 사건의 불확실성에 대처하는 기법이다. 이 방법은 객관적 자료를 근거로 전문가의 추론에 의해 작성된 몇 개의 시나리오를 최고 경영자들이 주관적으로 판단·선택할 수 있다는 장점이 있다. 또한 거시적인 변수와 미시적인 변수 모두를 고려할 수 있다.

(7) 계량적 분석방법(quantitative method)

이 방법은 계량 경영학자들이 경제현상을 예측할 때 이용하는 정교한 계량적인 방법을 이용하여 정치적 위험의 정도를 예측하는 방법이다. 이 방법은 여러 기법 가운데 가장 체계적이며, 거시적인 위험과 미시적인 위험을 모두 볼 수 있다는 장점이 있다. 그러나, 모델 설정에 이용되는 각종 변수의 설정이 어렵고, 모델을 지나치게 단순화하였으며, 계량화할 수 없는 변수들은 아예 고려의 대상이 되지 않는다는 단점을 가지고 있다.

4) 정치적 위험의 관리전략

정치적 위험을 최소화하기 위한 전략대안은 다국적기업이 당면한 상황에 따라서 상이할 것이지만, 일반적으로 투자 전의 조사(pre-investment survey), 투자 후의 경영관리전략(operating survey), 피해발생 후의 사후협상 및 보상전략(negotiation and compensation strategy) 등의 세 가지로 나눌 수 있다.

(1) 투자 전의 조사

정치적 위험을 관리하는 데 있어서 가장 우선되는 전략은 투자를 하기 전에 현지국의 정치적 위험 정도를 정확하게 평가하는 것이다. 현지국의 정치적 위험을 정확하게 판단한 후에는 투자여부를 결정해야 한다.

투자위험이 아주 높은 경우에는 투자계획을 백지화하는 회피전략(avoiding strategy)을 택하는 것이 일반적이다. 그러나 위험수준이 조절될 수 있는 것이라면, 현지국 정부와의 적극적인 국제협상을 통해 잠재적인 정치적 위험에 노출될 가능성을 감소시킬 수 있다. 정치적 위험을 회피하기 위한 또 하나의 사전적 대응책은 투자위험 보험에 가입하는 것이다.

(2) 투자 후의 경영관리 전략

투자 후에 발생하는 정치적 위험을 회피할 수 있는 최선의 방안은 적극적인 현지화 정책을 통해서 정치적 위험을 감소시키는 것이다. 정치적 위험 가운데, 미시적 위험은 다국적기업의 대응전략에 따라 그 위험이 감소될 수 있다. 즉, 다국적기업이 경영 전반에 걸쳐 현지국 경제에 기여하는 훌륭한 기업시민(good corporate citizen)으로서의 역할을 수행한다면, 미시적 위험에 대한 노출 가능성은 낮아질 것이다. 또한 본국 정부의 지원이 강력할 경우에도 다국적기업의 미시적 위험은 감소될 수 있다.

(3) 사후협상 및 보상전략

정치적 위험이 발생한 경우, 다국적기업의 주요 관심사는 사후협상 및 보상전략의 수립에 있다. 정치적 위험의 사후 보상전략으로는 현지국과의 합리적인 협상, 반강제적인 협상, 법률적 구제조치의 강구 그리고 경영권의 포기 및 잔존재산의 회수 등을 들 수 있다.[5]

---

5) W. R. Hoskins, "How to Encounter Expropriation?," *Harvard Business Review*, 1970, pp. 102~112.

제2절

법적 환경

1. 법제도의 종류

일반적으로 법제도는 불문법(common law), 성문법(civil law), 종교법(theocratic law)으로 나눌 수 있다. 불문법은 판례나 관습 등을 기초로 하는 것으로 미국과 영국 등이 채택하고 있다. 성문법은 법규로 명문화한 법제도로서 독일, 프랑스, 일본 등 70개국 이상에서 이 제도를 채택하고 있다. 양 제도의 주된 차이점은 불문법이 사건에 대한 법원의 해석에 주로 기초하는 반면에, 성문법은 법률이 실제에 어떻게 적용되는가 하는 점에 기초를 한다는 데 있다. 종교법은 종교적인 계율에 입각한 법제도이다. 이의 대표적인 예로는 이슬람국가의 종교법을 들 수 있다.

해외에서의 기업 활동은 현지국의 법률에 따라 직접적인 규제를 받기 때문에, 국제경영활동을 성공적으로 수행하기 위해서는 무엇보다도 먼저 현지국의 법률적 환경을 면밀하게 분석하고 이해하는 것이 필요하다.

2. 국제법

범세계적인 경영활동을 수행하는 다국적기업을 법률적인 측면에서 효율적으로 규율하고, 동시에 그들에게 정당한 권익을 보호해 주기 위한 자격을 갖고 있는 기관이나 국제법은 존재하지 않고 있다.

국제경영활동 과정에서 발생하는 법률적인 문제의 해결과 관련하여, 국제법에 가장 근접한 것으로서 통상 및 경제문제에 관한 조약이나 협정을 들 수 있다. 그러나 이것은 몇몇 일부 국가간의 협정에 불과한 것으로서, 범세계적인 전략에 따라 수행되고 있는 다국적기업의 각종 경영활동을 포괄할 수 있을 만큼 충분한 것은 아니다.

3. 국제경영활동상의 법률적 분쟁해결 방법

1) 분쟁해결 방법

국제경영활동을 수행하는 과정에서 분쟁이 발생하는 경우 해결 방법에는 여러 가지가 있다.

첫째, 타협(compromise)을 통한 해결이다. 이 방법은 다국적기업과 현지국간에 협의나 협상 등 직접적인 교섭을 통해 분쟁을 해결하는 방법이다.

둘째, 조정(conciliation)을 통한 해결이다. 이 방법은 분쟁조정위원회가 당사자간의 쟁점을 찾아내서 분쟁 당사자들이 서로 받아들일 수 있는 조건하에서 화해가 이루어지도록 조정하는 방법이다.

셋째, 중재(arbitration)를 통한 해결이다. 이 방법은 공신력을 가진 중재기관이 분쟁을 해결하는 방법이다.

넷째, 관할법원의 재판(litigation)을 통한 해결이다.

본 서에서는 상사분쟁을 해결하기 위해 가장 자주 이용되는 중재제도에 관해서 살펴보도록 한다.

2) 중재제도

(1) 중재의 의의

중재란 중재 가능한 일정한 법률관계의 분쟁을 당사자간의 합의로 법원의 판결에 의하지 아니하고 제3자의 입장에 있는 중재인의 판정에 따라 최종적으로 해결하는 방법이다.

중재의 요건은 첫째, 당사자의 계약에 의하여 성립하고, 둘째, 재판을 받을 수 있는 권리를 포기하여야 하며, 셋째, 제3자의 판정은 최종적인 것이고 당사자는 그 판정에 복종해야 한다는 것이다.

분쟁해결에 이용 가능한 중재기관으로는 국제투자분쟁해결센터(ICSID : International Center for Settlement of Investment Disputes)와 유엔국제무역거래법위원회(UNCITRAL : United Nations Commission on International Trade Law), 그리고 국제상업회의소(ICC : International chamber of Commerce) 등이 있다. 한국의 경우 대한상사중재원을 들 수 있다.

(2) 중재의 장점과 단점

중재의 장점으로는 다음과 같은 네 가지를 들 수 있다.

첫째, 단심제로 운영되는 중재는 분쟁을 신속하고 저렴한 비용으로 해결할 수 있다.

둘째, 중재는 국제상사 전문가로 구성된 중재인들의 전문성을 최대한 살려 분쟁을 해결할 수 있다.

셋째, 중재는 비공개로 진행되므로 영업비밀이나 회사의 명성을 그대로 유지할 수 있다.

넷째, 중재판정은 한국을 포함한 세계 주요 무역국들이 모두 회원국으로 가입되어 있는 뉴욕협약, 즉 외국중재판정의 승인 및 집행에 관한 협약(Convention on the Recognition and Enforcement of Foreign Arbitral Awards)에 의해 모든 가입국에서 강제집행이 가능하므로 국제적 효력이 실질적으로 보장되고 있다.

중재의 단점으로는 다음과 같은 네 가지를 들 수 있다.

첫째, 단심제로 운영되는 중재의 경우 상소 수단이 없다는 것이 오히려 불안요인이 된다.

둘째, 중재인의 주관적인 견해가 개입될 위험이 있다.

셋째, 중재인이 자신을 선임한 당사자의 대리인과 같은 역할을 함으로써 일방 당사자의 이익을 보호하려고 하는 경향이 있다.

넷째, 중재인은 강제 처분권은 없고 판정기간이 짧은 관계로 양 당사자의 주장을 형식적으로 절충하여 판정을 내리는 경우가 많다.

다음의 [표 5. 4]는 중재와 법원에 의한 소송을 비교한 것이다. 중재와 소소송의 가장 큰 차이는 제3자(법원)의 개입 여부이다.

[표 5.4] 중재와 소송의 비교

중 재	소 송
· 계약당사자의 중재 합의가 필요	· 일방적으로 상대편의 합의 없이 제소 가능
· 단심제	· 2심·3심에 항소·상고 가능
· 신속하고 경제적 해결이 가능	· 분쟁해결에 많은 시간과 비용 소모
· 공정한 제3자(중재인)에 의한 분쟁해결	· 공권력(법원)에 의한 분쟁해결
· 비공개로 진행되어 비밀유지 가능	· 공개적으로 진행되어 비밀유지 불가능

자료: 이장로·문희철, 「무역개론」, 무역경영사, 1998, p.449.

6장

다국적기업의 경제적 환경

해외시장에 진출한 기업은 진출 대상국의 정치적 환경(political environment)에 대하여 숙지하여야 한다. 정치적 사건들이 기업의 국제경영활동에 영향을 미칠 때, 통상 이를 정치적 위험(political risk)이라고 하는데, 이러한 정치적 위험으로 인해 기업은 재산상의 손해를 입거나, 투자한 자본에 대한 회수가 어렵게 되는 경우가 있다. 따라서 국제경영자는 정치적 위험의 원인을 분석·예측하고 이에 대응할 수 있는 능력을 갖추어야 한다.

또한 다국적기업은 국가마다 상이한 법적 환경(legal environment)에 직면해 있기 때문에, 성공적으로 경영활동을 수행하기 위해서는 국제경영자가 현지국가의 법률이나 국제법을 충분히 숙지하여 이에 효과적으로 대응할 수 있어야 한다.

이 장에서는 다국적기업의 정치적 환경과 법률적 환경에 관해서 고찰해 보도록 한다.

제①절 해외경제환경

제②절 국제경제환경

中·濠 관계 악화 표면화…중국기업 호주 투자 70% 감소

지난해 전 세계 외국인직접투자(FDI) 규모가 4년 연속 하락해 9년 만의 최저 수준을 기록했다. 세계 경제가 냉각되면서 1980년대 이후 본격화한 세계화(globalization)가 둔화하는 흐름을 보이고 있다.

월스트리트저널(WSJ)는 20일(현지시간) 유엔무역개발회의(UNCTAD)의 '투자 동향 감시' 보고서에 따르면 2019년 글로벌 FDI는 1조3940억 달러(약 1620조원 · 잠정치)로 전년보다 1% 줄면서 4년 연속 감소세를 보였다고 보도했다.

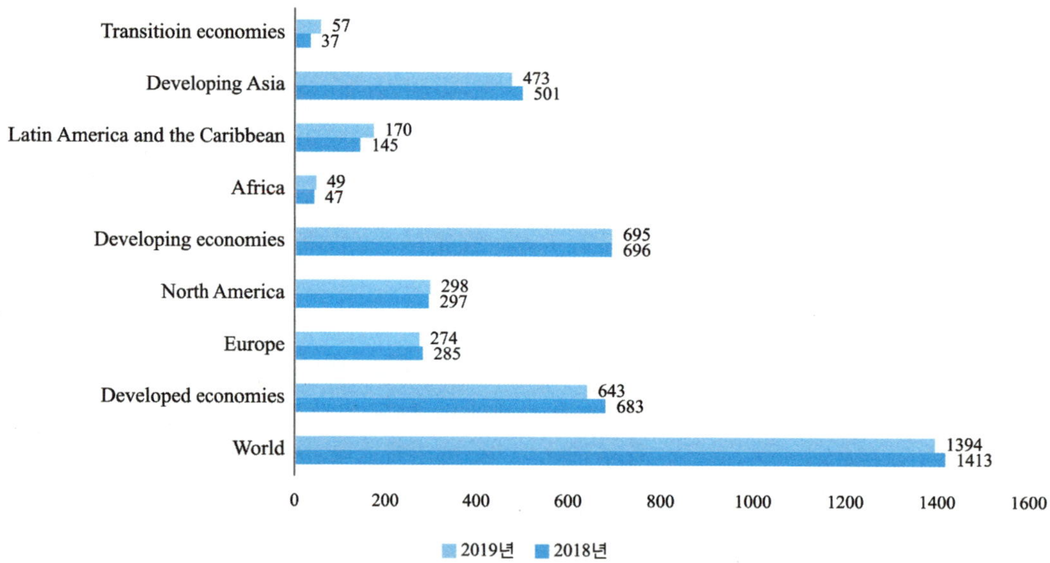

이에 따라 지난해 FDI는 2010년(1조3650억 달러) 이후 최저 수준으로 낮아졌다. 지난해 FDI의 흐름을 보면 개발도상국 유입액이 전년과 비슷한 6950억 달러였고 선진국 유입액은 6% 감소한 6430억 달러였다.

국가별로는 미국의 FDI 유치가 2510억 달러로 가장 많았고 중국(1400억 달러), 싱가포르(1100억 달러), 브라질(750억 달러) 등이 그 뒤를 이었다.

한국의 FDI 유입액은 78억 달러로 전년보다 46% 감소했다. 시위 사태를 겪은 홍콩(550억 달러)도 48% 줄었고 브렉시트(유럽연합 탈퇴) 불안감이 작용한 영국(620억 달러)도 6% 감소했다.

해외 투자의 꾸준한 감소는 세계화가 둔화하고 있음을 나타낸다고 WSJ는 풀이했다. 과거 1980년대 세계화가 시작되면서 많은 회사가 해외 사업에 나섰다. 당시 기업들은 해외에 일자리를 만들고 직원들을 파견했다.

많은 경제학자들은 세계화가 세계 경제 성장에 적어도 3배는 도움이 됐다고 말한다. 세계화는 노동력이 가장 싼 지역에서 생산 · 경쟁을 하고 새로운 기술과 노하우를 전 세계에 전파하는 역할을 했다.

그러나 세계 경제의 불확실성이 가중되면서 FDI가 줄어들면서 세계화도 위축되는 모양새다. 불과 지난주에 가라앉은 미 · 중 무역전쟁과 추가 관세 분쟁의 위협 등이 세계화가 의존하는 공급망의 신뢰성에 의문이 제기되고 있다고 WSJ는 전했다.

여기에 외국 기업의 인수에 대한 정부의 조사가 증가하

고 국가 안보와 기술적 이점 등에 집중하게 되는 사회적 분위기 또한 세계화 둔화를 이끌었다는 평가가 나온다.

다만 UNCTAD는 다국적 기업들이 지난해 FDI가 '확장'이 아닌 '이전'을 택했다고 설명했다. 기업들이 규제 불확실성, 무역 갈등 긴장감 등을 고려해 해외에서의 생산설비 운영을 확장하지 않았다는 의미다.

다국적 기업들이 일부 FDI의 전체 생산능력을 확장하기보다는 기존 생산량을 다른 곳으로 이전함으로써 새로운 관세에 적응하기 위해 체질 개선에 나선 것으로 보인다.

이에 올해도 회복세는 기대하기 힘들다는 전망이 나온다. UNCTAD는 미·중 무역전쟁 휴전에도 불구, 올해 기업투자·세계 경제성장률 등의 회복세는 기대에 못 미칠 것으로 내다봤다.

제임스 잔 UNCTAD 투자·기업 국장은 "지난해 기업체들이 발표한 신규 사업은 직전 년도 대비 5분의 1 이상 감소했다"면서 "다국적 주체들이 글로벌 영업을 확대하지 않고 있다"고 말했다.

그는 "앞으로도 세계 경제와 지정학에 대한 전망을 감안할 때 2020년에도 FDI의 증가를 기대하지 않으며 급격한 감소도 예상되지 않는다"고 덧붙였다.

자료 : 아주경제(https://www.ajunews.com), 검색일 (2020.1.15.)

제1절 해외경제환경

현지국 시장의 규모나 잠재력을 나타내는 주요한 해외환경 요인으로는 인구 규모 및 인구 증가율, GNI수준 및 성장률, 1인당 국민소득, 물가수준 및 상승률, 국민경제의 대외의존도 등을 들 수 있다. 본 서에서는 인구, GNI, 인플레이션, 국제수지 등만을 설명하도록 한다.

1. 인구

인구의 수는 잠재 소비자의 수요를 평가하는 데 있어서 중요하다. 현재인구, 성장률, 연령계층 및 인구분포 등은 여러 가지 상품들에 대한 현재 및 미래의 수요와 밀접하게 관련이 되어있다.

[표 6. 1]은 주요 인구 대국의 인구규모와 인구성장률을 나타내고 있다. 이 표에서 보면 세계 인구는 2021년 기준 78억 1,220만 명이며, 1억명 이상의

[표 6.1] 주요 인구 대국의 인구수와 인구성장률

국가	총인구(백만명)					연평균 인구 증가율(%)				연평부양비율(%)					
										Young(15세 미만)*			Old (65세 이상)**		
	1980	2000	2010	2018	2021	1980 ~ 2000	2000 ~ 2015	2019	2020	2008	2018	2020	2008	2018	2020
중국	981.2	1,262.6	1,337.7	1,392.7	1,444.2	1.3	0.6	0.5	0.2	26.1	25.1	25.2	10.7	15.3	17.0
인도	699.0	1,056.6	1,234.3	1,352.6	2,837.6	2.1	1.5	1.0	1.0	49.9	40.5	38.9	7.8	9.3	9.8
미국	227.2	282.2	309.3	327.2	332.9	1.1	0.9	0.6	1.0	30.7	28.6	28.3	18.8	24.1	25.6
인도네시아	147.4	211.5	241.8	267.7	276.4	1.8	1.3	1.1	1.1	44.0	39.3	38.3	7.5	7.1	9.2
파키스탄	78.1	142.3	179.4	212.2	225.2	3.0	2.3	2.1	2.0	67.5	58.4	57.2	7.3	8.7	7.1
브라질	120.7	174.8	195.7	209.5	214.0	1.9	1.1	0.8	0.7	38.2	30.6	29.7	9.6	12.8	13.8
나이지리아	73.4	122.3	158.5	195.9	211.4	2.6	2.6	2.6	2.5	82.5	82.2	80.9	5.2	5.5	5.1
방글라데시	79.6	127.7	147.6	161.4	166.3	2.4	1.4	1.1	1.0	52.8	41.3	39.3	7.4	7.7	7.7
러시아	139.0	146.6	142.8	144.5	145.9	0.3	-0.1	0.0	-0.2	20.5	26.6	27.8	18.7	21.8	23.5
일본	116.8	126.8	128.1	126.5	126.1	0.4	0.0	-0.2	-0.3	20.7	21.3	21.0	32.5	46.1	48.0

국가	총인구(백만명)					연평균 인구 증가율(%)				연평부양비율(%)					
										Young(15세 미만)*			Old (65세 이상)**		
	1980	2000	2010	2018	2021	1980 ~ 2000	2000 ~ 2015	2019	2020	2008	2018	2020	2008	2018	2020
멕시코	67.8	98.9	114.1	126.2	130.3	1.9	1.4	1.1	1.1	47.8	40.1	38.8	9.3	10.9	11.4
에티오피아	35.1	66.2	87.6	109.2	117.9	3.1	2.8	2.6	2.5	89.7	73.2	70.6	6.3	6.3	6.3
필리핀	47.4	78.0	94.0	106.7	111.0	2.5	1.8	1.4	1.3	58.2	48.4	46.6	6.4	8.0	8.6
한국	38.1	47.0	49.6	51.6	51.3	1.1	0.6	0.3	0.1	23.7	17.9	17.5	13.6	19.8	22.0
전세계	4,434.0	6,115.1	6,922.9	7,594.3	7,812.2	1.6	1.2	1.1	1.0	42.1	39.5	39	11.4	13.6	14.0

자료 : world bank (2021), World Development Indicators(http://datatopics.worldbank.org).

* It measures the number of those aged younger than 15 years (currently defined as young age) as a share of those between 15 to 64 years (currently defined as working age)

** It measures the number of those aged above 65 years (currently defined as old age) as a share of those between 15 to 64 years (currently defined as working age)

*** Data are shown as the proportion of dependents per 100 working-age population.

인구 대국으로는 중국·인도·미국·인도네시아·파키스탄, 브라질, 러시아, 일본 순이다. 한국은 5천 2백 만명 수준이다. 파키스탄과 나이지리아 같은 경우는 2000년에서 2015년까지의 인구 증가율이 각각 2.6%와 2.8%의 인구 증가율을 보였지만, 일본 -0.2%, 한국 0.3% 등 일부 국가의 인구 증가율은 점점 감소하는 것으로 나타났다. 연령의존성비율은 15세 미만에서는 전반적으로 감소하였으며 65세 이상의 경우 전반적으로 증가하여 인구 고령화가 뚜렷하게 나타나고 있었다.

2. GNI

GNI(Gross National Income ; 국민총소득)는 그 나라의 소득수준을 알 수 있는 대표적인 지표이다. 국민총소득은 한 나라의 국민이 생산 활동에 참여한 대가로 받은 소득의 합계로서 해외로부터 국민(거주자)이 받은 소득(국외수취 요소소득)은 포함되고, 국내총생산 중에서 외국인에게 지급한 소득(국외지급 요소소득)은 제외된다.

[표 6. 2]는 2021년 World Bank에서 발표된 주요 국가의 GNI 규모를 나타내고 있다. 이 표에서 보면 미국이 21조 6천억 달러로서 1위를 차지하고 있고, 중국이 14조 6천 억 달러로 2위를 차지하고 있다. 2008년 2위였던 일본은 중국에 이어 3위로 하락하였다.

1인당 GNI는 목표시장 국가의 구매력을 개략적으로 파악할 수 있는 중요한 지표이다. GNI 규모에서 1위인 미국이 65,580달러로 6위를 차지하였으며, 중국은 순위에 포함되지 못하였다. 한국은 33,790달러로 30위를 기록하였다.

1인당 GNI 지표는 생계비의 차이를 고려하지 않은 것이기 때문에, 1인당 GNI만을 가지고 각국의 구매력을 단순 비교하는 경우에는 해석의 오류가 발생할 수 있다. 그래서 각국의 생활수준을 보다 직접적으로 비교할 수 있도록, 미국을 기준으로 하여 1인당 GNI와 생계비를 조정해서 산정한 구매력비교지수(PPP : Purchasing Power Parity index)를 사용하기도 한다. 2008년을 기준으로 카타르가 109,401달러로 1위를 차지하였으며 2021년에는 마카오가 123,380달러로 1위를 차지하였다. 한국은 2008년 41위(28,590딜러)에서 2021년 29위(44,390757달러)로 상승하였다.

[표 6.2] GNI 규모

순위	GNI						1인당 GNI*						PPP 1인당 GNI**					
	2008년		2018년		2021년		2008년		2018년		2021년*		2008년		2018년		2021년	
	국가	조$	국가	조$	국가	조$	국가	US$	국가	US$	국가	US$	국가	US$	국가	US$	국가	US$
1	미국	14.9	미국	20.6	미국	21.6	룩셈부르크	96,989	노르웨이	95,951	스웨덴	85,500	카타르	109,401	마카오	99,826	마카오	123,380
2	일본	4.98	중국	13.2	중국	14.6	노르웨이	90,462	룩셈부르크	69,364	노르웨이	82,500	룩셈부르크	85,111	싱가폴	83,793	싱가폴	92,270
3	중국	4.11	일본	5.23	일본	5.27	스위스	70,845	덴마크	65,371	마카오	78,640	브루나이	82,688	브루나이	73,342	카타르	91,670
4	독일	3.58	독일	3.91	독일	4.01	덴마크	61,172	스웨덴	58,812	룩셈브루크	73,910	마카오	72,198	쿠웨이트	73,156	룩셈부르크	79,670
5	영국	3.01	영국	2.78	인도	2.89	카타르	60,456	네델란드	55,568	아이슬란드	72,850	UAE	70,366	노르웨이	68,134	스위스	73,800
6	프랑스	2.70	프랑스	2.75	프랑스	2.85	스웨데	54,661	미국	55,079	미국	65,850	싱가폴	64,409	UAE	66,900	노르웨이	72,920
7	이탈리아	2.23	인도	2.73	영국	2.82	네델란드	51,231	오스트리아	55,078	아일랜드	64,000	노르웨이	64,236	룩셈부르크	60,869	아일랜드	71,150
8	캐나다	1.52	이탈리아	2.04	이탈리아	2.08	오스트리아	49,749	싱가폴	54,169	덴마크	63,950	스위스	53,068	홍콩	60,215	UAE	70,430
9	스페인	1.48	브라질	1.92	브라질	1.93	미국	49,634	마카오	53,367	카타르	61,180	미국	51,051	미국	56,651	미국	66,080
10	브라질	1.47	캐나다	1.67	한국	1.75	핀란드	49,530	캐나다	50,864	싱가폴	59,590	홍콩	49,408	네델란드	50,284	홍콩	65,730
11	러시아	1.37	한국	1.58	캐나다	1.74	호주	48,455	호주	49,882	스웨덴	55,780	사우디 아라비아	47,603	덴마크	49,566	덴마크	63,920
12	인도	1.10	스페인	1.37	러시아	1.65	캐나다	47,892	핀란드	48,918	호주	51,460	덴마크	46,382	사우디 아라비아	49,423	네델란드	61,520
13	한국	1.12	호주	1.33	스페인	1.43	한국 (40위)	20,802	한국 (31위)	26,744	한국 (30위)	33,790	한국 (41위)	28,590	한국 (30위)	36,757	한국 (29위)	44,390

* GNI per capita (constant 2010 US$)

** GNI per capita, PPP (constant 2011 US$)

*** 2021년 발표 자료로 대상연도는 2019년 이며, 버뮤다(Bermuda)와 만섬(isle of man)을 제외함.

[표 6. 3]은 2018년 소득 수준에 따른 각종 지표 현황을 1인당 GNI를 기준으로 구분하였다. 저소득 국가에 비해 고소득 국가의 GDP 비중이 월등히 높았으며 인구는 중위소득 국가에서 높게 나타났다. 전반적으로 소득 불균형이 심한 것으로 나타났다.

[표 6. 3] 소득별 인구와 GNI

구분*	GDP (current US$) (Trillion)	Population (Billion)	CO2 emissions (metric tons per capita)	Life expectancy at birth (years)	GNI per capita
Low income ($1,025 이하)	0.588	0.705	0.308	63.3	840.6
Lower middle income ($1,026-$3,995)	6.7	3.023	1.465	68.3	2,242
Middle income ($3,996-$12,375)	31.15	5.679	3.867	71.7	5,342
Upper middle income ($3,996-$12,375)	24.44	2.656	6.528	75.5	8,869
High income ($12,376 이상)	54.21	1.21	10.926	80.7	44,275

자료: World Bank (https://data.worldbank.org/), Open Data 2019.

* 소득 구분은 GNI per capita 2018 (검색일 2022년 6월)

이상에서 현지국의 국민경제 규모를 나타내는 주요 지표를 설명하였는데, 이러한 자료로서 충분하거나 절대적인 것은 아니다. 다국적기업 경영자가 현지국의 국민경제 규모를 파악하고 시장잠재력을 정확히 분석하기 위해서는, 이상에서 살펴본 인구나 GNI 등과 관련된 자료 이외에도 여타 관련된 자료들을 상호 보완적으로 활용하는 것이 바람직하다.

3. 인플레이션

인플레이션(inflation)은 이자율, 환율, 생계비 등에 영향을 미치는 경제적 환경의 한 요소이다. [표 6. 4]에서는 선진국과 개발도상국의 인플레이션 추이와 전망을 나타내고 있다. 이 표에서 볼 수 있듯이 2001년에서 2010년까지 10년 동안 선진국은 2.0%, 아시아 개발도상국은 4.3%의 소비자 물가상승률이 나타나면서 개발도상국에서 상대적으로 높은 인플레이션이 발생하는 것으로 나타났다.

높은 인플레이션이 발생하는 국가에서 다국적기업이 활동할 경우에는 장래의 계획을 수립하기가 어려울 뿐만 아니라 수익성 있는 운영을 기대하기도 어렵게 된다. 다국적기업이 재고를 교체하고 사업을 지속하는 데 충분한 현금흐름(cash flow)을 유지하기 위해서는 거의 매일 가격을 변동시켜야 한다. 더욱이 정확하게 인플레이션을 예측하는 것이 어려우므로 기업은 제품의 가격을 합리적으로 책정하기가 어렵게 된다. 가격이 너무 낮게 책정될 경우에는 현금흐름상의 어려움을 겪을 수 있으며, 반대로 가격이 너무 높게 책정될 경우에는 시장점유율을 유지하기가 곤란할 수 있다.

높은 인플레이션은 현지국에서 활동하는 기업의 국제경쟁력을 떨어뜨릴 수도 있다. 예를 들어, 장기적으로 우리나라의 물가가 외국보다 많이 오르게 되면 우리나라의 물건가격이 상승하여 수출경쟁력이 약화되게 된다. 반면에 수입수요는 증대되고, 따라서 외환의 수요가 많아져 통화의 가치도 떨어지게 된다. 역사적으로 보아도 높은 인플레이션이 지속되는 국가의 통화

[표 6.4] 인플레이션 추이와 전망 (단위: %)

구분	Average				projections		
	2001~2010	2015	2020	2021	2022	2023	2024
선진국	2.0	0.3	0.6	3.1	5.7	2.5	1.9
미국	2.4	0.1	1.2	4.7	7.7	2.9	2.3
EU	2.1	0.2	0.2	2.6	6.5	2.7	2.1
일본	-0.3	0.8	-0.0	-0.3	1.0	0.8	0.9
영국	2.1	0.0	0.9	2.6	7.4	5.3	2.6
한국	3.2	0.7	0.5	2.5	3.9	2.4	2.0
개도국(Asia)	4.3	2.7	3.1	2.2	3.5	2.9	2.8
중국	2.1	1.4	2.4	0.9	2.1	1.8	2.0
인도	6.5	4.9	6.2	5.5	6.1	4.8	4.3
말레이시아	2.2	2.1	-1.1	2.5	3.0	2.4	2.4
대만	2.6	-0.9	-0.8	1.2	3.5	2.8	2.5
개도국(Europe)	11.5	10.5	5.3	9.5	27.1	18.1	10.5
중남미	5.8	5.5	6.401	9.79	11.22	7.991	6.545
중동 및 중앙아시아	7.2	5.5	10.633	13.238	12.771	10.503	7.935
아프리카	9.9	6.9	10.187	10.991	12.182	9.561	7.839

자료: IMF, World Economic Outlook Database, April 2022.

가치는 하락하는 반면 낮은 인플레이션 국가의 통화가치는 상승하고 있다.[6]

또한 높은 인플레이션은 정치적 불안정을 초래할 수도 있다. 이 경우에 정부가 임금억제 등을 통해 인플레이션을 통제하고자 한다면, 국민들의 실질소득은 감소하게 될 것이며 그 결과 국민들의 불만을 초래할 것이다. 정부가 아무런 조치도 취하지 않는다면, 경제는 악화될 것이며, 국민들의 실질소득은 떨어지게 되어 정치적 불안정을 초래할 수 있을 것이다.

4. 국제수지

[표 6. 5] 국제수지표

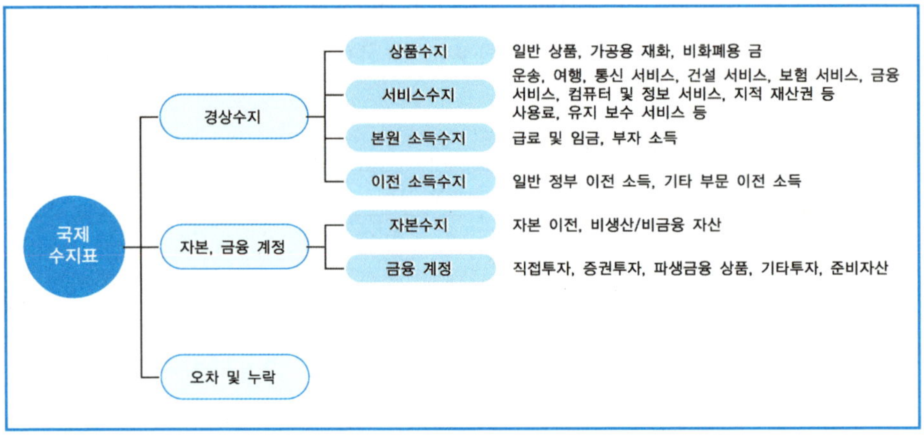

국제수지(international balance of payment)는 일정기간 동안에 일국의 거주자와 타국의 거주자들 사이에 발생한 모든 경제적 거래를 체계적으로 분류하여 기록한 것이라고 할 수 있다. 국제수지는 한 국가의 대외결제 상태를 알려주고 정부의 재정정책, 금융정책, 무역정책에 대한 기초자료를 제공해 주며, 국제사업활동과 관련해서는 목표 시장국의 시장상황이나 외환통제에 대한 선행지표의 역할을 하기도 한다.

이러한 일국의 국제수지를 일목요연하게 알아볼 수 있게 하나의 표로 작성한 것을 국제수지표라고 한다. 국제수지표는 복식부기의 원리에 따라 일정기간에 발생한 대외적인 경제거래에 따른 화폐의 수취와 지급을 결산한

6) 한국은행, 「알기쉬운 경제지표해설」, 1996, p.201.

것이므로 대변총액과 차변총액은 반드시 균형을 이루게 된다.

그러나 현실에 있어서는 각국의 국제수지는 적자이거나 흑자인 상태가 일반적이다. 이는 대외거래에 관한 자료들을 사후적으로 수집·분류·정리하여 국제수지표를 만들게 되는 데 이 과정에서 통계자료 출처의 상이성과 거래를 포착하는 시점이 상이하기 때문이다. 즉, 이론적으로는 항상 균형을 이루게 되지만 현실적으로는 불균형을 이루게 된다는 것이다.

국제통화기금(IMF)에서는 각국의 경제상황을 한눈에 파악하기 위한 목적으로 국제수지표의 표준양식을 제정하고 이에 따른 국제수지표의 작성을 권고하고 있다. 한국의 경우도 1955년 IMF에 가입한 이후 한국은행에서 국제수지표를 작성·발표하고 있다. 국제수지표는 [표 6.5]와 같이 경상수지, 자본 및 금융계정, 오차 및 누락 항목으로 구분할 수 있다.

일국의 국제수지는 큰 폭의 적자나 흑자를 기록하기보다는 균형을 유지하는 것이 바람직하다. 일국이 지속적으로 국제수지 흑자를 나타낸다고 하면, 곧 국내통화량이 증가되고 물가가 상승하게 되는 부작용이 있게 된다. 반면에 지속적으로 국제수지 적자를 나타내게 되면 외화가 계속적으로 유출되어 외환보유고가 고갈되고, 그렇게 되면 필수불가결한 재화의 수입이 불가능해질뿐만 아니라 원활한 경제운영이 어렵게 되기 때문이다.

제2절 국제경제환경

1990년대 중반 이후 국제경제는 세계화(globalization)과 지역화(regionalization)이라는 양극화로 설명할 수 있다.

세계화(globalization)는 UR협상의 타결에 따라 출범한 WTO를 중심으로 가속화되고 있다. 반면 지역화(regionalization)는 WTO체제를 기반으로 지역내 결속을 강화하는 지역주의(regionalism)를 기반으로 국제경제 질서를 의미한다. 여기서는 다국적기업이 당면하게 될 국제경제환경을 WTO라는 국제경제기구와 지역경제통합의 두 가지 차원으로 구분하여 설명하고자 한다.

1. WTO

1) GATT의 성립

제2차 세계대전 이전의 세계적 불황기에는 각국이 고관세 장벽이나 수출입 제한 등과 같은 보호주의적 무역정책을 강도 높게 실시하여 세계무역은 크게 위축되었다. 이러한 문제를 해결하기 위해서 1944년 미국의 뉴햄프셔주 브래튼 우즈(Bretton Woods)에서 주요 연합국들이 회동하여 전후 20여 년간 세계경제질서의 기본 구도가 된 브래튼 우즈체제를 탄생시켰다.

브래튼 우즈체제의 기본정신은 전후 세계경제를 부흥시키고 전쟁재발의 가능성을 미연에 방지하자는 것이었으며, 이러한 취지에서 금융과 관련해서 국제통화기금(IMF : International Monetary Fund)과 세계은행(IBRD : International Bank for Reconstruction and Development)을 1946년에 발족시켰다.

무역과 관련해서는 자유무역이념을 추구하여 설립된 국제무역기구(ITO : International Trade Organization) 헌장 중의 무역조항을 근간으로 하고 관세인하교섭 결과를 더하여 하나의 국제협정이 마련되었는데, 이것이 곧 관세 및 무역에 관한 일반협정(GATT : General Agreement on Tariffs and Trade)이다. GATT는 원래 ITO가 실현될 때까지의 잠정적 협정으로 출발하였으나, ITO의 실현이 좌절되자 ITO의 임무를 대신하여 1948년 1월 1일에 발효되었다.

GATT는 ITO의 설립을 전제로 잠정적으로 상정되었기 때문에 별도의 국제기구 설립에 관한 규정을 갖지 않았다. 따라서 GATT는 무역상의 규약을 규정한 일반협정에 불과했으나 실제적으로는 제네바에 사무국을 두고 총회, 이사회, 각종 위원회를 가진 하나의 국제협력기구로 인정받아 왔다.

2) GATT의 원칙

GATT는 국제무역상의 관세장벽과 수량규제 등 각종 무역장벽의 완화 내지 철폐를 통하여 무차별적인 국제무역체제를 확립함으로써 국제경제의 안정적 성장과 발전을 추구하는 데 그 목적을 두고 있다. 이와 같은 목적을 실현하기 위한 구체적인 원칙은 크게 무역자유화, 차별 없는 무역정책(trade without discrimination) 및 상호주의(reciprocity)를 들 수 있다.

(1) 무역자유화의 원칙

무역자유화란 국가간 대외거래에 있어서 모든 제한규정이나 장벽을 제거하고 일국 내에서의 거래와 동등한 거래를 실시하는 것이라 할 수 있다. 무역자유화를 위한 구체적인 조항으로는 관세인하와 수량제한의 철폐를 들 수 있다.

가. 관세인하

GATT는 무역자유화를 달성하기 위하여 관세율을 인하시키는 데 노력하였다. GATT는 국내 산업을 보호하기 위한 적합한 이행수단으로서 관세를 적용하여야 할 뿐만 아니라 관세의 단계별 인하도 이행해야 한다고 주장하였다.

관세인하에 관하여는 첫째, 2국간 또는 가맹국 상호간의 교섭에 의해 관세율을 가능한 한 인하하고 그 결과를 모든 가맹국에 무차별적으로 적용할 것, 둘째 호혜주의에 입각하여 가맹국간에는 관세상의 차별대우를 하지 않을 것 등의 원칙을 세우고 있다. 그러나 2국간의 교섭으로는 관세의 대폭적인 인하가 어려워 케네디 라운드부터는 보다 대폭적인 관세인하를 위하여 일괄인하방식을 택하기에 이르렀다.

나. 수량제한의 철폐

GATT에서는 국내산업의 보호를 목적으로 한 관세는 어느 정도 인정하고 있지만 수출 및 수입에 대한 수량제한에 대해서는 철폐하기로 되어 있다. 쿼터 혹은 여타 수량제한의 사용은 시장경제의 기본인 가격기능을 정지시키기 때문에 GATT 제 11조는 이와 같은 수입규제 조치의 적용을 금지하고 있다.

그러나 여기에도 예외가 있어 다음과 같은 예외적인 수량제한을 인정하고 있다. 즉, ① 국제수지의 옹호를 위한 수량제한, ② 저개발국의 국민생활 향상을 위한 특정산업의 보호, ③ 농수산물의 과잉재고를 처분하기 위한 무상 내지는 저가격 판매, ④ 국방과 공중도덕·생명·건강의 보호를 위한 조치 등에 관하여 면책조항을 인정받을 때, ⑤ 총회에서 체약국의 2/3 이상의 동의를 얻어 웨이버(waiver), 즉 GATT 의무면제를 획득할 경우 등이다.

(2) 차별 없는 무역정책

세계무역체제의 구축에 강력한 원동력이 되어 온 GATT의 기본원칙은 국제무역이 무차별적으로 이루어져야 한다는 것이다. 이 무차별 적용원칙은 최혜국 대우(MFN : most favored nation treatment) 및 내국민대우(national treatment)라는 2개의 규칙으로 형성되어 있다.

가. 최혜국대우

최혜국대우의 원칙이란 GATT 가맹국 중 일국이 제3국에 대하여 양허(concessions)한 관세상의 특혜를 나머지 GATT 가맹국에 대해서도 무차별적으로 동일하게 양허하는 대우를 의미한다. GATT 협정문은 다음과 같은 최혜국대우원칙에 대한 예외규정이 적용되는 상황을 명시하고 있다. ① 관세동맹(customs union) 및 자유무역지대(free trade area)의 창설, ② 덤핑행위 및 보조금지급의 억제를 위한 조치, ③ 양허의 수정, ④ GATT 의무조항의 적용정지 및 면제, ⑤ 공중위생·안전 혹은 국민복지 그리고 국가안보를 위한 제한, ⑥ GATT 발효전부터 존재해 왔던 특혜조치의 계속 유지, 이른바 역사적 특혜 또는 조부조항(grandfather clause) 등이다.

나. 내국민대우

내국민대우의 원칙이란 수입품에 대하여 적용되는 내국세나 국내규칙에 관하여 동종의 국내산품에 대하여 주는 대우보다 불리하지 않은 대우를 해 주어야 한다는 원칙이다. 즉, 수입품과 국내산품을 차별하는 일 없이 내외무차별로 취급해야 한다는 것이다.

GATT는 수입상품은 내국세의 부과와 당해산품의 국내판매·구매·수송·분배 또는 사용에 영향을 주는 모든 규제조치에 있어서 국내산품과 동등하게 취급되어야 한다고 규정하고 있다. 최혜국대우가 국경 통관시 무차별대우 요구인 반면에, 내국민대우는 국내거래에서의 무차별대우 요구인 것이다.

(3) 상호주의

GATT 협정문에서는 명백하게 정의되고 있지 않지만 상호적이고 호혜적인 협정은 GATT체제의 기본이 되며 GATT는 규정전문 및 여타조항에서 상호주의원칙을 거론하고 있다. 그러므로, GATT 가맹국은 관세양허상의 상호주의(쌍무적, 부문별 또는 개별상품별 보다는 일괄적인 인하방식)와 상호간

양허혜택의 제공을 통해 무역자유화를 위한 각국의 노력에 균형을 유지하려고 하였다.[7]

3) GATT의 활동

GATT는 본질적으로 무역의 확대와 세계경제의 발전을 도모하는 것을 목적으로 하고 있다. 그러나 현실적으로는 무역의 확대에 장애가 되는 요인들이 많이 존재하였는데 그 중에서도 관세가 높은 장벽이 되고 있다.

따라서 GATT는 관세장벽을 낮추기 위해서 [표 6. 6]에서와 같이 여러 차례의 관세교섭을 통해 상당한 효과를 얻었다. 이러한 협상 가운데서 가장 중요한 협상으로는 케네디 라운드(Kennedy Round), 동경 라운드(Tokyo Round), 그리고 우루과이 라운드(Uruguay Round) 등을 들 수 있다.

(1) 케네디 라운드

케네디 라운드란 케네디 대통령이 제창한 제6차 GATT 관세인하협정을 말하는 것으로 1964년 5월부터 시작하여 1967년 6월까지 약 3년간에 걸쳐 총 46개국이 참가하였다. 케네디 라운드의 관세협상은 종래의 국별·품목별 방식이 아닌 일괄인하 방식을 채택한 획기적인 실적을 이룬 교섭이었다. 이 협상의 결과 약 3만 품목의 관세인하 양허가 이루어졌고, 약 35%의 관세인하가 이루어져 주요 선진국의 공산품 평균 관세율이 10% 수준으로 인하되었으며, 덤핑방지협정이 체결되었다.

(2) 동경 라운드

1971년 11월 27차 GATT 총회에서 제 7차 일반관세인하 교섭의 개최문제가 제기되었고 2년간의 준비기간을 거쳐 1973년에 정식으로 교섭이 개시되어 동년 9월 동경에서 개최된 GATT 각료회의에서 99개국 대표가 동경선언에 서명함으로써 다자간 무역협상(MTN : multilateral trade negotiation)이 공식출범하게 되었는데, 이 협상을 동경 라운드라고 한다. 이 협상은 약 6년간의 협상기간을 거쳐 1979년 11월 제35차 GATT총회에서 교섭 결과가 정식으로 승인되었다.

7) 김완순·한복연, 「국제경제기구론」, 박영사, 1997, pp.172~173.

[표 6.6] GATT의 주요 관세협상

횟 수	명 칭	기 간	개최장소	참가국	양허품목수	평균인하율
1	일반적 관세교섭	1947.4~1947.10	제네바	23	총 45,000	불 명
2	일반적 관세교섭	1949.8~1949.10	아느시(프)	32	5,000	불 명
3	일반적 관세교섭	1950.9~1951.4.	토퀘이(영)	34	8,000	불 명
4	일반적 관세교섭	1956.1~1956.5	제네바	22	3,000	불 명
5	Dillon Round	1961.5~1962.7	제네바	23	4,400	7%
6	Kennedy Round	1964.5~1967.6	제네바	46	30,000	35%
7	Tokyo Round	1973.9~1979.7	동경	99	27,000	33%
8	Uruguay Round	1986.9~1993.12	푼타 델 에스테 (우루과이)	117	서비스·농산물 포함	단계적 조정

자료: 대외정책연구원, UR총점검, 1994를 수정.

◉

협상 결과 관세양허 품목수 27,000품목, 평균관세 인하율 33%, 양허총액은 1,200억 달러에 이르렀다. 이 협상은 GATT 가맹국과 비가맹국, 선진국과 개도국, 그리고 동구 6개국이 참가한 대규모 협상이었으며, 무역에 관한 관세 및 비관세장벽의 경감·제거 등 협상 대상이 광범위하였으며, GATT에서 처음으로 개도국 문제가 중요한 위치를 차지하였다.

(3) 우루과이 라운드

보호주의의 확산을 방지하기 위한 동경라운드 이후에도 1979년 제2차 석유파동으로 세계경제는 저성장기에 돌입하였다. 그리고 1980년대 들어 보호주의 및 지역주의의 성향이 확산되고 국가간 통상마찰이 심화되는 등 소위 신보호무역주의가 확산되게 됨에 따라, 각국의 신보호무역주의에 대해서 규제력과 분쟁해결절차를 갖고 있지 못한 GATT체제는 전면적인 위기를 맞게 되었다. 더욱이 GATT는 세계무역에서 점차 그 비중이 증대되어 가고 있는 서비스·해외투자·지적재산권 등과 같은 새로운 분야를 포괄할 수 있는 능력을 가지고 있지 못했다. 이에 따라 윌리엄스버그(Williamsburg)에서 열린 미·일 정상회담에서 처음으로 GATT체제에 대한 재정비의 필요성이 제기되었다.

1986년 9월 15일부터 20일까지 우루과이의 푼타 델 에스테(Punta del Este)에서 개최되었던 GATT 각료회의는 그동안 뉴 라운드(New Round)라는 이름으로 논의되어 왔던 다자간 무역협상을 우루과이 라운드(UR : Uruguay Round)로 명명하고 이를 정식으로 출범시키기로 합의하였다.

UR협상은 선진국과 개발도상국의 관심사항이 모두 포함된 15개 의제를 중심으로 117개국이 참가하였다. 협상의 기본목표는 관세인하와 비관세장벽의 완화, GATT체제의 강화, 서비스 및 지적재산권 보호 등 새로운 의제에 대한 규범을 마련하여 1990년대에 적용할 세계무역 규범의 정립에 두었다.

이처럼 UR협상에서는 상품시장개방에 관련한 의제뿐만 아니라 서비스 등 새로운 분야를 협상에 추가시킴으로써 협상의 의제가 매우 다양하고 광범위하였다. 그간 GATT체제하에서 많은 예외를 인정받아 온 농산물 교역이 협상의 대상으로 채택되었으며, 서비스 분야의 교역도 일반적 규범제정을 목표로 협상이 이루어졌다.

협상과정에서는 상품교역보다는 서비스 교역분야와 농산물 교역분야에서 이해관계에 따라 관련 국가들의 입장이 첨예하게 대립되었다. 또한 일부 개발도상국들은 선진국들의 강요에 의해 어쩔 수 없이 수용해 온 각종 회색조치(grey area measures)에 대한 시정을 요구하였다.

7년 3개월을 끌어온 UR협상은 우여곡절 끝에 1993년 12월 15일 타결되었으며, 1994년 모로코의 마라케시(Marrakesh) 각료회의에서 종결되었다.

4) WTO의 출범

(1) WTO의 성격과 기능

UR협정으로 1995년 1월 1일 출범한 세계무역기구(WTO : World Trade Organi-zation)는 기존의 GATT체제를 계승하면서 독자적인 법인격이 부여된 새로운 세계 교역질서의 중추기구로서의 역할을 담당하게 되었다.

세계 교역질서를 주도하게 될 WTO는 GATT가 국제협정으로서 가졌던 근본적인 한계인 규제력 내지는 구속력의 취약성을 극복할 수 있는 무역에 관한 UN이라는 강력한 세계무역기구로서, 기존의 GATT가 다루지 못하였던 섬유·농산물 등을 다자간 체제로 복귀시키고 서비스·지적재산권 분야 등 새로운 분야를 포괄함으로써 국제교역에 관한 총괄적 국제기구로서 의미를 가진다.

GATT와 WTO를 비교해 보면, WTO는 회원국 규모면에서 GATT보다 훨씬

[표 6.7] GATT와 WTO의 비교

	GATT	WTO
기구의 성격	국제협정일뿐 엄밀한 의미의 국제 기구는 아님	국제법인으로서의 국제기구의 역할을 수행
국제교역상품	· 공산품과 일부 농산품 · 농산물과 서비스 교역제한 허용됨	농산물, 공산품, 서비스 등 국제적으로 교역되는 모든 상품
무역규범의 제정	· 포괄적인 무역규범의 제정에는 실패 · 보조금 협정과 반덤핑 협정의 제정	· 17개 다자간 협정과 4개의 복수간 협정타결 · 서비스협정(GATS)제정 · 지적재산권 협정(TRIPs)제정
무역규범의 강화	· 비관세장벽에 대한 규범제정을 시도했으나 실패	· 반덤핑 관세부과 기준 강화 · 보조금의 운용 기준을 강화 · 세이프가드 협정을 통한 회색조치 철폐 의무화
분쟁해결절차	· 상설 분쟁해결기구가 없으며, 무역분쟁에 대한 권고안만 제시 · 교차보복(cross-sector retaliation)이 없음	· 상설분쟁해결기구인 DSB의 신설과 상소기구의 신설 · 분쟁해결의 단계적 절차의 이행기간 명료화 · DSB결정사항의 집행이 용이 · 교차보복이 가능

자료: KIET, 실물경제, 1995.1.4, p.31.

많은 전세계 국가들을 대상으로 하고 있으며, 상품교역 이외에 서비스 교역, 지적재산권, 무역관련 투자시책 등 GATT에서 다루어지지 않았던 새로운 분야들을 포함하고 있다. 또한 WTO는 섬유교역규제, 농산물교역의 예외적용, 수출자율규제 등 GATT체제하에서 용인되어 온 보호무역조치들을 자유화시키는 획기적인 계기를 마련하였다. 끝으로, WTO는 조직과 체계면에서 국제통화기금이나 세계은행과 같은 국제기구 수준의 면모를 갖추게 되어 관세 및 무역에 관한 국제규범의 사무국 역할을 담당해 온 GATT와는 큰 차이를 보여주고 있다.[8] 이를 표로 정리하면 [표 6.7]과 같다.

■ WTO의 기능

① WTO 무역협정을 관리한다.

8) 박태호, "WTO체제 첫 일년의 평가와 향후과제", IRI 리뷰, 일민국제관계연구원, 1996 가을호, pp.5~6.

② 무역협상의 장을 마련한다.
③ 국가간 무역 분쟁을 조정한다.
④ 회원국의 무역정책을 검토한다.
⑤ 개발도상국에 대해 기술적 지원과 훈련을 제공한다.
⑥ 여타 국제기구와 협력을 한다.

(2) WTO의 운영원칙

가. 최혜국대우의 원칙(Most Favored Nation Treatment)

한 국가가 동종의 제품에 대하여 관세, 통관, 수출입 절차 및 규칙 등 국제 통상관계에 있어서 특정국가에 부여하고 있는 대우보다 불리하지 않은 조건을 다른 국가에도 부여해야 한다는 원칙이다. 즉 국제교역에 있어서 제품의 원산지에 따라 차별을 해서는 안 된다. 예컨대 A국이 B국으로부터 수입되는 특정제품에 대하여 5%의 관세를 부과하고 있다면 C국으로부터 수입되는 동종의 제품에 대해서 5% 이상의 관세를 부과해서는 안 된다는 것이다.

나. 내국민대우의 원칙(National Treatment)

수입상품에 대하여 적용되는 내국세나 그 외 상품의 매매에 관련되는 각종 국내규제와 관련하여 국내상품에 대하여 허용하는 대우보다 불리하지 않은 대우를 허용해야 한다는 원칙이다.

이 원칙은 내국세나 그 외 각종 국내규제를 통하여 국내상품에 비교하여 수입상품을 차별코자 취하는 보호주의적 목적을 가진 정책이나 법 또는 각종 제도를 금하는데 있다. 따라서 이 원칙의 적용대상은 상당히 광범위하여 일반적으로 국제무역과 관련이 없는 국내정책이나 제도라고 생각되는 분야까지도 포함될 수 있다. 이러한 이유 때문에 이 원칙의 적용대상과 관련하여 국가간의 분쟁이 종종 발생하기도 한다.

다. 시장접근의 원칙(Market Access)

외국제품 및 제품공급자가 국내시장에서 국내제품 및 제품공급자보다 열악하지 않은 대우를 받을 수 있도록 보장하는 원칙이다. 즉, 상품이나 서비스 판매업자가 그 상품이나 서비스를 수요하는 시장에 접근할 수 있는 권리를 의미한다. 최근에는 시장접근의 개념이 너무 협소하므로, 점 더 광범위한 개념인 시장참여(Market presence)로 대치되어야 된다는 주장도 있다.

농산물시장개방과 관련해서는 현행 시장접근(CMA)과 최소시장접근(MMA)이라는 개념이 사용되고 있다.

라. 투명성의 원칙

무역에 관한 국가기관의 법규나 행정조치는 합리적이고 예측 가능해야 하며, 이유가 고지되어야 하고 이에 기초가 되는 자료는 공개되어야 한다.

(3) WTO 협정문의 구성

UR협상 결과로서 나온 UR 최종 협정문의 내용을 구분하면 최종의정서, WTO협정, WTO 설립협정 및 구 부속서로 첨부된 다자간 및 복수자간 무역협정,[9] 그리고 각료 결정 및 선언과 금융서비스 자유화 약속에 관한 양해각서로 되어 있다. [그림 6. 1]은 WTO 협정문의 구성을 나타내고 있다.

(4) WTO의 조직

WTO 조직의 최상층에는 매 2년마다 개최되는 최고의 의결기구인 각료회의(ministerial conference)가 있다. 일반이사회(general council)는 각료회의가 열리지 않는 동안에 각료회의 업무를 수행하며, 무역정책검토기구(trade policy review body)와 분쟁해결기구(dispute settlement body)로서의 업무도 수행한다. 분쟁해결기구(DSB)는 단계별 절차와 종료시한을 명시하고 소요기간을 단축했을 뿐만 아니라 패소국에 항변의 기회를 주는 상소제도도 도입했다.[10]

9) 복수자간 무역협정(PTA : Pluralateral Trade Agreement)에 포함된 협정으로는 ① 민간항공기무역에 관한 협정, ② 정부조달협정, ③ 국제낙농협정, ④ 국제우육협정 등이 있다.

10) WTO하에서는 GATT하에서의 만장일치제와는 달리 패널의 설치가 만장일치로 부결되지 않는 한 패널을 설치해야 하는 역만장일치제(reverse consensus system)를 채택함으로써 분쟁의 지연이나 저지를 막고 있다.

[그림 6.1] WTO 협정문의 구성

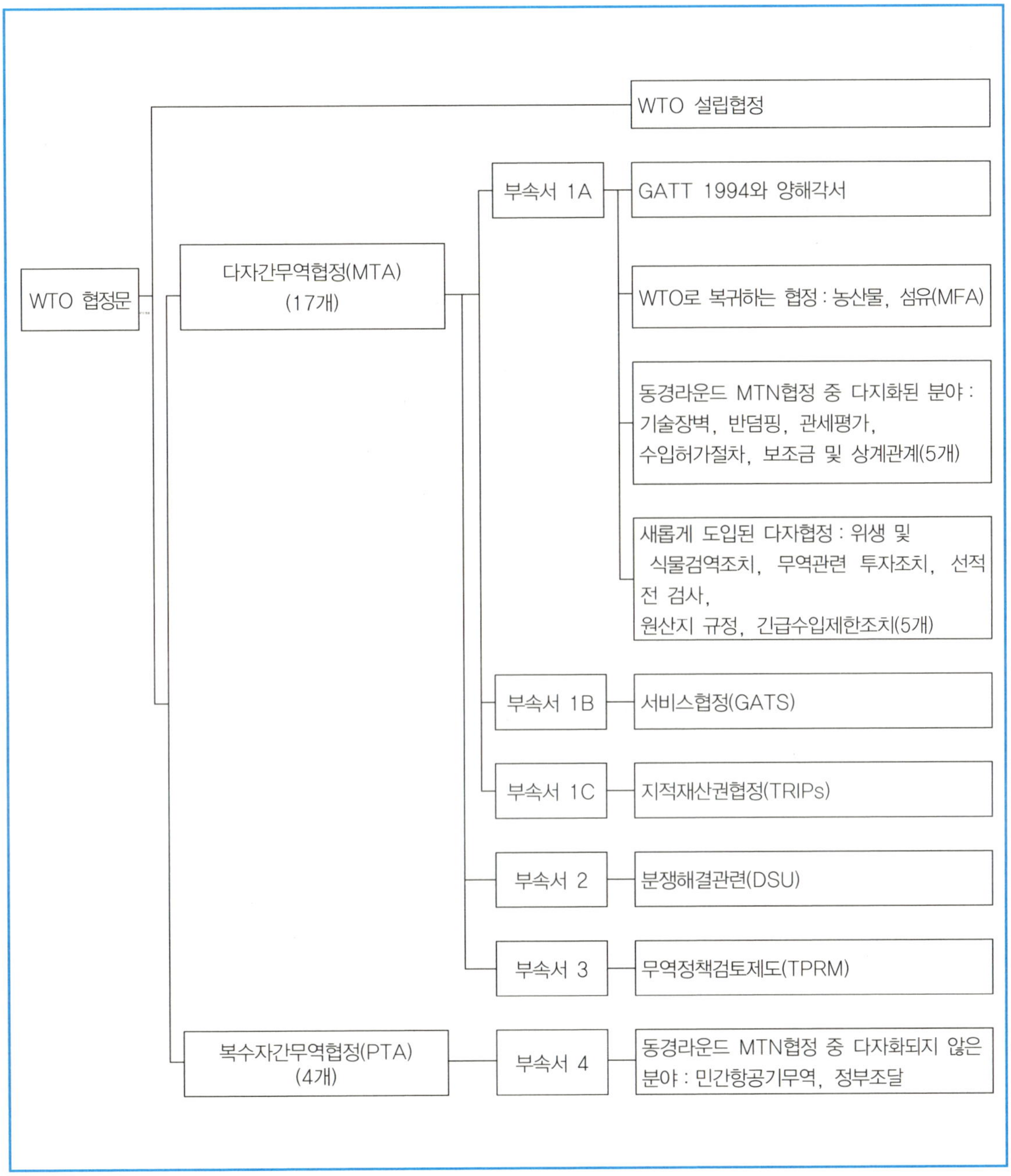

[그림 6. 2] WTO의 조직도

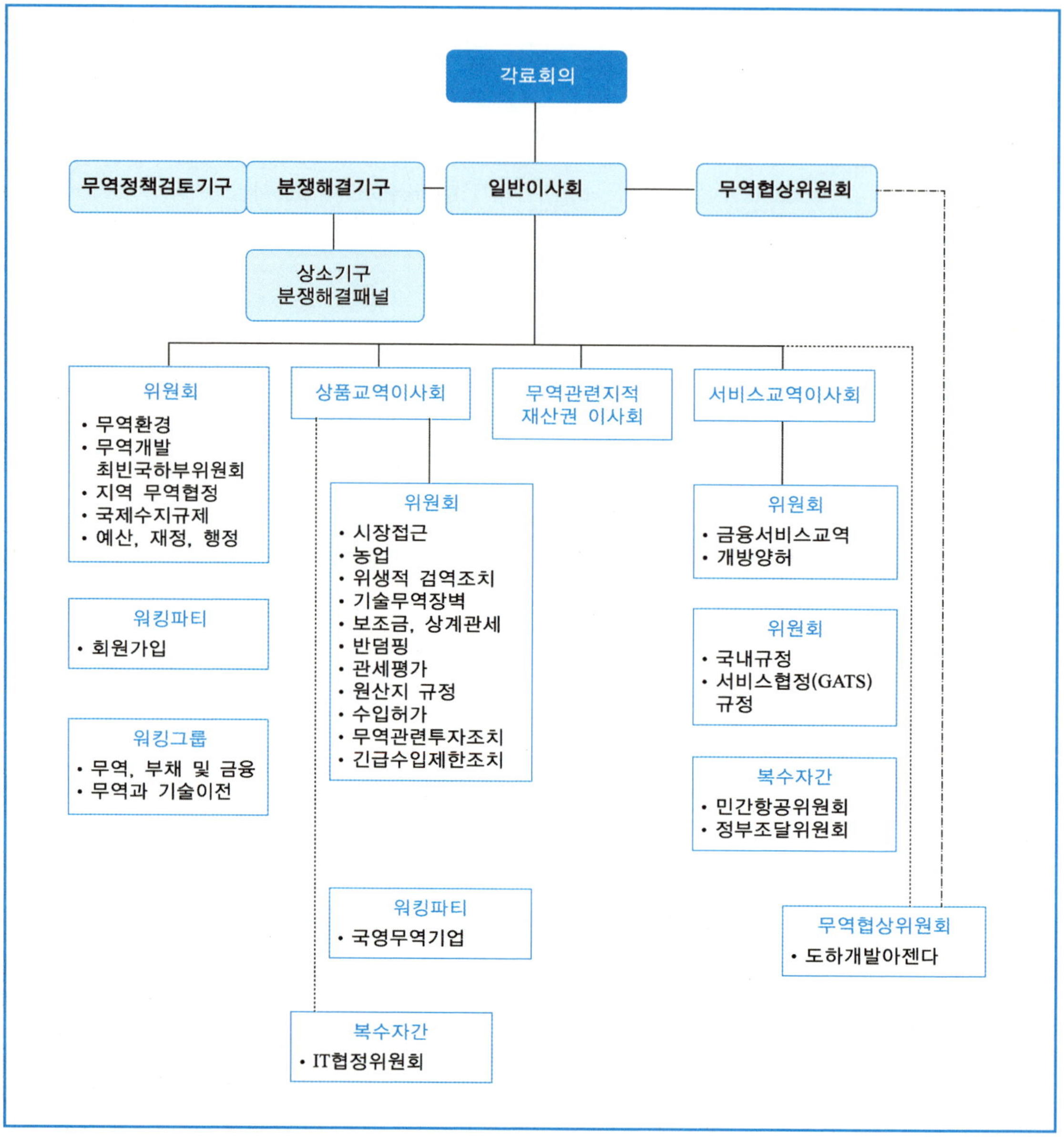

자료 : *WTO*, (www.wto.org)

일반이사회의 감독 아래 운용되고 있는 것이 각각 상품, 서비스, 지적재산권 관련 이사회들이다. 각 이사회는 두 달마다 한 번씩 열리며 이사회 밑에는 여러 관련위원회와 실무위원회들(working party)이 운영되고 있다. WTO의 조직구조를 보면 [그림 6. 2]와 같다.

2. 지역경제통합

1) 지역경제통합의 의의

현재 세계경제는 지리적으로 인접한 국가들간에 하나의 경제권을 형성하는 지역경제통합 현상이 일어나고 있다. 지역경제통합이란 회원국간에는 무역장벽을 철폐하여 역내무역을 증진시키고 비회원국에 대해서는 차별적인 무역정책을 취함으로써 회원국의 이익을 보호하기 위한 하나의 지역경제조직체를 의미한다.

지역경제통합이 결성되면 회원국들은 역내 교역에 대한 각종 무역장벽을 제거해야 하기 때문에 역내의 무역자유화가 촉진된다. 그러나 역외국가의 입장에서는 경쟁조건을 악화시키는 새로운 보호무역주의의 움직임으로 파악할 수 있다. 이에 따라 지역경제통합이 세계경제에서 자유무역을 촉진시키는 역할을 하게 될지 아니면 자유무역을 저해하는 역할을 하게 될지에 대해서는 많은 논란이 있다.

2) 지역경제통합의 유형

지역경제통합은 회원국의 상호 의존성과 통합의 정도에 따라 몇 단계로 나누어지는데 크게 자유무역지역, 관세동맹, 공동시장, 경제동맹, 정치동맹 등의 다섯 가지 유형으로 나눌 수 있다.

(1) 자유무역지역(FTA : free trade area)

자유무역지역은 회원국 사이에 발생하는 재화 및 서비스의 교역에 대해서는 관세 등의 무역장벽을 철폐하여 역내 자유무역을 보장하지만, 비회원국에 대해서는 각 회원국이 독자적으로 무역정책을 실시하는 경제통합을 말한다. 이의 예로는 북미자유무역협정(NAFTA), 유럽자유무역연합(EFTA), 동남아시아국가연합 자유무역지역(AFTA), 라틴아메리카통합연합(LAIA) 등이 있다.

(2) 관세동맹(customs union)

관세동맹은 회원국 사이에는 관세 등의 무역장벽을 철폐하여 역내 자유무역을 보장하며, 비회원국에 대해서는 공동의 관세 및 무역정책을 실시하는 경제통합을 의미한다. 대표적인 예로는 유럽공동체(EC)에 흡수된 베네룩스(Benelux) 관세동맹을 들 수 있다.

(3) 공동시장(common market)

공동시장은 관세동맹보다 더욱 강화된 경제통합 형태로서 관세동맹에서와 같이 회원국간에 발생하는 상품 및 서비스의 교역을 자유롭게 하고 비회원국에 대한 공동무역정책을 추진할 뿐만 아니라, 회원국간에 노동·자본 등 생산요소의 자유로운 이동이 보장되는 경제통합을 의미한다. 이의 가장 대표적인 예로는 EC를 들 수 있다.

(4) 경제동맹(economic union)

경제동맹은 공동시장에서 더욱 발전하여, 회원국간에 경제정책을 상호 조정하여 실시하고 주요 경제부문에서는 이를 통합하여 운영하는 형태의 경제통합을 의미한다. 경제동맹에서는 회원국들이 각기 별도의 행정기구를 가지고 있지만 공동의 경제정책을 결정하고 집행하기 위한 초국가적인 경제기구를 설치하게 된다. 또한 경제동맹에서 공동통화를 채택하여 사용하는 경우에는 통화통합도 함께 이루어진다. 현재 유럽연합(EU)이 이를 진행시키고 있다.

[그림 6.3] 경제통합의 유형

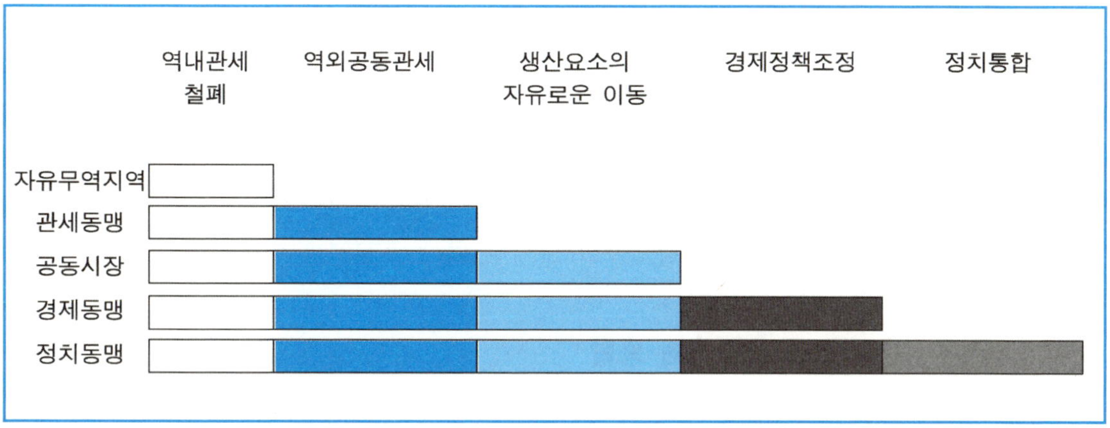

자료: R. K. Kohler and R. L. Kramer, *International Marketing*, 4th ed., South-Western Publishing, 1978, p.131.

(5) 정치동맹(political union)

정치동맹이란 완전한 경제 및 정치통합을 의미하는 것이다. 그 예로는 동구 경제상호원조회의(COMECON)를 들 수 있다.

3) 지역경제통합의 현황[11)]

WTO출범 당시 123개국의 회원국 가운데 한국, 일본, 홍콩을 제외한 모든 국가가 최소 한 개 이상의 지역경제협정에 가입하고 있을 정도로 세계의 주요 국가들은 대부분 지역경제통합기구에 가입하고 있다.

선진국간의 지역경제통합은 1947년 베네룩스 관세동맹을 시작으로 1950년대 말부터 1960년대에 걸쳐서 세계적으로 확산되었다. 개발도상국간의 경제통합도 1960년대에 활발하게 추진되었다. 하지만, EU나 EFTA와 같은 유럽의 경제통합처럼 중남미와 아프리카 등의 경제통합은 성공적으로 추진되지 못하였다.

11) 이 부분은 다음의 책을 참조하여 작성한 것임.

① 신용대, "세계경제의 지역주의 확산과 우리의 대응", IRI 리뷰, 일민국제관계연구원, 가을호 1996, pp.57~113.

② 김완순·한복연, 전게서.

③ C. W. L. Hill, *Global Business Today*, McGraw-Hill, 1998, pp.228~261.

이처럼 지역경제통합은 1960년대 말까지는 선진국간의 경제통합과 개발도상국간의 경제통합이 주류를 이루고 있었다. 그러나 1990년대 이후에는 NAFTA나 APEC 등과 같이 선진국과 개발도상국 사이에도 경제통합이 설립되었거나 추진되고 있다. 또한 최근에는 미주자유무역지역(FTAA)과 범대서양자유무역지대(TAFTA)의 설립 추진, EU와 남미공동시장(MERCOSUR) 간의 자유무역지역 추진, ASEM 개최 등에서 볼 수 있는 것과 같이 이미 설립된 지역경제 통합체간의 연계도 적극 추진되고 있다.

(1) 유럽의 지역경제 통합

유럽의 주요 지역경제 통합으로는 유럽연합(EU : European Union)과 유럽자유무역연합(EFTA : European Free Trade Association)의 두 가지를 들 수 있다. 이들 가운데 EU가 회원국 수에서뿐만 아니라 세계경제에 미치는 경제적 및 정치적 영향력이 EFTA에 비해서 훨씬 크다. 따라서 여기서는 EU에 관해서만 간략히 다루도록 한다.

현존하는 지역무역협정 중 가장 먼저 시작되어 가장 완전한 형태의 통합을 이루어 나감으로써 지역통합의 효시가 되고 있는 EU는 1952년에 출범한 유럽 석탄·철강공동체(ECSC : European Coal and steel Community)를 모태로 해서 유럽경제공동체(EEC : European Economic Community, 1957), 유럽공동체(EC : European Community, 1967)를 거쳐 1993년부터 현재의 EU로 발전하였다. 1993년 출범 당시 EU는 총인구 3억 7천만 명, GDP 6조 7천억 달러, 교역액 2조 8천억 달러에 이르는 세계 최대의 단일시장을 형성하였다.

EU는 1957년 EEC의 출범 당시 프랑스, 서독, 이탈리아, 벨기에, 네덜란드, 룩셈부르크 등 6개국이 로마조약을 체결한 데 이어 1973년 영국, 덴마크, 아일랜드 3국이 가입하고, 1981년 그리스, 1986년에는 스페인과 포루투갈이 가입하였다. 또한 1995년 1월부터 EFTA 국가 가운데 스웨덴, 핀란드, 오스트리아가 새로운 회원국으로 정식 가입하게 되어 EU 회원국 수는 15개국이 되었다. 이후 EU의 경제·지리적 영역 확대는 시장경제체제로 이행해 가는 동구권 국가로 확산되었다. 2004년에는 헝가리, 폴란드, 체코 등 10개국을 가입시키는 빅뱅을 단행하였으며, 2007년에는 불가리아와 루마니아가 가입하고, 2013년에는 크로아티아가 가입하여 현재 28개국 4억9천만 명으로 확장되었다. 인구로 보면 세계 3위 시장이다.[12)]

[그림 6.4] EU 회원국

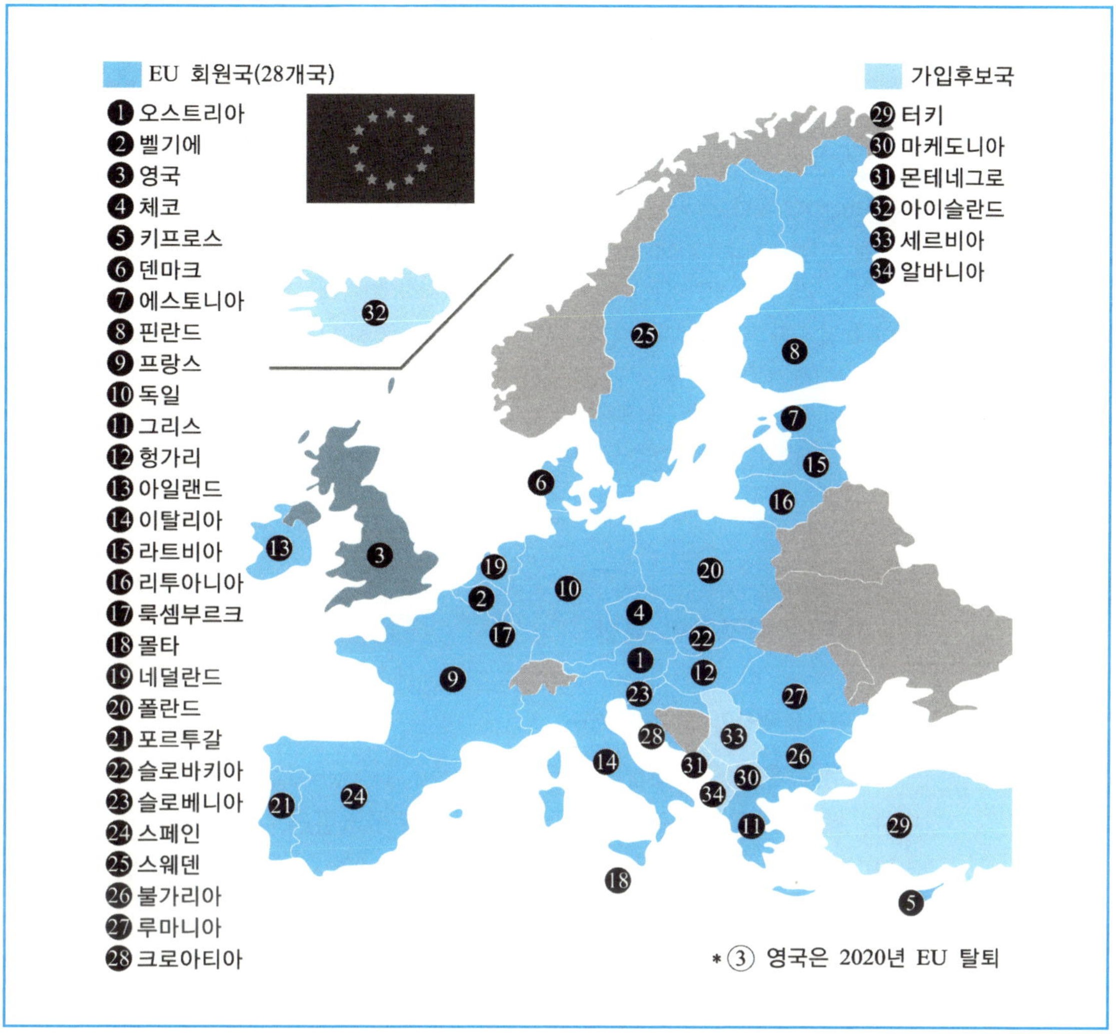

자료: 연합뉴스(2016.5.22.), 유럽연합(EU) 가입국 현황

EU통합의 목적은 단일통화의 도입을 통해서 역내공동시장을 형성함으로써 경제적인 측면에서 규모의 경제 실현을 통해 역내기업의 경쟁력을 강화하고, 미국과 일본에 비해서 낙후된 EU의 경제를 활성화시키고, 정치·외교적인 면에서는 공동 외교·안보정책을 통해서 국제사회에서 과거 유럽이 누렸던 지위를 복원한다는 것이다. 경제통합 단계에서 볼 때 EU는 공동시장의 단계와 경제통합 단계가 혼재된 단계에 이르고 있다.

12) 중국 14억, 인도 11억, EU 4억 9천만, 미국 2억 9천만명.

■ 브렉시트(BREXIT)

영국(Britain)이 유럽연합에서 탈퇴(EXIT)하는 것을 의미한다. 유럽 국가들은 1993년 11월 정치·경제 공동체인 유럽연합(EU)을 창설하여 상품, 서비스, 자본 및 인력이 회원국 내에서 자유롭게 이동하도록 허용하고 있으며, 브렉시트 이전 EU에는 28개국이 회원국이 가입하고 있었다.

영국 내에서 EU에 대한 회의감은 초기부터 있어 왔지만 2012년 이후 유럽재정위기 대응과정에서의 부담 증가, 유럽 내 이민증가에 따른 사회·경제적 부작용, 테러 확산 등으로 EU를 탈퇴하여 이민 통제, 법률 제정 등 주권을 온전히 회복하자는 주장이 확대되었다. 이에 영국 국민들은 2016년 6월 23일 국민투표(탈퇴 51.9%, 잔류 48.1%)를 통하여 EU 탈퇴를 결정하였으며 이때부터 영국(Britain)과 탈퇴(Exit)의 합성어인 '브렉시트(Brexit)'가 널리 쓰이게 되었다.

2020년 1월, 영국이 브렉시트로 유럽연합에서 탈퇴했고, 결과적으로 총 GDP가 19조 5천억 달러에서 16조 8천억 달러로 감소했다.

(2) 미주의 지역경제 통합

가. 북미자유무역협정(NAFTA)

북미자유무역협정(North American Free Trade Agreement)은 미국, 캐나다, 멕시코 등 북미 3개국이 체결한 자유무역협정으로서 1994년 1월 1일부터 공식 발효되었다. NAFTA의 출범으로 총인구 3억 6천 6백만 명, 총 GDP 6조 6천억 달러, 교역량 1조 1천억 달러의 경제규모를 가지는 세계 최대의 단일협정이 체결된 것이다.

NAFTA를 구성하는 북미 3개국은 지리적으로 인접해 있을 뿐만 아니라 미국의 자본과 기술, 캐나다의 자원, 멕시코의 저임노동 등 서로 보완적인 경제구조를 가지고 있기 때문에 세계최대의 단일시장인 미국을 중심으로 하여 전통적으로 상호 의존도가 매우 높은 경제관계를 유지해 왔다.

NAFTA를 주도하고 있는 미국의 정책적인 우선 순위는 1980년대까지도 무차별 원칙에 의한 다자주의의 확산에 두어 왔다. 미국의 지역주의 정책의 효시는 정치적 목적에 의해 체결된 미·이스라엘 간의 자유무역협정을 지적할 수 있으나, 경제적 목적에서는 1989년에 발효된 미·캐나다 자유무역협정(U.S. – Canada Free Trade Agreement)을 들 수 있다. 그 후 미국은 1994년 캐나다, 멕시코와 함께 NAFTA를 발효시킴으로써 지역주의 정책을 본격적으로 추진하기 시작하였다.

[그림 6.5] NAFTA 회원국

NAFTA는 기본적으로 북미 3개국이 1993년의 유럽통합, 소련 및 동구의 붕괴, 일본 경제력의 급신장 등 세계경제질서의 급격한 변화에 효과적으로 대응하기 위하여 지역경제통합이 중요하다는 공동 인식에서 출발하였다. 또 경제적으로 볼 때 NAFTA는 미국의 자본과 기술, 캐나다의 자원, 멕시코의 저임노동 등 경제적 보완성의 활용을 통한 역내무역 및 투자 확대와 이에 따른 고용 및 성장촉진을 위하여 결성되었다고 볼 수 있다.

2018년 트럼프 행정부는 NAFTA를 폐기하고, 멕시코, 캐나다와 별도로 협상하려하였다. 먼저 멕시코와 미국이 협정을 개정하기로 합의하자, 미국과 캐나다 관계에 갈등이 생겼지만, 이후 캐나다 역시 협정을 개정하기로 합의하였다.

이로 인해 NAFTA는 미국·멕시코·캐나다 협정(USMCA)으로 개정되었다.

NAFTA와 USMCA는 여러모로 다른 점이 있지만 가장 큰 차이점이라고 하면 중국과의 자유무역협정을 금지하는 조항이 명시됐다는 것이다. USMCA 협정서에는 비시장경제국과의 자유무역협정을 금지한다고 명시되어 있다.

아시아타임즈 2021-09-14

[그림 6.6] MERCOSUR와 안데안 그룹

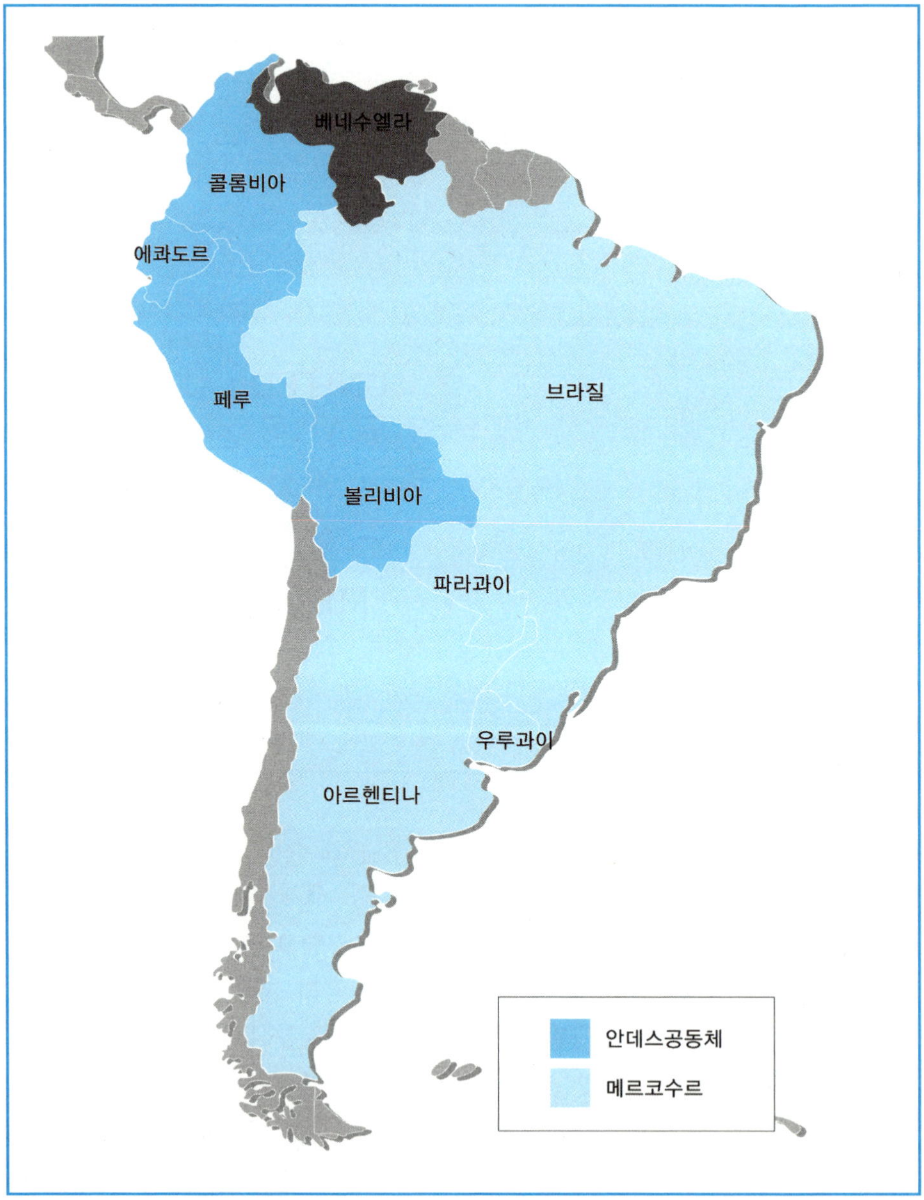

나. 남미공동시장(MERCOSUR)

남미공동시장은 1986년에 브라질과 아르헨티나 간에 체결된 자유무역협정을 모태로 1991년 브라질, 아르헨티나 외에 파라과이나 우루과이가 합류하여 4개국간에 공동시장을 결성하기로 합의한 아순시온조약(Treaty of Asuncion)을 체결한 것이 계기가 되어 1995년 1월 1일부터 출범하게 되었다.

남미공동시장은 총인구가 중남미 전체의 45%인 약 2억 명이고, 총 GDP는 중남미 전체의 50%를 상회하는 약 6천억 달러이며, 무역에서도 중남미 전체 수출의 40%, 수입의 30%를 차지하는 중남미 최대의 경제블록이다.

다. 안데안 그룹

안데안 그룹(Andean Group)은 볼리비아, 칠레, 에콰도르, 콜롬비아, 페루 등 안데스 산맥에 위치하고 있는 5개국이 카타제나 협정(Cartagena Agreement)에 서명함으로써 1969년에 형성되었다. 이후 1973년에 베네수엘라가 추가로 가입하였고, 1976년에 칠레가 탈퇴하였다.

주로 EC의 모델을 딴 안데안 협정(Andean Pact)은 경제통합 측면에서 큰 성과를 거두지 못하였다. 그러나 1980년대 말부터 자유화 정책을 추진하게 되면서 1991년 12월 안데안 협정을 다시 활성화시키기로 하였다. 이러한 무역자유화에 힘입어 안데안 협정국가들의 역내교역은 1992년과 1994년 사이에 두 배 이상 증가하였다. 또한 대부분의 안데안 협정 국가들은 다른 중남미 국가들과 다각적으로 자유무역협정을 체결하고 중남미 국가들과의 교역확대를 도모하고 있으며, 페루를 제외한 4개국이 이같이 자유무역을 실시함으로써 중남미 경제통합체 중 가장 폭넓은 자유무역을 이루고 있다.

(3) 아시아 지역의 경제통합

가. ASEAN자유무역지역(AFTA)

ASEAN자유무역지역(Association of Southeast Asian Nations Free Trade Area)은 브루나이, 인도네시아, 말레이시아, 필리핀, 싱가포르, 태국 등 동남아국가연합(ASEAN) 6개국이 결성한 경제통합체로서 1993년 1월 1일부터 공식적으로 출범하였다. 그 후 1995년에 베트남, 1997년에 라오스와 미얀마, 1999년에 캄보디아가 추가로 가입하여 현재 회원국은 10개국이다.

ASEAN 국가들은 풍부한 천연자원(싱가포르는 제외), 대규모 국제무역량,

자유시장경제정책의 지지(베트남은 제외) 등을 특징으로 한다. 10개국의 인구는 약 5억 명에 달하며, 총면적은 450만㎢, GDP는 7,370억$, 총교역량은 7,200억$에 달하는 자유무역지역으로서의 잠재성이 매우 크다고 할 수 있다.

[그림 6. 7] AFTA회원국

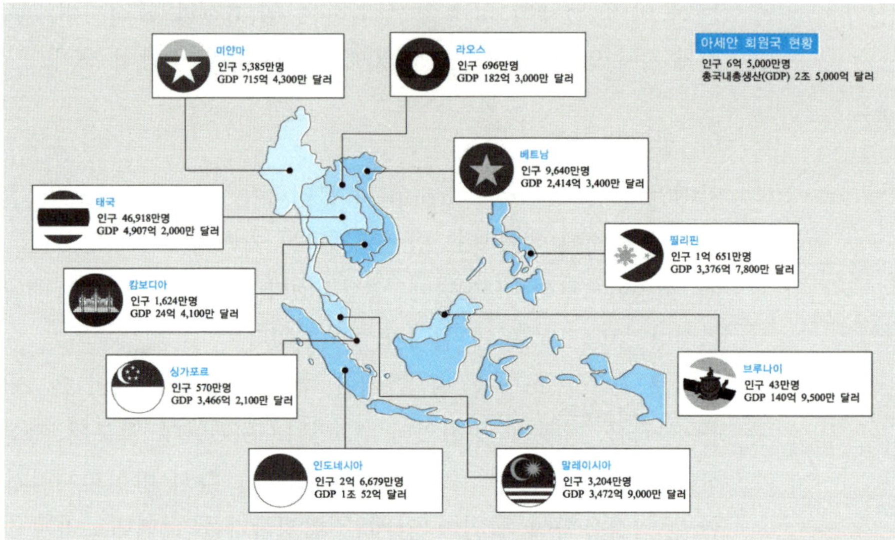

자료 : *Ibid.*, p.103

나. 아시아·태평양 경제협력체(APEC)

1980년대 이후 아시아·태평양지역에서 동아시아 경제는 고도성장을 이룩하였고 동시에 무역과 투자도 활발히 진행되었다. 그러나 이 지역은 급속한 공업화로 인해 대외수입의존도가 높아졌고 공업하부구조의 병목현상이 나타나게 되었다. 무역 및 투자마찰이 격화되고 경상수지 불균형이 심화되는 등의 문제점들이 노출됨에 따라 이러한 문제를 해결하고 지속적인 무역 및 투자지출 확대를 위해서는 역내 각국의 무역 및 투자정책과 거시경제정책에 대한 정기적 협의가 필요하게 되었다.

이러한 필요성에 따라 1989년 11월 호주의 캔버라에서 12개 회원국의 참여로 아시아·태평양 경제협력체(Asia Pacific Economic Cooperation)가 정식으로 출범하게 되었다. APEC의 목표는 태평양국가의 경제성장과 지역 내의 상호 의존도의 확대를 위해서 다자간 협력을 증대시키자는 데에 있다.

APEC은 현재 미국, 일본, 중국, 한국 등 21개국이 가입되어 있으며, 이들은 세계 GDP의 50%, 세계무역의 42%를 차지하고 있다.

[그림 6. 8] APEC 회원국

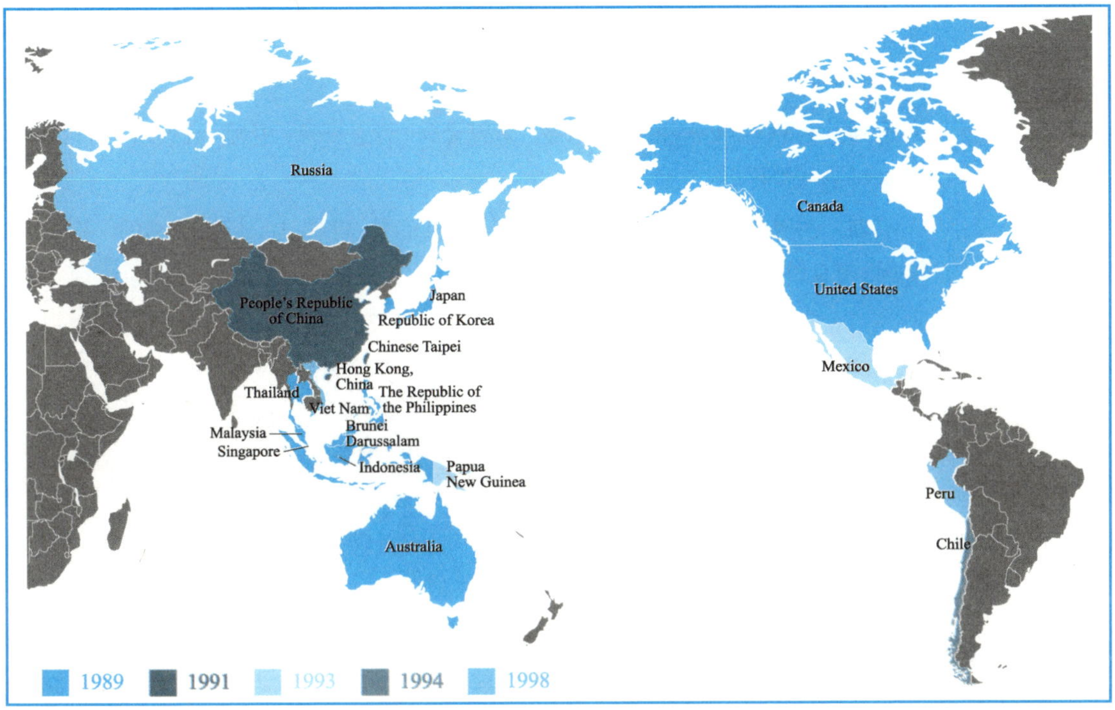

자료: C. W. L. Hill, *op. cit.*, 2002, p.254.

4) FTA

최근 전 세계 수많은 국가들이 FTA(Free Trade Agreement : 자유무역협정) 추진 대열에 경쟁적으로 참여하고 있어, 마치 '골드 러시(gold rush)'와 같은 현상을 자아내고 있다. 우리 정부도 FTA를 21세기 수출·성장 견인을 위한 보이지 않는 초고속 인프라로 규정하고, 2004년 칠레를 시작으로 FTA를 추진해 왔다.

FTA란 특정국가 간에 배타적인 무역특혜를 서로 부여하는 협정으로, 가장 느슨한 형태의 지역경제통합 형태이며 지역무역협정의 대종을 이루고 있다. 2022년 6월 현재 세계 각국은 574개의 FTA를 발효 중이며, 이들 지역 내의 교역규모는 전 세계 교역량의 50% 이상을 점하고 있다. FTA를 기반으로 한 지역주의(regionalism)가 WTO로 대변되는 글로벌화(Globalism)와 더불어 증가하는 추세를 보여 주고 있다. 이처럼 지역무역 협정이 확산되고 있는 이유는 다음의 3가지 차원에서 이해할 수 있다.

첫째, FTA는 개방을 통해 경쟁을 심화시킴으로써 생산성 향상에 도움이 된다는 인식하에 FTA가 무역 부문의 개혁조치로 부상하게 되었다. 이와 연관하여 FTA 체결이 외국인 직접투자 유치에 도움이 된다는 인식도 확대되고 있다.

둘째, WTO 다자협상의 경우 회원국의 급증으로 인해 타결의 어려움이 증가하고 있다.

셋째, 지역주의 확산에 따라 역외 국가로서 받을 반사적 피해에 대한 대응이 필요하다는 점이다.

[표 6.8] 기간별 자유무역협정 발효 현황

구분	1958–1994	1995–2000	2001–2005	2006–2010	2011–2015	2016–2020	2021~	계
발효건수	43	54	89	134	121	66	67	574
비중	7%	9%	16%	23%	21%	12%	12%	100.0%
	7%	93%						100.0%

자료 : 섬유산업 FTA지원센터(www.ftatex.or.kr), 전세계 FTA 추진현황

5) 메가 FTA

메가(Mega) FTA이란 다수의 협상국이 참여해 통상 관련 규제를 완화하는 무역자유화협정을 의미한다. 다양한 지역주의 FTA 들의 통합체, 기존의 경제블록간의 통합을 통해 새로운 거대 시장의 확보와 투자창출, 복잡한 원산지 규정의 통합의 도구로써 메가 FTA가 사용되고 있다. 메가 FTA는 문화적, 지역적으로 인접한 국가간 체결된다는 점에서 오히려 지역무역협정에 가깝다. 규모가 거대하기 때문에 파급효과 또한 상당하고 여러 국가가 참여하기 때문에 비회원국이 부담해야하는 상대적 불이익 크다. 여러 국가 간 복잡한 이해관계가 얽혀 일괄 타결이 어렵고 거미줄처럼 엮여 있어 참여한 모든 국가의 이익을 꾀하기 쉽지 않다.

(1) RCEP[13)]

2012년 동아시아 정상회의를 통해 처음 제기된 RCEP는 16개의 아시아·태평양 국가간 무역협정이다.

RCEP 협정은 기본적으로 자유로우면서도 평등한 무역 관계를 추구한다고 명시함에 따라 자유무역 체제의 건재함을 알리고 국가 간 상생을 통한 성장을 이야기했다는 점에서 무엇보다 큰 의의가 있다고 평가된다. 협정타결에 따라 제시할 수 있는 의미를 정리하면 다음과 같다.

첫째, RCEP협정은 무역규모, GDP, 인구측면에서 전세계의 약 30%를 차지하는 세계 최대 FTA로 USMCA · CPTPP 보다 규모가 크다.

둘째, 아세안과의 협력을 한층 강화하는 등 신남방정책[14)]이 가속화될 것으로 예상된다.

[그림 6.9] 중국 주도 RCEP과 미국 빠진 TPP 참여국 현황

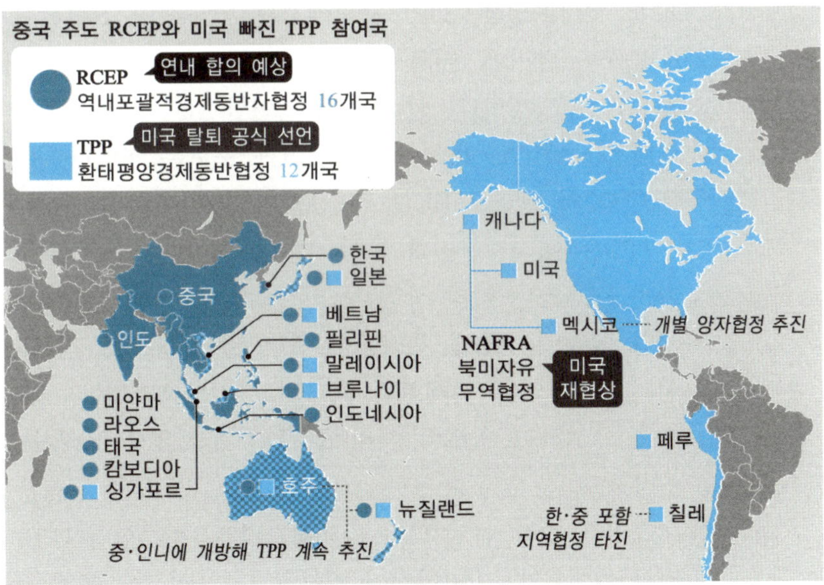

출처: 서울경제(https://bre.is/aotj2bHr). 2017.1.24.

---

13) 정책브리핑. (2020). RCEP 체결로 한걸음 더 성장할 대한민국. 정책뉴스(https://bre.is/SRMFtTbg) 내용인용

14) 문재인 정부에서 추진한 외교정책으로 인도-태평양, 일대일로 등 미중 양국의 외교 정책과의 일정 부분 협력하면서 생산적으로 동남아시아의 무역 영향력을 확대하겠다는 정책

셋째, 역내 통일된 무역규범을 마련하고, 규범 수준을 전반적으로 높일 수 있다.

넷째, 일본과 최초의 FTA 체결 효과를 얻을 수 있다.

이러한 눈에 보이는 효과 이외에도 눈에 보이지 않는 효과로 한중일은 물론 동남아시아 대부분의 시장이 포함되어 있어 대외 정책 탄력성이 높아질 수 있다는 것이다.

(2) TPP와 CPTPP

환태평양경제동반자협정(TPP)은 2005년 뉴질랜드 칠레 싱가포르 브루나이가 맺은 'P4' 협정을 시작으로 2008년에 미국 호주 페루, 2010년 베트남 말레이시아, 2012년 멕시코와 캐나다에 이어 2013년 일본이 합류했다.

TPP 12개국 역내 인구는 7억8,000만 명으로 중국과 인도가 포함된 역내 포괄적경제동반자협력(RCEP · 33억9,000만 명)의 4분의 1에도 미치지 못하지만 국내총생산(GDP) 규모에서는 압도적인 1위다. TPP의 GDP는 26조 6,000억 달러에 이르며 전 세계 GDP의 38%를 차지하고 있다. 이는 RCEP(19조9,000억 달러)나 유럽연합(EU · 17조6,000억 달러), 북미자유무역협정(NAFTA · 18조 달러)를 크게 웃도는 것이다. TPP의 무역 규모는 10조2,000억 달러로 EU(11조7,000억 달러)보다 조금 부족한 수준이다.

TPP는 지식재산권과 노동, 환경, 경쟁 등 새로운 무역 이슈를 포괄하며 기존 FTA와는 달리 상품, 서비스 · 투자, 규범, 지식재산권, 정부조달, 국영기업 이슈 등 29개 챕터를 일괄 타결 대상으로 정하고 있다. 상품 분야에서는 예외 없는 관세화와 각국별 단일상품양허안, 통일 원산지 규정 도입 등을 추진하고 있으며 서비스 · 투자 분야에서는 네거티브 방식을 사용하고 있다.

그러나, 2017년 미국이 환태평양경제동반자협정(TPP) 탈퇴를 공식 선언하면서 환태평양동반자협정이 일본 주도의 협상을 통해 포괄적 · 점진적 환태평양동반자 협정(Comprehensive Progressive Trans Pacific Partnership: CPTPP)으로 재탄생하였다.

CPTPP는 기존의 TPP와 비교하였을 때 미국의 탈퇴로 경제적 중요성은 감소하였지만 환태평양 지역의 주요국이 포함되고 가장 최신의 무역규범을 반영한 메가 FTA라는 데에 의의가 있다.

[표 6. 9] TPP와 CPTPP 경제규모 비교

	TPP(미국포함)	CPTPP(미국 제외)
회 원 국	12개국(미국, 일본, 싱가포르, 브루나이, 말레이시아, 베트남, 호주, 뉴질랜드, 캐나다, 멕시코, 페루, 칠레)	11개국(일본, 싱가포르, 브루나이, 말레이시아, 베트남, 호주, 뉴질랜드, 캐나다, 멕시코, 페루, 칠레) * 영국, 중국, 대만, 한국, 에콰도르 등이 신규 가입을 추진 중
인구비중	11.1%(8억 명)	6.9%(5억 명)
GDP비중	37.4%(28.8조 달러)	13.5%(10.2조 달러)
무역비중	25.9%(8.5조 달러)	15%(4.8조 달러)
대한국 무역비중	35.9%(3,781억 달러)	24.6%(2,588억 달러)

출처: 이요셉. (2018). CPTPP 타결 의미와 시사점. KITA통상리포트 Vol.06. p.6 인용

한국이 CPTPP 가입 시 실질 GDP는 0.33~0.35% 증가하고, 소비자 후생은 30억 달러 증가할 것으로 예상하고 있으며, 제조업은 무역수지 개선 효과와 생산 증대 효과가 나타나지만, 농업과 수산업에서는 생산 감소를 예상하고 있다. 다만 CPTPP에는 호주, 뉴질랜드와 같은 농업 강국도 포함돼 있어 이들 국가로부터의 수입 확대에 따른 국내 농업계 피해가 예상된다. 한국농촌경제연구원(KREI)은 CPTPP 가입 시 15년간 연평균 853억~4400억원의 생산 감소가 예상된다고 분석했다. 수산업도 마찬가지로 베트남과 일본 등으로부터의 어류 및 갑각류 수입이 증가하면서 15년간 연평균 69억~724억원의 생산 감소가 예상된다.[15)]

[그림 6. 10] CPTPP 가입시 경제효과

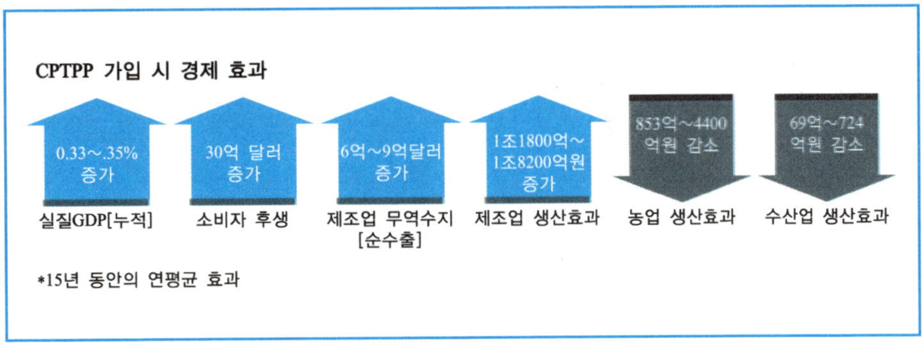

출처: 한경오피니언(https://bre.is/pfZpMLJR). 2022.4.27.

15) '초대형 FTA' CPTPP 참여…韓, 아태지역 무역맹주 기회. 김수동의 Korea Trade의 내용 인용.

CPTPP는 높은 수준의 시장 개방을 추구하는 21세기형 자유무역협정이며, 무역 규범의 새로운 기준을 제시하는 협정이다. 30개에 이르는 챕터에는 디지털 무역, 정부조달, 국영기업, 노동, 환경, 규제 일관성, 지식재산권, 전자상거래 등 최신 무역 규범이 포함돼 있다. CPTPP는 범위의 포괄성과 내용의 깊이 측면에서 다른 FTA와 구별된다.

첫째, 디지털 무역 분야에서는 디지털 상품의 무역 촉진을 위해 데이터센터의 현지화 의무 금지, 전자 수단에 의한 국경 간 데이터 이동 허용, 전자상거래에 대한 관세부과 금지 등을 포함하고 있다. 또한 수출입 및 판매를 위해 사용되는 소프트웨어의 소스 코드 요구를 금지했다. 단, 원칙적으로는 정보의 자유로운 흐름을 보장하나, 공공정책 목적에 따른 정부의 규제 권한은 인정하고 있다.

둘째, CPTPP는 누적 원산지 규정을 도입해 역내 공급망 구축을 지원한다. 즉 생산 과정에서 역내산 재료를 사용하면 해당 재료를 국내산으로 인정하기 때문에 역내 공급망 강화 효과가 발생한다. 이는 역내 가치사슬 구축을 촉진하는 현대 무역협정의 표준적인 특성을 반영한 것이다. 또한 원산지 자체 인증(self-certification), 명확한 통관 일정 등 무역을 촉진하는 규정을 포함한다.

넷째, 노동 분야에서는 국제노동기구(ILO) 협약에 따라 당사국에 결사의 자유 및 단결권 보호, 단체교섭권 보장, 강제 노동 금지, 아동 노동 폐지, 고용차별 철폐 등을 국내법을 통해 지원하도록 요구한다. 환경 챕터에는 온실가스 감축, 연료 보조금, 수산 보조금, 환경 관련 상품 및 서비스 무역 등 환경과 무역이 직접적으로 연계되는 내용을 포함한다. 그리고 환경 의무 위반 시 협의 채널과 분쟁해결 채널 활용이 가능하기 때문에 환경 규범 이행의 구속력도 확보했다.

다섯째, 국영기업과 관련해 정부 보조금 같은 비상업적 지원에 상대국이 이의를 제기하고, 부정적 영향과 산업 피해에 대한 인과관계를 입증해 분쟁해결 절차에서 승소하는 경우 국영기업에 대한 정부 지원이 제한된다. 중소기업 분야에서는 기업이 CPTPP의 실질적 혜택을 누릴 수 있도록 관련 정보에 대한 공유 및 지원 강화, 서류 및 통관 절차 간소화, 수출 상담, 교육 프로그램 등을 제공하기로 합의했다.

(3) IPEF[16)]

2017년 도널드 트럼프 정부의 환태평양경제동반자협정(TPP) 탈퇴로 이후 인도 · 태평양 지역에서 미국의 경제적 위상은 크게 위축된 상태다. 반면 중국은 그사이 아세안 10개국과 한 · 중 · 일 · 호주 등 15개국이 참여하는 메가 무역협정인 역내포괄적경제동반자협정(RCEP)을 주도했다. 중국은 또 미국 없이 출범한 포괄적 · 점진적 환태평양경제동반제협정(CPTPP)에도 지난해 9월 대만과 함께 나란히 가입신청서를 제출했다. 중국은 또 개발도상국 인프라 건설에 투자하는 일대일로(一帶一路) 사업을 통해 동남아 지역에서 계속해서 입김을 행사하고 있다.

IPEF는 인도 · 태평양 역내 국가 간 포용적이고 유연한 경제 네트워크를 지향하는 일종의 경제안보 협력체다. 기존의 전통적 자유무역협정(FTA)이 시장 개방에 주력했다면 IPEF는 포스트 팬데믹 시대에 주목받고 있는 디지털 · 공급망 · 청정에너지 등 신통상 의제에 대한 역내 포괄적 경제 협력을 추구한다. IPEF에는 한국을 비롯해 일본 · 호주 · 뉴질랜드 · 인도 · 말레이시아 · 싱가포르 등 총 14개국이 참여한다.

미국은 인도 · 태평양 경제 프레임워크(IPEF)를 통해 중국의 도전에 대응하고, 동맹국과의 관계를 한 단계 업그레이드한다는 전략이다. 일본은 유보적 입장이며, 가입조건을 제시할 것으로 예상된다. 중국의 가입은 대미전략이며 지역의 경제적 영향력 확대가 목적이다. 한국도 아시아 · 태평양 지역의 무역 및 통상질서의 주도를 목적으로 한다.

IPEF는 ▲공정하고 회복력 있는 무역 ▲공급망 안정성 ▲인프라 · 청정에너지 · 탈탄소화 ▲조세 · 반부패 등 총 4개 분야를 다룬다. IPEF 참여국은 이 4개 분야에 다 참여해도 되고, 한 가지 의제에만 참여할 수도 있다.

한국은 IPEF 출범 주도국 중 하나인 만큼 4개 분야에 모두 참여하는 걸 전제로 협상을 준비 중이다. 정부는 대외 장관급 협의는 안덕근 본부장(수석대표)이, 고위급 협의는 산업부 통상교섭실장이 총괄한다는 방침이다. 4대 분야별로 보면 무역은 산업부, 공급망은 산업부 · 외교부 · 기획재정부, 청정에너지 · 탈탄소 · 인프라는 산업부 · 외교부, 조세 · 반부패는 산업부 · 기재부가 각각 분과장을 맡는다.

16) '초대형 FTA' CPTPP 참여…韓, 아태지역 무역맹주 기회. [김수동의 Korea Trade]의 내용 인용.

[그림 6.11] 메가 FTA 회원국(2022. 6월 기준)

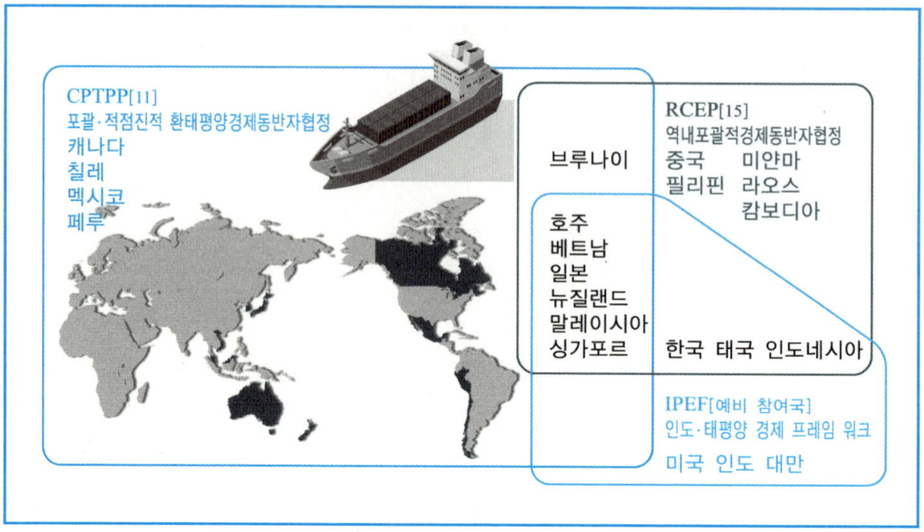

출처: 한경오피니언(https://bre.is/pfZpMLJR). 2022.4.27.

제 4부

다국적기업의 경영전략

제 7 장 다국적기업의 국제경영전략
제 8 장 다국적기업의 해외시장진출전략

7장

다국적기업의 국제경영전략

다국적기업이 해외에서 경영활동을 수행할 때 직면하는 환경 요소 가운데 가장 중요한 것 중의 하나가 경제적인 환경이다. 제4장과 제5장에서 살펴본 바와 같이 진출 대상국들은 제각기 이질적인 환경을 갖고 있기 때문에, 해외에서 경영활동을 수행하는 것은 국내에서 경영활동을 수행할 때보다 훨씬 더 복잡하게 된다. 이와 마찬가지로 다국적기업이 해외시장에 진출할 경우에 고려해야 할 경제적 환경도 또한 훨씬 복잡하게 된다.

다국적기업이 해외에서 경영활동을 수행할 경우에는 해외환경(foreign environments)과 국제환경(international environments)이라는 두 가지 새로운 경제적 환경 내에서 활동을 해야 한다. 현지국의 경제적 여건을 나타내는 해외환경의 측면에서 보면, 각국은 상이한 경제시스템을 갖고 있으며, 경제발전 단계도 다양하게 나타나고 있다. 이러한 차이점 때문에 특정 국가의 경제적 상황에 적합하게 수립된 다국적기업의 전략이 그 이외의 국가에서는 매우 부적절한 것이 될 수 있다. 국제적인 경제여건과 관련된 국제환경도 최근 들어 급속하게 변화하고 있다. 국제경제기구나 지역경제통합체는 다국적기업의 국제경영활동 전반에 걸쳐 막대한 영향을 미치는 국제환경으로 볼 수 있다.

따라서 다국적기업 경영자는 현지국의 경제사정을 나타내는 해외환경을 잘 이해해야 함은 물론, 국제환경을 구성하는 주요 국제경제기구 및 지역경제통합의 동향을 면밀히 분석하여 이에 대응할 수 있는 전략을 수립하는 것이 필요하다.

제①절 국제경영전략의 의의

제②절 국제경쟁전략

제③절 국제경쟁전략의 접근

제④절 국제경쟁전략의 분석

기업을 살리는 새로운 이노베이션 방식

최근 기업들은 미·중 무역분쟁 등 세계 경제 불확실성이 높아진 가운데 국내 경기도 불황에 빠지면서 생존을 위한 비상경영에 돌입하고 있다.

'그래도 우리는 괜찮겠지'라는 생각은 오산이다. 굴지의 다국적 기업 생존율도 생각보다 높지 않기 때문이다. 1990년 '세계적 경제매거진 '포춘'(Fortune) 500대 기업' 리스트에 이름을 올린 글로벌 기업 중 지금도 500위권에 올라 있는 기업은 100개도 채 안 된다. 기업 5곳 중 4곳은 생존 경쟁에서 밀려났거나 아예 역사 속에서 사라졌다는 의미이며, 앞으로 기업 순위 변화는 더 심해질 가능성이 높다.

왜 이노베이션인가?

이는, 영원한 1등이 없는 시장에서 제조업 중심의 전통적 강자가 소멸하고, Google, Apple 등 신개념, 신경영 모델 기업이 급부상한 것이다. S&P 500대 기업 리스트에 머무는 기업의 평균수명도 급격히 단축되어, 2020년 말이 되면 500대 기업 체류 평균 수명이 약 10년으로 짧아질 것이라는 전망도 있다. 이러한 글로벌 산업구조의 급변은 '미친 경쟁(Hyper-Competition)'의 시대를 불러오고, 21세기형 새로운 경영 패러다임을 요구한다. 기존 20세기형 경영 패러다임이 계산·분석·예측을 통한 '계획기반경영'이었다면, 이제는 꿈과 상상력을 통한 '행동선행경영'으로 바뀌고 있다. 그리고 이 처절한 경쟁에서 살아남기 위해 필요한 것은 바로 창의성을 기반으로 한 이노베이션이다.

바람직한 새로운 이노베이션 방식

앞으로 도래할 4차 산업혁명 시대 즉, 창의와 상상력으로 경쟁력을 강화하는 시대에 대비하여, 기업 구성원들이 자율적으로 아이디어를 생성하고 탁월한 아이디어는 사업과 연계될 수 있도록 아이디어의 융합과 창조가 선순환 되는 "이노베이션의 문화化"를 만들어 가는 것이 필요하다. 지금까지 대부분의 이노베이션은 제품개발이나 제조분야에 대부분 치우쳤고, 또한 체계적 접근보다는 '바람을 표시하고 지원을 해주면 혁신적인 신제품이나 자발적인 조직 내의 변화가 나타나겠지.'하고 한없이 기다리는 식의 접근이었다. 그러나 앞으로는 모든 구성원들이 자신의 아이디어가 회사의 운명까지도 바꿀 수 있다는 믿음 속에 창의적으로 활동할 수 있도록 시스템적인 이노베이션을 실현시켜 나가는 것이다. 언제 어디서나 구성원 모두가 자발적으로 혁신에 참여하여 경쟁사가 가지지 못한 능력을 개발하고, 경쟁사가 따라오지 못하는 것을 실행하여 궁극적으로 경쟁에서 이길 수 있는 것이기 때문이다.

창의적인 Bottom-up 커뮤니케이션

제품개발 측면뿐 아니라 생산·영업방식, 조직·제도, 업무프로세스 등 회사의 모든 영역으로 이노베이션의 범위를 확대하기 위해서는 커뮤니케이션의 변화도 필요하다. 과거에는 주로 위에서 리더들이 무엇을 결정하고 단계적으로 밑까지 전달되도록 하게 하는 Top-down 방식의 커뮤니케이션 중심이었다. 그러나 이제부터는 모든 좋은 생각이 밑에서 올라오는 Bottom-up 방식의 커뮤니케이션이 필요하다. 즉, 세상을 새롭게 보는 젊은 사원들이 좋은 아이디어를 많이 내도록 하고, 리더들은 이들이 새로운 아이디어를 많이 낼 수 있게 하는 치어리더 또는 코치 역할을 수행해야 한다. 또 경영진은 기업이 어떤 방향으로 나갈 것인지를 정확히 구성원들에게 제시하고, 전략 중심의 일에 집중하게 하는 조직문화가 형성되도록 노력하고 지원해야 한다.

자발적 참여의 진행 방식과 Process

새로운 방식의 이노베이션이 성공적으로 추진되기 위해서는 무엇보다도 과거의 Top-down 방식 중심에서 벗어나 전 조직구성원들의 자발적인 Bottom-up 활동을 강화하고 이를 체계적으로 사업과 연계하는 프로세스를 구축하는 것이 필요하다.

사내 인트라넷 등을 통해 언제든지 전 사원이 자발적으로 다양하게 아이디어를 제안하고, 다른 사원들의 아이디어에 의견을 피력할 수 있어야 하며, 나의 아이디어가 어떻게 진행되고 있는지도 살펴볼 수 있어야 한다. 그리고, 젊은 사원들 중심으로 구성된 위원회가 제안된 아이디어들을 직접 심의하여 선별된 좋은 아이디어는 가장 적절한 추진방법을 찾아 실행하도록 하는 것이다.

이제는 불확실한 미래의 경영환경에 미리 대비할 수 있도록 기업의 모든 분야에 대해 창의적인 아이디어를 창출하고, 이를 적합한 방법으로 평가하고 구체화하여, 자발적이고 체계적인 실행을 통하여 새로운 가치를 창출함으로써 기업의 경쟁력을 지속적으로 강화하는 새로운 이노베이션 방식이 무엇보다 필요한 시기이다.

이를 통해, 조직 전체에 기업가 정신이 충만해지고 크고 작은 변화 노력이 축적되어서 어떠한 위기상황에서도 경쟁우위에 설 수 있는 토대를 구축하고 지속가능경영의 기반을 만들어 가야 할 것이다.

자료 : 고혁준, 데일리경제(http://www.kdpress.co.kr) 금요칼럼, 2019.11.29.

제1절

국제경영전략의 의의

1. 국제경영전략의 개념

국제경영전략의 개념을 이해하기 위해서는 먼저 경영전략의 개념을 파악하는 것이 필요하다. 챈들러(A. D. Chandler)는 기업이 기본적이고 장기적인 목적과 목표를 설정하고, 이들 목표달성에 필요한 전략을 세우며 자원배분을 결정하는 것을 경영전략이라고 정의하였다.[17] 앤소프(H. I. Ansoff)는 변화하는 기업환경 속에서 기업의 존속과 성장을 위해서 환경에 적응 및 대응하기 위한 수단의 선택에 관련된 의사결정이라고 정의하고 있다.[18]

따라서, 국제경영전략이란 국제적으로 사업 활동을 수행하고 있는 다국적기업이 기본적인 장기목표를 설정하고, 이를 달성하기 위하여 기업환경과 기업의 능력을 최적으로 결합하는 일련의 의사결정이라고 정의할 수 있다.

여기서 전략의 수준은 전략이 대상으로 하는 활동영역의 범위와 수립되고 실행되는 조직의 수준에 따라 [그림 7. 1]과 같이 기업전략(corporate level strategy), 사업전략(business level strategy), 기능전략(functional level strategy)의 세 가지로 분류할 수 있다.

기업전략은 주로 기업이 어떠한 종류의 사업에 참여할 것인가, 그리고 이들 사업부문 사이에 자원을 어떻게 할당할 것인가에 대한 의사결정을 내리는 것이다. 보다 구체적으로 기업전략에서는 기업이 참여할 사업의 결정과 이에 대한 자원의 배분, 기업의 해외진출에 대한 의사결정, 다각화 전략 등 주로 최고경영자의 수준에서 의사결정이 이루어지게 된다.

사업전략은 특정한 사업부문의 유효성을 극대화시키기 위해 수립하는 전략이다. 사업전략은 주어진 자원과 시장여건 아래서 특정의 사업을 전담하는 각 사업부를 어떻게 운영함으로써 기업전략을 뒷받침하게 할 것인가에 관련된 전략이다. 보다 구체적으로는 경쟁사와의 경쟁방법, 시장에 제공할

17) A. D. Chandler, *Strategy and Structure*, MIT Press, 1962.
18) H. I. Ansoff, *Corporate Strategy*, McGraw-Hill, 1965.

[그림 7.1] 전략의 수준

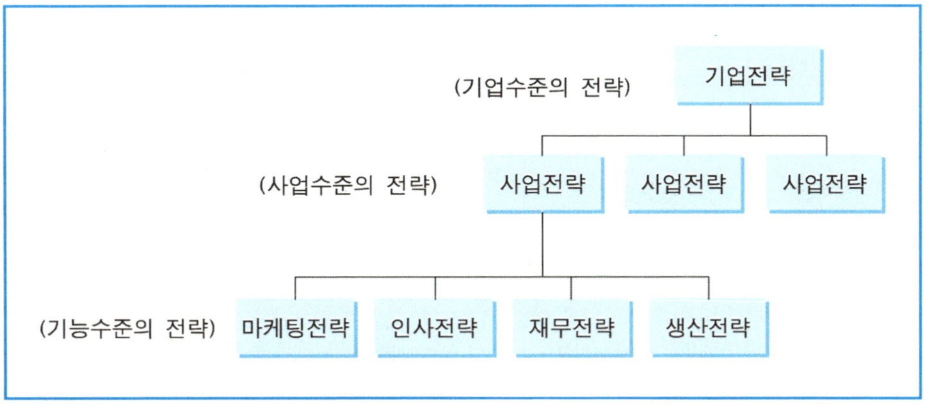

제품이나 서비스의 종류, 목표고객, 여러 활동에의 자원배분 등의 문제를 다루게 된다.

기능전략은 생산·마케팅·인사·재무 등 각 부문기능의 목표를 설정하고 이들 기능들에 있어 자원의 활용을 최대화하기 위한 것으로 개별기능부문에서의 의사결정이라 할 수 있다.

이러한 세 가지 수준의 전략들은 개별적으로 분리되어 운영되는 것이 아니라, 상호 연계되어 있고 각 차원의 전략들이 기업의 성과에 상당한 영향을 미치고 있으므로 어느 차원의 전략만이 가장 중요하다고 할 수는 없다.

2. 다국적기업의 전략적 성향

다국적기업의 중요한 특성은 전체적인 기업목표를 수립하고 이를 달성하기 위하여 다국적기업 시스템 내의 각각의 계열회사가 하나가 되어 행동하는 이른바 통합 시스템적인 기업전략이다. 이러한 통합 시스템적인 기업전략은 다국적기업이 각기 어떠한 시장을 목표로 어떤 경영관리이념을 가지고 경영활동을 영위해 나가느냐에 따라 여러 가지 다양한 형태로 나타날 수 있다.

[표 7.1] 다국적기업의 전략적 성향

범세계적 기업의 전략적 성향	본국 지향형(E)	현지국 지향형(P)	지역 지향형(R)	세계 지향형(G)
기본사명	수익성	현지국의수용 (정당성)	수익성과 현지국의 수용(수익성과 정당성)	수익성과 현지국의 수용(수익성과 정당성)
관리형태	상의하달	하의상달(각 자회사는 현지의 목표에 따라 결정)	지역 내 자회사들간에 상호협의하여 결정	기업의 모든 수준에서 상호협의하여 결정
전 략	범세계적 통합전략	현지대응전략	지역적 통합전략 및 현지 대응전략	범세계적 통합전략 및 현지 대응전략
조직구조	계층적 제품사업부	자율적인 국별조직을 갖는 계층적 지역사업부	제품별·지역별 조직구조가 결합된 매트릭스 조직구조	제조직의 네트워크(이해관계자 및 경쟁기업 포함)
문 화	본 국	현지국	지 역	세 계
기 술	대량생산	1회분(batch) 생산	융통성 있는 생산	융통성 있는 생산
마케팅전략	제품개발이 주로 본국 고객의 요구에 따라 결정됨	현지의 요구에 기초한 현지 제품 개발	지역 내에서는 표준화되지만 지역간에는 표준화되지 않음	현지의 여건에 맞게 적응시킨 범세계적인 제품
이익전략	이익이 본국에 송금됨	이익이 현지국에 보유됨	이익이 지역에 재분배됨	범세계적인 수준에서 이익의 재분배가 이루어짐
인적자원관리 관 행	해외사업이 본국출신에 의해 관리됨	주요 관리직에 현지인이 채용됨	지역 내의 주요 관리직에 지역출신의 인재가 선발됨	전세계적인 주요 직위에 전세계적으로 가장 적합한 인재가 선발됨

자료: 강태구, 국제경영학, 박영사, 2000, p.385.

펄뮤터(H. Perlmutter)는 기업이 지향하고 있는 목표시장에 따라 전략적 성향이 달라진다고 주장하면서 다국적기업을 [표 7. 1]에서와 같이 본국 지향주의(ethnocentrism), 현지국 지향주의(polycentrism), 지역 지향주의(regiocentrism), 세계 지향주의(geocentrism)의 네 가지 형태로 구분하였다. 이를 흔히 EPRG 프로필(EPRG profile, EPRG scheme)이라고 한다.

1) 본국 지향주의

본국 지향단계에서는 기업은 주로 본국 시장의 수요를 충당하기 위해서 경영활동을 수행한다. 따라서 해외에서의 기업활동은 국내의 과잉 생산물을 처분하기 위한 부차적인 수단으로 간주된다. 그러므로 현지 자회사의 모든 의사결정권과 경영통제권은 본국의 모회사로 귀속되며, 본국에서 사용되는 제반 경영전략이 별다른 수정 없이 현지국에서도 그대로 사용된다.

2) 현지국 지향주의

현지국 지향단계에서는 기업은 주로 현지국 시장의 수요를 충당하기 위해서 국제경영활동을 수행한다. 해외시장에 자회사가 설립되며 각 자회사는 독자적인 운영을 하고 마케팅목표와 계획을 독자적으로 수립한다.

3) 지역 지향주의

지역 지향단계에서는 기업은 주로 현지국 주변의 국제지역시장의 수요를 충당하기 위해서 국제경영활동을 수행한다. 예를 들어, 동아시아 지역이나 유럽 지역 시장의 수요를 충당할 목적으로 국제경영활동을 수행한다는 것이다. 따라서 이 단계에서는 개별국가의 자회사보다는 지역사업본부의 역할과 권한이 매우 강력해진다.

4) 세계 지향주의

세계 지향단계에서는 기업은 세계 시장의 수요를 충당하기 위해서 국제경영활동을 수행한다. 따라서 기업의 생산·인사조직·마케팅 등의 제반 경영활동이 범세계적인 관점에서 이루어진다. 다국적기업들은 대부분 이러한 성향을 띠고 있다.

제2절

국제경쟁전략

1. 경쟁우위의 의의

다국적기업이 계속기업으로 존속하고 성장하기 위해서는 경쟁우위를 갖는 것이 필수적이다. 경영전략에 관해 최근에 가장 활발한 연구를 하는 포터(M. E. Porter)에 따르면 경쟁우위(competitive advantage)란 기업이 소비자를 위해 창출한 가치가 그것을 창출하기 위해 투입한 비용을 초과하는 가치에서 발생하는 것이다. 가치란 소비자가 대가를 지급하고자 원하는 것이며, 우월한 가치는 동일한 혜택을 경쟁자보다 저가로 제공할 수 있거나, 고가격을 상쇄하고도 남을 만한 특유의 혜택을 제공하는 데서 나오는 것이다.

이처럼 경쟁우위란 동일한 혜택을 저가로 제공하는 원가우위(cost leader-ship) 또는 고가격을 상쇄하고도 남을 만한 특유의 혜택을 제공하는 차별화(differentiation)의 두 가지로 대별할 수 있다.[19)]

포터는 이러한 두 가지 전략 즉, 원가우위전략과 차별화전략이 기업의 투자수익률을 높이는 한편 장기적으로 특정 산업 내에서 자사의 지위를 유지하기 위한 전략인 본원적 경쟁전략(generic competitive strategy)을 구성하는 요인이라고 하였다. 본원적 경쟁전략을 보다 잘 이해하기 위해서는 산업의 경쟁구조에 대해 우선 이해를 할 필요가 있다.

1) 산업의 경쟁구조 분석

포터는 각 업종마다 경쟁구조가 다르고 각 기업이 취하는 전략에 따라 성과도 다르다는 사실에 착안하여 기업은 자신의 내부여건과 그 업종의 경쟁구조에 맞는 전략을 펴야 한다고 주장하였다.

이하에서는 [그림 7. 2]에 나타나 있는 것과 같은 특정 산업의 수익성을 결정짓는 다섯 가지 요인들에 대해 살펴보도록 한다.

19) 김신, 「국제경영학」, 박영사, 1997, p.382.

[그림 7.2] 산업의 수익성을 결정짓는 요인

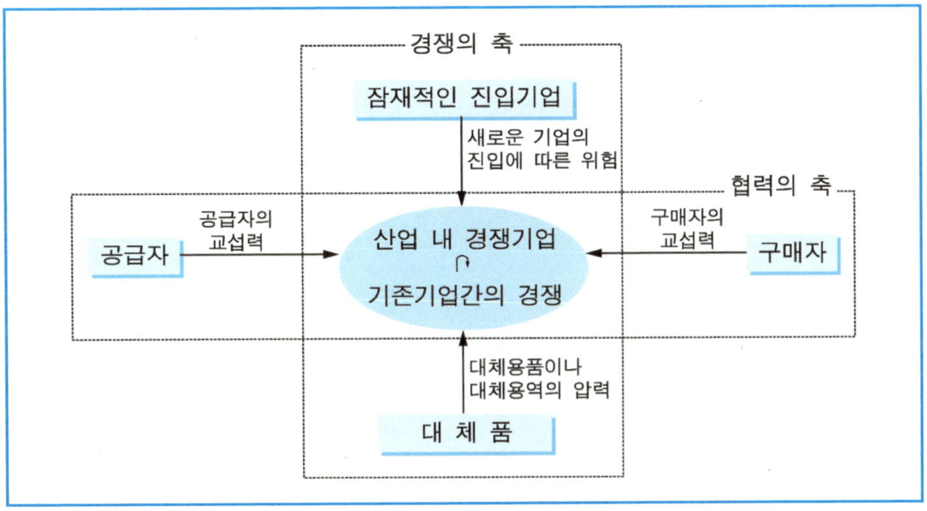

자료: M. E. Porter, "How Competitive Forces Shape Strategy," *Harvard Business Review*, March-April, 1979.

다섯 가지 요인이 유리한 상태라면 그 산업은 일단 수익성이 있다고 볼 수 있다. 그러나 상황은 가변적이다. 지금의 유리한 상황이 장래에는 불리하게 변할 수도 있는 것이다. 그러므로 국제경영자는 산업분석을 정기적으로 할 필요가 있다.

(1) 신규기업의 참여 위협

잠재적인 진입기업이란 현재는 특정 산업에 진입하여 있지는 않지만 앞으로 특정산업에 새롭게 진입하여 경쟁자가 될 가능성이 있는 기업을 말한다.

어느 한 산업이 높은 수익률을 올리고 있을 때 새로운 경쟁기업들이 쉽게 뛰어들 수 있다면 수익률이 떨어지기가 쉬울 것이다. 반대로 산업의 특수한 사정으로 신규업자들의 진입이 어려우면 기존의 업체들은 그만큼 유리할 것이다.

새로운 경쟁업체들이 뛰어드는 것을 어렵게 하는 요인들로서는 여러 가지가 있다. 예를 들어, 초기에 투자를 많이 해야 한다든지 소비자들이 특정 상표를 좋아하는 정도가 높아 새로운 상표가 발을 붙이기가 매우 힘들다면 이는 높은 진입장벽요인이라고 할 수 있다.

(2) 대체품의 위협

일반적으로 대체품은 동일한 기능을 수행하는 이질적인 제품이라고 할 수 있는데 경쟁전략하에서는 대체품을 산업을 초월한 광의의 의미로 해석해야 할 것이다. 따라서 특정 산업에서 경영활동을 하고 있는 기업들은 넓은 의미에서 대체품을 생산하는 산업들과도 경쟁을 벌이고 있는 것으로 보아야 한다.

특히 대체품이 자사의 제품보다 가격 및 효능이 훨씬 좋거나 또는 그 대체품을 생산하는 산업이 높은 이윤을 얻고 있는 경우에는 대체품에 더욱 많은 관심을 기울여야 한다.

(3) 구매자의 교섭력

구매자의 수는 한정되어 있고 판매자는 많다면 거래에 있어서 구매자의 영향력이 커지게 될 것이다. 구매자의 영향력은 이 외에도 구매량의 크기, 대체품의 존재 여부 등에 의해서도 결정된다.

(4) 공급자의 교섭력

특정 산업의 생산원료가 소수의 공급업자에 의해 지배된다면 그들의 영향력은 커진다. 대체원료가 있다면 공급업자들의 영향력은 감소할 것이다.

(5) 기존 기업들간의 경쟁

시장의 성장률이 둔화되고 제품에 큰 차이가 없고 서로 비슷한 규모의 기업들이 다수 존재한다면, 시장점유율을 높이려고 기업간 경쟁이 치열해진다. 또 사업을 포기하려 해도 그 경제적 손실이 너무 크다면 더욱 치열한 경쟁을 벌일 것이다.

2) 본원적 경쟁전략

(1) 원가우위전략

원가우위전략은 경험곡선(experience curve)의 개념을 기본 전제로 하여 보편화된 것으로서 특정 기업에서 원가를 낮추기 위한 일련의 기능별 정책을 통하여 산업 내에서 원가상의 우위를 달성하는 것이다. 즉, 경쟁제품에 비해 품질은 그다지 손색이 없지만 가격을 대폭 싸게 하는 전략이다. 더 저렴하게 생산할 수 있는 경쟁자가 나타나면 이 전략은 더 이상 성공할 수 없다.

한국의 섬유업체나 신발업체가 1970년대 미국시장에 진출할 때 취한 전략이다. 이 전략이 성공하기 위해서는 효율적인 경영, 규모의 경제를 누릴 수 있는 생산체제, 기술혁신, 저렴한 노동력 혹은 생산원료의 확보 등과 같은 여건이 갖추어져야 한다.

(2) 차별화전략

차별화전략은 기업이 제공하는 제품이나 서비스를 차별화함으로써 산업전반에 걸쳐서 그 기업이 독특하다고 인식될 수 있는 특성을 창조하는 것이다. 그렇게 함으로써 고객들이 비싼 가격을 기꺼이 지불하게끔 그들이 원하는 가치 있는 제품을 만드는 전략이다. 차별화수단으로는 고객 서비스, 디자인, 상표 이미지, 기술, 품질, 광고 등 여러 가지 방법이 있을 수 있다.

(3) 집중화전략

포터는 특정 시장, 즉 특정의 소비자 집단이나 제품라인의 일부분 또는 특정 지역을 집중적으로 공략하는 집중화(focus)전략에 대해서도 언급한 바 있다.

다시 말해 이 전략은 경쟁자들이 소홀히 하고 있는 한정된 시장을 원가우위나 혹은 차별화전략을 써서 집중적으로 공략하려는 전략이다. 이들 세 가지의 본원적 전략에 관한 내용은 [그림 7. 3]에 나타나 있다.

포터는 이상의 세 가지 전략 중 어느 하나를 확실하게 택하여야 한다고 주장한다. 이것도 저것도 아닌 어중간한 전략으로는 이길 수 없다는 것이다.

[그림 7.3] 본원적 전략

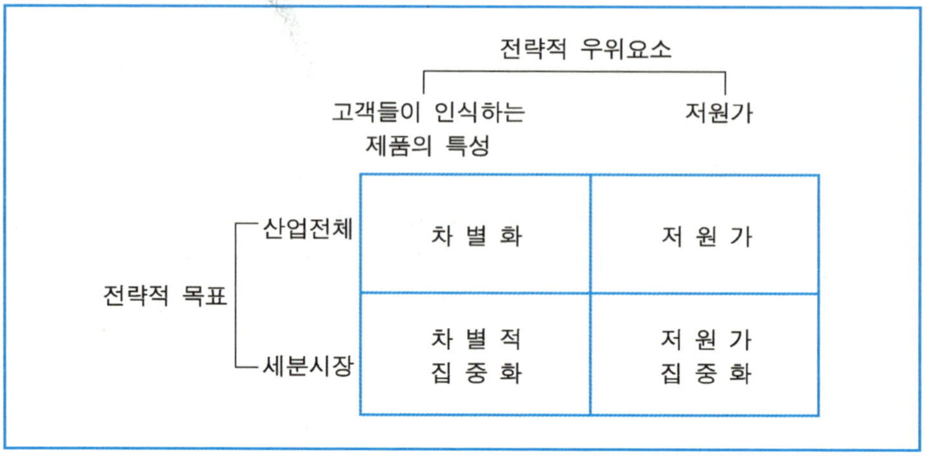

2. 경쟁우위의 원천

기업의 글로벌화는 국가간의 차이, 범세계적인 규모의 경제, 범세계적인 범위의 경제를 통해 본원적 경쟁우위의 원천을 제공해 준다.

1) 국가간의 차이

국가간에 생산요소비용의 차이에 따른 비교우위는 경쟁우위의 원천으로써 가장 잘 알려져 있다. 글로벌화는 기업이 국가간에 발생하는 노동비용, 자본비용, 여타 생산요소비용의 차이를 활용함으로써 원가를 절감할 수 있도록 한다. 즉, 기업은 각각의 가치창조활동이 집약적으로 사용하는 생산요소의 비용이 가장 저렴한 국가에 가치활동을 배열하는 경우 비용상의 우위를 누릴 수 있게 된다.

국가간 차이(national differences)는 생산요소 측면에서뿐만 아니라 소비자의 기호, 유통체계, 정부규제 등에 의해서도 유발될 수 있다. 이 경우 기업은 각 개별시장의 독특한 요구에 부합하는 제품을 제공함으로써 자사제품의 교환가치를 높일 수 있다.

2) 규모의 경제

규모의 경제(economies of scale)란 생산규모가 증가함에 따라 단위당 생산비가 감소하는 것을 말한다. 다국적기업은 범세계적인 시장을 통해 생산, 재무, 연구개발, 물류, 마케팅 등에 있어서 규모의 경제를 달성함으로써 경쟁적 우위를 확보할 수 있다.

규모의 경제를 누릴 수 있을 정도로 생산량을 확대하는 기업은 누적생산량이 증가함에 따라 생산원가가 일정 비율로 하락하는 경험곡선효과를 얻을 수 있다.

3) 범위의 경제

범위의 경제(economies of scope)는 개별 제품을 별도로 생산하는 경우보다 다수의 제품을 연계하여 생산할 때 소요비용이 절약된다는 것을 의미한다. 범위의 경제는 여러 가지의 제품이 동시에 생산될 때 생산요소를 공동으로 사용함으로써 이루어질 수도 있고, 어떤 한 제품을 생산하기 위해 확보된 자원이 또 다른 제품의 생산에 아무런 추가비용을 부담하지 않고 활용될 때 발생할 수 있다. 예를 들어, 생산설비나 상표명과 같은 자산을 여러 제품, 사업 혹은 시장에서 공유함으로써 비용절감을 통한 경쟁우위를 확보할 수 있게 된다.

제3절

국제경쟁전략의 접근

1. 포터의 국제경쟁전략

1) 가치사슬의 개념과 구성

포터는 가치사슬(value chain)이란 개념을 도입하여 가치사슬상의 기업활동을 범세계적으로 배열(configuration)하고 조정(coordination)함으로써 다국적기업이 택할 수 있는 전략대안을 제시하였다.

가치사슬이란 컨설팅 업체인 McKinsey가 개발한 내용을 포터가 정교화시킨 것으로, 기업의 전반적인 경영활동을 기본적 활동(Primary Activities) 부분과 지원활동(Support Activities) 부분으로 나누어서 기업의 구매활동에서부터 생산, 물류, 판매, 재고관리, 서비스 단계에 이르기까지 각각의 부문에서 비용이 얼마나 들고 소비자들에게 얼마나 부가가치를 창출할 수 있는가를 분석할 수 있게 해 준다.

[그림 7.4]에 나타나 있는 바와 같이 기본적 활동은 제품의 물리적 변화에 직접적으로 관련되는 기능을 수행하는 내부로지스틱스, 운영활동, 외부로지스틱스, 마케팅과 판매, 서비스 활동을 말한다. 그리고 지원활동은 기본적 활동을 지원하는 활동으로서 기업하부구조, 인적자원관리, 기술개발, 구매활동 등이 여기에 해당된다.

다국적기업은 이들 활동부분을 세계의 어디에 배치할 것인가를 결정해야 한다. 이러한 가치사슬활동의 세계적인 배치에 가장 중요한 판단기준을 제공하는 것은 기업의 핵심역량(core competence)이다. 핵심역량이란 경쟁기업에 비해서 훨씬 우월한 능력, 즉 경쟁우위를 창출하는 기업의 능력이라고 할 수 있다.[20] 즉 다국적기업은 자신이 보유하고 있는 핵심활동부분만 본국에

20) C. K. Prahalad and G. Hamel, "The Core Competence of the Corporations," *Harvard Busi-ness Review*, May-June 1990, pp.79~91.

[그림 7.4] 포터의 가치사슬

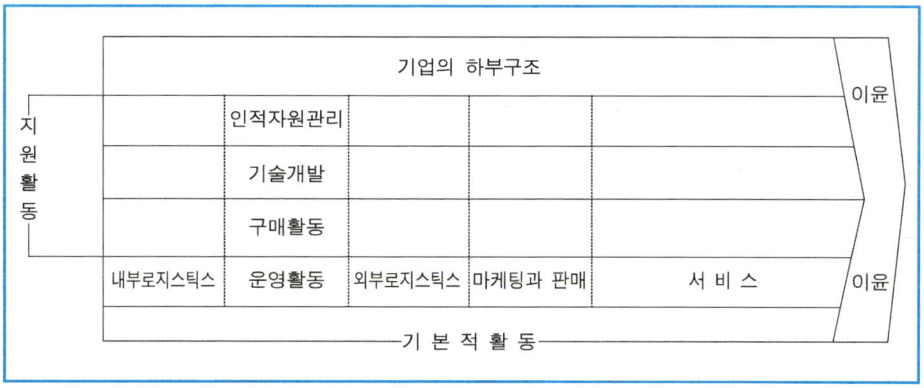

자료: M. E. Porter, *Competitive Advantage*, Free Press, 1985, p.37.

남겨 두고 기타 활동부분은 세계 각국 중 그 활동부분을 가장 잘 수행할 수 있는 국가에 효과적으로 배치함으로써 최대한의 효율성을 가질 수 있다.[21]

2) 가치활동의 범세계적 배열과 조정

다국적기업은 가치 활동의 배열과 조정을 통해 원가우위와 차별화를 실현할 수 있으며 이러한 원가우위와 차별화로 범세계적 경쟁에서 우위를 점할 수 있다.

여기서 가치창출 활동의 배열이란 기업이 그 활동을 어떤 국가에서 수행해야 하고 또 그 수는 얼마만큼으로 해야 할 것인가 하는 것이며, 조정이란 각 국가별로 이루어지는 자회사들의 활동을 어느 정도로 조정할 것인가 하는 것이다.

포터는 [그림 7.5]에서 볼 수 있듯이 가치 활동의 배열과 조정을 통해 기업이 택할 수 있는 국제경쟁전략의 유형으로 지역적 집중정도와 조정수준에 따라 다음과 같은 네 가지로 구분하였다.

첫 번째 전략은 기업의 가치창출활동을 지역적으로 집중시키고 가치 활동의 조정도 엄격히 하는 것이다. 이는 가장 단순한 범세계적인 전략으로 가능한 한 가치 활동의 많은 부분을 특정 국가에 집중시키고, 구매자 가까이에서 수행해야 할 활동들만 분산시키되 표준화를 통해 엄격히 조정하는 것이다.

21) 장세진, 「글로벌경영」, 박영사, 1998, p.166.

[그림 7.5] 포터의 국제경쟁전략 유형

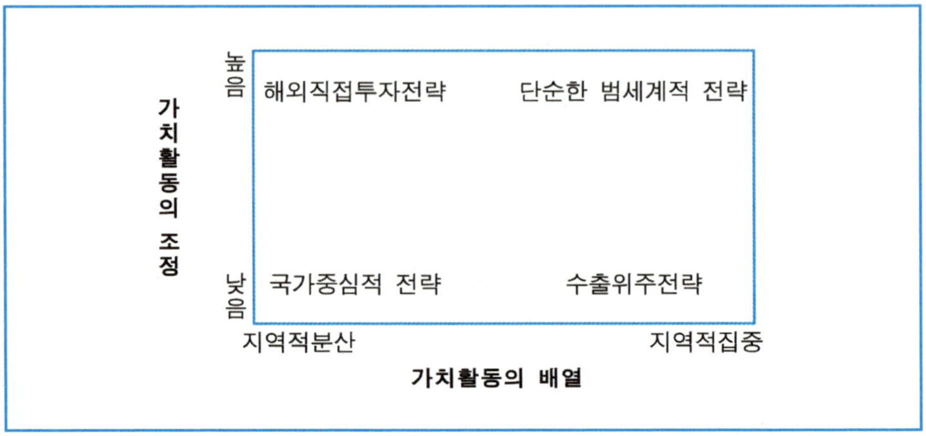

자료: M. E. Porter, "Competition in Global Industries : A Conceptual Framework," in M. E. Porter(ed.), *Competition in Global Industries*, Harvard Business School Press, 1986, p.28.

두 번째는 가치 활동을 지역적으로 집중시키되 가치활동의 조정은 낮은 수준을 유지하는 것이다.

세 번째는 가치 활동을 지역적으로 분산시키되 가치 활동의 조정은 엄격히 하는 해외직접투자전략이다.

네 번째는 가치 활동을 지역적으로 분산시키면서 가치 활동의 조정은 별로 하지 않는 국가중심적 범세계적 경쟁전략이다. 이는 어느 한 국가에서만 영업활동을 하는 다국적기업이나 국내기업이 택하는 국제경쟁전략이다.

3) 범세계적 산업의 경쟁전략 대안

포터는 범세계적인 산업(global industry)을 주요 지역시장 또는 국가시장에서의 위치설정에 있어서 경쟁기업들의 전략적 위치에 상당한 영향을 받는 산업이라고 정의하였다.[22] 그리고 특정 산업이 범세계적 산업으로 성장하고 있을 때, 그 산업 내에서 기업이 선도적 위치를 차지하기 위해서는 가치 활동의 적절한 배열과 조정을 통하여 경쟁우위를 확보해야 한다고 하면서, 범세계적 산업의 경쟁전략 대안으로 [그림 7. 6]과 같은 다섯 가지를 제시하였다.[23]

22) M. E. Porter, *op. cit.*, 1986, pp.19~42.

23) *Ibid.*, pp.45~54.

첫째, 범세계적 저원가전략(global cost leadership strategy)이다. 이 전략은 제품의 차이나 국적 등에 관심이 적은 고객을 대상으로 폭 넓은 제품라인을 판매하고 시장 활동을 전개하는 것이다.

둘째, 범세계적 차별화전략(global differentiation strategy)이다. 이 전략은 세계 각지에 여러 제품을 기술이나 품질 등을 차별화하여 판매하는 전략이다. 이러한 전략을 구사하는 기업들은 규모의 경제나 학습효과의 이점을 이용해서 차별화의 비용을 줄이고자 한다.

셋째, 범세계적 세분화전략(global segmentation strategy)이다. 이 전략은 특정 산업의 세분화된 시장을 대상으로 범세계적 판매활동을 전개하는 것이다. 이는 글로벌 전략의 이점을 살리면서 동시에 활동을 특정 산업부문에 집중시켜서 자원의 낭비를 최소화 할 수 있다.

넷째, 현지국 보호시장 추구전략(protected market strategy)이다. 이 전략은 현지 정부가 특정 산업을 보호하기 위하여 고율의 관세나 현지부품

[그림 7.6] 범세계적 산업의 경쟁전략 대안

		지리적 영역	
		범세계적 전략	특정 국가 중심의 전략
산업세분화 영역	여러 부문으로 세분화	범세계적 저원가전략 또는 차별화전략	현지국 보호시장 추구전략
	적은 부문으로 세분화	범세계적 세분화전략	현지국 시장상황 부응전략

자료: M. E. Porter, "Competition in Global Industries : A Conceptual Framework," in M. E. Porter(ed.), Competition in Global Industries, Harvard Business School Press, 1986, p.46.

사용의무 등과 같은 무역제한조치를 취하는 경우, 범세계적 경쟁에서 현지 정부의 보호정책을 활용하여 현지국이 보호하고 있는 시장을 추구하는 전략이다. 이때 다국적기업의 시장지위는 현지 정부의 정책에 따라서 달라진다.

다섯째, 현지국 시장상황 부응전략(national responsiveness strategy)이다. 이 전략은 각 국가별 특성과 차이에 맞게 세분화하고 제품이나 서비스를 현지국의 욕구에 부응하는 방향으로 전개하는 전략이다.

2. 코굿의 국제경쟁전략

코굿(B. Kogut)은 다국적기업이 국내기업보다 우위에 있는 것은 범세계적 네트워크(global network)를 통해 자원을 탄력적으로 운용하는 데에 있다고 주장하면서 국가의 비교우위(comparative advantage)와 기업의 경쟁우위(competitive advantage)를 결합하여 범세계적 경쟁전략 모형을 개발하였다.[24)]

그는 국제경쟁전략을 수립할 때 제기되는 두 가지의 기본적인 문제를 비교우위와 경쟁우위로 설명하고 있다. 즉, 국경을 넘어 사업 활동을 전개할 경우 부가가치사슬(value added chain)을 세계적으로 어떻게 배열할 것인가라는 문제와 어떠한 활동에 기업의 경영자원을 집중시켜야 할 것인가의 문제를 비교우위와 경쟁우위로 설명하였다.

여기서 비교우위란 입지 특유의 우위로 국가간 요소비용의 차이에 기인한다. 이러한 요소비용의 차이로 인하여 부가가치사슬의 국제적인 연결이 필요하며, 기업은 자신들이 집약적으로 사용하는 요소에서 비교우위를 갖는 국가에 필요한 기업 활동을 집중시켜야 한다.

[그림 7.7] 코굿의 국제경쟁전략

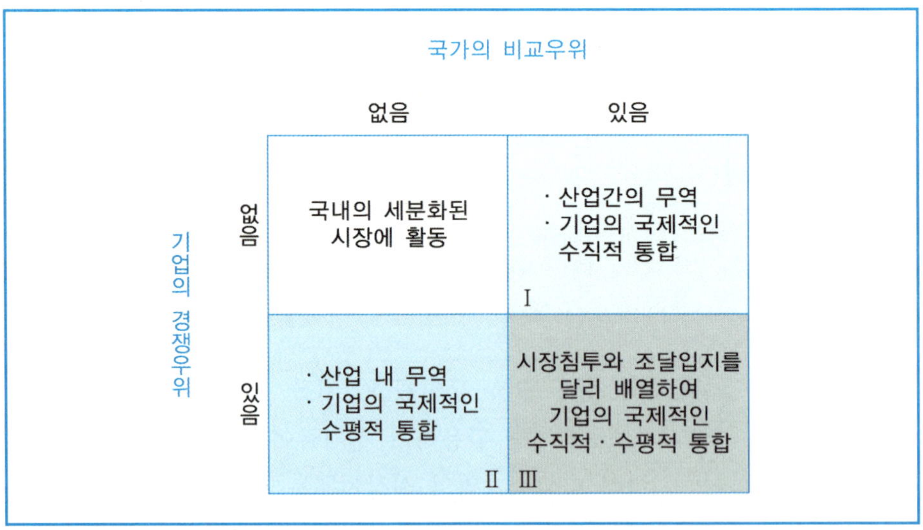

자료 : *Ibid.*, p.26.

24) B. Kogut, "Designing Global Strategies : Comparative and Competitive Value-Added Chains," *Sloan Management Reviews*, Summer 1985, pp.15~28.

경쟁우위는 기업 특유의 우위로 기술, 상표, 정보 등의 기업간 차이에서 발생한다. 국가간 요소비용에 차이가 없을 경우에도 기업간 경쟁우위의 차이에 의한 경쟁은 가능하다. 이는 기업이 부가가치사슬의 구성을 어떻게 하느냐에 따라 얻을 수 있는 경제성이 달라질 수 있기 때문이다.

따라서 경쟁유형은 [그림 7. 7]에 나타난 바와 같이 입지특유의 비교우위에 의한 경쟁, 기업 특유의 경쟁우위에 의한 경쟁, 그리고 비교우위와 경쟁우위를 결합한 경쟁으로 구분할 수 있다.

첫째 유형은 국가의 비교우위는 있으나 기업의 경쟁우위가 없는 경우이다. 이 경우에는 국가간의 비교우위의 차이에 따라 산업간 무역을 전개하거나 국제적인 수직적 통합전략으로 전후방의 연계효과를 도모하는 전략을 수립하는 것이 효과적이다.

둘째 유형은 국가의 비교우위는 없으나 기업의 경쟁우위가 있는 경우이다. 이 경우에는 산업 내 무역을 전개하거나 국제적인 수평적 통합전략을 구사할 수 있다.

셋째 유형은 국가의 비교우위와 기업의 경쟁우위가 모두 있는 경우이다. 이 경우에는 시장침투와 원료조달 입지를 다르게 배열하여 국제적인 수직적 및 수평적 통합을 추구하는 것이 효과적이다.

이와 같은 국제경영전략의 유형은 국제경쟁력의 원천이 어디에 있는가를 나타내고 있다. 그는 국제경쟁력은 규모의 경제, 범위의 경제 및 학습(learning)을 통한 경험 등에 의하여 국가특유의 비교우위와 기업 특유의 경쟁우위가 결합됨으로써 창출되는데, 국제경쟁력의 유무에 따라 국제경영활동의 형태가 결정된다고 주장하고 있다.

제4절

국제경쟁전략의 분석

국제경쟁전략 분석은 장기적 혹은 단기적으로 이루어질 수도 있으며, 사업부 전체 또는 회사전체를 대상으로 할 수도 있고, 제품의 포장·디자인 개발·구매정책의 개발처럼 한정된 분야에 대해서도 수행될 수 있다.

입(G. S. Yip)은 전사적인 측면에서 국제경쟁전략을 수행하기 위하여 다음과 같은 단계를 거쳐야 한다고 주장하고 있다.[25)]

① 글로벌팀 조직(assembling the global team)
② 사업 정의(defining the business)
③ 주요 시장 정의(identifying key markets)
④ 주요 경쟁자 정의(identifying key competitors)
⑤ 핵심전략 정의(checking the core strategy)
⑥ 진출국가 선정(checking country selection)
⑦ 산업 글로벌화 잠재력 분석(diagnosing industry globalization potential)
⑧ 국제경쟁전략 수단활용의 타당성 평가(evaluating current and potential use of global strategy levers)
⑨ 조직능력 평가(evaluating organization capability)
⑩ 글로벌 프로그램 개발(developing global programs)

이러한 단계를 그림으로 나타내면 [그림 7. 8]과 같다.

---

25) G. S. Yip, *Total Global Strategy*, Prentice-Hall, 1992, pp.241~266.
조동성, 국제경영, 경문사, 1999, pp.568~574.

[그림 7.8] 글로벌전략 분석의 절차

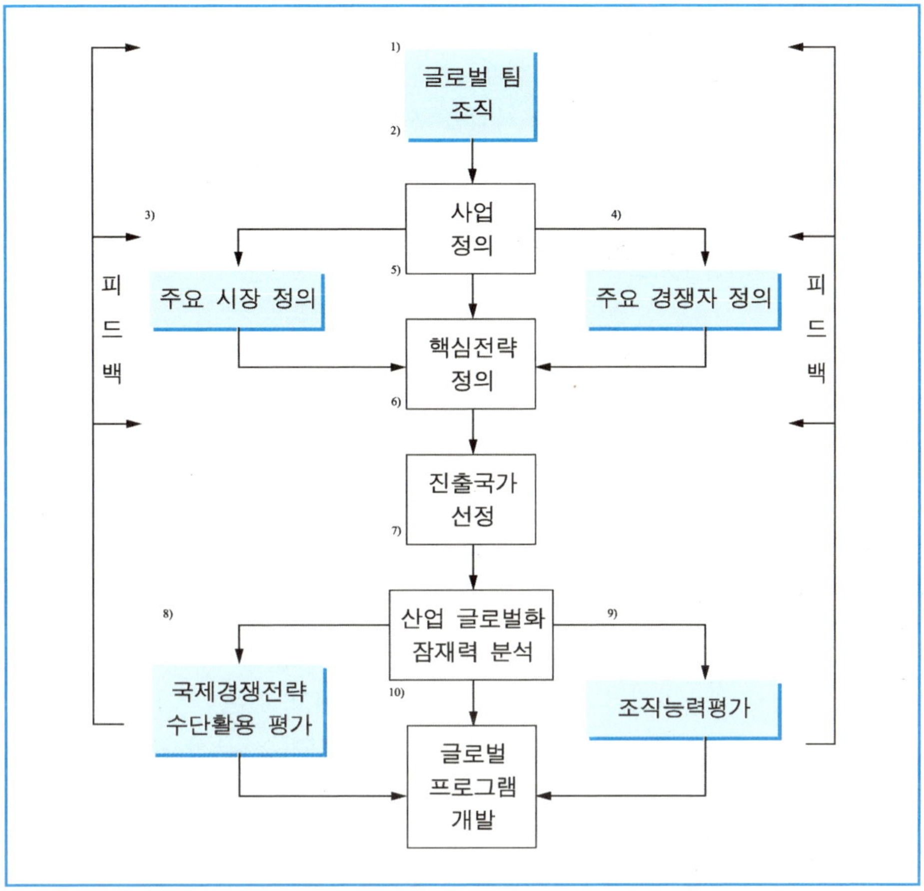

자료: G. S. Yip, Total Global Strategy, Prentice-Hall, 1992, p.243.

1) 글로벌팀 조직

글로벌 전략의 성공을 위해서는 상이한 기능부서와 지역의 경영자들을 함께 참여시키는 것이 필요하며, 글로벌 분석에 참여하는 팀을 선정하는 것은 중요한 의사결정 사항이 된다. 따라서, 글로벌 팀에는 범세계적 사업의 총책임자, 전체 기업차원에서의 고위경영자, 주요 지역이나 국가의 총책임자, 주요 기능부서의 총책임자와 같은 인재가 필요하다.

2) 사업 정의

글로벌 팀의 리더는 팀을 조직하기 이전에 어떤 종류의 사업을 대상으로 작업할 것인가에 대해 구체적인 아이디어가 있어야 한다. 글로벌 전략을 분석하는 것은 사업전체를 대상으로 하는 것보다 특정사업을 대상으로 시작하는 경우가 더욱 효과적일 경우가 많기 때문에 사업의 정의는 중요한 사항이다. 이렇게 특정 사업을 선택하는 것은 그 분야에서 얻은 분석경험이 보다 광범위하게 전개될 미래사업 분석에 쉽게 응용될 수 있기 때문이다.

3) 주요 시장 정의

주요 시장은 Top-Down 방식으로 대륙이 속해있는 지역별로 정의하고 이후 국가별로 분석하는 방법을 사용한다.

북미·남미·유럽·극동·태평양 지역 등과 같이 지역에 따른 분류는 비교적 쉽다. 지역을 분류할 경우에는 기업의 현행 조직형태에 맞추어 정하는 것이 가장 실용적인 방법일 수 있다.

지역분석과 마찬가지로 국가차원의 분석에서도 가장 중요하다고 생각하는 국가들만 선택해야 한다. 가장 중요한 국가라 함은 가장 큰 시장을 가진 국가, 기업이 가장 크게 사업을 벌이고 있는 국가, 국제경영전략 차원에서 중요한 국가 등을 들 수 있다. 각 국가를 분석하는 데 기본적으로 필요한 정보는 시장의 크기, 제품수명주기상의 단계, 글로벌 경쟁자의 수, 지역 내 경쟁자의 수, 현지 경쟁자의 수, 해당 산업이나 제품의 수출률, 현지 생산 규정, 임금, 정부구매 비중, 현지기업과 외국인기업에 대한 세율, 해외기업의 소유권 허용비율 등이 있다.

4) 주요 경쟁자 정의

모든 국가를 분석할 수 없는 것과 마찬가지로 모든 경쟁자를 다 분석할 수는 없다. 따라서 가장 중요한 경쟁자를 집중적으로 분석하는 것이 바람직하다. 분석해야 할 필요가 있는 경쟁자들은 다음과 같다.

첫째, 북미·유럽·아시아 지역 모두에서 높은 시장점유율을 가지고 있으며 동시에 최소한 5% 이상의 세계시장 점유율을 가지고 있는 글로벌 경쟁자
둘째, 글로벌 경쟁자가 아닐지라도 주요 선진국과 지역 현지의 최대기업
셋째, 잠재적인 글로벌 경쟁자

5) 핵심전략 정의

글로벌 팀이 전략수립의 절차에서 기업의 핵심사업전략을 검토하는 것은 매우 중요하다. 이 일을 하는 가장 좋은 방법은 본사와 해외 자회사의 책임자들이 함께 모여 핵심전략을 논의하고 기술해 보는 것이다.

핵심전략을 언급할 경우에는 사업의 정의, 전략적 요점, 재무적 목표, 경쟁우위의 원천, 전략요소, 부가가치활동, 경쟁전략과 같은 사항이 포함되어야 한다.

6) 진출국가 선정

진출국가의 선정은 국제화와 글로벌화 과정에 있어서 가장 중요한 요소의 하나이다. 또한 분석기법들이 유용하게 사용될 수 있는 분야이기도 하다.

[표 7. 2] 진출국가 선정시 고려 사항

국가 특유의 매력도	글로벌 전략적 중요성	시너지 효과
· 시장의 규모 · 시장 성장률 · 진입장벽 · 경쟁상황 · 가격수준 · 세율 · 거시경제 여건 · 정치적 위험 · 수용비용	· 글로벌 고객의 본사국 시장 · 글로벌 경쟁자의 본사국 시장 · 글로벌 경쟁자의 주요 시장 · 산업혁신의 주요 원천 · 주요 수요고객의 본국	· 다른 기업의 사업과 공유활동 · 상류단계의 사용(천연자원 생산 등) 능력 · 하류단계의 사용(최종 조립이나 유통) 능력 · 다른 시장과의 근접성

국가 특유의 매력도, 글로벌 전략의 중요성, 시너지 효과 등의 요소를 고려해야 한다.

글로벌 팀은 ① 분석할 지역과 국가의 규정, ② 앞서 언급한 세 가지 전반적 요소의 하위요소 목록을 개발, ③ 하위요소에 가중치 할당, ④ 하위요소에 따라 지역과 국가를 평가, ⑤ 가중치와 지역과 국가의 총 점수를 조합, ⑥ 국가위험도에 대한 총 점수의 조정 등의 과정을 거쳐 국가를 선정하기 위한 평가를 실시한다.

7) 산업 글로벌화 잠재력 분석

산업 글로벌화 잠재력 분석은 두 가지 단계를 통해서 가장 잘 수행될 수 있다. 첫 단계에서 글로벌 팀은 그룹토의에서 각종 평가지표들을 사용하여 기초적인 평가를 할 수 있다. 이러한 평가가 이루어진 후, 다음 단계에서 국가별 경영자와 참모진들이 수정할 수 있다.

다음으로 글로벌 팀은 산업 글로벌화 유인이 어떻게 국제경쟁전략 수단을 이용할 기회를 제공하는지 확인해야만 한다.

8) 국제경쟁전략 수단활용의 타당성 분석

글로벌 전략 수단을 사용하는 데 있어서 변경이 이루어져야 하는지의 여부를 규명하기 위해서는 국제경쟁전략 수단의 현재와 미래의 사용 가능성을 분석하는 것이 필요하다.

국제경쟁전략 수단의 잠재적인 사용 가능성을 판단하는 데는 글로벌 경쟁전략을 사용함으로써 잠재적으로 얻을 수 있는 이익에 대한 분석, 산업의 글로벌화 유인 분석, 경쟁자의 행동분석 등이 도움을 줄 수 있다.

9) 조직능력 평가

조직과 경영관리 요소는 국제경쟁전략의 개발과 실행에 결정적인 영향을 미친다. 따라서 국제경쟁전략을 효과적으로 수행하기 위해 조직의 능력을 평가하고 변화가 필요한 부분을 분석하는 것은 매우 중요한 작업이다. 일반적으로 이러한 과정은 본사나 자회사 경영자들과의 인터뷰, 그룹토의, 서베이 등을 통해서 얻을 수 있다. 이러한 자료수집과정에서 글로벌 팀은 문제점과 관련된 정보수집뿐만 아니라 해결책도 찾아야 하며 해결책에 대한 반응도 테스트해 보아야 한다.

10) 글로벌 프로그램 개발

국제경쟁전략 분석의 마지막 작업은 실현 가능한 세부적인 글로벌 프로그램을 작성하는 것이다. 즉, 이 단계에서 실행전략을 확실하게 결정한다. 이전 단계의 분석들로부터 상당수의 글로벌 경쟁전략 프로그램이 도출될 수 있다. 예를 들어, 글로벌 전략분석을 수행한 기업은 글로벌 제품, 기술관리, 원료조달, 마케팅관리, 회계관리, 가격결정, 글로벌 동일시(global identification), 글로벌 무역박람회 조정, 글로벌 마켓 인텔리젼스(global market intelligence) 등을 결정할 수 있다.

8장

다국적기업의 해외시장진출 전략

오늘날과 같이 불확실한 환경하에서 국제경영활동을 수행해야 하는 기업은 급변하는 환경에 적절히 대응하며 목표를 세우고 자사의 자원을 최적 배분함으로써 지속적으로 발전할 수 있는 길을 도모하기 위한 전략을 수립하는 것이 필요하다.

이 장에서는 다국적기업의 전략수립에 관한 내용을 다룬다. 이를 위하여 국제경영전략의 의의와 국제경영전략의 내용 및 연구자들의 모형, 그리고 국제경쟁전략의 수행단계에 관해 논의하기로 한다.

제①절 해외시장의 평가와 선택

제②절 해외시장진출방식

제③절 해외직접투자가 본국과 현지국에 미치는 영향

제④절 해외시장진출방식의 영향요인

제⑤절 해외시장진출방식의 모형

매각 나선 맥도날드가 '보성 녹돈' 꺼내든 까닭

한국 맥도날드가 '현지화 버거'를 다시 소환했다. 지난해 '창녕 갈릭 버거'를 선보인데 이어 이번에는 '보성 녹돈 버거'를 들고 나왔다. 한국 맥도날드가 현재 추진 중인 'Taste of Korea(한국의 맛)' 프로젝트의 일환이다. 고품질의 국내산 식재료를 활용해 '한국형 햄버거'를 만들겠다는 구상이다. 현지화를 앞세워 '상생 이미지'와 함께 '프리미엄화'까지 챙기려는 시도로 풀이된다.

맥도날드는 이번 보성 녹돈 버거 출시를 통해 현지화 전략 확대에 더욱 주력할 계획이다. 단순 고품질 신메뉴를 출시하는 것을 넘어 '사회적 가치'에 초점을 맞춘 메뉴 개발에 집중한다. 지역 농가의 식재료를 활용하는 것은 물론 메뉴 개발과 밀착 마케팅도 이어갈 예정이다.

그냥 패티 아닌…보성 '녹돈' 패티

보성 녹돈 버거는 '한국의 맛' 프로젝트 2탄으로 기획됐다. 전라남도 보성의 녹차잎 사료로 키워낸 녹돈 패티가 특징이다. 맥도날드는 주로 패티 제조에 수입 소고기를 쓴다. 이점을 감안하면 국내산 돼지고기는 이례적인 선택이다. 돼지고기 선호도가 높은 한국인의 입맛을 반영한 결과라고 맥도날드는 설명했다. 이 때문에 조리법도 일반 버거와 다르다. 녹돈 본연의 맛을 살리기 위해 초고온 그릴 방식을 도입했다. 부재료도 돼지고기의 식감을 극대화할 수 있는 양배추와 적양파를 사용했다.

메뉴에는 '상생의 가치'도 담겼다. 지역 농산물을 대거 활용했다는 게 맥도날드의 설명이다. 특히 보성 녹돈은 잡내가 적어 국내에서도 프리미엄으로 평가받는 돈육이다. 맥도날드는 이번 신메뉴 출시를 위해 보성 녹돈 140톤을 수급했다. 양배추와 적양파, 토마토 역시 국내산이다. 앞서 창녕 갈릭 버거 출시 때도 맥도날드는 42톤에 달하는 마늘을 지역 농가에서 수급했다.

맥도날드는 보성 녹돈 버거를 한달 간 한정 판매할 계획이다. 이 기간 특별 마케팅 캠페인도 전개한다. 다음 달 1일 보성에서 팝업 스토어를 열고 녹돈 버거를 홍보에 나선다. 맥도날드는 지역주민들을 위한 상생 커뮤니티 활동도 진행한다. TV광고에는 보성 지역 농부들이 직접 출연한다. 향토 민요 콘셉트의 '스르르 타령'으로 보성 녹돈 버거의 맛을 표현하는 콘셉트다. 맥도날드는 이 같은 활동을 통해 제품의 품질을 강조하고, 국내 생산자와의 상생 의지를 표현해 나갈 예정이다.

직접 먹어보니…'탱탱한' 조직감

녹돈의 참맛을 느끼기 위해 패티만 따로 먹어봤다. 일반 패티보다 짠맛이 조금 강했다. 인상적인 것은 '식감'이었다. 입안에서 부서지는 고기의 조직감이 다른 패티와 달랐다. 탱탱하게 씹히는 맛이 강력했다. 그릴로 구워서인지 고기 본연의 맛이 깊다고 느꼈다. '과연 어울릴까' 의심했지만 양배추와의 조화도 일품이었다. 아삭함이 고기의 식감을 더 도드라지게 했다. 중간중간 새어 나오는 토마토의 달큰함과 베이컨의 고소함도 잘 어우러졌다.

백미는 소스다. 자칫 느끼할 수 있는 부분을 '스파이시 치즈 소스'가 잡아준다. 이외에도 알싸한 '카옌 페퍼'가 물리는 느낌을 최소화해줬다. 체다 치즈가 가져다주는 '꾸덕함'도 맛있었다. 한국인이 선호하는 '깔끔한 매운맛'이 인상적이었다. 아쉬운 점은 양배추 조각이 먹을 때마다 과하게 흘러내렸다. 이를 제외하면 전반적으로 가격 대비 나쁘지 않은 느낌이었다. 단품 6300원, 세트 7600원이다. 이 정도 품질이면 다시 한번 먹어보고 싶다는 생각이 들었다.

맥도날드 '현지화' 적극적인 이유

맥도날드는 '상생 이미지'와 '프리미엄화'를 위해 현지화를 전면에 내세웠다. 현지화 전략 이면에는 맥도날드의 '위기 의식'이 깔려있다. 현재 국내 햄버거 시장은 가성비와 프리미엄으로 양분되고 있다. 기존의 가성비 이미지만으로는 생존을 보장받을 수 없다. 위에서는 '고든램지버거', '슈퍼두퍼', '파이브가이즈' 등 외국 프리미엄 버거의 압박이 거세다. 아래에서는 '맘스터치', '노브랜드버거' 등 현지 경쟁자들이 계속 치고 올라오고 있다.

맥도날드는 지난해부터 햄버거 품질을 높이는 '베스트 버거' 전략을 취하고 있다. '가성비 이미지'를 희석시키려는 시도였다. 고품질에는 좋은 재료가 필수적이다. 맥도날드는 이를 '현지화'라는 비책으로 풀어내고 있다. 상생 이미지도 노리면서 고급 식재료 수급까지 늘린다는 복안이다. 실제로 한국 맥도날드는 지난해 전국 각지에서 국내산 식자재를 총 3만8846톤 수급했다. 닭고기 2만9512톤, 돼지고기 2750톤, 계란 1776톤, 양상추 2614톤, 토마토 1806톤, 양파 388톤 순이다.

품질 개선에 성과도 따랐다. 베스트 버거 전략과 현지화 마케팅이 잘 맞아 떨어진 결과다. 맥도날드는 지난해 한국 진출 이후 최대 매출을 거뒀다. 한국 맥도날드의 지난해 매출은 8679억원이었다. 전년 대비 9.7% 증가했다. 가맹점 매출까지 더한다면 전체 매출은 1조원으로 추정된다. 영업적자 규모도 매년 줄어들고 있다. 글로벌 경기 침체 속에서도 호실적을 거뒀다는 점에서 의미가 깊다.

현지화 작업은 최근 미국 맥도날드 본사의 한국 사업 매각과도 무관치 않다. 맥도날드는 지난 2006년부터 현지 사업자에게 사업 총괄을 맡기는 방식으로 사업 구조를 바꾸고 있다. 미국 본사는 로열티만 받는 방식이다. 한국 맥도날드 입장에서는 앞으로 현지화가 필수적인 상황이다. 상생의 가치도 담으면서 프리미엄인 '한국형 버거'가 앞으로 효자 메뉴로 재조명 될 수 있다는 이야기다. 이것이 맥도날드가 이 시점에서 '보성 녹돈 버거'를 꺼내든 이유다.

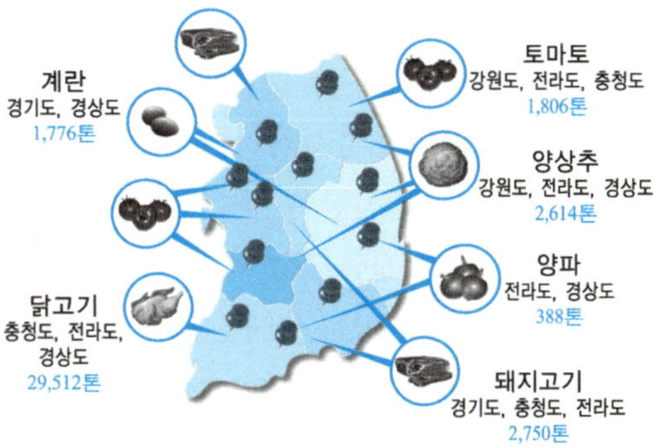

2021년 한국 맥도날드 국산 식자재 수급 현황

출처 : Business Watch(http://news.bizwatch.co.kr), 검색일(2022.6.30.)

제1절 해외시장의 평가와 선택

다국적기업이 해외시장에 진출하려면 우선 몇 개의 대상시장을 정한 후 이들 시장을 분석하여 최종적으로 목표시장을 선정하여야 한다.

진출대상 시장을 선택하는 기준은 기업의 장·단기 목표, 기업이 보유하고 있는 자원 등과 같은 기업의 내부적 요인에 대한 면밀한 분석에서 시작된다. 이 단계에서는 기업의 강점과 약점을 평가하게 되는데 구체적으로는 기업의 전체적인 성과와 주요 부문별 성과, 과거와 현재의 경영전략 등을 분석하게 된다. 이와 함께 기업의 인적자원, 마케팅, 재무, 생산, 연구개발 능력 등도 분석한다. 이를 통해 기업의 경쟁적 우위를 파악하고 경쟁업체와의 상대적인 관점에서 장기적으로 이의 유지가 가능한지 분석하게 된다.

기업의 목표와 자원에 대한 내부적 평가가 이루어지고 나면 진출 대상국을 선정하기 위한 기준을 개발하게 된다. 이 기준에 따라 진출 대상 시장이 선택되면 선정된 각각의 개별 해외시장에 대한 면밀한 조사가 이루어지게 된다. 이 때는 해외시장에 대한 문화적, 정치·법률적, 경제적 환경 등의 거시적 평가 및 각 개별시장의 특성에 대한 미시적 분석이 함께 이루어지게 된다.

미시적 분석에서는 일반적으로 ① 시장의 규모, 산업집중도, 기술수준 등과 같은 해외시장의 일반적 특성, ② 소비패턴, 소비습관, 쇼핑습관, 제품구입경로 등의 소비자 특성, ③ 제품의 평균가격, 품질, 대체상품, 유통경로, 상품의 인도방법 및 시기, 광고 등의 마케팅 특성, ④ 경쟁기업의 규모, 시장점유율, 수익성, 다국적기업의 특수한 능력, 현지국 정부와의 관련성, 부품조달원, 기술의 종류와 수준, 기업간 협력관계, 고객의 충성도(customer loyalty), 기술도입계약 현황 등의 경쟁기업 특성 등을 다루게 된다.

해외시장에 대한 평가가 이루어지고 나면 그 결과를 토대로 기업여건에 가장 적합한 목표시장을 선정하게 된다. 복수의 목표시장을 선정하였다면, 이들을 평가하여 어느 나라부터 진출할 것인가 하는 순서를 결정해야 한다. 진출순서는 여러 가지 요인들을 고려해야 하겠지만 결국은 시장의 잠재력을 파악한 뒤 어떤 시장이 가장 큰 장기적 투자수익률을 가져다 줄 것인가에 따라 결정되어야 한다.

[표 8.1] 해외시장진출전략의 수립과 실행

〈내부적 평가〉

1. 기업의 목표
   1) 해외시장 진출의 주된 이유는 무엇인가?
   2) 그 외에 특별한 다른 해외진출 목적이 있는가?
   3) 몇 개의 시장에 진출하고자 하는가?
   4) 경영전략은 어느 정도 통제하고자 하는가?
   5) 목표이익은 어느 정도인가?
   6) 기업경영상 어느 정도 유연성을 갖추고 있는가?
   7) 기업 전체의 경영전략 중 해외진출전략의 역할과 비중은 어느 정도인가?
2. 기업의 자원
   1) 기업의 추진하고자 하는 '진정한' 사업은 무엇인가?
   2) 경쟁상 유리한 점과 불리한 점은 무엇인가?
   3) 해외시장진출에 필요한 인적 자원은 어느 정도 확보하고 있는가?
   4) 해외시장진출에 필요한 자본은 어느 정도 확보 가능한가?
   5) 현행 해외진출전략의 강점과 약점은 무엇인가?
   6) 국제시장 또는 해외경영활동의 경험은 어느 정도 갖추고 있는가?

↓

해외시장 선정기준 개발

↓

기준에 적합한 진출가능시장 선정

↓

〈해외시장에 대한 평가〉

1. 환경 요인
   1) 해외시장의 정치적 환경은 어떠한가?
   2) 외국문화의 어떤 측면이 시장수요 및 기업의 경영전략에 어떠한 영향을 미치는가?
   3) 국내 및 외국의 법률환경은 기업의 경영전략에 어떠한 영향을 미치는가?
   4) 해외시장의 관련 인구변화 추이는 어떠한가?
   5) 경제적·기술적 환경은 어떠한가?
   6) 해외시장의 경쟁상황 및 동향은 어떠한가?
2. 시장요인
   1) 잠재적 구매자의 인구통계학적 특성은 어떠한가?
   2) 제품의 유통에 필요한 하부구조와 중간상인은 어떠한가?
   3) 잠재적 구매자에 대한 동기부여 요인은 무엇인가?
   4) 잠재적 시장의 크기는 어떠한가?

↓

↓

진출시장의 선택

↓

해외시장진출방식의 선택(수출·라이센싱·현지판매법인·해외생산 등)

↓

해외시장진출전략에 필요한 정보탐색

↓

해외시장진출전략의 개발

↓

해외시장진출

↓

〈해외시장진출에 대한 평가〉

1) 해외시장진출의 목표를 달성하였는가?
2) 기업의 경영성과에 영향을 미치는 요소는 무엇이었는가?
3) 기업의 확장을 위하여 앞으로 사용할 수 있는 전략은 무엇인가?
4) 다른 시장진출에 적용 가능한 교훈은 무엇인가?

자료: E. W. Cundiff and M. T. Hilger, *Marketing in the International Environment*, 2nd ed., Prentice- Hall, 1988, p.66을 수정.

제2절 해외시장진출방식

진출할 해외시장이 선정된 후에는 선정된 해외시장에 효과적으로 진출할 수 있는 방식을 선정해야 한다. 다국적기업이 해외에 진출하는 방식은 [그림 8.1]과 같이 수출에 의한 해외진출방식, 계약에 의한 해외진출방식, 직접투자에 의한 해외진출방식 등의 세 가지로 분류하여 볼 수 있다. 해외에 진출한 기업은 각각의 해외진출방식의 내용 및 특성을 제대로 인식하고 평가함으로써 자사에 가장 적절한 방식을 선택하여 국제경영의 성과를 최대화시킬 수 있도록 하여야 한다.

[그림 8.1] 해외시장진출방식

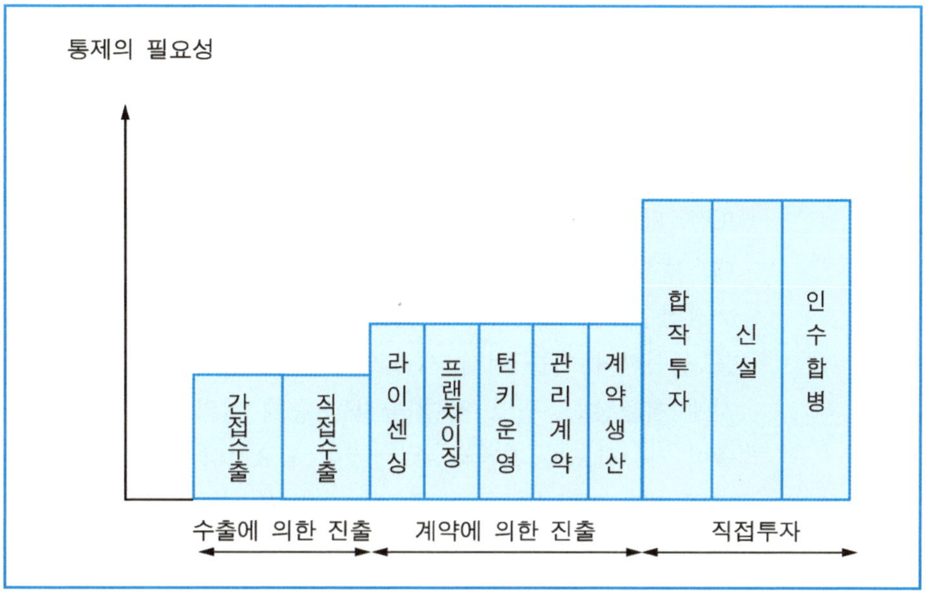

자료: F. Root, *Entry Strategies for International Markets*, Lexington Books, 1994를 수정.

1. 수출에 의한 해외진출

수출에 의한 해외진출은 기업이 자국에서 제품을 생산하여 외국에 판매하는 방식을 의미한다. 이는 기업의 입장에서 가장 위험이 적은 국제경영의 형태로서 기업이 해외시장에 진출하는 데 가장 오래 전부터 활용된 기본적인 전략이다. 수출은 기업이 해외에 처음 진출할 경우 가장 보편적으로 사용됨은 물론 그 이후에도 최적의 국제화 방법이 될 수 있다.

수출은 간접수출과 직접수출이 있다. 간접수출은 기업이 제품을 국내에 있는 중간수출업자를 통해 해외에 수출하는 것이며, 직접수출은 중간수출업자를 거치지 않고 기업이 직접 해외에 수출하는 것을 말한다.

1) 간접수출

간접수출(indirect export)은 수출업자(export management company), 수출대리점(export commission house), 수출조합(export association), 수출중개인(export broker) 등을 통하여 수출함으로써 수출국 내에서 요구

되는 수출관련 기능을 제조업체가 스스로 수행하지 않고 제품을 해외에 판매하는 가장 간편하고 소극적인 방식이다.

이러한 간접수출방식은 해외시장에 대한 관여 정도가 낮은 기업에 적합하다. 수출의 주요 동기가 국내의 과잉생산물을 처리하거나 국내사업의 부수적인 활동으로 추진되는 경우 수출대행업자를 통한 간접수출이 적절하다. 또한 해외시장 확대에 전념할 여력이 없으며, 수출조직을 신설하고 시장을 테스트하고자 하는 기업이 적절히 사용할 수 있는 방법이다.

간접수출을 효율적으로 활용하기 위해서는 신뢰할 수 있는 수출대행업자를 선정하여 이를 자사 제품의 수출마케팅 계획에 공동으로 참여시키는 동시에 제품정보, 광고 및 기술지원 등에 협력하고 주문에 대해 즉각적인 수출이 가능하도록 지원해 주는 것이 필요하다. 간접수출은 다음과 같은 장단점을 갖고 있다.[1]

■ 간접수출의 장점

① 수출실무에 전문성이 있고 경험이 풍부한 수출업체를 활용하기 때문에, 안심하고 수출거래를 할 수 있다.

② 특히 대규모 무역회사, 종합무역상사(국내에 지사를 갖고 있는 외국상사 포함), 국제합작투자기업체나 외국인파트너 기업체 등은 세계적인 판매망을 통하여 풍부한 해외시장정보를 얻을 수 있고, 해외시장의 거래선과 접촉이 많고, 명성(reputation)이 높기 때문에 그들에게 편승하여 수출을 증대시킬 수 있다.

③ 수출업체는 제조업체로부터 제품을 매입할 때 소유권을 이전해 가고 자체의 계정으로 수출하기 때문에 수출 클레임이 발생하면 수출상사가 위험을 부담한다.

④ 제조업체는 큰 규모의 수출부서나 해외지사 등을 운영하지 않아도 되므로 수출운영비와 수출광고·판매촉진비용 등을 절감할 수 있다.

⑤ 제조업체는 수출업체로부터 자금지원을 받을 수도 있다.

⑥ 제조업체는 여러 국가에 광범위한 수출 네트워크를 갖고 있는 수출업체를 통하여 수출함으로써 국가별로 수출판매를 증대시킬 수 있다.

⑦ 제조업체가 수입도 하여야 할 경우 무역회사나 수출입상에게 수입을 의뢰할 수 있다.

---

1) 반병길, 「글로벌경쟁시대의 국제마케팅」, 박영사, 1994, pp.439~441를 수정.

■ 간접수출의 단점

① 제조업체가 수출업체에게 제품을 판매(또는 인도)한 후에는, 그 제품의 해외마케팅에 대한 통제권을 상실하기 때문에 어느 지역이나 국가에서 누구에게 어떤 가격으로 유통되었는지 조차 알 수 없는 경우가 있다.

② 해외소비자들과 직접 접촉할 수 있는 기회가 적어 해외시장기반을 구축하기가 어렵다. 또한 해외시장정보, 소비자·거래상 등의 요구·요망·반응이 제조업체에게 제대로 전달되지 않는 경우가 많다. 그 결과로 해외판매활동에 대한 적절한 계획을 세우고 집행하기가 어렵다.

③ 수출업체는 여러 제조업체들의 제품을 수출하기 때문에 특정 제조업체 제품의 수익성이 낮거나 수출규모가 적을 때는 그 제품의 수출을 등한시할 수도 있다.

④ 수출업체와 제조업체는 공동이익도 추구하지만 각기 나름대로의 목적을 추구하기 때문에 이해가 충돌되거나 분규가 발생하면 수출업체가 수출대행을 거부할 가능성이 항상 있다.

⑤ 해외클레임이 발생할 때 수출업체는 자기에게 유리하게, 제조업체에게는 불리하게 처리하는 경우가 있다.

⑥ 수출업체는 자체이익을 위하여 운영하는 독립기업이므로 수익성이 확실한 제품을 제외하고는 시장조사나 시장개척을 등한시하거나 필요한 투자를 하지 않는 경우가 많다.

⑦ 해외고객 유치를 위한 과당수출경쟁 때문에 제조업체가 피해를 볼 수 있다.

⑧ 가격 등에 대한 해외시장정보가 어둡기 때문에 수출업체는 이를 악용하여 지나치게 많은 이익을 올리고 제조업체의 이익을 감소시킬 수 있다.

⑨ 수출상사들은 제품수출에 따르는 사전 및 사후 서비스(pre-and after-service)를 철저히 제공하지 않아서 제품과 그 제조업체의 성가(good-will)가 손상될 가능성이 있다.

⑩ 간접수출은 국제경영을 확대하려는 제조업체에게 해외요원의 개발·해외경험의 축적 등을 할 수 없게 함으로써 장래의 국제경영확대에 하나의 장애요인이 될 수 있다.

2) 직접수출

직접수출(direct export)은 제조업자가 해외시장에 있는 수입업자나 대리점(agent), 유통업자(distributor), 판매자회사(sales subsidiary), 소비자(consumer)에게 직접 판매하는 수출방법이다. 직접수출은 기업 내에 수출 업무를 담당하는 부서 또는 인원을 두고 해외시장조사와 해외고객의 접촉, 수출가격의 결정, 유통경로의 선정 등과 같은 국제마케팅 기능뿐만 아니라 수출에 필요한 제반 절차 및 서류작성 등의 업무를 독자적으로 수행하는 것을 의미한다.

직접수출은 간접수출에 비해 기업의 마케팅 활동이 훨씬 더 발전된 단계이며 시장개입의 범위도 크게 확대된다. 그러나 대규모 시장에는 직접수출을 이용하고 소규모 시장에는 간접수출을 이용하는 등 직접수출과 간접수출은 상호 보완적으로 이용할 수 있다. 직접수출은 다음과 같은 장단점을 갖고 있다.[2)]

■ 직접수출의 장점

① 특정 제조업체는 해외의 거래업체 및 시장과 직접 접촉할 수 있으므로 해외시장정보를 비교적 정확하고 용이하게 충분히 얻을 수 있다.

② 국내수출중간상에게 마진·커미션·수수료 등을 지불하지 않아도 되므로 제조업체는 비용을 절약하고 이익을 증대시킬 수 있다.

③ 제조업체는 자사제품에 대한 해외 거래선의 희망·주문·불평 등을 직접 입수할 수 있어서 제품계획과 수출계획을 적절히 적응시킬 수 있다.

④ 제조업체는 자체소유 해외마케팅자회사·해외생산자회사를 강화하고 판매를 증대시킬 수 있다.

⑤ 특수제품의 판매에 따른 사전 및 사후 서비스를 제공할 수 있어서 신용도의 유지와 성가를 증대시킬 수 있다.

⑥ 자사 내에 수출 및 국제마케팅 전문가를 육성할 수 있다.

■ 직접수출의 단점

① 특정 제조업체가 직접수출을 처음 시작할 때는 무역실무, 외국어, 해외시장 등에 대한 경험·전문성 등의 부족으로 거래에 실패할 가능성이 많다.

2) 상게서, pp.443~444를 수정.

② 수출거래에 따른 손실과 클레임 때문에 리스크 부담이 늘어날 수 있다.
③ 수출부·해외지사·해외마케팅자회사 등을 설치하고 수출요원 및 해외요원이 국제마케팅직무를 직접 수행해야 하므로 처음에는 매출액보다 비용이 더 증가해서 해외운영손실이 발생할 수 있다. 특히 소규모의 제조업체가 그러한 경비를 계속 지출해야 할 때에는 그 영향이 더욱 크게 된다.
④ 유력한 수출 전문업체를 활용하지 않아 해외매출액 증대가 어렵고, 해외시장정보 수집·해외거래선 개척 등의 비용이 많이 발생한다.

2. 계약에 의한 해외진출

계약에 의한 해외진출 방식은 기업이 자사가 보유하고 있는 기술이나 지식을 일정한 대가를 받고 해외기업에게 이전하기로 하는 계약을 체결하여 해외에 진출하는 방식을 말한다. 계약을 통해서 해외시장에 진출하는 방식은 여러 가지가 있는데, 이는 다음과 같다.

1) 라이센싱

라이센싱(licensing)은 라이센스 공여자(licensor)가 라이센스 도입자(licensee)에게 재산적 가치가 있는 상업적이고 공업적인 기술 등의 자산을 일정한 대가(royalty)를 받고 제공하는 계약을 체결하여 해외시장에 진출하는 방식이다. 라이센스 공여자가 제공하는 무형의 재산에 대한 권리는 다음과 같다.

무형재산의 권리

① 특허·발명·제조방법·공정·디자인
② 저작권·문학·음악
③ 등록상표·상표명·상호
④ 프랜차이즈·면허·계약
⑤ 경영기법·프로그램·절차·시스템 등

라이센스 공여자는 라이센스 도입자로부터 자사가 원하는 수준의 제품을 공급받기 위해 단순히 특허나 노하우 등의 상업적 재산권을 이전하는 데 그치지 않고 라이센스 도입자에게 상당한 기술도 지원해 주는 것이 일반적이다. 이때 기술을 어느 정도로 이전해 주는가 하는 것은 관련 기술 및 공정의 복잡성 정도 그리고 라이센스 도입자의 경영 및 기술적 능력에 따라서 결정된다.

라이센싱은 해외시장 침투에 그 기본 목적이 있으며 이 방식은 높은 생산원가 때문에 제품을 국내에서 생산하는 것이 비효율적이거나 국내에서 생산하여 그것을 현지국의 판매지역에까지 운반하는 데 많은 운송비가 소요되는 경우, 또는 제품 특성상 장거리 운송이 불가능한 경우, 그리고 현지국 정부의 규제 때문에 현지생산이 불가능한 경우 등에 이용된다.

그런데, 라이센싱 계약을 체결하는 것이 현지국 시장의 개발에 대한 모든 권리를 포기하는 것을 말하는 것은 아니다. 라이센싱은 장기적인 시장개발을 염두에 둔 전체적인 기업전략의 맥락에서 추진되어야 한다.

라이센싱은 다음과 같은 장단점을 갖고 있다.[3)]

■ 라이센싱의 장점

① 신속하게 해외시장에 진출할 수 있다.
② 라이센스 도입자의 보완적인 능력을 발굴할 수 있다.
③ 자본이 적게 든다.
④ 정치적 위험에 거의 노출되지 않는다.
⑤ 법률적으로 다른 형태의 진입방식이 불가능한 경우에 사용이 가능하다.
⑥ 시장이 협소하여 직접투자가 불가능한 경우 사용이 가능하다.
⑦ 두 기업간에 서로 기술을 공여하는 교차 라이센싱(cross-licensing)이 가능하다.

■ 라이센싱의 단점

① 직접투자 등과 같은 다른 방식에 비해서 장기적으로는 수익성이 떨어진다.
② 통제가 약하다.
③ 궁극적으로는 새로운 경쟁자를 만들게 된다.

---

3) R. E. Weigand, "Marketing through Foreign Subsidiaries and Joint Venture Arrangements," in V.P. Buell (ed.), *Handbook of Modern Marketing*, McGraw-Hill, 1986, pp.106-6~106-8.

2) 프랜차이징

프랜차이징(franchising)은 프랜차이즈 공여자(franchisor : 영업본부)가 프랜차이즈 도입자(franchisee : 가맹회사)에게 상표 등에 대한 사용권을 허가해 주고 기업의 운영도 계속적으로 지원해 주는 계약을 체결하여 해외시장에 진출하는 방식이다.

가맹자는 독립되어 있으며, 영업본부는 프랜차이징에 따른 수수료(royalty나 fee)를 받고 대개 가맹자의 운영에 필요한 물품을 공급하기도 한다. 따라서 프랜차이징은 라이센싱의 한 형태라고 볼 수 있으나, 프랜차이징하에서 가맹회사들은 본부의 정책과 운영절차에 따라야 하므로 라이센싱 보다는 가맹사의 운영에 보다 강한 통제를 하게 된다는 차이가 있다.

패스트푸드나 소매업, 렌트카, 호텔, 자동차 판매업 등의 서비스산업에서 전형적으로 사용되는 프랜차이징 계약하에서 본부는 가맹회사에게 설비, 간판, 촉진물, 제품과 기타 원재료를 공급하는 한편 교육훈련, 재무, 기술, 회계, 상품기획, 일반적인 관리면에서 지원을 하게 된다. McDonald's, Domino's Pizza, Hilton Hotel, Hertz 등은 프랜차이징 계약을 통해서 국제적으로 사업을 확장한 기업의 대표적인 예이다. 프랜차이징은 다음과 같은 장단점을 갖고 있다.[4]

■ 프랜차이징의 장점

① 적은 자본으로 해외시장에 신속히 확산될 수 있다.
② 독특한 이미지로 표준화된 마케팅 활동을 수행할 수 있다.
③ 가맹점이 고도로 동기부여 될 수 있다.
④ 정치적 위험이 낮다.

■ 프랜차이징의 단점

① 영업본부의 이익에 한계가 있다.
② 가맹점의 운영을 완벽히 통제할 수 없다.
③ 경쟁자의 양성 가능성이 있다.
④ 계약에 대한 정부의 규제가 있을 수 있다.

4) 정구현, 「국제경영학」, 법문사, 1999, p.328.

3) 턴키운영

턴키운영(turnkey operation)은 턴키 프로젝트(turnkey project) 또는 플랜트 수출(plant export)이라고도 하는데 이는 기업이 해외에서 공장이나 기타 산업시스템을 발주 받아 이를 설계·건설한 다음, 가동할 준비가 되면 소유자에게 이전한다는 계약하에서 수행되는 시설공사를 말한다.

경우에 따라서는 경영관리나 근로자의 훈련 등과 같은 서비스를 추가로 제공하기도 하는데 이를 턴키 플러스(turnkey plus)라고 한다. 턴키공사는 프로젝트에 설비공급을 하는 산업설비 제조업자가 맡게 되는데 대개 건설회사인 경우가 많다. 이는 대규모 사업으로서 막대한 자본이 소요되기 때문에 소수의 다국적기업이 시장을 대부분 점유하고 있는 경우가 많다.

턴키운영은 각 프로젝트마다 각기 상이한 특성을 지니고 있고 그 내용도 서로 다르기 때문에 어떤 표준적인 계약을 이용할 수는 없으나 통상적으로 이 방식에서는 엔지니어링 기술과 노동 및 경영 관리기법이 복합적으로 이전되는 것이 일반적이다. 턴키운영은 건설 및 엔지니어링 능력이 부족한 개발도상국을 대상으로 많이 이용되고 있다. 턴키운영은 다음과 같은 장단점을 갖고 있다.

■ 턴키운영의 장점

① 부품만을 판매하는 경쟁기업보다 경쟁적인 위치를 강화할 수 있다.
② 일단 현지에 진출하면 부품이나 관련 서비스를 지속적으로 판매할 수 있다.
③ 턴키운영의 가격이 그 프로젝트의 여러 가지 요소를 가장 유리한 조건으로 개별적으로 계약하는 가격보다 현저하게 더 높게 될 수 있다.
④ 국유화의 위험이 없다.

■ 턴키운영의 단점

① 계약체결을 위해 복잡한 협상과정을 거치며, 막대한 비용과 시간이 소요된다.
② 대부분 현지국 정부와 계약을 체결하게 되므로 정치적 변화에 따른 계약취소나 지불중지, 그리고 계약조건의 강제적 재협상 등과 같은 정치적 위험이 매우 높다.
③ 현지국 정부는 계약과 함께 입찰, 선지급, 하자 및 이행에 대한 보증으로 일급은행의 보증을 요구하고 있어 막대한 위험이 뒤따른다.

④ 장기간의 계약기간 동안 공사의 진행에 따라 대금지급이 단계적으로 이루어지는 경우가 많은데, 이 경우 환율변화의 위험에 노출될 수 있다.

4) 관리계약

관리계약(management contract)은 경영에 관한 지식·경험·기술 등의 노하우를 가진 기업이 자금·설비를 갖고 있는 기업과 계약을 체결하여 한 파트너는 운영시설을 소유하고 다른 한 파트너는 경영을 담당하는 형태의 국제경영 방식이다. 따라서 판매자는 경영관리기술, 즉 노하우만을 제공한다. 이러한 관리계약은 공공부문, 서비스산업, 식품가공, 천연자원 개발 등의 분야에서 주로 사용된다.

관리계약이 체결되는 경우는 ① 해외투자기업이 현지국 정부에 의해 수용되었을 때, 현지 경영자가 훈련될 때까지 계속 경영토록 위탁하는 경우, ② 공장설비를 판매한 기업이 그 사업체를 위탁경영하게 되는 경우, ③ 운영이 어려울 때 방향전환을 위해서 해외기업에게 위탁경영 하는 경우 등으로 나눌 수 있다. 다양한 이유로 관리계약만 체결되는 경우는 매우 드물며 대개 합작투자나 턴키운영의 일환으로 사용되는게 일반적이다. 관리계약은 다음과 같은 장단점을 갖고 있다.

■ 관리계약의 장점

① 위험수준이 낮은 해외시장진출방식이다.

② 비용이 거의 들지 않는다.

■ 관리계약의 단점

① 수입은 계약기간 동안의 수수료로 한정된다.

② 해외시장에 영구적인 교두보를 확실하게 구축할 수 없다.

③ 파트너가 경영 노하우를 습득하게 되면 계약은 파기된다.

5) 계약생산

계약생산(contract manufacturing)은 라이센싱과 해외직접투자의 중간형이다. 이는 한 기업이 특정 제조업체로 하여금 일정한 계약조건하에 제품을 생산하고 이를 현지국 시장이나 제3국 시장에 판매하는 방식이다.

흔히 OEM(Original Equipment Manufacturer)방식이라고 하여 자국에서 생산되어 수출되는 공산품의 상당량이 외국 수입업자의 상표가 붙어 세계시장에서 판매되고 있는데, 이것도 일종의 계약생산이라고 할 수 있다.

계약생산을 위탁하는 기업은 자사가 요구하는 제품을 확보하기 위해 통상 현지기업에게 기술을 이전해 주거나 또는 기술을 지원해 주는 것이 일반적이다. 이때 기술이전 및 기술지원은 기업간의 별도의 라이센싱 계약이나 기술지원 계약에 따라 이루어진다. 계약생산은 통상 해외고객에게 자사가 제품을 직접 공급할 수 있는 생산여력이 미치지 못하거나 현지시장이 협소하여 직접투자형태의 진출이 타당하지 않는 경우, 그리고 현지정부의 규제 등의 장벽 때문에 통상적인 수출경로를 통해서는 해외고객에게 제품을 공급할 수 없는 경우에 많이 이용된다.[5)]

계약생산은 다음과 같은 장단점을 갖고 있다.

■ 계약생산의 장점

① 신속한 시장진출 기회를 제공한다.
② 위험이 적다.
③ 파트너 관계를 형성하거나 현지기업을 매수할 기회를 제공하게 된다.[6)]
④ 새로운 공장시설에 관한 직접투자 없이 해외시장기지를 확대하게 된다.
⑤ 노동집약적 산업에서 많은 원가절감이 가능하다.[7)]

■ 계약생산의 단점

① 적당한 제조업체를 물색하는 것이 어렵다.
② 적당한 제조업체가 있다고 하더라도 품질 및 판매수준을 유지하기 위해서는 막대한 기술원조가 필요한 경우도 있다.
③ 제조공정에 대한 통제가 약화된다.
④ 제조활동을 통해 얻을 수 있는 잠재적인 제조이윤이 상실된다.

---

5) 강태구, 「다국적기업경영론」, 무역경영사, 1997, pp.46~47.
6) P. Kotler, *Marketing Management : Analysis, Planning, Implementation, and Control*, 8th ed., Prentice-Hall, 1994, p.417.
7) C. McDaniel, Jr., *Marketing : An Integrated Approach*, Harper & Row, 1979, p.514.

3. 직접투자에 의한 해외진출

1) 해외직접투자의 의의

직접투자는 해외기업에 대한 통제권을 투자자에게 제공하게 된다. 흔히 해외직접투자(foreign direct investment)라고도 하는데 이는 투자기업이 해외의 투자대상기업에 대한 경영지배 또는 경영참여를 목적으로 유형의 경영자원뿐만 아니라 무형의 경영자원인 기술·특허·상표권·경영 또는 마케팅 노하우 등 기업의 제반 자원을 패키지 형태로 해외에 이전시키는 방식이라고 할 수 있다.

해외직접투자는 해외간접투자(foreign indirect investment or foreign portfolio investment)의 상대적인 개념으로 기존의 정의에서는 공통적으로 해외직접투자의 요건을 해외투자기업에 대한 통제권의 확보에 따라서 규정하고 있다.[8]

이에 비해 해외간접투자는 경영에 대한 통제권에는 관심이 없고 배당이나 이자를 목적으로 주식 또는 증권을 취득하거나 해외사업에 대부를 하는 것을 의미한다. 해외간접투자는 국제경영 활동을 강화하는 대부분의 기업들에게 있어서 중요한 의미를 갖는다. 이것은 기업이 상대적으로 안전하게 돈을 벌기 위한 수단인데, 주로 단기적인 재무상의 이익을 얻기 위해 사용된다.

국제경영전략의 차원에서 해외직접투자는 수출의 상대적 개념으로도 정의되고 있다. 즉, 수출이 생산요소들을 국내에서 결합하여 제품의 상태로 해외로 이전시키는 방법인 것에 비해, 해외직접투자는 국내의 자본·생산기술·경영기술 등의 생산요소를 해외로 이전하여 현지국의 생산요소인 노동·토지 등과 결합하여 생산과 판매를 하는 것이라는 점에서 대조가 된다.

해외직접투자는 오늘날 신보호무역주의의 만연으로 각국이 관세 및 비관세 장벽을 강화함에 따라 수출에 많은 어려움을 겪고 있는 기업들이 국제시장 진출에 활용할 수 있는 가장 적극적인 전략적 대안의 하나로서 주목받고 있

8) 해외직접투자에 대한 주요 학자들의 정의는 다음과 같다.

① 경영에 대한 통제권을 갖는 해외기업에 대한 장기지분투자

F. Root, *International Trade and Investment*, South-Western Publishing., 1978, p.509.

② 해외기업의 경영과 이익에 대한 통제권을 주목적으로 하는 자본이동

K. Kozima, Direct Foreign Investment : A Japanese Model of Multinational Business Operation, Praeger, 1978, p.57.

다. 해외직접투자는 물론 대기업만의 전유물은 아니다. 많은 중소기업들도 해외직접투자에 참여하고 있다. 하지만 대기업들이 대규모의 해외시설을 갖고 있고 보다 많은 국가에서 활동을 전개하는 경향이 있기 때문에 금액면에서는 직접투자의 대부분을 차지하고 있다.

따라서 해외직접투자는 오늘날 세계적으로 다각적인 활동을 전개하고 있는 다국적기업의 특성과 경쟁적 우위를 가장 잘 반영하고 있는 전략형태로서 투자 수용국, 투자국, 그리고 세계 경제적 관점에서도 그 영향 내지 효과에 대해 활발한 연구가 이루어지고 있다.

2) 해외직접투자의 동기

경제학적인 입장에서 보면 해외직접투자는 자본의 한계수익률이 낮은 국가에서 높은 국가로 이동한다는, 즉 국가간의 한계수익률의 격차로 인해 발생한다고 보는 것이 일반적인 견해이다. 그러나 다국적기업의 행동양식을 중심으로 하는 경영학적인 측면에서 보면 해외직접투자는 각 기업의 보다 구체적인 동기와 기업목표에 따라서 행해지고 있다. 이러한 동기나 목적은 본국내의 기업환경, 당해기업의 경영전략, 현지국의 투자환경 등에 따라 달라지며 이러한 제반 동기와 목적이 복합적으로 작용한 결과로 해외직접투자가 이루어지게 된다.

개별기업의 입장에서 해외직접투자의 동기는 기업의 전략상 해외직접투자를 추구한다는 전략적 동기, 기업의 외부환경 혹은 조직 내부의 최고경영층의 경영철학이나 목표에 따라 또는 기업의 조직 구성원이나 그룹에 대한 공약 등의 이유에서 해외직접투자가 이루어진다는 행동적 동기, 현지국의 실물자산, 생산요소, 금융 등 현지 시장이 불완전 상태에 있기 때문에 투자가 발생한다는 경제적 동기 등으로 나눌 수 있다.[9]

3) 해외직접투자의 유형

해외직접투자는 무엇을 기준으로 하느냐에 따라 다양한 형태로 구분될 수 있는데 전략적 동기를 중심으로 한 해외직접투자의 유형을 살펴보면 다음과

9) D. K. Einteman and A. I. Stonehill, *Multinational Business Finance*, 4th ed., Addison-Wesley, 1986, pp.246~260.

같다.

(1) 자원지향형투자(raw material seeker)

자원지향형투자는 원유·광물과 같은 지하자원, 산림자원, 수산자원 등의 개발을 목적으로 특정 다국적기업이 현지국에 해외직접투자를 하는 경우를 의미한다. 이러한 자원지향형투자는 단순히 자원의 개발에만 그치는 것이 아니라 개발·정제·마케팅이 수직적으로 통합(vertically integrate)[10]되는 경우가 많으며 막대한 자본투입과 높은 위험부담과 함께 투자원금 회수가 오래 걸리는 장기회임성을 특징으로 한다.

자원지향형투자는 천연자원에 대한 채굴·가공·판매 등을 수직적으로 통합함으로써 시장을 통한 거래비용을 절약할 수 있으며, 또 수직적 통합에 있어서는 각 생산단계마다 시장지배력을 갖고 있을 뿐만 아니라 그 지배력이 다른 단계로도 파급되기 때문에 산업전체의 과점화가 가능하다.

예를 들어 석유 메이저(oil major)[11]들은 원유의 탐사·생산에서부터 수송·정유·판매에 이르기까지 석유산업을 수직적으로 결합하여 모든 부문에서 사업을 전개함으로써 막대한 이윤을 올리고 있다.

(2) 시장지향형투자(market seeker)

시장지향형투자는 기술·마케팅·경영기법 등과 같은 독점적 우위요소를 보유하고 있는 기업이 이러한 우위요소를 이용하여 현지시장에 진출하기 위해 해외에 투자하는 경우를 말한다. 이러한 형태의 해외직접투자는 수출을 통

---

10) 동일산업 전체의 성장전망이 좋다거나 통합함으로써 기업의 이익이나 효율을 높일 수 있을 때에 이용하는 전략을 통합적 성장전략이라고 한다. 이에는 수직적 통합과 수평적 통합이 있다. 수직적 통합에는 전방통합과 후방통합이 있다. 전방통합은 유통경로상의 기구를 소유하거나 통제하는 것을 말한다. 후방통합은 원료나 제품생산에 필요한 자원을 공급하는 업체에 대한 소유권을 획득하거나 통제를 강화하는 방법을 말한다. 수직적 통합과는 달리 수평적 통합은 경쟁자에 대한 통제 내지 지배권을 강화하거나 소유하려는 방법이다.
여운승, 「마케팅관리」, 민영사, 1995, p.65.

11) 석유 메이저란 International Major Oil Company의 명칭으로 '국제석유회사'로 불리어지고 있다. 이것은 1973년 석유위기 이전까지 미국계 Exxon, Gulf, Mobil, Socal, Texaco, 영국계 British Petroleum, 영국·화란계 Royal Dutch Shell의 7대 석유자본을 지칭하는 표현이었다. 반면에 인디펜던트(Independent)란 메이저에 대응하는 개념으로 석유산업의 한 부문, 예컨대 원유생산 또는 정유사업에만 특화하고 있는 수천 개의 석유회사를 일컫는다.
조동성, 「국제자원론」, 박영사, 1991, p.111.

한 해외진출이 많은 비용을 유발하거나 현지국 정부가 높은 수준의 관세 및 비관세장벽을 구축하여 규제를 가하는 경우에 이용된다.

시장지향형투자는 자사의 제품시장을 개척·유지·확대하기 위한 투자로서 기업의 여러 가지 해외진출 형태 중 가장 전형적인 것이다. 이러한 형태의 해외직접투자는 현지시장 또는 지역시장의 규모가 크고 성장가능성이 높다고 판단될 때 시행되며 이는 반드시 제조업에만 국한되는 것이 아니라 소매업·은행업·보험·여행업 등 서비스산업에서도 쉽게 찾아볼 수 있다.

(3) 생산효율지향형투자(production-efficiency seeker)

생산효율지향형투자는 생산성에 비해 생산요소의 가격이 상대적으로 저렴한 지역에 투자를 하여 생산 활동을 전개하는 것을 의미한다. 다국적기업의 경우에는 각 부품을 세계 여러 지역 가운데서 가장 효율적으로 생산할 수 있는 지역에서 생산하고 이것을 또 다른 지역에서 조립하고, 또 가장 효율적인 지역에서 보관하고 유통시킴으로써 최소의 생산비와 유통비로 전세계 시장에 자사의 제품을 가장 효율적으로 공급하고자 한다.

미국이나 일본의 다국적기업이 동남아시아나 한국, 중국, 대만 등에 생산설비 투자 비중이 높은 이유는 이 지역의 저렴한 임금과 양질의 노동력 때문이었으며 최근 한국의 기업들도 중국과 동남아시아 지역에 이러한 이유로 해외직접투자를 하고 있다.

(4) 지식지향형투자(knowledge seeker)

지식지향형투자는 선진국의 기술이나 경영 노하우를 습득하기 위해 선진국에 투자하는 경우로서 미국의 실리콘벨리 등에 대한 해외직접투자가 여기에 해당된다. 이러한 형태의 해외직접투자는 고급 기술 인력이 위치하고 있는 지역에 현지법인을 설립하여 현지의 우수한 두뇌를 활용하고 지식을 습득함으로써 선진기술과 경영기법에 보다 더 효율적으로 접근하기 위한 것이다. LG전자 등이 최첨단 기술을 습득하기 위해 미국의 실리콘벨리에 설치한 현지법인이 바로 이러한 지식지향형투자의 대표적인 예이다.

4) 해외진출형태

해외 자회사에 대한 소유형태는 다국적기업의 경영전략이나 현지국의 정책에 따라서 크게 달라진다. 즉 해외 자회사는 하나의 독립된 경영 단위가 아니라 다국적기업의 전체 시스템 중 경영전략의 일부만을 담당하는 데 지나지 않기 때문에 해외진출시의 소유형태는 기업이 추구하고자 하는 경영전략에 따라서 달라질 수 있다.[12] 해외 자회사에 대한 소유형태는 크게 단독투자와 합작투자로 나눌 수 있다.

(1) 단독투자(sole venture)

단독투자는 의결권을 갖는 해외 자회사 주식의 95% 이상을 단독으로 소유하는 형태로 해외에 진출하는 경우를 말한다. 일반적으로 단독투자는 기업이 강력한 독점적 우위를 소유하고 있거나, 제품이나 기술에 대해 본사의 강력한 통제가 필요한 경우 그리고 제품 생산과정에서 모기업이 자회사에게 원자재를 공급한다든지 또는 그 반대의 관계가 성립하는 경우 등에 주로 선호된다.

기업이 단독투자로 해외에 자회사를 설립하는 방법에는 현지의 기존기업을 인수·합병(merger and acquisition)하는 방법과 새로운 기업을 신설(greenfield)하는 두 가지 대안이 있다.

가. 인수·합병(M&A : Mergers and acquisitions)

최근에 모든 산업 부문에 걸쳐서 기존기업의 인수·합병에 대한 관심이 점차 증대되고 있다. 여기서 인수(acquisition)란 한 기업이 다른 기업의 주식이나 자산 등을 매입하여 경영권을 장악하는 것을 말하며, 합병(mergers)이란 둘 이상의 독립된 기업들이 통합되어 단일 기업이 되는 형태를 가리킨다. 그러나 현실적으로는 양자를 엄밀하게 구분하기가 어렵기 때문에 이를 통칭하여 인수·합병(mergers and acquisitions)이라고 한다.

인수·합병은 결합 형태에 따라 동일 산업 내에서 생산단계가 다른 기업과의 결합을 말하는 수직적 인수·합병(vertical M&A), 동일 산업 내에서 생산단계가 같은 기업과의 결합을 말하는 수평적 인수·합병(horizontal

12) J. M. Stopford and L. T. Wells, Jr., *Managing the Multinational Enterprise*, Basic Books, 1972, p.108.

M&A), 다른 산업에 있는 기업 간의 결합을 말하는 복합적 인수·합병(conglomerate M&A) 등이 있다.

법적 형식에 따라서는 두 개 이상의 기업이 합병 후 새로운 기업으로 설립되는 신설합병(consolidation), 당해 기업들 가운데 한 기업이 다른 기업을 흡수하는 흡수합병(merger)이 있다. 또한 자산의 취득을 통해 합병하는 자산합병, 주식의 취득을 통해 합병하는 주식합병이 있다.

피매수 기업의 대응태도에 따라서는 우호적 인수·합병(friendly M&A), 적대적 인수·합병(hostile M&A), 그리고 중립적 인수·합병(neutral M&A) 등으로 구분할 수 있다.

어떤 형태로 인수·합병이 이루어지든지 간에 기존기업을 인수하여 해외시장에 진출하는 동기는 대개 현지기업이 보유하고 있는 특정 자산의 취득과 여기서 얻어지는 시너지 효과(synergy effect)를 통한 기업가치의 극대화, 사업의 다각화 또는 지역적 다각화를 통해 이익기회의 확대와 위험분산을 꾀하는 데 있다고 할 수 있다. 인수·합병 방식의 장단점으로는 다음과 같은 것을 들 수 있다.

■ 인수·합병의 장점

① 이미 독자적인 제품과 시장 및 판매망을 보유하고 있는 기존의 기업을 인수하기 때문에 신속하게 해외시장에 진출할 수 있고 투자자본도 신속하게 회수할 수 있다.
② 기존기업이 보유하고 있는 인력뿐만 아니라 제조 및 판매에 대한 경험과 지식, 기술 그리고 상표 등도 함께 획득할 수 있다.
③ 현지의 계속기업을 인수함으로써 초기운영에서 발생할 수 있는 문화적, 법률적, 관리적 문제를 피할 수 있다.
④ 현지국의 경쟁구조를 교란시키지 않을 뿐만 아니라 경쟁상의 보복을 피할 수 있다.
⑤ 무리 없이 새로운 제품라인을 추가할 수 있다.

■ 인수·합병의 단점

① 적절한 인수대상 기업을 선정하고 이의 가치를 평가하는 것이 어렵다.
② 기존의 피매수 기업이 갖고 있는 문제점까지도 인수하게 된다.
③ 현지국이나 본국의 제한이 있을 수 있다.
④ 커뮤니케이션과 조정의 문제가 발생할 수 있다.

나. 신규설립(greenfield)

신규설립에 의한 해외진출은 기업이 예전에 없었던 시설을 현지에 새롭게 설립하여 진출하는 방식이다. 신설의 장단점으로는 다음과 같은 것을 들 수 있다.

■ 신설의 장점

① 기업이 직접 해외시장 개입의 규모와 생산시설을 통제할 수 있기 때문에 비용이 적게 소요된다.
② 피매수 기업의 문제점까지 떠맡게 될 위험이 없다.
③ 최신의 생산기술 및 경영기법을 활용할 수 있다.
④ 생산활동, 고용 등을 증대시키므로 현지국의 환영을 받을 수 있다.
⑤ 진출기업 자신이 가장 저렴한 입지를 선택할 수 있다.

■ 신설의 단점

① 신규투자비용이 많이 소요될 수 있다.
② 새로운 사업기반을 구축해야 한다.
③ 시간이 지연될 수 있다.

(2) 합작투자(joint venture)

합작투자는 2개 이상의 기업이 공동의 소유권을 갖고 해외사업을 추진하는 경우를 말한다. 여기서 공동소유의 대상은 주식자본이나 채무뿐만 아니라 무형고정자산·경영노하우·기술노하우·유형고정자산 등 어떤 것이라도 가능하다.

합작투자는 합작에 참여하는 기업들이 소유권과 기업의 경영을 분담하며, 자본 및 기술 등 상대방 기업이 소유하고 있는 강점을 이용하고 위험을 분담할 수 있다는 점에서 상호 이익적인 해외투자방식이라고 할 수 있다.[13] 따라서 합작투자는 단독투자에 비해 자회사에 대한 통제보다는 현지 파트너의 공헌이 꼭 필요한 경우에 주로 이용된다. 합작투자의 장단점은 다음과 같다.

■ 합작투자의 장점

① 상대적으로 적은 자본과 경영자원으로 커다란 위험부담 없이 참여할 수 있다.

13) J. Hladik, *International Joint Ventures*, Lexington Books, 1985.

② 현지국의 낯선 환경에 신속히 적응할 수 있고 정치적 위험도 줄어든다.
③ 현지국의 시설과 자본, 그리고 자원을 적극적으로 활용할 수 있다. 특히 경영활동을 공동으로 수행하여 규모의 경제나 경험효과(experience effect)를 얻을 수 있다.
④ 단독투자를 금지하는 경우 대안이 될 수 있다.
⑤ 현지 파트너와의 합작기업은 현지기업으로 인식되므로 현지국 국민의 호감을 받을 수 있다.
⑥ 제3국 파트너와 합작으로 현지국 정부에 대한 협상력을 증대시킬 수 있다.

■ 합작투자의 단점

① 합작 파트너와 이익을 나누어야 하는 등 서로 다른 국적을 가진 합작선 간의 이해상충 요인이 항시 존재한다.
② 경영통제권의 약화는 물론 기술과 노하우 등이 기업 외부로 흘러나갈 수 있다. 더구나 합작 파트너가 미래의 경쟁자로 성장하는 부메랑 효과(boomerang effect)의 가능성도 있다.
③ 마케팅계획, 배당금지급, 소득의 재투자, 제3국에 대한 수출, 원료와 부품의 조달원, 이전가격, 경영자 선임 및 보수, 규모의 확장 등과 같은 핵심적인 경영관리 분야에 대해 합작 파트너와의 이해관계가 상충되는 경우가 많아 관리의 어려움이 따르고 기업의 정책 및 전략의 방향이 명확하지 않은 경우가 많다.

한편, 최근에는 합작투자와 유사한 개념인 전략적 제휴가 다국적기업간에 활발하게 이루어지고 있다. 이하에서는 전략적 제휴에 관해 간단히 살펴보도록 한다.

다국적기업의 경영활동이 거대화, 복잡화되면서 이에 따라 수반되는 연구개발 비용 및 개발위험의 증가로 다국적기업은 경쟁기업과의 협력관계 유지를 통해 자사의 경쟁우위를 확보하여 지속적인 이윤을 얻기 위한 경영전략을 도입하고 있는데 이것이 전략적 제휴(strategic alliance)이다.

즉, 두 개 이상의 다국적기업이 자사의 경쟁우위 요소와 상대기업의 경쟁우위 요소를 바탕으로 하여 각자의 독립성을 유지하면서 전략적으로 상호 제휴관계를 형성하여 제3의 기업에 대하여 경쟁우위를 확보하여 이윤을 얻으려는 경영전략이다.[14)]

전략적 제휴는 인수·합병 및 합작투자와 유사한 점이 많다. 그러나 전략적 제휴는 제휴기업들이 서로의 경영권에 간섭하지 않는다는 점에서 인수·합병과 차이가 있으며, 상호협력으로 서로의 경쟁력을 강화시킨다는 점에서는 합작투자와 유사하지만 자본 참여 없이 계약만으로도 제휴가 가능하다는 점에서 합작투자와 다르다.

이러한 점에서 전략적 제휴의 특성으로 참여기업의 독립성 유지, 참여 기업간 제휴 성과 공유, 참여 기업의 핵심적인 전략적 분야에 지속적 공헌 등으로 요약할 수 있다.

[그림 8. 2] 전략적 제휴의 특성

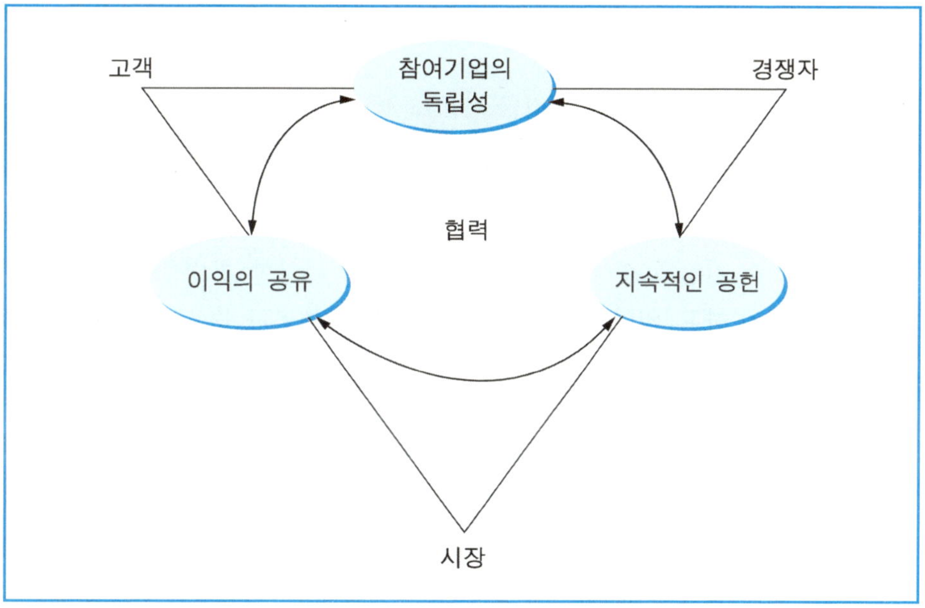

자료: W.J. Keegan and M.S. Green, *Global Marketing*, 2nd ed., Prentice-Hall, 2000, p.324.

이를 그림으로 나타내면 [그림 8. 2]와 같이 표현할 수 있다.

전략적 제휴의 형태는 기술제휴, 조달제휴, 생산제휴 및 판매제휴의 네 가지로 구분할 수 있다. 기술제휴에는 상대기업의 특허, 상표, 경영기법·서비스 등을 이용하는 조건으로 수수료를 지불하는 방식의 교차 라이센싱과 공동기술개발이 있다.

14) 김철, 「다국적기업론」, 법문사, 1996, p.259.

조달제휴는 참여 기업간에 생산위탁이나 부품조달에 관한 협정으로 안정된 공급원의 확보를 주요 목적으로 하는 것이다. 이에는 생산위탁, 부품조달, 외부소싱 등이 있다.

생산제휴는 경영자원을 상호 공급하여 공동 생산하는 유형으로 공동생산, OEM, 세컨드소싱 등이 있다.

판매제휴는 상대 기업의 판매능력을 활용하는 것으로서 공동브랜드 이용, 교차 유통협약 등이 있다.

오늘날 이러한 다국적기업간의 전략적 제휴는 글로벌 시장환경 변화에 대응하기 위하여 급속히 증가하고 있으며, 다국적기업은 전략적 제휴를 통해 기술 및 연구개발 능력배양, 규모의 경제와 원가절감, 시장접근 기회의 확대, 마케팅 기회와 능력의 향상 등 여러 가지 혜택을 도모하고 있다.

4. 해외시장진출방식의 특성요약

기업은 수출, 라이센싱, 계약 등 다양한 방법을 통해 해외시장 진출을 도모하고 있다. 이러한 진출 방식의 개념과 동기 특징을 정리하면 [표 8.2]와 같다.

[표 8. 2] 해외시장진출방식의 특징

유형	개 념	동 기	특 징
간접 수출	종합무역상사, 수출대행업자, 수출조합 또는 국내에 거주하고 있는 외국상인 등을 통하여 수출함으로써 수출국 내에서 요구되는 수출 관련기능을 제조업자가 스스로 수행하지 않으면서 제품을 해외에 판매하는 방법이다.	· 과잉생산품의 판매처분 · 해외시장의 이익기회활용 · 중소기업체가 소규모의 수출을 할 때, 대기업체가 수출의 초기에 이용	〈장점〉 · 전문성 · 안정성 · 경제성(운영비 및 광고비 절감) · 수입과의 연계성 〈단점〉 · 세계시장 구축의 어려움 · 애프터서비스의 부족 · 간접거래로 인한 불이익 감수
직접 수출	자체의 전문요원과 수출경험으로 해외시장의 수입상사, 실수요자에게 직접 수출하는 것으로서, 판매 내지 좁은 의미의 글로벌 마케팅 개입이 시작됨	· 과잉생산품 판매처분 · 세계시장의 이익기회활용 · 수출규모의 증대, 자체의 수출경험과 전문요원을 갖추게 되면 세계시장의 수입	〈장점〉 · 정확한 세계시장 파악 · 비용절감(수수료) · 제품계획과 판매 계획수립 용이 · 통제능력 강화

유형	개 념	동 기	특 징
		상사나 실수요자에게 직접 판매	〈단점〉 · 위험부담 증가 · 비용증가(인건비, 설치비)
라이센싱	특허권, 등록상표, 상표권, 기술적 과정, 노하우 등 공업소유권이나 상업적 자산을 받고 허가해 주거나 대여하는 것을 말함	· 추가이익의 획득 · 현지국의 정책 · 도용 가능성 배제	〈장점〉 · 신속한 해외시장 진입 · 라이센스 도입자의 보완적인 능력을 발굴 · 자본이 적게 듬 · 정치적 위험에 거의 노출되지 않음 · 법률적으로 다른 형태의 진입방식이 불가능한 경우에 사용 가능 · 직접투자가 불가능한 경우 사용 가능 · 기술을 공유하는 교차 라이센싱이 가능 〈단점〉 · 다른 방식에 비해서 장기적 수익성이 떨어짐 · 통제가 어려움 · 새로운 경쟁자를 만듬
프랜차이징	프랜차이즈를 해주는 기업이 표준화된 제품, 시스템 및 관리 서비스를 제공하고, 상대기업체는 마케팅 노하우와 자본을 계승하여 경영을 하는 것을 말함.	· 수직적 시장결합을 위하여	〈장점〉 · 신속한 해외시장 확산 · 독특한 이미지로 표준화된 마케팅 활동을 수행할 수 있음 · 가맹점이 고도로 동기부여 될 수 있음 · 정치적 위험이 낮다. 〈단점〉 · 영업본부의 이익에 한계가 있음 · 가맹점운영의 완벽한 통제가 어려움 · 경쟁자의 양성 가능성 · 계약에 대한 정부의 규제가 있을 수 있음
턴키운영	도로, 항만, 댐, 통신시설 등과 같은 건설사업을 수주, 시공하는 용역생산을 말함. 이에는 국제턴키오퍼레이션 또는 공장수출까지 포함되는데, 이것은 기업이 공장이나 산업시스템을 설계, 건설하고 초기운영까지 담당하여 턴키프로젝트를 준공해 주는 것을 말함.	· 종합건설업체들의 경쟁적인 건설수출을 위해 · 저개발국의 외교적 요청에 의해 · 공사가 대부분 대규모이므로 기업의 명성제고를 위하여	〈장점〉 · 부품만을 판매하는 경쟁기업보다 경쟁적인 위치를 강화할 수 있음 · 부품이나 관련 서비스를 지속적으로 판매할 수 있음 · 프로젝트의 여러 가지 요소를 가장 유리한 조건으로 개별적으로 계약하는 가격보다 현저하게 더 높게 될 수 있음 · 국유화 위험이 없음 〈단점〉 · 협상과정 및 막대한 비용과 시간 소요 · 정치적 위험이 높음 · 보증에 대한 위험이 따름 · 대금지불시 환율변화의 위험에 노출될 수 있음

유형	개 념	동 기	특 징
관리 계약	합작투자의 새로운 형태로서 합작투자의 한 파트너가 운영시설을 소유하고 다른 파트너는 관리적 노하우를 제공하여(마케팅 노하우만을 제공할 때에는 마케팅 계약이 된다) 경영관리를 담당하는 것을 말함	· 고급호텔이나 특수기술을 요하는 업체에서 마케팅이나 기술 등 특수한 자질과 경험을 가진 경영자를 필요로 하기 때문임 · 현지국의 기업수용시 전문가의 부족 때문에 · 각 파트너의 지분비율이 같을 때 경영권을 장악하기 위하여	〈장점〉 · 위험수준이 낮음 · 비용이 적게 듦 〈단점〉 · 수입은 계약기간 동안의 수수료로 한정됨 · 해외시장에 영구적인 교두보를 확실하게 구축할 수 없음 · 파트너가 경영 노하우를 습득하게 되면 계약은 파기됨.
계약 생산	한 기업이 특정 제조업체로 하여금 일정한 계약조건하에 제품을 생산하도록 하고, 이를 현지국 시장이나 제3국 시장에 판매하는 방식이다.	· 해외고객에게 자사가 제품을 직접 공급할 수 있는 생산여력이 없는 경우 · 현지시장이 협소하여 직접투자형태의 진출이 타당하지 않는 경우	〈장점〉 · 신속한 시장진출기회를 제공함 · 위험이 적다. · 파트너 관계를 형성하거나 현지기업을 매수할 기회를 제공하게 됨
계약 생산		· 현지정부의 규제 등의 장벽 때문에 통상적인 수출경로를 통해서는 해외고객에게 제품을 공급할 수 없는 경우	· 새로운 공장시설에 관한 직접투자 없이 해외시장기지를 확대하게 됨 · 노동집약적 산업에서 많은 원가절감이 가능함 〈단점〉 · 제조업체 물색이 어려움 · 품질 및 판매수준을 유지하기 위해서는 막대한 기술원조가 필요한 경우도 있음 · 제조활동을 통해 얻을 수 있는 잠재적인 제조이윤이 상실됨
단독 투자	어떤 기업체가 해외기업체를 운영하려 할 때 투자를 단독으로 하는 것을 말하며, 대부분의 피투자국에서는 단독투자를 허가하지 않거나 극도로 제한을 함	· 현지시장의 경제적 종속목적 · 수익증대를 위해 · 저임금 노동력의 활용 · 관세장벽의 회피 · 운송비 등 물적 유통비의 절감 · 제3국으로의 진출도모	* 인수합병 〈장점〉 · 신속한 해외시장진출 및 투자자본의 회수 · 기존의 인력, 제조 및 판매경험과 지식, 기술 그리고 상표 등도 함께 획득할 수 있음 · 초기운영에 발생할 수 있는 문화적, 법률적, 관리적 문제를 피할 수 있음 · 현지국의 경쟁구조를 교란 및 경쟁상의 보복을 피할 수 있음 · 무리없이 새로운 제품라인을 추가할 수 있음 〈단점〉 · 적절한 인수대상 기업을 선정하고 이의 가치를 평가하는 것이 어려움 · 기존의 피매수 기업이 갖고 있는 문제점까지도 인수하게 됨 · 현지국이나 본국의 제한이 있을 수 있음

유형	개 념	동 기	특 징
			· 커뮤니케이션과 조정의 문제가 발생할 수 있음 *신설 〈장점〉 · 직접해외시장 개입의 규모와 생산시설을 통제할 수 있기 때문에 비용이 적게 소요됨 · 피매수 기업의 문제점까지 떠맡게 될 위험이 없음 · 최신의 생산기술 및 경영기법을 활용할 수 있음 · 생산활동, 고용, 경쟁을 증대시키므로 현지국으로부터 환영을 받을 수 있음 · 저렴한 입지를 선택할 수 있음 〈단점〉 · 신규투자비용이 많이 소요될 수 있음 · 새로운 사업기반을 구축해야 함 · 시간이 지연될 수 있음
합작 투자	상이한 국가의 2개 또는 그 이상의 기업체들이 합작선이 되어 영구적으로 특정 기업체의 운영에 참여하는 것을 말함	· 현지합작선의 유통망을 이용하기 위해 · 현지국에서 단독투자를 허가하지 않을 때 · 현지합작선을 가지고 있는 기반을 이용하기 위해	〈장점〉 · 적은 자본과 경영자원으로 커다란 위험부담 없이 참여할 수 있음 · 환경에 신속히 적응할 수 있고 정치적 위험도 줄어듦 · 현지국의 시설과 자본, 그리고 자원을 적극적으로 활용할 수 있음 · 단독투자를 금지하는 경우 대안이 될 수 있음 · 현지국 국민의 호감을 받을 수 있음 · 제3국 파트너와 합작으로 현지국 정부에 대한 협상력을 증대시킬 수 있음 〈단점〉 · 합작선간의 이해상충요인이 항시 존재함 · 경쟁자의 성장으로 부메랑 효과의 가능성이 있음 · 핵심적인 경영관리 분야에 대해 합작파트너와 이해관계가 상충되는 경우가 많아 관리의 어려움이 따르고 기업의 정책 및 전략의 방향이 명확하지 않은 경우가 많음

자료: 이승영, 「국제마케팅」, 일신사, 1995, pp.297~302를 수정.

제3절

해외직접투자가 본국과 현지국에 미치는 영향

1. 본국에 미치는 영향

1) 긍정적인 영향

(1) 생산요소확보효과

해외직접투자는 본국에서는 확보가 불가능한 천연자원이나 값싼 노동력 등과 같은 생산요소를 확보하는 효과를 가지고 있다. 천연자원을 확보하기 위한 해외투자는 비옥한 토지나 광산, 삼림 또는 석유자원을 구하고자 자원산업분야에 투자하는 경우를 의미하며, 노동력 확보를 위한 투자는 부품 생산이나 조립 등 특정 생산단계에서의 비용을 절감하기 위하여 저임금의 숙련노동력을 이용하고자 해외에 투자하는 경우를 말한다.

(2) 시장확보효과

해외직접투자는 해외 현지에 생산 공장을 설립하여 제품을 생산·판매함으로써 현지시장을 확보하는 효과를 가지고 있다. 수출을 통해 현지시장에 진출하는 것이 운임 등의 영향으로 많은 비용이 소요되거나, 현지정부가 관세 및 비관세장벽을 통해서 수입규제를 하는 경우에 현지에서 직접 제품을 생산하고 판매함으로써 안정적인 해외시장을 확보할 수 있다.

(3) 국제수지개선효과

해외직접투자는 과실송금 등을 통해 본국의 국제수지에 긍정적인 영향을 미치게 된다. 해외직접투자가 이루어지기 시작하는 초기 단계에서는 자본유출이나 현지국 기업으로부터의 경쟁상품 수입 등으로 인해 단기적으로 국제수지가 악화되는 경향이 있으나, 장기적으로는 과실송금이 초기 투자액을 상회함으로써 국제수지를 개선시키게 된다.

2) 부정적인 영향

(1) 산업공동화 초래

해외직접투자는 해외로부터의 수입증대와 국내 생산기반의 위축으로 산업공동화를 초래하게 될 가능성이 있다. 즉, 해외직접투자에 따른 생산라인의 해외이전과 국내투자환경의 악화에 따른 국내 제조업 투자의 부진으로 국내 생산능력이 저하되고, 실업이 증대되는 등 본국의 경제가 전반적으로 악화될 수 있다.

(2) 국내투자감소

해외직접투자는 기업이 자본을 가지고 현지국에 진출하기 때문에 현지국에게는 자본을 형성시켜 주는 효과가 있지만 본국에게는 그만큼의 자본이 해외로 유출되기 때문에 가용한 자본을 축소시키는 효과가 있다. 그리고 본국 생산의 일부가 해외생산으로 대체되기 때문에 해당 부문에 대한 국내 설비투자의 감소를 초래하게 된다.

(3) 고용축소

일반적으로 해외직접투자에 따른 생산라인의 해외이전은 본국의 고용을 감소시킬 가능성이 높다. 즉, 해외직접투자로 인해 생산라인이 저임금의 노동력을 가진 국가로 이동됨으로써 국내공장이 폐쇄되거나, 자회사들이 해외에서 저렴하게 생산한 제품을 본국에 역수출함으로써 본국의 생산이 감소되어 결과적으로 고용이 줄어들 수 있다.

2. 현지국에 미치는 영향

1) 긍정적인 영향

(1) 경영자원확보효과

다국적기업의 직접투자를 통해 현지국은 우수한 자본, 기술, 인력 등을 확보할 수 있다. 다국적기업의 자본이 본국에서 현지로 장기자본 형태로 이전되며, 또한 다국적기업의 선진기술이 현지국에 이전됨과 동시에 다국적기업의 연구개발 분야에 대한 투자에 따라 현지국의 기술이 다양해지고 생산성이 향상될 수 있다. 그리고 우수한 생산기술이나 경영기법이 이전되어 현지 인력의 교육훈련효과가 이루어지게 된다.

(2) 고용창출효과

다국적기업의 직접투자는 생산과 경영관리에 필요한 현지 인력을 채용함으로써 직접적으로 새로운 일자리를 창출한다. 이러한 직접적 고용창출 이외에도 현지국의 연관 산업을 촉진하게 되어 연관 산업으로의 고용 인력을 흡수하는 간접적 고용효과도 발생하게 된다.

(3) 국제수지개선효과

다국적기업의 직접투자로 인한 자본유입으로 단기적으로는 현지국의 국제수지가 개선될 수 있다. 또한 현지투자기업이 원리금을 상환하고 자본재 등의 수입에 대해 지출하는 것보다 월등히 수출을 증가시키면 장기적으로도 현지국의 국제수지는 개선될 수 있다.

(4) 경제성장촉진효과

직접투자를 통해 외국자본이 현지국에 유입되면 자본이 증대하여 경제성장에 기여하게 되고 다국적기업의 선진기술과 경영 노하우가 도입되면 생산성이 향상된다. 또 특정 산업에서 생산이 증대하면 생산된 제품의 마케팅체제가 확립되는 등 전후방 연관효과를 거둘 수 있다. 그리고 다국적기업의 교육훈련과 노동수요 증대를 통해 노동의 질이 향상되고 소득수준이 증대하며 소비와 투자가 확대되어 궁극적으로는 경제성장이 촉진되는 효과가 있다.

(5) 소비자후생증대효과

다국적기업이 현지국의 독과점화된 시장에 진출하여 비효율적인 한계기업의 퇴출을 유도하고 경쟁을 촉진시킨다면 현지국 소비자의 후생증대가 이루어질 수 있다. 즉, 현지국 소비자는 보다 양질의 다양한 제품을 저렴한 가격으로 사용할 수 있게 된다.

2) 부정적인 영향

(1) 경제적 종속화

자국 산업에 대한 외국인의 소유가 많은 경우 외국기업에 자국의 경제가 종속될 가능성이 있게 된다. 경제적 종속에 대한 우려는 선진국보다는 경제력이 미약한 개발도상국의 경우에 더욱 심각한데, 특정 산업에 대한 과도한 외국인 투자의 집중은 경제적 종속의 우려가 있으며, 전략산업에 대한 개발도상국의 통제권이 위협받을 수 있다. 신제국주의 및 종속이론과 같은 급진주의적 견해는 바로 다국적기업에 대한 현지국 경제의 지배 내지 종속화를 경계하고 있다.

(2) 국가주권 침해

국가는 자국의 주요 사안에 대해 자주권을 행사하고, 외부의 통제를 제한하거나 이를 거부할 수 있는 권리를 갖고 있다. 그러나 자국의 경제에 대해 영향력이 큰 다국적기업이 많거나 외국인의 직접투자 비중이 높은 국가일수록 그 나라의 주권(sovereignty)이 손상되는 것은 일반적이다. 다국적기업은 범세계적인 관점에서 이윤의 극대화를 추구하고 주요 의사결정은 본국에 위치한 모기업에서 이루어지기 때문에 현지국의 이해를 등한시하고 따라서 현지국의 주권이 침해될 가능성이 항상 존재하게 된다.

(3) 사회문화적 지배

문화적인 측면에서 해외직접투자는 본국의 가치관과 문화를 현지국에게 전파하여 현지국의 전통적인 가치관이나 문화를 파괴할 수도 있다. 또한 현지국민의 소비생활을 왜곡시키고 국내저축을 어렵게 할 수도 있다.

(4) 부존자원의 고갈과 환경문제

해외직접투자를 통해 다국적기업이 현지국의 자원을 과다하게 채취함으로써 현지국의 부존자원을 고갈시킬 위험이 있다. 재생산이 거의 불가능한 석유나 광물이 대표적인 예가 되며 재생산에 많은 기간이 소요되는 산림자원의 경우도 그 예가 된다. 또한 다국적기업의 현지공장이 배출하는 공해로 인해 현지국의 대기나 수질과 같은 자연환경이 파괴될 우려가 있다.

제4절 해외시장진출방식의 영향요인

해외시장진출방식은 [그림 8. 3]에 나타난 바와 같이 기업의 내부적 및 외부적 요인들에 의해서 영향을 받는다. 따라서 다국적기업이 해외시장에 진출하고자 하는 경우에는 이러한 여러 가지 요인을 고려해야 한다.

[그림 8. 3] 해외시장진출방식의 영향요인

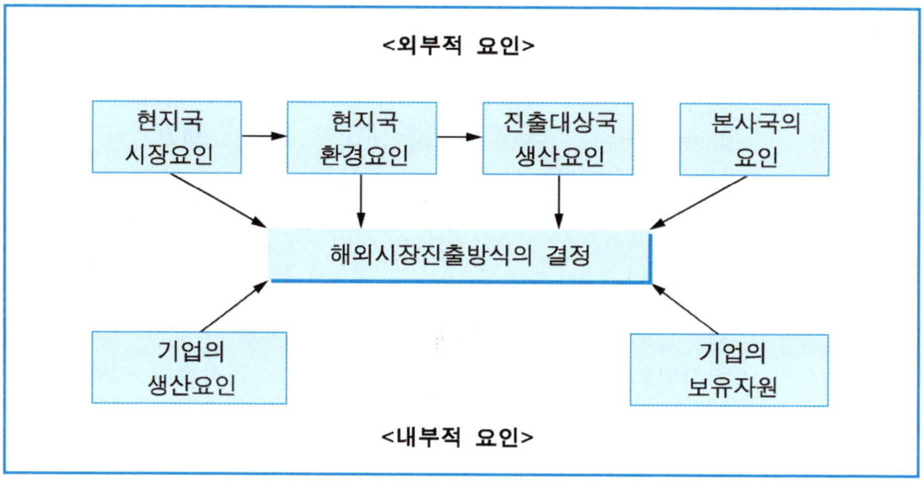

자료: F. R. Root, *op. cit.*, 1994, p.29.

외부적인 요인으로는 현지국의 시장규모나 경쟁구조, 마케팅 하부구조 등과 같은 현지국의 시장요인, 현지국의 물적 자원, 노동, 사회간접자본시설 등과 같은 현지국의 생산요인, 현지국 정부의 정책이나 규제, 지리적·문화적 거리, 경제체제, 경제지표, 정치적 위험 등과 같은 현지국의 환경요인 등이 있다. 그리고 본국의 시장규모, 경쟁구조, 생산비, 정부정책 등과 같은 본국과 관련된 요인이 있다.

내부적 요인으로는 제품차별화와 제품특성과 관련된 기업의 생산요인, 그리고 기업의 경영, 자본, 기술 등과 같은 기업의 보유자원이 있다.

여기서 내부적인 요인의 변화도 기업의 국제화과정에 영향을 미치게 되지만, 특정 해외시장에 대한 기업의 진출방식의 결정에 보다 더 큰 영향력을 미치는 것은 외부적인 요인이라고 할 수 있다.

이는 국제화가 가장 많이 진전되어 있는 형태인 다국적기업의 경우에도 세계 각국의 시장에 진출하기 위하여 목표시장의 상황에 따라 수출에서 해외직접투자에 이르는 제반 유형을 병용하고 있음에서도 알 수 있다.

제5절 해외시장진출방식의 모형

해외시장진출방식의 결정에 관한 이론적인 접근으로는 루트(F. Root)의 모형과 러그만(A. Rugman)의 단순모형이 대표적이다.

1. 루트(F. Root)의 모형

루트(F. Root)의 모형에 따르면 기업이 일단 국제화를 하게 되면 시간의 경과에 따라서 현지시장에서의 통제를 보다 강화하게 되고 그 결과 진출방식도 변화해 나가게 된다고 한다. 즉, 해외시장에서의 활동에 있어서 보다 많은 통제력을 발휘할 수 있는 진출방식을 선택하며 이를 위해 보다 많은 자원의 투입과 보다 많은 위험을 감수하게 된다는 것이다.

[그림 8. 4]에서 볼 수 있듯이 루트는 일반적으로 제조 기업들은 '간접수출 → 대리인이나 유통업자를 통한 수출 → 합작투자 → 단독투자'의 경로를 선택하거나, '간접수출 → 대리인이나 유통업자를 통한 수출 → 해외지사나 현지 자회사를 통한 수출 → 단독투자'의 두 가지 경로를 통하여 해외시장에 진출한다고 본다. 물론, 일부기업들은 라이센싱 과정을 거쳐 바로 직접투자의 단계에 도달하는 경우도 있다.

[그림 8. 4] 루트(F. Root)의 해외시장진출방식 전개과정

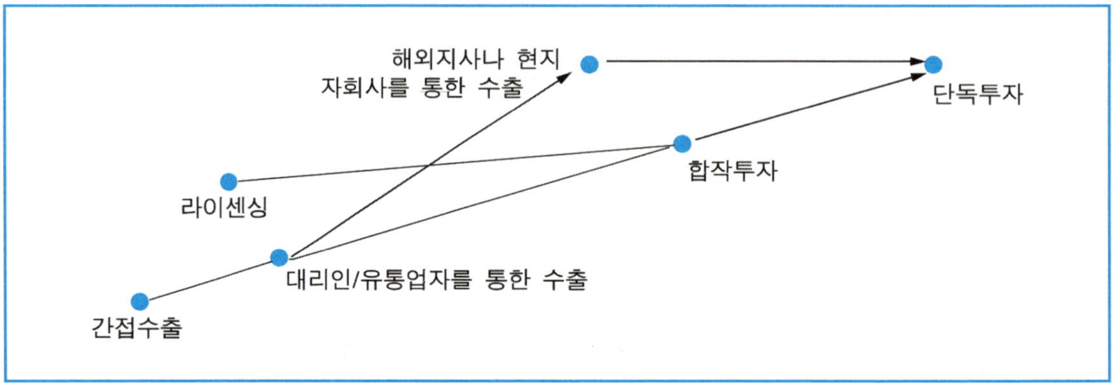

자료 : *Ibid.*, p.39.

2. 러그만(A. Rugman)의 모형

러그만(A. Rugman)은 기업의 해외시장진출방식을 수출, 라이센싱, 해외직접투자의 세 가지로 구분하고 이들의 선택과정을 [그림 8. 5]와 같이 설명하고 있다.

[그림 8. 5] 러그만(A. Rugman)의 단순모형

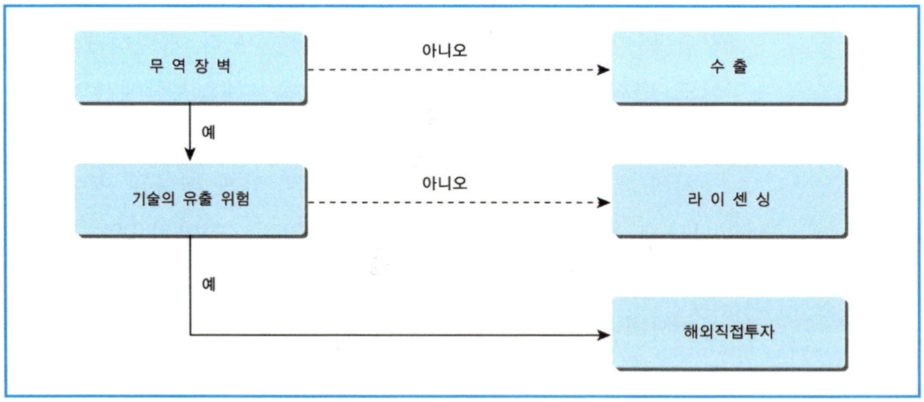

자료: A. M. Rugman., D. J. Lecraw and L. D. Booth, *International Business: Firm and Environment*, McGraw-Hill, 1986.

러그만의 모형에 따르면 기업은 일반적으로 위험이 낮고 별다른 자원투입이 요구되지 않는 방식인 수출을 통해 해외진출을 모색한다. 그리고 높은 무역장벽으로 수출이 불가능할 경우 비로소 라이센싱이나 해외직접투자와

같은 다른 대안이 사용될 수 있는가를 검토하게 된다. 이때 기업이 특히 관심을 갖는 것은 기술의 유출위험이다. 만일 기술이 유출되어 경쟁우위를 잠식당할 가능성이 크지 않다면 라이센싱을 선택하게 되고, 기술이 유출될 가능성이 높다면 상대적으로 자원투입이 많이 요구되는 해외직접투자를 감행하게 된다.

제 5부

다국적기업의 경영관리

제 ⑨ 장 다국적기업의 국제인적자원 · 조직관리
제 ⑩ 장 다국적기업의 국제마케팅관리
제 ⑪ 장 다국적기업의 국제생산관리
제 ⑫ 장 다국적기업의 국제재무관리

9장

다국적기업의 국제인적자원·조직관리

다국적기업에게 있어서 해외시장의 확보는 기업 성패의 관건이 되는 것으로 매우 중요한 의미를 갖는다. 이러한 다국적기업의 가장 중요한 의사결정 가운데 하나가 바로 어떠한 시장에 어떠한 방법으로 진출할 것인가 하는 시장진출의 문제이다.

다국적기업이 해외시장에 진출하려면 우선 기업의 강·약점을 고려하여 몇 개의 대상시장을 정한 후 이들 시장의 기회와 위협요인을 분석하여 최종적으로 목표시장(target market)을 선정하게 된다. 목표시장이 선택되면 기업의 여건과 목표시장의 환경에 가장 적합하게 수립된 진출 전략에 따라 해외시장진출을 시도하게 된다. 이 장에서는 다국적기업의 해외시장진출 방식을 중심으로 고찰하도록 한다.

제①절 국제인적자원관리

제②절 국제조직관리

인적자원 관리 분야에서 유니콘이 나올 수밖에 없는 이유 '언번들링'

십수 년 전만 해도 타이틀곡을 듣기 위해 앨범 전체를 사야 했다. 듣고 싶은 건 한두 곡인데 십여 개의 수록곡을 함께 구매했다. 안 보는 채널이 많은데도 이를 통째로 제공하는 케이블TV에 가입했다. 두 개 이상의 다른 제품을 묶은 일종의 '번들'을 구매하는 것이 일반적이었다.

하지만 이런 모습은 최근 사라지고 있다. 디지털 싱글이 나오면서 듣고 싶은 노래의 음원만 구입할 수 있게 됐고, 특정 콘텐츠를 내세운 스트리밍 서비스와의 경쟁에서 밀려 케이블TV의 번들은 해체 위기를 맞았다. 이렇게 기존에 하나의 상품이었던 것을 쪼개는 방식을 '언번들링(unbundling)'이라고 부른다.

언번들링은 주로 하나의 거대한 플랫폼을 특정 분야에만 집중하는 버티컬(수직적) 플랫폼으로 쪼개는 방식으로 일어난다. 한 분야에 특화되거나 특정 소비자에게 맞춤형 서비스를 제공하면서 틈새시장을 발견한다. 미국 실리콘밸리 벤처투자사 안데르센호로위츠(a16z)는 언번들링 과정에서 새롭게 열린 시장에 적시에 진출한 스타트업이 유니콘기업(기업가치 1조원 이상의 스타트업)으로 성장할 가능성이 높다고 강조했다.

여수신, 송금, 결제, 투자, 자산관리 등 은행 및 금융회사의 다양한 기능을 해체하면서 등장한 핀테크 스타트업이 대표적인 언번들링 성공 사례로 꼽힌다. 스트라이프(모바일 결제), 렌딩클럽(P2P 대출), 로빈후드(주식 투자) 등 해외 기업이 빠르게 성장했을 뿐 아니라 토스, 렌딧 등의 한국 스타트업들도 성공 가도를 달리고 있다.

언번들링을 통해 기존의 번들보다 더 큰 기업으로 성장하거나 경쟁자가 되는 사례도 많다. 대표적인 게 '미국의 중고 나라'라고 불리는 크레이그스리스트다. 이곳에서 이뤄지던 프리랜서 구인·구직, 대안 숙박 예약, 데이트 상대 탐색이 쪼개져 업워크, 에어비앤비, 틴더 등이 탄생했다. 에어비앤비의 지난해 연 매출은 60억달러에 육박한다. 크레이그스리스트의 여섯 배다.

인적자원(HR) 분야에서도 최근 이런 모습이 나타나고 있다. 코로나19 이후 원격 근무가 보편화되면서 HR의 디지털화를 앞당긴 것이 촉매 역할을 했다. HR의 일부 분야에 특화된 서비스가 등장하면서 통합 인적자본관리(HCM) 소프트웨어를 제공하는 SAP, 워크데이, ADP와의 경쟁이 본격화하고 있다.

언번들링을 거쳐 버티컬 플랫폼을 구축하고 있는 HR 테크 스타트업에 대한 투자도 늘었다. 글로벌 시장조사기관 피치북에 따르면 지난해 10월까지 HR 테크 스타트업 투자가 92억달러에 달하는 것으로 집계됐다. 2020년 대비 130% 증가한 수치다.

원격근무가 가능한 인력을 채용하고 급여 보상을 관리하는 솔루션을 제공하는 딜, 리모트는 모두 2019년 설립돼 급속도로 성장하고 있다. 구성원의 성과, 웰니스(신체와 정신 건강) 등을 원격으로 관리할 필요가 더욱 부각되면서 이 분야에 집중하는 스타트업도 늘어났다. 구성원의 성과와 몰입 관리를 돕는 래티스, 얼라이 등의 스타트업이 이 시장에서 경쟁하고 있다. 이 가운데 얼라이는 지난해 마이크로소프트에 7600만달러에 인수되기도 했다. 구성원들의 건강 상태를 원격 관리하는 툴을 제공하는 웰독의 누적 투자액은 6500만달러에 달한다. 한국에서도 목표관리부터 다면평가까지 손쉽게 진행하도록 돕는 성과관리 서비스형 소프트웨어(SaaS) 레몬베이스가 대규모 투자를 유치했다.

자료 : 한국경제신문(https://www.hankyung.com), 2022.6.13.

제1절 국제인적자원관리

1. 국제인적자원관리의 의의

인적자원관리(human resource management)는 인사관리(personnel management)와 상호 교환적으로 사용되는 용어로서, 이는 조직의 인적자원을 관리하는 경영의 한 과정이라고 볼 수 있다.[15] 따라서 인적자원관리는 인적자원의 확보로부터 이의 효율적인 활용과 보존, 그리고 보상과 개발에 이르기까지 노사관계를 포함한 모든 기능과 활동을 의미한다.

기업에는 인적자원을 비롯하여 물적자원, 자금, 정보자원 등 여러 가지 자원이 활용되고 있다. 그리고 이들 자원은 인적자원관리를 비롯하여 생산관리, 재무관리, 마케팅관리 등에서 경영의 대상이 되고 있다. 그러나 이들 분야에서의 자원관리는 자원 그 자체에서 어떠한 성과를 달성하는 것이 아니고 이들 분야에서 일하는 조직 구성원, 즉 인적자원에 의해서 지향하는 성과와 목적이 달성되는 것이다. 그러므로 인적자원관리는 경영의 필수기능이고, 경영 그 자체가 인적자원관리라는 결론까지도 내릴 수 있다.[16]

다국적기업의 경우에 있어서도 효율적인 인적자원관리는 매우 중요하다. 특히 국제적 인수·합병, 외국 인력의 자국 내 유입, 글로벌 기업간의 경쟁 격화, 해외직접투자를 통한 해외시장개척 확산 등의 글로벌 환경변화로 인해 국제 인적자원관리의 중요성은 점차 증대할 수밖에 없다.

그러나 글로벌 환경하에서 인적자원을 관리하고 이해한다는 것은 그리 간단한 문제가 아니며 특히 국경을 초월하여 사람을 관리하는 일은 다음과 같은 이유 때문에 더욱 복잡하고 어려워진다.[17]

첫째, 조직구성원의 고용, 해고, 교육훈련, 승진 등에 관한 정부의 규제는 국가에 따라 상이하다.

---

15) D. J. Cherrington, *Personnel Management : The Management of Human Resources*, 2nd ed., Wim. C. Brown Publishers, 1987, p.7.

16) 이학종, 「인적자원관리」, 세경사, 1990, p.27.

17) 박내회, 「인사관리」, 박영사, 1997, p.489.

둘째, 노동관계 특히 노동조합에 관한 내용 역시 국가마다 상이하다.

셋째, 세금정책 및 임금 가이드 라인 등을 포함한 경제적 하부구조 역시 국가마다 상이하기 때문에 부가급부, 임금구조, 퇴직절차 등에 관한 국가별 상황을 이해하는 것이 필요하다.

넷째, 관리 스타일이 문화에 따라 상이하다. 어떤 문화는 가부장적 관리 스타일을 선호하는 데 비해 어떤 곳에서는 직무 및 능력을 기준으로 한 관리 스타일을 선호하기도 한다.

따라서 국제인적자원관리는 본국과 상이한 현지국의 환경하에서 범세계적인 사업활동을 성공적으로 수행해야 할 인력을 선발·교육하여 파견하고, 또 현지인을 선발·채용·교육·관리해야 한다는 점에서 국내기업의 인적자원관리보다 훨씬 그 범위가 넓고, 위험이 크며, 관리하는 것이 복잡하게 된다.

이 때문에 효율적인 국제인적자원관리는 다국적기업의 성공적인 경영활동에 막대한 영향을 미치는 국제경영관리의 선결과제라는 점에서 그 중요성이 커지고 있다 하겠다.

2. 국제경영자의 선발

다국적기업의 해외사업 영역이 확대되어 감에 따라 다국적기업은 보다 많은 인적자원을 필요로 하게 되며, 특히 세계에서 기업 활동을 전개하고 커뮤니케이션하며 협상할 수 있는 능력을 갖춘 국제경영자를 선발하는 것은 매우 중요하다.

기업이 해외활동에 필요한 인적자원을 채용하는 원천은 본국인의 선발·파견, 현지인의 선발, 제3국인의 선발·파견 등이 있을 수 있다. 일반적으로 다국적기업이 해외에서 통일된 기업전략을 수행하고자 하는 경우에는 본국인을 현지 자회사에 파견하게 될 것이고, 반면에 현지 적응화를 위해 노력하고자 하는 경우에는 현지인을 관리자로 선발·채용하는 등, 조직의 유효성을 제고하는 데 어느 것이 더 효과적인가 하는 것을 기준으로 판단하게 된다.

해외 자회사에서 본국인과 현지인을 활용할 경우 각각의 장단점은 [표 9. 1]에 제시되어 있는 바와 같다.

[표 9.1] 본국인 활용과 현지인 활용의 장단점

구 분	현지인 활용	본국인 활용
장 점	· 저렴한 인건비 · 현지인에 대한 신뢰 표방 · 현지에서 회사의 수용성 증대 · 현지환경과 적합한 대안 창출 가능 · 현지국의 경제계에 합법적인 참여 가능 · 의사결정과정에서 현지의 이해관계와 제약요건의 효율적인 파악	· 본사와의 문화적 친밀성으로 기업경영 관행의 이전 가능 · 해외 자회사에 대한 면밀한 통제와 조정가능 · 국제적 감각을 갖춘 전문가 양성
단 점	· 현지의 욕구와 본사의 우선순위 간의 불균형 · 현지에서의 의사결정이 보다 어렵고, 비용이 많이 들며, 고통이 따를 경우 의사결정의 지연 · 자질 있는 요원 확보의 어려움 · 본사의 통제의 정도 감소 가능성	· 외국환경과 문화에 대한 적응의 어려움 · 자회사가 현지 기업이 아닌 것으로 인식됨 · 높은 인건비 부담 · 개인 및 가족문제 야기 가능성 · 높은 실패율 · 현지 구성원의 사기와 동기부여에 부정적인 효과 · 현지 정부의 보다 많은 제약의 가능성

자료: L. R. Gomez-Mejia, D. B. Balikn, & R. L. Cardy, *Managing Human Resources*, Prentice-Hall, 1995, p.602

1) 해외파견인의 선발

해외사업의 초기단계 또는 현지인의 자질이 부족하거나 문화적 차이가 큰 경우에는 주로 본국인을 선발하는 경향이 높으며, 이러한 경향은 고위 경영층이나 기술전문가 등과 같은 주요 직위의 경우에 더 강하다. 다국적기업이 해외파견인으로 선발할 때 흔히 사용하는 기본적인 기준은 다음과 같다.

(1) 업무수행능력

해외파견인의 업무수행능력은 해외사업의 성공여부를 가늠하는 중요한 결정 요인이다.[18] 해외파견인은 해당직무에 대한 필수적 지식과 경영관리능력, 리더십 및 현지공장 운영에 필요한 기술적 능력을 보유하여야 한다.

18) R. D. Hays, "Ascribed Behavioral Determinants of Success-Failure among U. S. Expatriate Managers," *Journal of International Business Studies*, 2(2), 1971, pp.40~46.

(2) 개인적 특성

해외파견인은 이질적 해외환경에서 독립적으로 의사결정을 하고 이를 집행할 수 있는 정신적 성숙도, 급변하는 상황에서도 주관과 이성을 잃지 않고 대처할 수 있는 정서적 안정성, 이질적 환경에 능동적으로 대처하는 도전정신, 현지 언어 구사능력 등이 필요하다.

(3) 문화적 적응능력

해외파견인은 현지의 이질적인 문화를 이해하고 적응할 수 있는 능력을 갖추고 있어야 한다. 문화적 배경이 다른 현지인들과의 좋은 관계를 형성할 수 있는 문화적 감정이입 능력이 필요하다. 또한 본인뿐만 아니라 가족들의 이질적인 문화에 대한 적응능력도 중요하다.

(4) 사교적 능력

현지국 정부와의 충돌을 피하기 위하여 현국 정부 관리나 영향력 있는 정치인 등과 호의적인 관계를 유지할 수 있는 사교적 능력이 필요하다.

2) 현지인 채용

최근에는 다국적기업이 현지인을 해외 자회사의 경영자로 많이 채용하고 있다. 따라서 해외사업의 성공여부는 상당한 정도로 현지 채용인의 자질에 의존하게 된다. 여기서 유능한 현지인을 선발하는 것이 중요한 과제로 등장하는데 이는 현지국의 문화적 배경이나 전통, 산업화의 정도, 노동시장의 상태 등에 많은 영향을 받는다. 그러므로 현지인을 채용하는 조건은 국가에 따라서 달라진다.

현지인을 해외 자회사의 경영자로 채용할 경우의 일반적인 선발 기준은 해외파견인의 선발 기준과 큰 차이는 없다. 다만, 현지인 경영자는 국제적인 태도와 시야를 가지고 다국적기업의 경영철학·목표·전략 등을 이해할 수 있어야 한다. 그래야만 그가 담당하고 있는 해외 자회사를 전사적인 관점에서 통합·운영할 수 있기 때문이다.

3. 국제경영자의 교육훈련

다국적기업의 성공적인 운영을 위해서는 국제경영자의 높은 자질이 요구되며 이러한 자질은 지속적인 교육훈련을 통해서 함양될 수 있다. 해외파견인에 대해서는 이질적인 문화권에서 성공적으로 사업을 운영할 수 있는 국제경영자로 교육·훈련시켜야 하며, 현지 채용인에 대해서는 본사와의 커뮤니케이션을 원활하게 함으로써 기업전체의 이익을 도모할 수 있도록 하는 경영자로 교육·훈련시킬 필요가 있다.

1) 해외파견인의 교육훈련

일정한 자질을 갖춘 국제경영자를 선발한 후에는 이들을 새로운 기업경영과 환경에 적응할 수 있도록 교육훈련시키는 것이 필요하다. 해외파견인에 대한 교육훈련 접근방법을 살펴보면 다음과 같다.[19]

(1) 정보 또는 사실전달을 위한 교육훈련(information or fact-oriented training)

해외파견인을 위한 교육·훈련 중 가장 보편적인 방법으로서 강의식 방법을 통해 현지국에 대한 정보를 전달하는 교육방법이다. 이러한 교육방법은 비디오 테이프·자·팜플렛·해외파견 귀임자(repatriates)의 보고서 등을 통해 현지국 문화에 대한 정보를 제공하는 데 치중한다.

(2) 귀인 교육훈련(attribution training)

귀인(attribution) 교육훈련의 목적은 해외파견인에게 현지인의 가치관이나 행동방식 및 규범 등을 이해시키는 데 있다. 이러한 교육을 통해 해외파견인들은 현지국의 문화를 이해할 수 있을 뿐만 아니라, 자신의 행동을 현지국의 규범에 맞게 행동하도록 발전시킨다.

19) 박내회, 전게서, pp.503~504.

(3) 문화인식 교육훈련(cultural awareness training)

문화인식 교육훈련은 모국의 문화 속에서 보편화된 해외파견인 자신들의 가치·태도·행동양식 등에 대해 교육하는 것이다. 이러한 교육훈련을 통해 해외파견인은 자신의 행동이 모국의 문화에 의해 어떠한 영향을 받았는지를 이해할 수 있게 된다. 결국 문화인식 교육훈련은 그들이 파견될 현지인의 행동이 자신들의 문화에 의해 어떻게 영향을 받았는지를 더욱 잘 이해할 수 있게 할 것이다.

(4) 사고 및 행동수정 교육훈련(cognitive-behavior modification training)

해외파견인이 자신의 문화 속에서 보상이나 처벌을 받는 데 관련된 원칙과 파견될 현지국 문화에서 보상이나 처벌을 받는 데 관련된 원칙을 이해하도록 교육시키는 것이다. 이러한 교육훈련은 두 국가의 보상과 처벌에 대한 원칙을 비교함으로써 현지국에서 벌을 피하고 상을 받을 수 있는 자기 자신의 행동방식을 수립할 수 있게 한다.

(5) 경험적 교육훈련(experiential training)

경험적 교육훈련의 목적은 해외파견인의 현지국 방문, 복잡한 역할연기, 이문화 시뮬레이션 등을 통해 현지국에 대한 실증적 경험을 갖도록 하는 데 있다. 이러한 교육훈련은 다른 종류의 교육훈련을 통해 습득한 지식을 직접 체험할 기회를 갖게 함으로써 해외의 실제생활과 근무가 어떠하리라는 감각을 갖게 할 수 있다.

이상의 프로그램은 결코 상호 배타적으로 이용되어서는 안 되며, 상호 보완적인 방향으로 실시되어야 한다. 또한 필요에 따라 내용이 추가되거나 수정될 수도 있다. 이러한 기법들은 [그림 9. 1]에 정리되어 있다.

[그림 9.1] 해외파견인에 대한 교육훈련의 기법

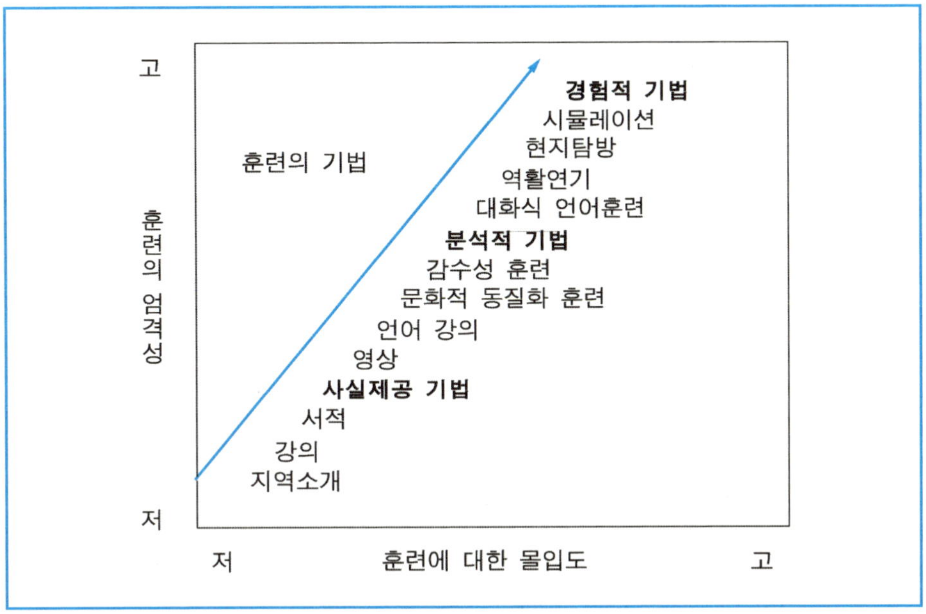

자료: M. Mendenhall, B. J. Punnett, and D. A. Ricks, *Global Management,* Blackwells, 1995, p.446.

2) 현지 채용인의 교육훈련

관리 및 기술적 능력을 갖추고 있는 경영자가 부족한 현지국의 상황에서는 현지인에 대한 교육 및 훈련은 매우 중요한 의미를 갖는다. 따라서 현지에서 채용된 경영자에게 본사의 제품과 정책 및 업무수행절차 등을 교육함으로써 국제경영활동에 수반되는 문화적 차이를 극복할 수 있도록 할 필요가 있다.

이러한 교육 프로그램은 본사에 대한 이해를 증진시키고, 본사와의 원활한 커뮤니케이션을 가능하게 하며 또한 본사의 업무분담을 가능하게 한다. 교육은 본사와 해외 자회사의 경영자들이 개인적 친분을 가질 수 있는 계기가 되기도 한다.

현지인을 교육·훈련시키는 데 있어서 주의해야 할 점은 현지인이 생각하는 가치관과 신념 그리고 산업화에 대한 본질적인 차이를 인식하여야 하고 교육 및 훈련의 목표를 명확히 설정한 후 실행해야 한다는 것이다.

4. 국제경영자에 대한 평가

국제경영자에 대한 평가는 국내 구성원에 대한 평가기준과는 다르게 될 것이다. 즉, 해외 자회사를 운영할 때에는 통제할 수 없는 많은 영업 외적 요소나 각국별로 상이한 환경적 요소들이 존재하기 때문에 다양한 요소에 대한 고려가 필요하다. 예를 들어 현지국의 경기변동, 인플레이션, 환율 변동 등의 영업 외적 환경변화가 현지 경영자의 영업실적이나 능력평가에 영향을 미치게 되어 그릇된 평가를 가져올 수 있다는 것이다.[20)]

따라서 국제경영자에 대한 평가는 국내에서 이루어지는 평가보다 훨씬 더 복잡하고 어려워지는데 그 이유는 평가자 선정의 어려움, 성과에 대한 판단의 어려움, 커뮤니케이션의 어려움, 성과목표 설정의 어려움, 해외환경에 대한 이해의 어려움 등을 들 수 있다.

국제경영자에 대한 평가시에는 입지상·환경상의 상이함을 고려하여 신중하게 실시해야 한다. 단, 평가의 공정성을 제고시키기 위해서는 다음과 같은 조치를 취하는 것이 바람직하다.

첫째, 평가항목을 현지의 사정을 고려하여 수정·적용해야 한다. 이를 위해서는 현지에서 활동하는 데 있어서 핵심적인 성공요인이 무엇인지를 분석하고 이에 따라 평가항목을 차별화해야 한다. 평가항목을 차별화시킬 때에는 현지국의 거시적 환경과 경쟁상황을 면밀히 분석해야 한다.

둘째, 평가에 해외파견인의 의견을 반영시켜야 한다. 이를 통해 본사의 입장과 해외 자회사의 입장이 통합·조정될 수 있고 피평가자를 보다 잘 납득시킬 수 있다.

셋째, 해외파견인의 현지 상사와 더불어 현지에서 활동한 경험이 있는 구성원을 평가에 참여시키는 것이 바람직하다. 이들을 포함함으로써 해외파견인에 대한 평가가 보다 객관적이고 공정하게 이루어질 수 있다.

---

20) W. Cascio and E. Bailey, "International Human Resource Management: The State of Research and Practice," in O. Shenkar (ed)., *Global Perspectives of Human Resource Management*, Prentice-Hall, 1995, pp.15~36.

5. 국제경영자에 대한 보상

해외 인적자원에 대한 보상관리는 인적자원관리 하위시스템 중 가장 복잡하고 어려운 문제 중 하나에 해당한다. 일반적으로 다국적기업의 보상관리에 있어서는 해외 자회사에 근무하는 본국 경영자과 파견자, 그리고 현지국과 제3국인에 대한 보상의 상호관계를 어떻게 결정할 것인가의 문제를 해결해야 한다.

1) 해외파견인에 대한 보상

해외파견인에 대한 보상은 국내의 구성원에 대한 보상과 마찬가지로 우수한 인적자원의 확보·유지, 동기유발, 조직구성원의 만족도 제고, 비용효과의 확보 등의 목표를 지닌다. 그러나 해외파견인에 대한 보상은 추가적으로 해외에서 근무하고자 하는 동기를 유발시키는 인센티브의 제공, 본국에서와 동등한 생활수준의 유지, 해외파견인의 경력과 가족에 대한 배려, 해외파견근무 후 원활한 본국 귀임의 촉진 등과 같은 목표를 지니고 있다.

이러한 목표를 달성하기 위하여 다국적기업들은 해외파견인에 대해 사기를 진작시키고 해외파견근무를 적극적으로 수용하도록 하기 위하여 국내에서 제공되는 보상보다 더 많은 프리미엄을 제공하는 경우가 많다. 대부분의 다국적기업은 기본급, 부가급, 수당 등으로 나누어 보상정책을 수립하고 있다.

(1) 기본급

기본급은 본국의 기본급, 국제적인 기준, 지역별 기준, 현지의 기준 등을 기초로 책정될 수 있으며 이는 해외파견인이 본국에서와 동등한 구매력을 유지시키게 하는 데 초점이 맞추어진다.

(2) 부가급

부가급(additional allowance)에는 일반적으로 해외근무의 이동성 증가에 대한 동기부여와 생활이 불편한 이질적 환경 속에서의 근무에 대한 보상이라는 두 가지 방법이 채택되고 있다. 부가급은 기본급에 대한 일정 비율이나 일정 금액으로 지급될 수 있으며, 지역차를 고려하여 또는 지역차에 관계없이 일정하게 지급될 수도 있다.

(3) 수당

수당은 해외에서 근무함으로써 나타나는 추가지출을 보상해 주기 위한 것이다. 이에는 벽지수당, 생계비조정수당, 주거수당, 세금관련수당, 부수적 수당 등이 있다.

2) 현지 채용인에 대한 보상

유능한 현지인을 확보하기 위해서는 현지 채용인에 대한 합리적인 보상체계가 마련되어야 한다. 현지인에 대한 임금은 현지국이 정한 봉급이나 임금을 따르되, 현지인들은 승진 등의 기회가 제약을 받게 되므로 통상 현지기업들보다 약간 높게 책정하는 것이 일반적이다. 더불어 임금책정에는 현지국의 임금체계나 임금 관련 제도 및 관습 등이 고려되어야 한다.

이상으로 해외에서 활동하는 인적자원에 대한 관리에 대해 살펴보았다. 앞에서 언급한 바와 같이 해외파견인과 현지 채용인에 대한 효율적인 관리는 다국적기업의 해외사업을 성공적으로 수행할 수 있는 열쇠가 된다. 그 밖에 해외파견근무를 마치고 본국으로 복귀하는 귀임자에 대한 관리문제도 국제인적자원관리에 있어서 매우 중요하게 다루어야 할 문제이다.

또한 세계에서 경영활동을 하고 있는 다국적기업은 다양한 노사문제에 직면하게 되므로 노사의 공존공영을 위한 경쟁력 강화와 산업평화유지를 위한 노사관계 관리에도 많은 관심을 기울여야 한다.

제2절 국제조직관리

1. 다국적기업조직의 의의

기업이 성공적으로 국제화전략을 추구하기 위해서는 선택된 전략을 효과적으로 수행할 수 있는 합당한 조직이 뒷받침되어야 한다. 이를 위해서 조직은 기업 내 구성원간의 직무 및 기타 상호관계를 규정하고 정해진 목적을 달성하기 위하여 필요한 행동을 강구할 수 있도록 구축되어야 한다.

조직의 정의와 관련해서 브라운(A. Brown)은 조직이란 "경영의 각 구성원이 협동적 활동을 하고 경영목적을 더욱 효과적으로 달성하기 위하여 각 구성원들이 수행해야 할 역할과 각 구성원간의 관계를 규정하는 것"이라고 하고, 경영의 효과적인 관리를 위하여 조직은 그 구성원의 책임과 직무 간의 상호관계를 규정하여야 한다고 하였다.

한편, 버나드(C. I. Barnard)는 목적을 달성하는 데 있어서의 제약을 극복하기 위한 수단으로서 형성되는 협동 시스템이 바로 조직이라고 하였는데, 이러한 입장에서 "조직이란 어떠한 목적을 달성하기 위하여 의식적으로 조정된 두 사람 혹은 그 이상의 인간행동 및 체계"라고 주장함으로써 조직을 단순한 집단이 아닌 인간의 행동체계로서 파악하였다.

이들 양자의 경영조직에 대한 정의 중 브라운의 정의는 조직목적을 달성하기 위해 구체적으로 어떠한 과정을 포함해야 하는 것을 강조하고 있고, 버나드의 정의는 경영조직의 목적을 강조하고 있다.[21)]

다국적기업의 경우에도 이러한 조직의 기본원리는 그대로 적용된다. 따라서 다국적기업이 추구하는 목적을 달성하기 위한 중요한 관리수단인 동시에 다국적기업 구성원들의 일관된 행동체계라고 할 수 있는 다국적기업의 조직은 효율적인 운영을 위해 권한과 책임관계가 명확하게 확립되어야 하고, 구성원간의 원활한 커뮤니케이션이 구축되어야 한다. 결국 다국적기업은 국제경영자들이 이질적인 환경에 효과적으로 대처할 수 있도록 조직되어야 한다.

21) 조희영, 「경영학원론」, 민영사, 1996, pp.247~249.

2. 다국적기업조직의 유형

일반적으로 기업의 조직구조는 기능별 조직, 제품별 조직, 지역별 조직, 사업부 조직, 매트릭스 조직 등이 있다. 이러한 기업의 조직구조는 주어진 환경에 따라 상이한 장단점을 가지게 된다. 따라서 다국적기업은 주어진 외부환경, 전략 및 인적자원에 가장 적합한 구조를 선택해야만 한다. 구체적으로 다국적기업이 선택할 수 있는 조직구조의 유형을 살펴보면 다음과 같다.

1) 기능별 조직

기능별 조직은 동일하거나 서로 기능적으로 관련이 있는 작업이나 업무를 담당하는 사람들을 한 부서에서 일하게 하는 것으로 가장 기본적이며 흔히 볼 수 있는 유형이다.

예를 들면 [그림 9. 2]에서 볼 수 있는 바와 같이 조직의 구성원들을 생산부, 마케팅부, 재무부, 인사부 등으로 나누는 방식이다. 주로 제한된 품종을 생산하고 판매하는 중소기업에서 주로 이용되는데 다국적기업은 다제품을 취급하는 대규모의 기업이므로 이러한 조직유형은 잘 채택되지 않는다.

■ 기능별 조직의 장점

① 전문성을 향상시킨다.
② 소규모 그룹으로도 기업을 통제할 수 있다.
③ 부서 관리자가 한정된 범위의 기능에만 숙달되어도 부서 구성원들을 관리할 수 있다.

■ 기능별 조직의 단점

① 각 기능부서가 상호 유리한 방향으로 의사결정을 내리기 때문에 기업 전체의 이익에 피해를 줄 수 있다.
② 관리자들은 둘 이상의 상위 관리자들에게 보고해야 하는 절차로 인해 커뮤니케이션의 혼란을 초래할 가능성이 크다.
③ 전반적인 업무처리 능력을 갖춘 경영자의 양성이 어렵다.

[그림 9. 2] 기능별 조직

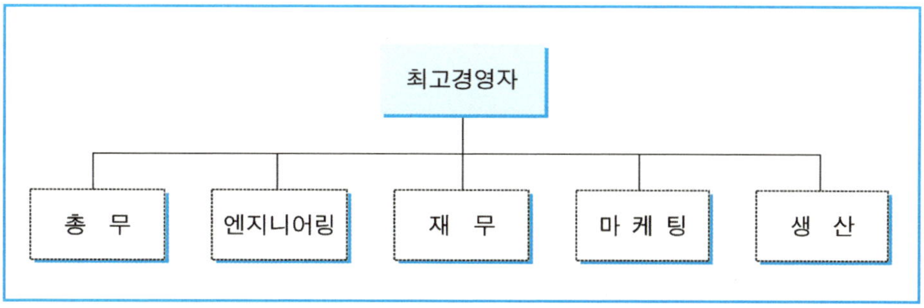

자료: D. A. Ball and W. H. McCulloch, Jr., *International Business : The Challenge of Global Com- petition*, 6th ed., Irwin, 1996, p.687.

2) 제품별 조직

제품별 조직은 한 품종이나 유사한 품종의 제품라인에 따라 조직되어지며 제품별 단일시장이 존재하는 것으로 본다. 이런 유형의 조직은 제품들이 각각의 특색이 있어 독특한 기술이나 마케팅방법이 요구되어 동일 지역이라 하더라도 통합이 어려운 경우에 적합하다.

예를 들어 [그림 9. 3]에서 볼 수 있는 바와 같이 다국적기업을 범세계적 제품그룹별로 조직하는 것이다. 여기서 현지국에 있는 다국적기업은 분권화되어 사업 활동을 영위하게 된다.

■ 제품별 조직의 장점

① 제품사업부 관리자들이 경쟁기업의 행동에 빨리 대응을 하기 때문에 다국적기업이 범세계적 기반에서 경쟁할 수 있다.

② 기존의 조직을 혼란시키지 않고 새로운 제품라인을 추가할 수 있다.

③ 국내 사업부와 해외사업부 간 갈등의 개연성이 작으며 업무의 중복도 완화할 수 있다.

■ 제품별 조직의 단점

① 해외사업 활동에 대한 책임이 제품에 대한 지식은 풍부하나 국제경험이 전무한 관리자들에게 주어질 수 있다.

② 각 제품사업부에 대한 본사의 전반적인 조정이 어려울 수 있다.

[그림 9.3] 제품별 조직

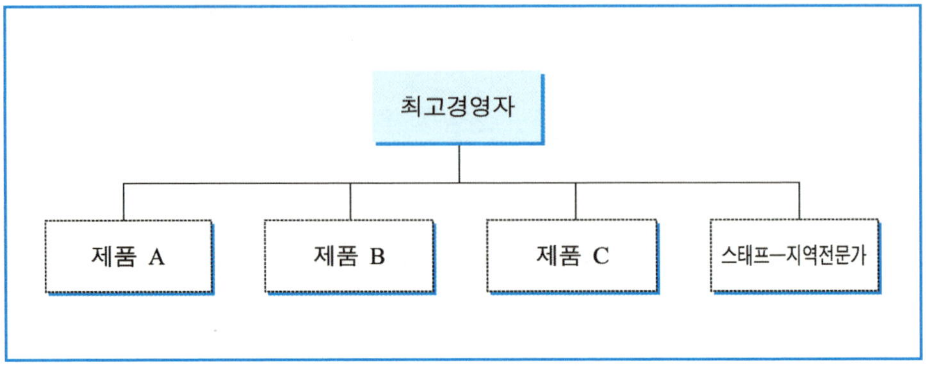

자료: D. A. Ball and W. H. McCulloch, Jr., International Business : *The Challenge of Global Com- petition,* 6th ed., Irwin, 1996, p.684.

③ 한 국가의 생산시설에서 여러 품목을 생산할 경우 의사전달과 통제가 복잡해지고 소비자나 관련기관에게 일관성 있는 기업 이미지를 심어주기 어렵다.

3) 지역별 조직

지역별 조직은 [그림 9. 4]에 나타나 있는 바와 같이 지리적 영역에 따라 조직을 편성하고 지역책임자에게 기업 활동의 권한과 책임을 위양하는 조직 형태이다. 이러한 조직형태에서는 국내시장은 단지 세계시장의 하나로만 취급되며, 지역별 사업부들은 본사의 스텝으로부터 각 기능에 대한 지원을 받는다.

지역별 조직은 지역별 특성이 각기 달라 획일적인 관리체제를 적용할 수 없을 때 유용하고 위험이 낮은 표준화된 성숙제품을 마케팅 할 때 주로 이러한 조직구조를 채택하는 경향이 있다.

■ 지역별 조직의 장점

① 개별 지역시장을 차별화하고 최적의 마케팅믹스를 신속하게 제공할 수 있다.

② 지역별 요구가 신속히 처리되므로 본사 관리자의 업무가 단순화되어 진다.

③ 해외 자회사와 본사 간의 연락관계를 용이하게 해줌으로써 책임과 권한의 체계를 확립시키는 데 도움을 줄 수 있다.

[그림 9.4] 지역별 조직

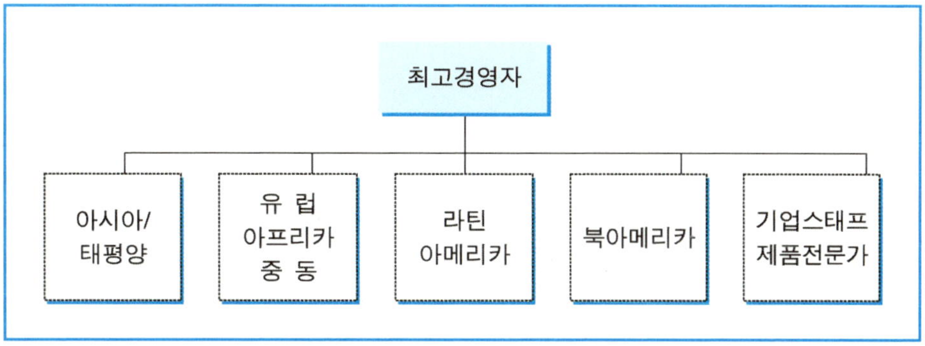

자료 : D. A. Ball and W. H. McCulloch, Jr., International Business : *The Challenge of Global Com- petition,* 6th ed., Irwin, 1996, p.686.

■ 지역별 조직의 단점

① 다양한 시장특성을 가지고 여러 제품라인을 가지고 있을 경우 범세계적인 통합의 잠재적 이점을 상실할 수 있다.

② 상이한 제품라인을 보유하고 있는 경우 과다한 조정비용이 발생할 수 있다.

③ 라인과 스텝의 담당자가 중복되고 지역사업부간의 커뮤니케이션이 어렵다.

4) 국제사업부 조직

국제사업부는 본사의 조직구조의 일부로서 조직화되며 이 부문에다 해외사업 전체에 대한 책임과 권한을 가능한 한 범위에서 위임하는 조직형태이다. 국제사업부는 [그림 9. 5]에서 볼 수 있듯이 제품에 따른 기능이 통합되어진 국내 사업부와 같은 위치에서 동등한 역할을 수행한다.

수출과 또는 수출부는 기본적으로 마케팅조직인 데 반하여, 국제사업부는 생산, 마케팅, 연구개발, 인사 등의 해외사업 분야와 관련된 모든 업무를 수행한다. 이러한 국제사업부 조직은 미국의 다국적기업들이 많이 채택하고 있다. 유럽의 기업들은 자국 시장이 비교적 소규모이기 때문에 국내사업 활동과 국제사업 활동을 구태여 구분하지 않고 초창기부터 직접 세계를 상대로 하는 제품별 또는 지역별 사업부제 조직으로 발전시켜 왔기 때문에 채용하지 않고 있다.[22]

22) 심재현, 「국제경영론」, 학문사, 1995, p.278.

[그림 9. 5] 국제사업부 조직

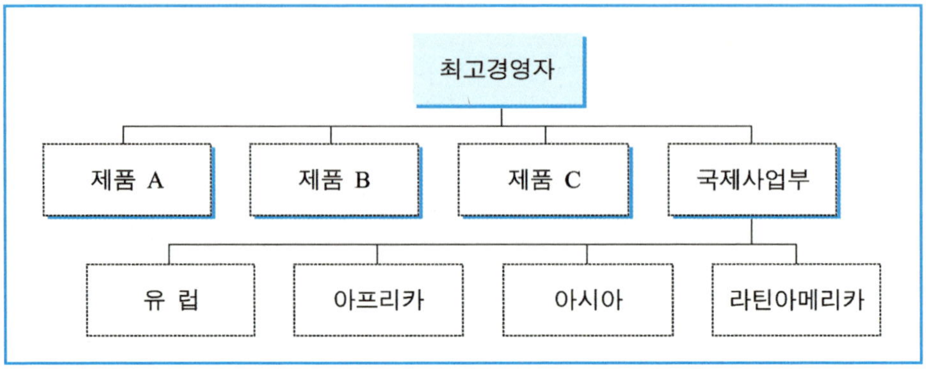

자료 : *Ibid.*, p.684.

■ 국제사업부 조직의 장점

① 해외사업에 필요한 전문지식과 경험이 국제사업부에 축적될 수 있다.

② 국내 사업부와 동등한 위치에서 국제경영활동의 전략적 지침을 마련하고 실행하므로 문제를 신속히 해결할 수 있다.

■ 국제사업부 조직의 단점

① 국제사업부와 국내 사업부 간 역할갈등으로 인하여 조직 전체의 공동목표 달성에 부정적인 영향을 미칠 수 있다.

② 기존의 제품사업부에서 유능한 인재를 국제사업본부에 잘 내어놓지 않을 수 있다.

5) 매트릭스 조직

두 개 이상의 기본단위를 근간으로 해서 만들어지는 조직을 매트릭스(matrix) 조직이라고 한다. 국내기업에 대한 전형적인 매트릭스 조직은 기능과 제품의 2차원적인 관계를 설정하는 것이 보통이나 다국적기업을 위한 매트릭스 조직은 기능 · 제품 · 지역의 3차원적인 관계를 고려해야 한다.

이 조직구조에서는 전통적인 라인기능과 스탭기능의 구실이 어느 정도 배제될 수 있으며 최고경영책임자 아래 있는 상위층의 경영자들이 기능 · 제품 · 지역을 결합시킨 제 문제에 책임을 지게 된다. 이로써 의견교환이 끊임없이 이루어지며 상위층 위원회 활동과 공동의사결정이 가능하게 된다. 일반적으로 다국적기업이 가장 많이 채택하는 조직형태이다.

[그림 9. 6] 매트릭스 조직

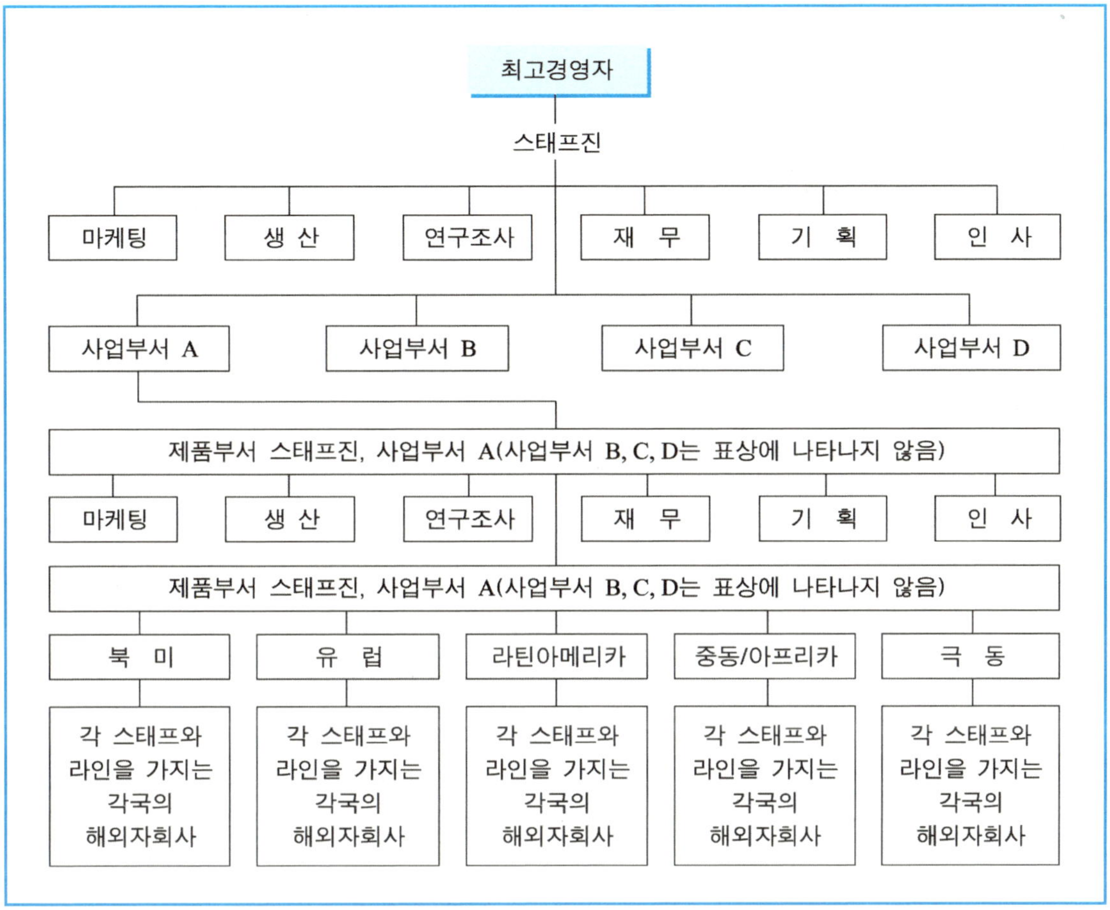

자료: W. J. Keegan, *Multinational Marketing Management*, 2nd ed., Prentice-Hall, 1980, p.511.

■ 매트릭스 조직의 장점

① 기능·제품·지역 가운데 어느 한 기준만을 중심으로 하여 조직구조를 형성할 때 발생 가능한 다른 기준의 잠재적 이익을 무시하는 것을 회피할 수 있다.

② 기능·제품·지역을 동시에 고려함으로써 변화에 효율적으로 적응할 수 있다.

■ 매트릭스 조직의 단점

① 조직 내에 강력한 경영자에 의해서 운영되므로 그 경영자의 요구에 적합하지 않을 경우 조직 자체가 무시될 수 있다.

② 조직이 매우 복잡하므로 재무적 자원이 풍부한 기업만이 이용할 수 있다.

10장

다국적기업의 국제마케팅관리

다국적기업의 인적자원관리는 국제적인 인수 · 합병, 외국 인력의 자국 내 유입, 글로벌 기업간의 경쟁격화, 해외직접투자의 증대 등과 같은 글로벌 환경변화로 인해 그 중요성이 점차 증대하고 있다. 따라서 적재적소에 유능한 국제경영자가 배치되어 조직을 관리하는가의 여부는 국제경영의 성패를 좌우하는 중요한 문제가 된다. 이 장에서는 국제경영자의 선발, 채용, 교육훈련, 평가와 보상에 관한 사항을 고찰하고, 또한 국제조직관리에 대해서도 설명하도록 한다.

제①절 국제마케팅의 의의

제②절 국제마케팅조사

제③절 국제마케팅전략의 수립절차

제④절 시장세분화와 제품포지셔닝

제⑤절 국제마케팅믹스전략

'15초 마법' 숏폼 영상, '인싸' 놀이터에서 마케팅 무대로

지난 1월, 한 18세 미국인 소녀가 전 세계의 주목을 받았다. 찰리 디아멜리오(Charli d'amelio)라는 이름의 이 소녀가 지난해 한 해 동안 벌어들인 수입이 무려 1750만달러(약 222억9500만원)라는 내용의 '포브스' 기사가 보도되면서다.

디아멜리오는 6월 1일 기준 팔로어 1억4100만 명을 거느린 '대형 틱톡 크리에이터'다. 그의 인생을 바꾼 것은 15초가량의 짧은 영상이다. 디아멜리오는 2019년부터 틱톡 계정에 춤추는 영상을 올리기 시작하며 인기를 얻었고, 이후 브랜드 제품 광고와 자체 의류 브랜드 사업을 통해 수익을 내고 있다. 더 놀라운 사실은 같은 해 틱톡 크리에이터 수익 2위(1000만달러 · 약 127억원)에 오른 이가 디아멜리오의 친언니인 딕시 디아멜리오(21)라는 것이다.

디아멜리오의 수익은 웬만한 미국 유명 기업 최고경영자(CEO)를 능가한다. 월스트리트저널(WSJ)에 따르면, 지난해 스탠더드앤드푸어스(S&P)500 지수 소속 기업 CEO의 보수 총액 중간값은 1470만달러(약 187억원)였다. 이는 보너스, 퇴직금, 주식, 스톡옵션까지 포함한 금액이지만, 디아멜리오가 벌어들인 수익에는 미치지 못한다.

틱톡 크리에이터의 성공 신화는 디아멜리오 자매만의 얘기가 아니다. '포브스'에 따르면, 지난해 틱톡 고수익 상위 7명의 연 수입은 5550만달러(약 707억원)로 전년보다 200% 증가했다. 인플루언서 마케팅 업체 오비어슬리의 메이 커워우스키 CEO는 이에 관해 "틱톡 스타들이 기업 제국을 건설하고 있다"며 "많은 틱톡 크리에이터가 개인 회사를 운영하거나 자신만의 브랜드를 출시하며 수익원을 다각화하고 있다"고 분석했다.

중국 바이트댄스가 출시한 틱톡은 15초에서 10분짜리 짧은 영상을 제작하고 공유하는 플랫폼 애플리케이션(앱)이다. 2016년 중국, 2017년 해외 서비스를 시작한 틱톡은 무서운 성장세를 보여주고 있다. 글로벌 시장조사기관 '센서타워'와 앱 데이터 분석 업체 '데이터닷에이아이(옛 앱애니)'에 따르면, 틱톡은 지난해 전 세계 비(非)게임 앱 매출, 다운로드 수에서 각각 1위를 차지했다. 올해 1분기에도 애플 앱스토어와 구글 플레이스토어 통합 다운로드 수 35억 회를 기록, 전 세계 앱 중 1위를 차지하고 있다.

틱톡의 성장 배경에는 '숏폼 콘텐츠'의 인기가 있다. 문자 그대로 '짧은 영상'을 의미하는 숏폼(Short-Form)은 보통 평균 15초에서 최대 10분을 넘기지 않는 콘텐츠로 정의된다. 숏폼 콘텐츠는 TV보다 모바일, 글보다 영상이나 이미지, 영상 중에서도 긴 것보다는 짧은 것을 선호하는 특성을 지닌 MZ 세대(밀레니얼+Z 세대 · 1981~2010년생)를 중심으로 각광받고 있다. 실제로 시장조사 업체 메조미디어의 '2020 숏폼 콘텐츠 트렌드' 보고서에 따르면, 10대의 동영상 1회 시청 시간은 평균 15.5분, 20대는 15.0분으로, 40대 50대(19.6분 · 20.9분)에 비해 짧았다.

숏폼 콘텐츠의 인기는 콘텐츠 소비패턴의 변화와도 맞닿아 있다는 분석이 나온다. 이현송 스마트스터디벤처스 대표는 "현대 사회의 모든 범용재 소비 주기가 점점 빨라지고 있고, 이는 콘텐츠 소비에서도 마찬가지"라고 말했고, 호프 호너 레몬라이트 비디오 프로덕션 CEO도 "사람들은 그 어느 때보다 정보에 쉽고 빠르게 접근하려고 하는데, 온갖 영상물이 쏟아지는 시대, 롱폼 콘텐츠는 부담이 될 수 있다"며 "숏폼은 이런 소비 성향을 잘 파고들었다"고 진단했다.

'접근 쉽고, 전파력 빠른' 숏폼, 비즈니스 장으로 진화

글로벌 기업의 움직임에서도 숏폼 콘텐츠 인기를 확인할 수 있다. 틱톡의 인기가 치솟자 숏폼 플랫폼 시장 경쟁에 불이 붙었다.

인스타그램(메타) · 유튜브(구글) · 넷플릭스 · 네이버 등 '콘텐츠 공룡'으로 불리는 글로벌 대형 플랫폼들이 잇달아 숏폼 서비스를 선보였다. 메타는 2020년 인스타그램 '릴스'에 이어 올 2월 페이스북 릴스를 전 세계에 출시했고, 2021년엔 유튜브가 '쇼츠'를, 네이버가 관계사 '라인'을 통해 숏폼 플랫폼 '라인 붐(Voom)'을 내놨다.

기업들도 쉽고 빠르게 영상을 제작, 확산할 수 있는 숏폼 콘텐츠의 성장세와 파급력을 주목하는 모양새다. 스마트폰과 숏폼 플랫폼만 있다면 누구나 쉽게 영상을 만들어 빠르게, 널리 공유할 수 있고, 소비자 반응도 즉각 확인할 수 있다. 즉, 기업 입장에서는 효율적인 광고·마케팅 집행이 가능하다는 것이다. 이에 현대자동차, 삼성, 구찌, 버버리, 휴고 보스, 쉐보레, 네이버웹툰, 데브시스터스 등 국내외 많은 기업이 숏폼 마케팅에 나서고 있다. '광고스럽지 않은' 짧은 영상 광고를 전개하거나, 숏폼 크리에이터, 인기 셀럽 등과 함께 소비자 참여를 유도하는 '챌린지'를 진행하는 등 방식도 다양하다. 그야말로 '숏확행(짧지만 확실한 행복)'의 시대다.

이필성 샌드박스네트워크(이하 샌드박스) 대표는 최근 '이코노미조선'과 서면 인터뷰에서 숏폼 콘텐츠가 사랑받는 이유를 이렇게 분석했다. 유튜버 등을 관리해주는 국내 최대 MCN(Multi Channel Network · 다중 채널 네트워크) 기업 샌드박스는 지난해 발간한 '뉴미디어 트렌드 2022'에서 콘텐츠 · 뉴미디어 산업의 핵심 10가지 트렌드 중 하나로 '숏폼 콘텐츠'를 꼽았다. 다음은 이 대표와 일문일답이다.

(질문) 숏폼 콘텐츠가 급격히 뜬 이유는?

(답변) 디지털 콘텐츠가 일상화했지만, 평범한 개인이 미드폼 이상의 영상 콘텐츠를 창작하는 데는 아직도 상당한 진입장벽이 존재한다. 반면, 숏폼 콘텐츠는 누구나 쉽게 창작 활동을 즐길 수 있다는 게 장점이다. 숏폼 콘텐츠의 팬은 열성적인 시청자이면서 동시에 적극적인 창작자다. 이들이 만들어낸 새로운 형태의 콘텐츠 소비 습관이 숏폼 콘텐츠 플랫폼 내에서 선순환 구조를 형성, 숏폼 콘텐츠의 부흥을 가속화했다.

(질문) 특히 MZ 세대가 좋아하는 이유는 뭘까?

(답변) MZ 세대는 자기 자신을 표현하고 드러내는 것을 미덕이자 과제로 여긴다. 어느 기성세대보다 높은 창작 욕구가 있는 MZ 세대에게 숏폼 콘텐츠 플랫폼은 가장 적합한 놀이터가 됐다.

(질문) 숏폼이 놀이터를 넘어 비즈니스 장이 되는 추세다.

(답변) 숏폼 콘텐츠를 소비하는 시청자는 시청 시간 대비 다수 콘텐츠를 시청하는 경향이 있다. 즉, 숏폼 콘텐츠를 이용한 마케팅의 경우 콘텐츠의 확산과 노출이 용이하다. 동시에 소비자들의 적극적인 참여를 유도하는 형태의 마케팅을 효율적으로 진행할 수 있고, 비언어적(Non-Verbal) 콘텐츠를 통해 비교적 쉽게 글로벌 마케팅을 진행할 수 있다는 장점도 있다.

(질문) 숏폼의 부상으로 롱폼 콘텐츠는 사라질까?

(답변) 아니다. 영상 콘텐츠 소비자의 니즈는 매우 다면적이고 복합적이다. 넷플릭스가 웰메이드 콘텐츠 영역에서 활약하고, 유튜브가 기존에는 없었던 새로운 영상 콘텐츠 영역에 자리 잡은 것처럼 숏폼 플랫폼 역시 다면적인 소비자들의 니즈 중 일부를 효과적으로 충족시키는 것이라고 생각한다. 이런 관점에서 보면 모든 콘텐츠 플랫폼은 (숏폼, 미드폼, 롱폼 등) 다양한 콘텐츠 포맷을 포괄하는 방향으로 발전할 것이다.

자료 : 이코노미조선(https://bre.is/o2JxBtoy) 2022.6.13.

제1절 국제마케팅의 의의

1. 국제마케팅의 정의

국제마케팅(international marketing)의 정의는 학자에 따라 상이하지만 대체로 국내마케팅(domestic marketing)의 연장선상에서 이해되고 있다. 카토라(P. R. Cateora)는 국제마케팅을 "이윤을 얻기 위해 2개국 이상의 소비자나 사용자에게 자사의 제품이나 서비스의 흐름을 향하게 하는 기업활동의 수행"라고 정의하면서 국내마케팅과의 차이는 2개국 이상에서 마케팅 활동을 수행한다는 것이라고 주장하였다.[23] 텝스트라(V. Terpstra)는 "국경을 넘는 마케팅 활동의 하나 또는 그 이상의 수행"이라고 하였으며,[24] 페어웨더(J. Fayerweather)도 "국제마케팅은 국내마케팅의 일 국면이며, 국내마케팅의 모든 원리가 국제적인 활동에도 똑같이 적용되지만 국제마케팅 프로그램을 조직할 능력과 해외시장 조건에 적응할 능력이라는 부가적인 기술이 필요하다"라고 하면서 국내마케팅과의 관계를 설명하였다.[25]

이처럼 국제마케팅은 국내마케팅을 해외로 확장시킨 개념으로 생각할 수 있는데 이를 보다 잘 이해하기 위해서는 국내마케팅에 관해 먼저 살펴보는 것이 효과적이다. 국내마케팅의 정의에 관해서도 국제마케팅과 마찬가지로 학자에 따라 상이한 견해를 갖고 있지만, 오늘날 가장 일반적으로 인정되고 있는 것은 미국마케팅학회(AMA : American Marketing Association)의 정의이다. 미국마케팅학회는 1948년에 마케팅의 정의를 다음과 같이 내렸다.

"마케팅은 생산자로부터 소비자 또는 사용자에게로 제품 및 서비스가 흐르도록 관리하는 모든 기업 활동의 수행이다."

---

23) P. R. *Cateora, International Marketing*, 8th ed., Irwin, 1993, p.9.

24) V. Terpstra, *International Marketing*, 3rd ed., CBS College Publishing, 1983, p.4.

25) J. Fayerweather, *International Marketing*, 2nd ed., Prentice-Hall, 1970, p.3.

이 정의에 따르면 마케팅은 상품에 관한 소유권의 이전과 물적유통을 수행하는 데 필요한 일체의 기업 활동이라고 정의할 수 있다. 그 후 미국마케팅학회의 1948년 정의에 대해 지속적으로 개정의 필요성이 제기된 결과 1985년에 다음과 같은 새로운 정의를 내놓게 되었다.

"마케팅은 개인이나 조직의 목표를 충족시켜 주는 교환을 창조하기 위해 아이디어, 제품, 서비스의 창안, 가격결정, 촉진, 유통을 계획하고 실행하는 과정이다."

두 정의를 비교해 보면 이전의 정의가 마케팅의 대상을 제품 및 서비스로 한정함으로써 영리기업만을 대상으로 한 것인데 반해 새로운 정의는 아이디어까지 포함시킴으로써 마케팅을 영리기업에만 국한되는 것이 아니라 공공기관이나 비영리조직도 교환창조의 행위를 하는 한 마케팅의 대상이 될 수 있음을 암시하고 있다.

그런데 비영리조직의 마케팅은 영리조직의 마케팅과 그 내용이 판이하게 다를 뿐만 아니라 각 조직체가 갖는 특수성 때문에 일반화하기가 그리 쉬운 일이 아니다.[26] 따라서 본 장에서 다루게 되는 마케팅은 영리조직, 즉 기업의 마케팅이다.

이상과 같은 미국마케팅학회의 마케팅 정의를 기준으로 국제마케팅의 정의를 내려 보면, "개인 및 조직의 필요와 욕구를 충족시키는 교환을 창조하기 위하여 기업이 제품, 가격, 촉진 및 유통을 여러 나라의 시장에서 수행하는 과정"[27]이라고 정의할 수 있다.

기업 입장에서 마케팅 활동을 수행하는 경영 이념은 소비자지향성, 기업목적지향성, 전사적 마케팅 지향성, 사회적 책임지향성으로 구분할 수 있다.[28]

소비자지향성이란 흔히 고객중심주의라고도 하는데 이는 기업의 관점이 아니라 고객의 관점에서 고객의 요구와 욕구를 정의하고 이를 충족시켜 주어야 한다는 것을 의미한다. 따라서 기업은 고객에 대한 조사를 통해 고객의 요구와 욕구를 명확히 규명한 후 제반 마케팅 활동을 수행해야 한다.

---

26) 신길수·이영환, 「마케팅」, 세영사, 1995, pp.19~22.

27) 채서일, 「마케팅」, 학현사, 1993, p.669.

28) 마케팅관리이념, 마케팅관리철학, 혹은 마케팅개념(marketing concept)이라는 용어는 모두 같은 의미로 사용되는데 이는 시대에 따라서 다음과 같은 변천을 겪었다.

① 생산개념, ② 제품개념, ③ 판매개념, ④ 마케팅개념, ⑤ 사회지향적 마케팅개념

기업목적지향성이란 기업이 장기적으로 존속·성장하고 기업의 가치를 극대화하며, 사회에 봉사하기 위해서는 적정한 이익실현이 필요한데 이러한 이익은 고객만족을 통해 달성되어야 한다는 것이다. 즉, 고객의 욕구충족을 통해 경쟁에서 우위를 확보하게 되고 그 결과 기업이 이익을 얻음으로써 고객만족과 기업목적, 즉 기업의 이익실현을 동시에 달성할 수 있어야 한다는 것이다.

전사적 마케팅 지향성(total marketing)은 마케팅 부서를 중심으로 각 부서가 합심하여 고객에게 만족을 제공할 수 있는 방향으로 행동해 나가야 한다는 것이다. 여기에서는 내부 마케팅(internal marketing)의 개념이 요구된다. 내부 마케팅은 고객에게 충분히 봉사할 수 있는 능력을 갖춘 종업원을 선발하여 교육·훈련시키고 동기부여를 하는 것이다. 외부 마케팅(external marketing) 즉, 고객지향적 마케팅의 실현을 위해서는 내부 마케팅이 선행되어야 하는 것이다.

사회적 책임지향성은 위의 세 가지를 중심으로 하는 기존의 마케팅관리이념에 대한 비판으로 1970년대 이후 등장한 관리 철학인데, 이는 목표시장에서 소비자의 요구와 욕구를 발견하고 이를 충족시키는 것은 물론이거니와 소비자 및 사회전체의 복지를 보존 내지는 고양시키는 방법으로 마케팅 활동이 수행되어야 한다는 것이다.

이러한 이념을 기반으로 해서 국내마케팅이 소비자의 욕구를 파악하여 목표시장(target market)을 선정하고, 그 목표시장의 욕구를 충족시키기 위해 기업의 통제가능한 수단과 방법인 마케팅믹스전략(marketing mix strategy)을 결정하는 프로그램의 분석·계획·집행·통제활동을 뜻한다고 할 때 국제마케팅도 그 기본이념과 과정은 동일하다고 볼 수 있다. 즉, 국제마케팅 활동은 국경을 초월하여 이루어지기 때문에 환경의 다양성과 이질성으로 인한 각종 위험이 뒤따르고, 대규모의 자본이 소요되므로 마케팅전략의 중요성과 전사적 마케팅이 보다 강조될 뿐, 소비자의 욕구를 파악하기 위한 국제마케팅조사와 기업의 통제가능한 수단인 국제마케팅믹스전략 등 일련의 마케팅과정과 이념은 국제마케팅의 경우에도 마찬가지로 적용되게 된다.

반면에 국제마케팅과 국내마케팅의 주요한 차이점은 다음과 같다.

첫째, 국제마케팅이 실시되는 현지국의 환경이 국내의 경우와 다르다.

둘째, 기업이 여러 국가에서 동시적으로 운영하고 있을 경우에는 마케팅의 조직 및 프로그램에 차이가 생기게 된다.

셋째, 모회사의 소재지가 현지시장의 외부에 있다.

국제마케팅계획과 국내마케팅계획을 비교하면 [표 10. 1]과 같다.

[표 10. 1] 국제마케팅계획과 국내마케팅계획의 비교

국내마케팅계획	국제마케팅계획
1. 하나의 언어와 민족 2. 비교적 동질적인 시장 3. 자료수집이 비교적 쉽고 정확함 4. 정치적 요소는 비교적 중요치 않음 5. 정부의 간섭이 비교적 적음 6. 개별 기업체가 기업환경에 미치는 영향력이 아주 적음 7. 국수주의적 견해(chauvinism)가 도움이 됨 8. 기업환경이 비교적 안정적임 9. 금융풍토가 일원적임 10. 단일통화권임 11. 기업규칙이나 윤리가 확립되어 일반적으로 이해되고 있음 12. 일반적으로 경영관리시스템이 발달되어 합리적 경영이 되고 있음	1. 복수의 언어·민족·문화적 요소 2. 세분화된 다양한 시장 3. 자료수집이 대단히 어렵고 상당히 많은 인력과 예산을 투입해야 함 4. 정치적 요소가 매우 중요함 5. 정부의 간섭이 심하고, 그 나라의 경제개발계획 등에 크게 영향을 받게 됨 6. 대기업들의 영향력이 큼 7. 국수주의적 견해(chauvinism)가 방해가 됨 8. 이질적인 기업환경이 때로는 기회를, 때로는 위험(risk)을 창출해냄 9. 금융풍토가 다양함 10. 안정성과 가치가 각기 다른 여러 나라의 화폐를 사용하게 됨 11. 규칙이 다양하고 불분명하며, 변화하기 쉬움 12. 경영관리시스템이나 기법 등이 고도로 발달 또는 낙후되어 있을 수 있음

자료: 원종근, 「국제경영」, 박영사, 1999, p.382.

2. 국제마케팅의 환경

앞서 살펴본 바와 같이 국내마케팅과 구별되는 국제마케팅의 특성으로는 국내와는 다른 다수의 해외환경 하에서 마케팅 활동이 이루어진다는 점이다. 이러한 사실은 국제마케팅 활동을 수행하는 기업에게 시장기회가 확대되는 것을 의미할 수도 있지만, 다른 한편으로는 이질적인 환경으로 인해 위험이 증대됨을 의미하기도 한다.

따라서 국제마케팅 관리자는 이질적인 복수의 해외환경 하에서 마케팅 활동을 수행함에 따라 증대되는 제반 위험을 최소화하면서, 동시에 확대된 시장기회를 최대한 활용하여 기업의 마케팅목표를 효과적으로 달성하도록 노력을 경주해야 한다. 이를 위해서 국제마케팅 관리자는 해외시장의 환경변화를 면밀히 분석하고 이에 대응 가능한 전략을 수립할 수 있어야 한다.

여기에서 국제마케팅 활동을 수행하는 과정에서 기업이 직면하게 되는 환경을 살펴보면 [그림 10. 1]과 같이 나타낼 수 있다. 이 그림에 나타나 있는 바와 같이 기업이 직면하게 되는 환경은 크게 국내환경과 해외환경으로 구분할 수 있다. 그리고 국내환경은 통제 가능한 요소(controllable factor)와 통제 불가능한 요소(uncontrollable factor)로 구분할 수 있다. 통제 가능한 요소로는 기업의 내부 환경이며 마케팅믹스의 수단인 가격, 제품, 유통경로, 촉진 등을 들 수 있다. 기업의 통제 불가능한 요소로는 기업의 외부 환경에 해당하는 경제적, 정치적·법적, 문화적 환경 등과 같은 거시적 환경과 경쟁, 공급자, 소비자 등과 같은 미시적 환경 등이 있다.

[그림 10. 1] 국제마케팅의 환경

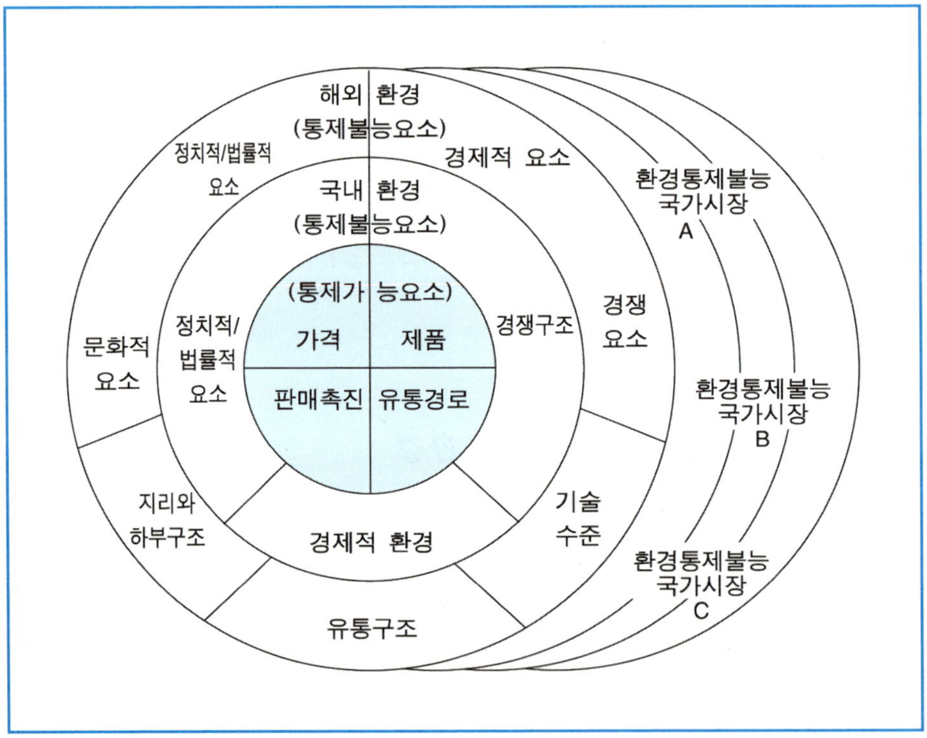

자료: P. R. Cateora, *op, cit.*, p.10.

또한 기업은 국내의 통제 불가능한 요소뿐만 아니라 해외의 통제 불가능한 요소인 현지국의 경제적, 정치적·법적, 문화적 환경 등과 같은 거시적 환경과 경쟁, 공급자, 소비자 등과 같은 미시적 환경에도 직면하게 된다. 이들 해외의 통제 불가능한 요소들은 국내의 통제 불가능한 요소들과 마찬가지로 국제마케팅 활동에 기회를 제공할 수도 있는 반면에 위협요인으로도 작용할 수 있다.

따라서 범세계적으로 마케팅 활동을 수행하고자 하는 다국적기업은 이들 통제 불가능한 요소가 국제마케팅 활동 전반에 어떠한 긍정적인 영향과 부정적인 영향을 미치게 될 것인가를 예측하고 효과적인 대응방안을 강구하는 것이 무엇보다도 중요하다.

제2절 국제마케팅조사

1. 국제마케팅조사의 의의

국제마케팅조사(international marketing research)는 국제마케팅과 관련된 어떤 사실이나 의견을 과학적 방법에 의해 수집하고, 기록하고, 분석해서 국제마케팅 의사결정에 기초자료를 제공하는 것이다.

국제마케팅조사는 시장기회를 확인·평가하고 각 시장을 비교·분석하는 단계로부터, 목표를 설정하고 시장에 참여하여 마케팅 활동을 수행할 때까지의 국제마케팅 의사결정 전반에 걸쳐 이루어져야 한다. 또한 국제마케팅조사는 단순히 현재의 시장상황을 파악하는 데 그치지 않고, 정보가 미래에 어떻게 영향을 미치게 될 것인가를 예측하여 기업의 장단기 마케팅 활동에 필요한 기초자료를 제공할 수 있어야 한다.

이러한 점에서 최근에 마케팅 의사결정자에게 필요한 적절한 정보를 적시에 제공하기 위해 정보를 수집·분류·분석·평가·제시하기 위한 사람·설비·절차로 구성된 시스템인 마케팅정보시스템(marketing information system)의 도입이 요구되고 있다. 마케팅정보시스템은 [그림 10. 2]와 같이 기업내부기록시스템(internal record system), 마케팅일상정보시스템(marketing intelli-gence system), 마케팅조사시스템(marketing research system), 마케팅 의사결정지원분석시스템(marketing decision support analysis system) 등의 네 가지 하위 시스템으로 구성되어 있다.

[그림 10. 2] 마케팅 정보시스템

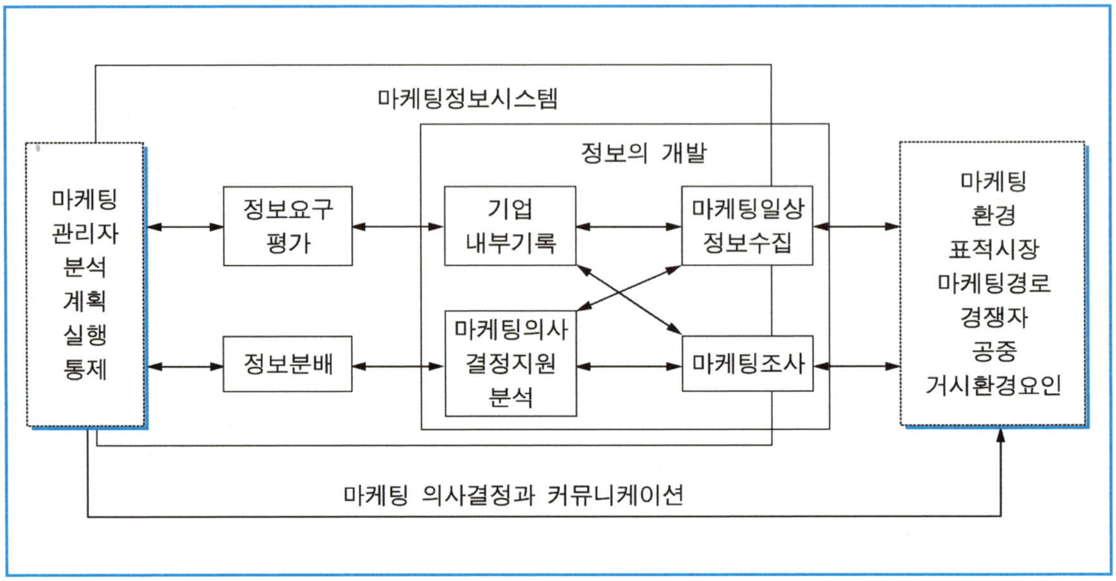

자료 : P. Kotler, *Marketing Management : Analysis, Planning, Implementation, and Control*, 7th ed., Prentice-Hall, 1991, p.96.

여기서 마케팅조사시스템을 제외한 세 가지 하위 시스템은 국내기업의 경우에도 어느 정도 기반이 확립되어 있으므로, 문제가 되는 것은 마케팅조사시스템의 효과적인 운용이다.

국제마케팅조사는 그 조사 과정이나 절차, 활용도구 및 기술 등에 있어서 국내마케팅조사와 다를 바 없으나, 마케팅 환경이 국외로 확대되면서 조사의 범위와 기법이 복잡해지는 경우가 많다. 그러므로 국제마케팅 조사자는 마케팅조사기법을 이질적이며 복잡한 환경 속에서 적절히 적용할 수 있는 능력을 배양할 필요가 있다. 특히 각 조사 대상국의 시장마다 조사의 질과 양이 다를 수 있고, 체계적인 분석에 대한 문화적 태도가 나라마다 상이할 수 있으므로 기업의 입장에서는 유능한 국제마케팅조사자를 양성하는 것이 중요하다.

2. 국제마케팅조사의 내용

국제마케팅조사에서 다루는 내용이나 영역을 일반화시키기는 어렵지만 대략적으로 파악해야 할 주요한 내용으로는 시장정보, 규정정보, 자원정보, 일반정보와 같은 것을 들 수 있다.

[표 10. 2]에 국제마케팅 조사에 필요한 항목과 요소를 정리한 것이다.

[표 10. 2] 국제마케팅 조사의 항목과 내용

분석항목	요소	내용
시장정보	시장잠재력	제품에 대한 잠재적인 수요를 나타내는 정보
	소비자태도와 행동	기존 및 잠재적인 기업의 제품에 대한 소비자의 태도, 행동, 욕구
	유통경로	자사 및 경쟁사의 유통경로시스템 내 대리점, 혹은 독립적인 유통업자, 도매상, 소매상의 가용성, 효과, 태도, 선호도
	커뮤니케이션 매체	매체의 가용성, 효과 및 비용
	시장원천	가용성, 품질, 비용
	신제품	기업의 신제품, 아이디어, 시장잠재성에 관한 비기술적인 정보
	경쟁자의 판매	경쟁제품의 판매 성과
	경쟁자의 마케팅 프로그램 및 계획	기존제품 및 신제품에 대한 마케팅 프로그램과 계획(판매촉진, 광고 등)
	경쟁제품	기존제품 및 고안된 제품의 가격과 외양
	경쟁자의 생산	경쟁자의 생산능력에 관한 정보, 종업원 사기, 운송, 생산효율성 등.
	경쟁자의 투자	경쟁자의 투자, 확장계획, 혹은 이동에 관한 정보, 신규 능력, 투자제안, 제조자원투입의 징후
규정정보	외환	환율변화에 관한 정보
	조세	수입, 배당금, 이자 등에 대한 해외 당국의 의사결정, 의도, 태도에 관한 정보
	기타	기업의 생산, 자산, 투자에 영향을 미치는 외환과 조세문제 이외에 현지국, 지역, 혹은 국제 당국의 정책, 규제, 법, 법령 등에 관한 정보
	본국의 규정	기업에 영향을 미치는 본사국의 인센티브, 통제, 규율, 제약 등
자원정보	인력	개인과 집단의 가용성, 고용 후보들, 원천, 파업 등
	자금	기업이 사용할 자금의 가용성과 비용
	천연자원	가용성과 비용
	인수/합병	인수·합병이나 합작투자에 관한 정보
일반정보	경제적 요소	자본이동, 성장률, 경제구조, 지리 등과 같은 광범위한 요소를 다룬 거시 경제적 정보
	사회적 요소	사회의 구조, 관습, 태도, 선호
	정치적 요소	선거, 정치적 변화 등의 투자여건
	과학기술 요소	주요 과학기술의 발전정도
	경영관리 관습	종업원 보상과 보고절차 등과 같은 문제에 관한 경영관리 관습 및 절차

자료: *W. J. Keegan, Multinational Marketing Management,* 2nd ed., Prentice-Hall, 1980, pp.186~187. 저자인용 수정.

제3절 국제마케팅전략의 수립절차

국제마케팅전략의 수립절차는 국내마케팅의 경우와 근본적으로 다른 점은 없으며, 이질적 환경에서 활동한다는 점 때문에 구체적인 내용에서 몇 가지 추가로 고려해야 할 사항이 있다. 국제마케팅전략의 수립절차를 요약하면 다음과 같다.

1. 상황분석

기업의 내부환경 및 외부환경을 분석한다.

(1) 내부환경분석

내부환경분석은 기업이 보유한 경영자원, 핵심역량, 조직구조, 기업문화, 리더십 등 기업 내적인 강점에 대한 분석을 의미한다. 기업은 내부환경분석을 통해 역량을 집중할 수 있다. 즉, 고객에게 가치를 전달하기 위한 자신의 역량을 파악하는 것이다.

[표 10. 3] 내부환경분석 절차

분석 절차	재무성과분석	제품/고객분석	내부역량분석	시사점 도출
단계별 의미	기업의 수익성 파악	제품과 고객의 적정성을 통해 시장 분석	고객에게 가치 전달을 위한 보유역량 분석	성과와 문제점을 통해 시사점 도출
분석방법	EVA ROIC/EVA CVA 등	Market Maps CSA CLTVA 등	Value Chain Analysis 7S Model	Strengths/Weaknesses Analysis

출처: 담덕의 경영학노트(https://bre.is/HGtRPFbR), 2019.1.19. (검색일 2022.6.13.)

(2) 외부환경분석

일반환경분석, 고객분석, 경쟁분석 등을 통한 기회 및 위협요인 분석을 하게 된다. 여기서는 강점(strength)과 약점(weakness), 그리고 기회(opportunity)와 위협(threat)요인을 동시에 분석하게 되는데 이를 SWOT분석이라고 한다.

상황분석단계에서는 각 국가시장이 가지는 특성과 유사성을 파악해야 하며 국가시장을 군집으로 나누어 관리할 것인지 결정해야 한다.

2. 목표설정

SWOT분석을 통해 강점·약점·기회·위협을 알아내면 기업은 국제마케팅전략의 명확한 목표를 설정할 수 있게 된다. 일반적으로 목표는 매출액, 수익성과 시장점유율 등을 기준으로 표시된다.

3. 전략수립

상품시장 매트릭스를 중심으로 네 가지 전략대안, 즉 시장침투전략, 시장개발전략, 제품개발전략, 다각화전략 방안이 있다. 이러한 전략대안을 달성하기 위해 시장세분화에 의한 목표시장의 선정, 포지셔닝 전략의 수립이 이루어진다.

4. 마케팅믹스전략

기업이 지향하는 목표시장이 결정되면 다음으로는 이에 효율적으로 도달할 수 있는 마케팅믹스(marketing mix)를 구성해야 한다.

마케팅믹스란 목표시장에서 마케팅목표를 달성하기 위해 사용하는 수단으로서 보통 4P라고도 일컫는다. 즉 마케팅믹스는 [그림 10. 3]과 같이 제품(product)·가격(price)·유통경로(place)·촉진(promotion)의 네 가지로 구성되는데 이를 어떻게 잘 조합하느냐가 결국 마케팅전략의 최종 단계이며 마케팅관리의 핵심이라고 할 수 있다. 이상의 마케팅전략 수립절차를 그림으로 나타내면 다음 [그림 10. 4]와 같다.

[그림 10.3] 마케팅믹스의 구성요소

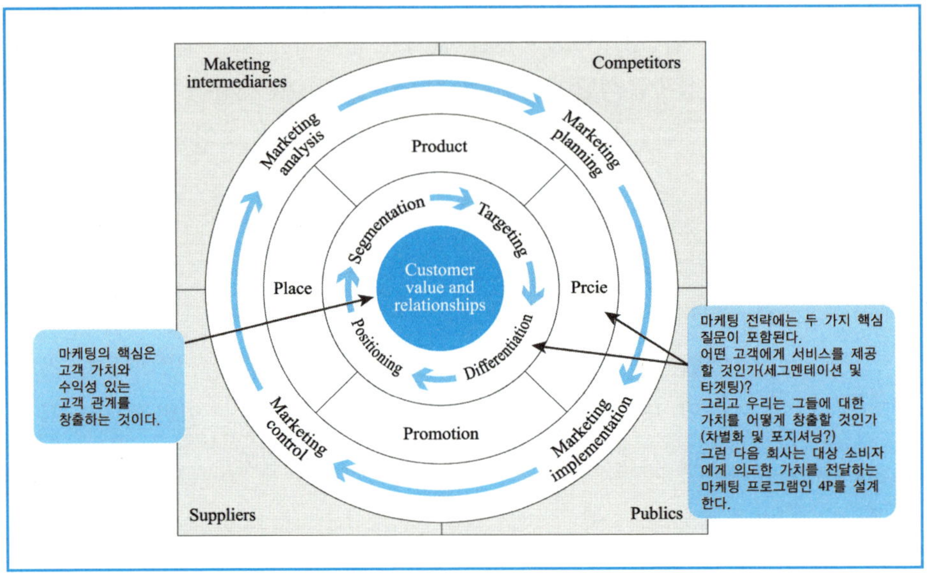

자료: P. Kotler and G. *Armstrong, Principles of Marketing*, 5th ed., Prentice-Hall, 1991, p.46.

[그림 10.4] 마케팅전략 수립절차

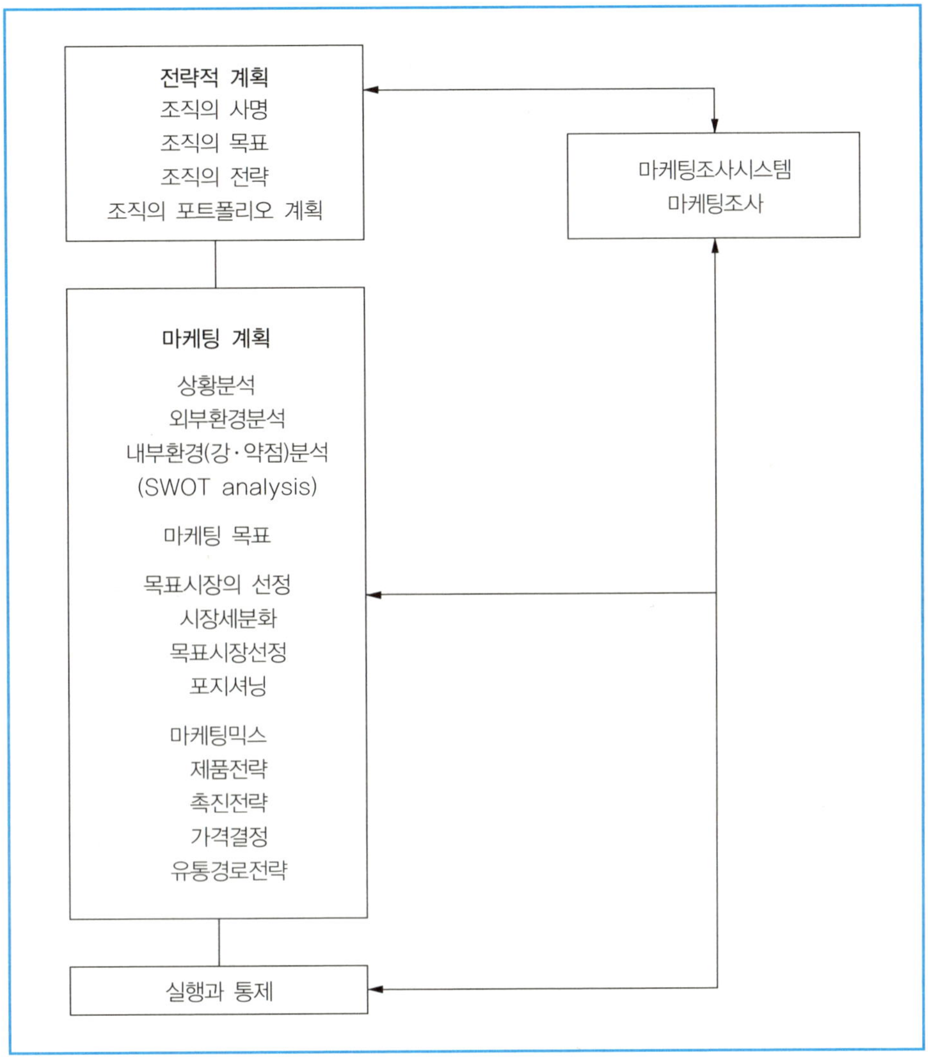

자료: J. P. Peter and J .H. Donnelly, Jr., *A Preface to Markting Management*, 6th ed., Irwin, 1994, p.21을 수정.

제4절

시장세분화와 제품포지셔닝

1. 시장세분화

1) 시장세분화의 개념

오늘날의 시장은 동질적인 소비자들로 구성되어 있는 것이 아니라 구매동기, 구매능력, 인구통계적·사회적·문화적 특성이 서로 다른 소비자들로 구성되어 있으며, 시장의 이질성은 문화적 특성의 다양화와 사회구조의 복잡성에 따라 더욱 심화되고 있다. 그리하여 이러한 이질적인 시장에 효과적으로 접근함으로써 경쟁에서의 우위를 유지하기 위한 방안의 하나로 채택된 것이 곧 시장세분화전략(market segmentation strategy)이다.

여기서 시장세분화란 각 시장에 따라서 소비자들의 기호와 욕구가 다르고 그 결과 특정 제품에 대한 수요도 시장에 따라 다를 것이라는 가정하에 여러 가지 변수를 이용하여 시장을 마케팅 활동에 유사한 반응을 보일 것으로 예상되는 세분시장(market segment)으로 구분하는 것이다. 즉, 이질적인 시장을 동질적인 요소별로 구별하는 과정이다.

그러므로 시장세분화전략이란 전체 시장을 각 특성에 따라 여러 하위시장으로 구획화한 다음 자사의 목표·자원·수익이라는 관점에서 가장 유리한 어느 한 시장 혹은 시장군을 선택하여 그에 부합되는 마케팅믹스를 적용하려는데 의의가 있다.

2) 시장세분화의 기준

시장은 구매자들로 구성되어 있는데 구매자들은 욕구·구매력·지리적 위치·구매태도 및 구매 관습이 서로 다르다. 따라서 이러한 이질적인 기준들이 시장세분화 기준으로 사용될 수 있다.

[표 10.4] 시장세분화변수의 예

변 수	전형적인 세분화 예
■ 지리적	
(1) 지역	: 태평양연안지방, 산악지방, 서북중부지방, 남서중부지방, 동북중부지방, 동서중부지방, 남대서양연안지방, 중대서양연안지방, 뉴잉글랜드지방
(2) 군규모	: A, B, C, D
(3) 도시규모	: 5,000명 미만, 5,000~19,999명, 2만~49,999, 5만~99,999, 10만~249,999, 25만~499,999, 50만~999,999, 100만~3,999,999, 400만 이상
(4) 인구밀도	: 도시, 교외, 시골
(5) 기후	: 북부, 남부
■ 인구통계적	
(1) 연령	: 6세 미만, 6~11세, 12세~19세, 20세~34세, 35세~49세, 50세~64세, 65세 이상
(2) 성	: 남, 녀
(3) 가족규모	: 1~2명, 3~4명, 5명 이상
(4) 소득	: $3천미만, $3천~4,999, $5천~6,999, $7천~9,999, $1만~14,999, $1만 5천~24,999, $2만 5천 이상
(5) 직업	: 전문 및 기술직, 경영자, 관리, 기업주, 서기 및 판매종사원, 기능공 및 직장, 운전직, 농부, 퇴직자, 학생, 주부 및 무직자
(6) 교육	: 중졸 및 그 이하, 고중퇴, 고졸, 대중퇴, 대졸
(7) 가족생활주기	: 독신청년, 결혼청년 무자녀, 결혼청년 6세미만 자녀, 결혼청년 6세이상(family life cycle) 자녀, 성년결혼 18세미만 자녀, 성년결혼 18세이상 자녀, 성년독신 기타.
(8) 종교	: 불교, 천주교, 회교, 기독교, 유태교, 기타.
(9) 인종	: 백인, 흑인, 동양인.
(10) 국적	: 미국, 영국, 독일, 프랑스, 스칸디나비아, 이탈리아, 스페인, 라틴아메리카, 중동, 일본.
■ 심리적	
(1) 사회계층	: 하하층, 하상층, 중하층, 중상층, 하상층, 상상층
(2) 생활스타일	: 직정형, 유행형, 장발형
(3) 개성	: 강제적, 사교적, 권위적, 야심적
■ 행동적	
(1) 구매 계기	: 규칙적, 특수적
(2) 희구혜택	: 경제성, 편의성, 긍지성
(3) 사용자지위	: 비사용자, 전사용자, 잠재적 사용자, 사용자, 초회사용자, 규칙적 사용자
(4) 사용율	: 경사용자, 중간사용자, 중사용자
(5) 충실성의 정도	: 무, 중간, 강, 절대적
(6) 구매준비태세의 단계	: 미인지, 인지, 정보가짐, 관심, 희구, 구매의도
(7) 마케팅요인의에의 감수성	: 품질, 가격, 서비스, 광고, 판매촉진

자료: P. Kotler and G. Armstrong, *op. cit.*, p.220.

일반적으로 사용되는 시장세분화 변수로는 지리적 변수·인구통계적 변수·심리묘사적 변수·행동적 변수 등이며, 구체적으로 [표 10. 4]와 같다.

시장세분화를 한 이후에 기업은 목표시장을 결정한다. 목표시장의 결정(market targeting)이란 세분시장 중 어느 시장구획을 대상으로 마케팅 활동을 전개할 것인가를 결정하는 것이다. 이와 관련해서 시장의 이질적인 요소들을 고려하지 않고 하나의 제품으로 모든 소비자들에게 소구(appeal)하는 것을 비차별마케팅전략(undifferentiated marketing strategy), 어느 한 두 시장에 마케팅 노력을 집중하는 경우를 집중화마케팅전략(concentrated marketing strategy), 그리고 각 세분화된 시장 모두에 해당되는 제품을 생산·판매하는 경우를 차별마케팅전략(differentiated marketing strategy)이라고 한다.

2. 제품포지셔닝

1) 제품포지셔닝의 개념

마케팅전략을 수립하는 데 있어서 시장을 세분화하고 마케팅 노력을 집중할 목표시장을 선정했으면 이제는 이 목표시장에서 기업과 기업이 제공하는 제품이나 서비스가 소비자들의 마음 가운데에 확실하게 자리 잡도록 해야 할 필요가 있는데 이러한 절차가 포지셔닝(positioning)이다.

제품포지셔닝이란 목표고객의 마음속에 자사의 제품이나 서비스가 경쟁자의 것과 비교하여 차이가 있을 뿐만 아니라 더 가치가 있는 것으로 자리 잡도록 해 주는 활동이다. 결국 포지셔닝이란 자사가 제공하는 제품이나 서비스가 경쟁사와 차별화를 할 수 있을 때 가능하다. 차별화를 가능하게 해 주는 요인으로는 제품, 서비스, 판매원, 기업이나 상표의 이미지 등을 들 수 있다.

우선 제품차별화(product differentiation)는 제품의 특징·성능·내구성·스타일·신뢰성·디자인 등을 차별화시킴으로써 가능하다. 예를 들어 Sony의 워크맨은 차별화된 제품의 특성으로 인해 세계 시장에서 경쟁우위를 구가하고 있다.

서비스도 차별화할 수 있다. 제품을 인도하는 데 있어서도 신속·정확하게 함으로써 차별화가 가능하다. 예를 들어 철야 배송의 대명사인 FedEx는 야간에 배송작업을 하고 다음 날 새벽 화물을 화주에게 전달하는 주는 서비스로 유명하다.

일선에서 제품이나 서비스를 판매하는 판매원을 통해서도 차별화가 가능하다. 잘 훈련되어 있고 유능하며 친절한 판매원이 있다면 이 또한 고객의 마음 가운데에 그 기업을 자리 잡도록 하는 요인이 될 수 있다. 예를 들어 미국의 Nordstrom은 대부분의 백화점들이 가격경쟁력이 할인점이나 양판점과 같은 다른 형태의 소매점에 비해 뒤떨어지게 되자, 문을 닫거나 할인점 등으로 전환하는 가운데서도, 판매원의 높은 서비스수준으로 인해 여전히 많은 수익을 올리고 있다. 또한 아시아 외환위기 이후 대부분의 아시아권 항공사들의 수입이 급감한 가운데서도 싱가포르 항공은 안전성과 싱가포르 걸이라는 스튜어디스의 서비스로 인해 높은 수익을 올리고 있다.

경쟁기업이 거의 동일한 제품 및 서비스를 제공하더라도 소비자들은 기업이나 상표 이미지에서 차이를 느낄 수 있다. 따라서 많은 기업들이 기업의 이미지를 제고하기 위해 CI(corporate identity) 혹은 BI(brand identity) 작업을 하고 있다. Nike가 타이거 우즈를 후원하는 것과 마찬가지로 삼성의 경우는 박세리를 후원함으로써 세계의 소비자들에게 자사의 이미지를 제고시키기 위한 노력을 하고 있다. 그리고 자동차업계에서는 Volvo는 안전성, Bentz는 품격, BMW는 운전성 등의 이미지로 세계 소비자들의 마음속에 자리 잡혀 있다.

2) 제품포지셔닝전략의 절차

(1) 경쟁우위요소의 확인

포지셔닝을 위해서는 먼저 경쟁상의 우위요인들에는 어떠한 것이 있는지 확인해 보아야 한다. 그것은 기본적으로 경쟁사가 제공하는 제품이나 서비스와 자사가 제공하는 제품이나 서비스를 차별화하는 것이라고 할 수 있으며 이 밖에도 판매원이나 이미지 측면에서 차별화를 할 수도 있다.

제품포지셔닝 전략을 수립할 때 지각도(perceptual map)를 이용할 수 있다. 지각도란 [그림 10. 5]에 예시한 바와 같이 소비자가 중요하게 생각하는 제품의 속성을 기준으로 경쟁관계에 있는 각 제품들이 어떻게 소비자에게 포지셔닝되고 있는가를 그림으로 표시한 것으로써 자사제품의 포지셔닝 전략을 수립하는 데 도움을 받을 수 있다.

[그림 10.5] 미국시장에서의 승용차 포지셔닝

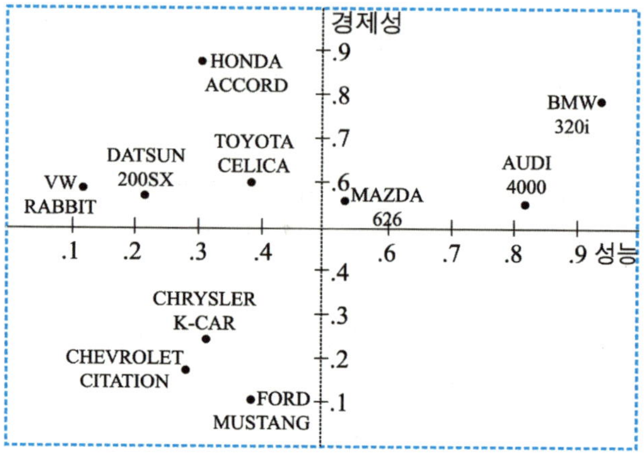

자료: J. K. Johansson and H. B. Thorelli, "International Product Positionning," *Journal of International Business* Studies, 16(3), 1985, p.59.

(2) 포지셔닝할 경쟁우위요소의 선택

경쟁우위요소를 확인한 후에는 기업이 갖고 있는 여러 가지의 경쟁우위요소 중에서 포지셔닝의 대상으로 삼을 만한 가장 강력한 요소를 선택해야 한다.

(3) 포지셔닝할 요소의 전달

포지셔닝할 경쟁우위요소가 결정되었으면 이제는 목표고객에게 포지셔닝할 내용을 적극적으로 알려야 한다. 기업의 마케팅믹스도 결국은 이러한 포지셔닝 전략을 뒷받침하는 내용이어야 한다.

(4) 재포지셔닝

일단 포지셔닝이 이루어졌다고 하더라도 환경의 변화로 인해서 또는 확실하게 포지셔닝이 되지 않았을 경우에는 이를 수정·보완하여 재포지셔닝(repositioning)을 할 필요가 있다.

제5절

국제마케팅믹스전략

국제마케팅믹스(International marketing mix)를 수립할 때 국제마케팅 관리자는 먼저 마케팅믹스를 진출국 시장 환경에 어느 정도 적응시킬 것인가에 대해 결정해야 한다. 즉, 국제 마케팅믹스를 수립할 때 가장 먼저 고려해야 할 것은 마케팅믹스를 현지시장에 적응화(adaptation)시킬 것인가, 혹은 모든 진출국에 하나의 표준화(standardization)된 마케팅믹스를 적용할 것인가를 결정해야 한다.

Sony나 코카콜라와 같이 세계적으로 동일한 제품을 공급하는 전략을 표준화전략이라고 한다. 다국적기업들은 표준화전략을 사용함으로써 비용절감의

[표 10.5] 글로벌 마케팅믹스 선택에 있어서 고려사항

마케팅 요소	글로벌화에 있어서의 주요 고려사항
제품	고객의 요구, 사용, 국가 기술표준의 공통성
포지셔닝	기업의 경쟁적 위치, 구매동기(심리적인 소구, 자아몰입 등), 사용/소비패턴의 유사성
상표명	범세계적인 수용, 원산지의 명성, 상표명이 갖는 의미의 중요성, 발음의 용이성
포장디자인	전달되어야 할 정보의 양, 유통조건의 유사성(제품진열의 중요성 등), 현지 경쟁자와의 차별화의 필요성, 사용패턴과 도량형의 유사성, 복수언어 표찰의 수용 가능성
절대가격	시장가격수준, 법률, 가격의 역할, 원가수준의 유사성
상대가격	기업의 경쟁적 위치, 원가수준, 시장목표의 유사성
광고전략	기업의 경쟁적 위치와 시장목표, 제품수명주기단계, 구매동기의 유사성
광고제작	이미지, 상황, 캐릭터의 보편성, 광고 등장인물의 전세계적 인지도, 지역 경쟁자에 대한 차별화의 필요성.
광고매체	선택한 매체의 이용가능성, 이용의 제한 유무
판매촉진	법적·관행적 제한의 유무, 인센티브효과의 유사성
판매방법	유통구조, 고객의 구매방법과 구매행동의 유사성
판매요원	기술적 전문지식의 중요성, 외국인의 수용가능성
유 통	유통구조 및 유통기관과의 관계의 유사성
고객서비스	고객의 요구와 지원하부 구조(무료전화서비스의 제공가능성 등)의 유사성

자료 : G. S. Yip, *Total Global Strategy*, Prentice-Hall, 1992, pp.144~145.

효율성을 얻고 여기에서 얻은 절감된 비용을 판매가격에 반영시킴으로써 소비자에게 좋은 품질의 제품을 보다 저렴한 가격으로 공급함으로 인해서 이익을 얻고 있다.

그리고 현지소비자의 욕구에 맞추어 마케팅믹스를 적절히 변형시키는 전략을 적응화 전략이라고 한다. 이러한 방법은 목표시장의 소비자선호에 따라 제품을 변형시키고, 현지에 적합한 가격으로 시장에 판매함으로써 수익을 올릴 수 있고, 진출국의 환경에 적합하게 유통전략과 촉진믹스를 구성하여 시장점유율을 높일 수 있으나 비용이 많이 든다는 단점이 있다.

구체적으로, 입(G. Yip)은 글로벌 마케팅믹스 선택에 있어서 고려해야 할 사항으로 [표 10. 3]과 같이 제시하고 있다.

1. 국제제품전략

1) 제품전략의 기본개념

제품(product)이란 기업이 고객에게 제공하는 욕구 충족물이다. 여기에는 승용차·냉장고 등과 같은 유형의 제품은 물론 금융·의료 등과 같은 무형의 서비스도 포함된다.

또한 제품은 제품 그 자체만을 말하는 것이 아니라 상표명이라든지 포장 등도 포함한다. 따라서 제품은 [그림 10. 6]과 같이 세 가지 요소로 구성된 하나의 제품(a total product)으로 인식하는 것이 중요하다.

[그림 10. 6] 총제품의 구성요소

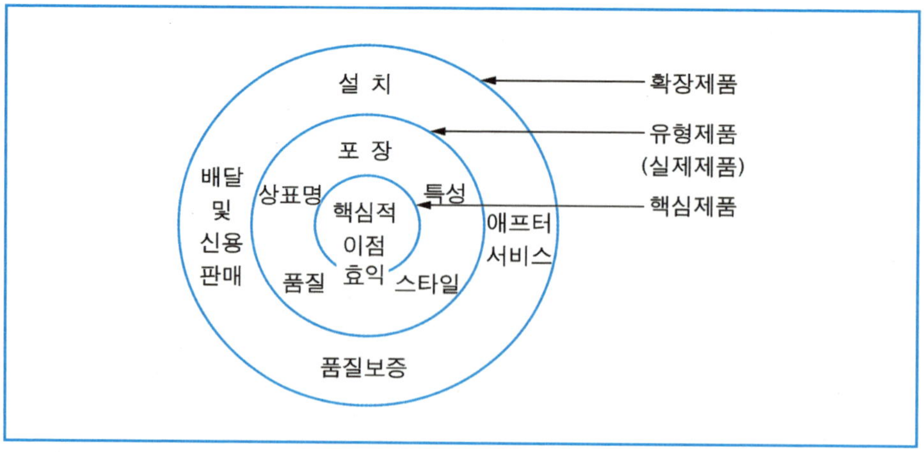

첫째, 핵심제품(core product)은 소비자가 실제로 구매하는 것이라고 할 수 있다. 다른 말로 하면 핵심제품은 소비자가 구매를 통하여 얻고자 하는 핵심적 효익(benefit)이라고 할 수 있다. 예를 들어 TV를 구매하는 것은 외형의 TV 자체를 구매한다기보다 거기서 나오는 핵심적인 효익인 '오락'을 구매하는 것이다.

둘째, 유형제품(tangible product)은 소비자가 제품 구매로부터 얻게 될 효익을 형상화한 것이다. 즉 오락을 즐기기 위해서 TV를 구매한다면 그 오락을 제품으로 형상화시킨 것이 바로 TV이다. 유형제품에는 포장·특성·스타일·품질·상표명·제품의 색상 등이 포함된다.

셋째, 확장제품(augmented product)은 유형제품에 추가적 서비스와 효익을 결합한 것이다. 설치·수리·배달·보증·부품서비스·용도설명 등이 이에 해당된다.

이렇듯 기업은 단지 그 제품이 지니고 있는 기능적·미관적 특성뿐만 아니라 그 제품의 판매와 관련된 각종의 서비스는 물론 회사나 상표이미지·용법·상징 등을 한데 묶은 하나의 시스템을 판매하고 있다고 보는 것이 타당한데 이것을 'system selling'이라고 한다. 한편, 해외시장에 진출할 국제제품전략에는 세 가지가 있다.

첫째, 제품연장전략이다. 제품에 전혀 변경을 가하지 않고 해외시장에 진출하는 방법이다. 이 전략은 제품을 해외에 그대로 가져가기 때문에 연구개발비·제조설비 변경비·촉진변경비 등의 제반 비용이 들지 않아 매력적이긴 하지만 현지소비자의 욕구를 충족시키지 못할 경우 장기적으로는 어려움에 처하게 되는 경우도 있다.

둘째, 제품적응전략이다. 제품이 현지 조건이나 욕구에 맞도록 변경을 가하는 방법이다.

셋째, 제품개발전략이다. 해외시장에 맞게 새로운 제품을 만들어 내는 전략이다. 제품개발전략은 비용이 많이 들지만 성과가 높은 방안이다.

2) 제품수명주기

제품수명주기(PLC : product life cycle)란 신제품이 개발되어 시장에 도입된 후, 대체상품의 출현에 의해서 자취를 감추기까지의 과정을 의미한다.

이러한 제품수명주기는 일반적으로 시간의 경과에 따른 매출액의 변화에 의해서 도입기·성장기·성숙기·쇠퇴기의 네 가지 단계로 나누게 된다.

제품수명주기 형태는 [그림 10. 7]과 같이 보통 S자 형태의 곡선을 띠게 된다. 이와 같이 S자 형태의 제품수명주기의 각 단계는 다음과 같이 나누어 볼 수 있다.

[그림 10. 7] 제품수명주기

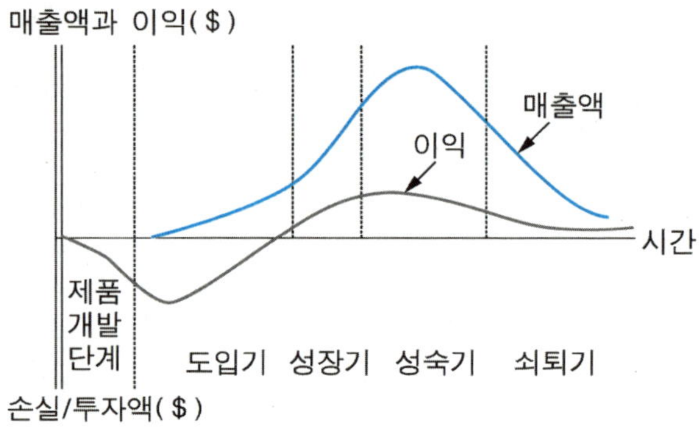

(1) 도입기(introduction)

제품이 시장에 도입되어 매출액이 서서히 증가하는 시기이다. 도입기에는 신제품을 런칭(launching)하기 위한 비용이 높아서 이익은 없다.

(2) 성장기(growth)

시장에서 제품에 대한 수용이 급속하게 이루어지고 이익이 나타나는 시기이다.

(3) 성숙기(maturity)

대부분의 잠재 구매자들에게 제품의 수용이 이루어졌으므로 매출액 증가가 둔화되는 시기이다. 경쟁에 대항하기 위한 마케팅비용이 증가하므로 이익은 그대로 있거나 감소한다.

(4) 쇠퇴기(decline)

매출액과 이익이 현저히 감소한다. 기업은 새로운 마케팅목표를 설정하고 적극적인 제품개발 또는 고객유지 전략을 수립해야 한다. 제품수명주기의 단계별 특징과 전략은 [표 10. 6]에 나타나 있다.

[표 10. 6] 제품수명주기의 단계별 특징과 전략

	도입기	성장기	성숙기	쇠퇴기
특 징				
판매	낮다	급속성장	최대판매	감소
비용(고객당)	높다	평균	낮다	낮다
이익	적자	증대	높다	감소
고객	혁신층	조기수용층	중간다수층	최종수용층
경쟁자	약간	점차 증대	점차 감소	감소
마케팅목표	제품인지와 사용의 증대	시장점유율의 확대	이익의 극대화와 시장점유율 방어	비용절감과 투자 회수
마케팅전략				
제품	기초제품의 제공	제품확대, 보증의 제공	상표와 모델의 다양화	취약품목의 폐기
가격	원가가산가격	시장침투가격	경쟁자대응가격	가격인하
유통	선택적 유통 경로	집중적 유통경로 구축	집중적 유통경로 더욱 구축	수익성이 적은 경로의 폐쇄
광고	조기수용층과 판매상의 제품인지의 형성	대중시장에서의 인식과 관심의 형성	상표차이와 이점의 강조	상표충성도가 강한 고객유지에 필요한 수준으로 줄임
판매촉진	사용을 유도하기 위한 강력한 판촉전개	수요확대에 따른 판촉의 감소	상표전환을 유도하기 위한 판촉 증대	최저 수준으로 감소

자료 : P. Kotler, *op. cit.*, p.365.

3) 신제품개발전략

오늘날에는 소비자의 생활수준·기호·관습 등이 급속하게 변화하고 있고 다양해지고 있다. 이러한 상황에 대처하기 위해서 기업들은 경쟁적으로 신제품을 개발하고 있다.

여기서 신제품이라 함은 처음 개발된 신제품은 물론 기존의 제품을 개선하거나 수정한 것도 포함되며 새로운 상표까지도 신제품의 개념에 포함시킬 수 있다. 또한 기존제품의 새로운 용도를 개척하는 것도 넓은 의미에서 신제품의 개념에 포함시킬 수 있다. 결국 어떠한 방법에 의하든지 소비자가 새롭다고 느끼는 한 신제품으로 간주할 수 있다.

신제품을 개발하는 데에는 실패의 위험이 따르게 되므로 이러한 위험을 최소화하기 위해서는 체계적인 신제품 개발과정을 확립하여 이에 따라 실시하는 것이 필요하다. 신제품 개발과정은 일반적으로 [그림 10. 8]과 같이 8단계로 구분할 수 있다.

(1) 아이디어 창출(idea generation)

신제품개발의 첫 단계는 아이디어 창출이다. 신제품 아이디어를 지속적으로 수집하기 위해서는 다양한 아이디어의 원천을 적극적으로 개발해야 한다. 아이디어를 수집할 수 있는 원천에는 기업내부원천·고객·경쟁사·유통업자 등이 있다.

(2) 아이디어 심사(idea screening)

아이디어 창출과정이 가능한 한 많은 아이디어를 창안해 내는 과정이라고 한다면 아이디어 심사 과정은 아이디어 수를 최소한으로 줄임으로써 이하 각 단계를 거치는 과정에서 발생할 수 있는 불필요한 낭비를 없애는 일일 것이다. 이 단계에서는 기업에 맞는 아이디어인가, 기업의 목적과 전략에 부합하는가, 아이디어를 성공시킬 수 있을 만한 인력·기술·자금 등의 제 자원이 충분한가 등에 대해 검토해 보아야 한다.

(3) 제품개념의 개발 및 시험(concept development and testing)

선별이 이루어진 아이디어는 제품개념으로 구체화하여 이 개념을 목표시장에서 시험해 보아야 한다. 제품개념이란 아이디어를 보다 구체화시킨 것으로서 소비자의 관점에서 의미를 부여한 것이다.

여기에는 보통 그 제품에 관한 여러 가지의 개념(이점, 경쟁품과의 비교, 선호도, 가격 등)을 직접 질문해 보는 방식이 채택된다. 그 외에도 가격·속성·함량 등에 대한 각 대안을 서로 배합하고 가장 좋아하는 배합 순으로

[그림 10.8] 신제품 개발과정

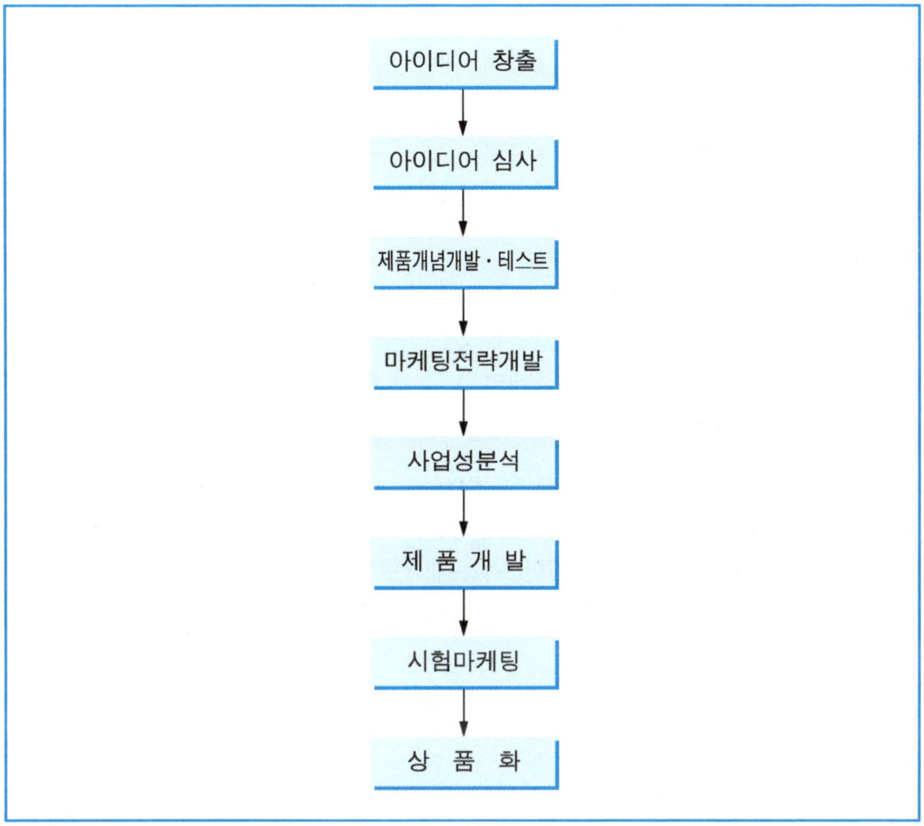

자료 : 신길수·이영환, 전게서, P.222.

나열토록 하는 콘조인트 분석(conjoint analysis) 등이 사용되기도 한다.

(4) 마케팅전략의 개발(marketing strategy development)

제품개념을 개발하고 시험을 완료한 후에는 제품을 시장에 제공할 수 있는 마케팅전략을 개발해야 한다. 마케팅전략은 세 단계를 거쳐 개발된다.

첫째, 목표시장의 규모, 구조 및 동태, 기업이 목표시장에서 의도하고 있는 제품의 위치, 판매량, 시장점유율, 차기 수년간의 이익목표 등을 정한다.

둘째, 기업이 의도하고 있는 제품의 가격, 유통경로, 1차 년도의 마케팅 예산 등을 결정한다.

셋째, 기업이 의도하고 있는 장기적인 관점에서의 판매와 이익목표, 마케팅전략에 관하여 언급한다.

(5) 사업성분석(business analysis)

마케팅전략이 개발된 이후에는 이 계획안의 사업 매력도를 분석해 보아야 한다. 사업성분석은 이 계획안에 의한 매출액과 비용 및 이익의 추정치를 검토하여 기업목적에 부합되는가를 판단하는 것이다. 사업성이 좋은 것으로 판단되면 제품을 개발하는 단계로 넘어가게 된다.

(6) 제품개발(product development)

제품개발은 제품개념의 실체화과정이라고 할 수 있다. 즉, 사업성분석결과 양호한 것으로 나타난 제품개념은 R&D부서 또는 기술부서로 보내져 실제 제품으로 개발된다. R&D부서는 제품개념에 따라 몇 가지 유형의 시제품을 개발하고 제작이 끝나면 시험을 한다. 시험에는 기능이 제대로 발휘되는가를 확인하기 위한 기능테스트와 소비자로 하여금 제품의 속성을 평가하도록 하는 소비자 테스트가 있다.

(7) 시험 마케팅(test marketing)

제품의 기능이 제대로 발휘되고 소비자 테스트를 통과하면 제품은 시험 마케팅을 하게 된다. 시험 마케팅은 제품 및 마케팅 프로그램을 실제적인 시장상황에서 시험해 보는 것이다. 시험 마케팅을 통하여 특정 제품에 대한 마케팅 경험을 할 수 있고 발생할 수 있을 문제점을 미리 파악하며, 본격적인 시장도입 이전에 추가적으로 필요한 정보가 무엇인지를 알아볼 수 있다.

(8) 상품화(commercialization)

상품화란 신제품을 출시하기로 결정하는 것을 말하는데 이러한 결정이 내려지게 되면 이전의 단계보다 훨씬 많은 비용이 소요되게 된다. 신제품을 시장에 내놓으려 할 때 몇 가지 의사결정을 내려야 하는데 신제품의 도입시기, 목표지역, 주요 예상고객의 선정, 마케팅믹스의 도입문제 등이다.

2. 국제가격결정

1) 가격의 의의

가격(price)은 간단히 말하여 하나의 제품이나 서비스에 대해 부과하는 화폐량이다. 보다 넓은 의미로는 소비자들이 제품이나 서비스를 소유하거나 또는 이용함으로써 얻게 되는 효익에 대해 교환할 의사가 있는 가치들의 합계라고 할 수 있다.[29]

마케팅믹스 중에서 판매수입을 올릴 수 있는 요소는 가격뿐이며 기타 요소는 비용이다. 가격은 직접적으로는 제품의 수요를 결정하는 요소이며 여타의 마케팅 변수를 결정하는 데도 중요한 영향을 미친다.

2) 가격결정방법

기업이 가격결정을 할 경우 일반적인 접근방법에는 가격결정시 그 중심을 어디에 두고 결정하는가에 따라 원가중심 가격결정, 소비자중심 가격결정, 경쟁중심의 가격결정으로 구분할 수 있다.

(1) 원가중심 가격결정(cost-based pricing)

① 원가가산법(cost-plus pricing)

원가가산법은 제품의 원가에 일정률의 이익(margin)을 가산하여 가격을 결정하는 것으로 가장 단순한 가격결정방법이라고 할 수 있다.

② 목표이익법(target profit pricing)

이 방법은 기업이 목표수익률을 미리 정하고 그 목표를 실현할 수 있는 수준의 가격을 추후에 계산하는 방식으로 가격을 결정하는 방법이다.

29) 여운승, 「마케팅관리」, 민영사, 1995, p.511.

(2) 소비자중심 가격결정(buyer-based pricing)

① 지각가치법(perceived-value pricing)

이 방법은 가격결정에 있어서 중요한 것은 기업의 원가가 아니라 구매자의 가치지각이므로 이에 맞춰 제품의 가격을 결정해야 한다는 것이다.

② 수요의 차이에 따른 가격결정(demand-differential pricing)

동일한 제품이 둘 혹은 그 이상의 다른 가격으로 판매되는 경우이다. 즉, 이는 수요의 강도가 서로 상이함을 이용하여 한계비용은 서로 동일하다 할지라도 각기 다른 가격을 적용하는 가격결정법인데, 가격 차별화는 고객·제품·장소·시간 등 네 가지를 기준으로 하여 이루어질 수 있다.[30)]

(3) 경쟁중심 가격결정(competition-based pricing)

① 모방가격(going-rate pricing)

이 방법은 가격을 업계의 평균수준에서 결정하는 것이다.

② 봉함입찰가격(sealed-bid pricing)

이 방법은 기계설비 제작이나 방위산업에서의 계약사업과 같이 경쟁 입찰에 의한 가격결정을 말한다.

3) 신제품의 가격전략

신제품의 가격결정에 있어서 사용할 수 있는 전략으로는 초기 고가전략과 시장침투 가격전략이 있다.

(1) 초기 고가전략(market-skimming pricing)

신제품에 대해 초기에 고소득층으로부터 많은 이익을 얻기 위해 높은 가격을 설정하였다가 시간이 지남에 따라 가격을 내리는 전략이다.

30) 최병룡, 신마케팅론, 박영사, 1993, p.395.

(2) 시장침투 가격전략(market-penetration pricing)

신제품의 가격을 낮게 책정하여 많은 수의 구매자를 빨리 확보하고 시장점유율을 확대하려는 전략을 시장침투 가격전략이라고 한다. 이 전략은 낮은 가격을 경쟁력으로 시장지위를 확보하기 위한 방법으로 개발도상국의 기업들이 낮은 가격을 이용하여 해외시장에 침투하고자 하는 경우에 많이 활용된다.

4) 국제이전가격결정

(1) 이전가격의 의의

이전가격(transfer pricing)이란 다국적기업의 본사와 해외 자회사, 또는 해외 자회사간에 거래되는 제품 및 서비스에 부과하는 인위적인 가격조작을 의미한다.

다국적기업은 본사와 해외 자회사 또는 해외 자회사들 간에 거래되는 제품 및 서비스의 가격을 필요에 따라서 정상적인 국제가격보다 높게 책정하거나 또는 낮게 책정하여 시스템 전체적인 이익을 극대화하거나 또는 범세계적인 전사적 목표를 달성하고자 한다. 또 이전가격은 관세 및 세금의 경감이나 송금규제 그리고 환위험을 회피하기 위한 수단으로 활용되기도 한다.[31)]

(2) 이전가격결정방법

이전가격을 결정함에 있어서 기업은 다음과 같은 지침을 결정하는 것이 일반적이다.[32)]

① 모든 국내 및 해외부서들은 이익센터(profit centers)이며 이전가격은 판매 및 구매부서들에게 합리적인 이익을 산출하는 수준에서 결정되어야 한다.

② 이익은 비관련 구매자에 대하여 상품의 생산 및 마케팅에서 수행된 기능에 따라 배분되어야 한다.

---

31) 강태구, 「국제경영학」, 박영사, 2000, pp.459~460.

32) S. C. Jain, *International Marketing Management*, 5th ed, South-Western College Publishing, 1996, p.500.

③ 총이윤은 국내의 생산부서와 해외의 마케팅부서 간에 어느 정도 공평하게 배분되어야 한다.
④ 합병이익(consolidated profit)에 끼친 전체적인 영향은 주요한 고려사항이며, 이익은 전체 기업을 위하여 최선인 곳에서 획득되어야 한다.

이전가격은 자국 및 현지국에서 여러 가지 반발을 받고 있기 때문에 많은 국가들이 이전가격결정에 관한 규칙을 개발하고 있다. 이전가격결정은 안전지대에 이익을 이전시키고 조세를 회피하는 외에 주요 영역에서 국제가격구조에 영향을 미칠 수 있다. 그리하여 인플레이션과정을 가열시키거나 국제수지 문제를 창출할 수도 있다.[33]

3. 국제유통경로전략

1) 유통경로의 의의

유통경로(distribution channel)란 특정된 제품이나 서비스가 생산자로부터 소비자에게 이전될 때, 이를 소유하거나 소유권의 이전을 도와주는 모든 기업 또는 개인을 의미한다.[34]

기업이 소비자가 만족할 수 있는 제품을 생산하는 것도 중요하지만 이러한 제품의 생산만으로는 소비자의 욕구를 만족시키고 기업의 목표를 달성할 수 없게 된다. 기업의 목표를 효과적으로 달성하기 위해서는 제품이 목표시장의 소비자에게 적절한 시간에, 접근 가능한 위치에, 적절한 수량으로 제공되어야 하며, 이 같은 효용을 창출하는 기능이 유통경로이다.

유통경로의 전략적 중요성은 다른 마케팅믹스와는 다르게 쉽게 변화시킬 수 없는 유통경로의 비탄력성과 각국의 특성에 따라 고유한 유통경로가 존재하는 유통경로의 국가별 특수성에 있다.[35]

일반적으로 유통경로는 현지 마케팅관리자의 통제와 재량에 일임되는 마케팅 프로그램의 하나이지만 다국적기업의 마케팅관리자는 다음과 같은 이유로 국제유통경로의 성격을 이해할 필요가 있다.

33) 김동기·한선민, 「국제마케팅론」, 박영사, 1993, p.361.
34) 여운승, 「마케팅관리」, 민영사, 1995, p.570.
35) 채서일, 전게서, p.445.

첫째, 유통경로는 전체적인 마케팅 프로그램의 일부이다. 따라서 제품, 가격 및 촉진의 양상에 적합해야 한다. 둘째, 유통경로 선정은 기업외부의 중간상인 및 조직과 그리고 그에 대한 장기적인 관여 및 의무를 포함한다.

국제유통경로전략은 기업이 해외시장에 마케팅하는 제품이나 서비스를 생산자로부터 현지 소비자에게 적절한 시간에, 접근 가능한 위치에, 적절한 수량으로 제공하기 위해 여기에 관여하는 제반 유통경로를 최적으로 결합하는 것이다. 따라서 국제유통경로전략을 효율적으로 수립하기 위해서는 기업의 내부적인 능력과 외부적인 환경을 면밀히 평가·분석하고, 이를 기초로 시장규모와 경쟁여건 등을 고려하여 최적 유통경로를 선정해야 한다. 유통경로를 선택할 때 중요하게 고려해야 할 사항은 중간상의 이용가능성, 여타 유통경로의 이용가능성, 유통경로에 소요되는 비용, 중간상에 대한 통제정도 등이다.

2) 유통경로의 기능

유통경로란 생산자로부터 소비자에게 제품과 서비스를 이전하는 과정과 관련된 제반 경로를 총칭하는 넓은 개념이다. 이러한 유통경로는 형태(form)·시간(time)·장소(place)·소유(possession)의 효용을 창출한다. 효용 창출을 위한 유통경로의 기능은 〈표 10.7〉과 같다.

[표 10. 7] 유통경로의 기능

기능	활동	내용
거래 종결	조사활동	교환을 기획하고 촉진시키기 위하여 필요한 정보를 수집한다.
	촉진활동	고객에게 제품이나 서비스를 알리기 위한 의사소통의 개발과 보급
	접촉	예상고객을 찾아 대화한다.
	제품정비	구매자의 기호에 맞도록 제품이나 서비스를 변형한다. 생산활동, 등급화(grading), 조립, 포장 등이 이에 포함된다.
	협상	상품의 소유권이전이 완결되도록 가격이나 기타 조건에 관하여 최종적인 합의에 도달하도록 한다.
거래 촉진	물류관리	상품의 운송과 보관
	자금조달	경로활동에 필요한 자금을 융통한다.
	위험의 감수	경로활동에 따르는 위험을 맡게 된다.

자료: 여운승, 「마케팅관리」, 민영사, 1995, p.572.

3) 유통경로의 유형

유통경로는 생산자와 소비자를 연결하는 시스템이다. 그런데 유통되는 제품이 소비용품(consumer products)인가 산업용품(industrial products)인가의 여부에 따라 유통경로는 차이가 난다. 소비용품의 유통경로는 최종 사용자의 수중에 제품이 전달되도록 설계되며, 산업용품의 유통경로는 생산 공정이나 일상적인 운영에서 이들을 사용하는 조직이나 생산자에게 제품이 전달되도록 되어 있다.

[그림 10. 9] 소비용품의 유통경로

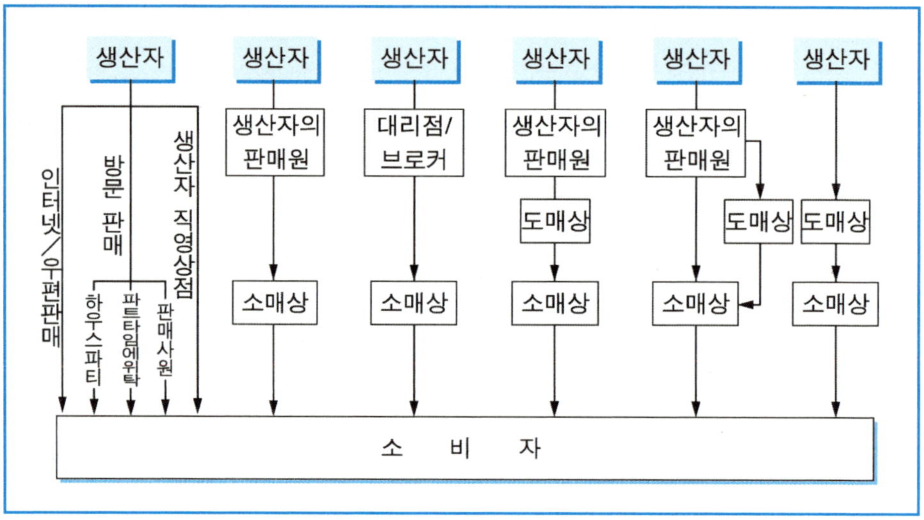

자료: W. J. Keegan and M. S. Green, *Global Marketing*, 2nd ed., Prentice-Hall, 2000, p. 466.

소비용품의 유통경로는 [그림 10. 9]에서 볼 수 있는 바와 같이 산업용품의 유통경로보다 훨씬 더 복잡하다. 소비용품의 경우는 자사 제품을 인터넷이나 우편판매, 방문판매, 생산업자 직영상점이나 판매원, 대리점 등을 통해서 판매할 수 있다.

산업용품의 유통경로는 [그림 10. 10]에서 볼 수 있는 바와 같이 소비용품의 유통경로보다 일반적으로 짧으며 보다 직접적이다. 즉 자사의 판매망이나 도매상 또는 이 양자를 결합하는 형태의 유통경로를 이용할 수 있다.

[그림 10. 10] 산업용품의 유통경로

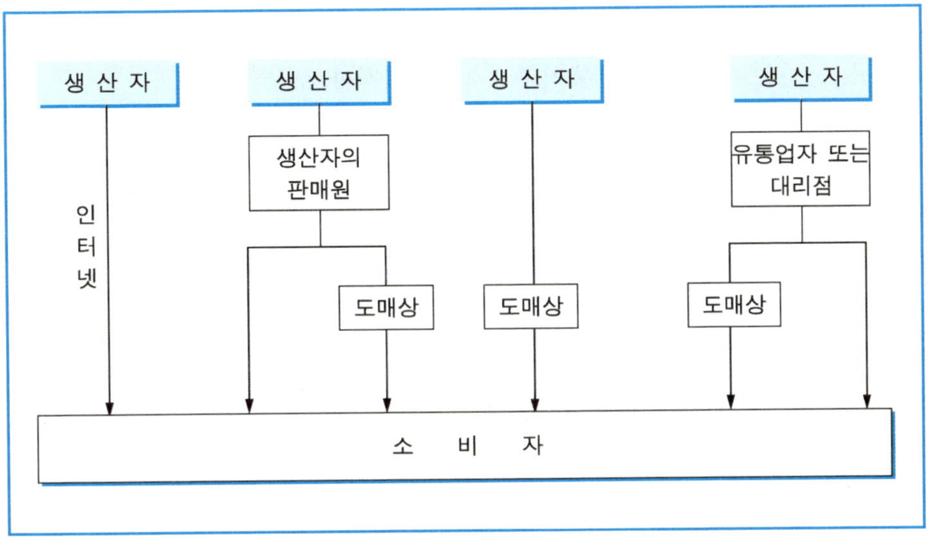

자료: *Ibid.*, p.471.

4) 국제유통경로전략

국제유통경로전략은 기업의 경쟁적 지위와 각 현지시장에서의 전체적인 마케팅목표에 적합하여야 하며, 다음의 다섯 가지 목표를 가진다고 할 수 있다. 즉, ① 비용의 극소화, ② 판매의 극대화, ③ 유통경로에 대한 다국적기업의 적합성 또는 호의의 극대화, ④ 통제의 극대화, ⑤계속성의 극대화가 그것이다.[36]

결국, 국제유통경로전략은 가장 최적의 유통경로를 선택하여 이러한 유통경로가 다국적기업의 목표와 전략에 가장 효율적으로 작용하도록 하는데 목표가 있다. 그러나 해외 유통기구인 대리점이나 중간상들은 생산자의 이익보다는 자신의 이익을 추구하므로 이익이 많은 제품만을 판매하는 등 다국적기업과 다른 목표를 설정하고 그들 나름대로 유통경로를 관리하게 된다.

이렇게 다국적기업과 해외 중간상의 이해관계가 상충되는 경우가 발생하게 됨으로써 다국적기업이 이들 해외 유통기구를 효율적으로 관리하지 못하게 되면 자사의 제반 목표를 달성할 수 없게 된다. 따라서 유통경로가 적정히 선정되었을 경우에는 해외 중간상을 효율적으로 관리해야 할 필요가 있다.

36) V. H. Kirpalani, *International Marketing*, Random House, 1984, p.441.

관리의 방법으로는 일반적으로 다음과 같은 것이 있다.

① 해외유통기구의 충성도의 창출
② 해외유통기구에 대한 적절한 보상
③ 해외유통기구 및 그 직원의 훈련 및 개발
④ 판매실적기준의 명확화
⑤ 실적의 공정한 평가
⑥ 모든 해외유통기구와의 효율적인 커뮤니케이션의 유지

4. 국제촉진전략

1) 촉진의 개념과 촉진믹스

현대적 마케팅은 좋은 제품을 개발하고 제품에 대한 적당한 가격을 책정하고 효율적인 유통경로를 통해 손쉽게 목표고객들에게 입수시킬 수 있게 하는 것만으로 과업과 기능이 수행되는 것은 아니다. 소비자가 자신의 욕구를 충족해 줄 수 있는 제품이 있음을 알고, 그것이 경쟁업자가 생산한 제품에 비해 보다 좋은 것임을 믿고 있어야만 비로소 그들은 구매하고자 하는 의욕을 가지게 되기 때문이다. 따라서 제품·가격·유통경로에 추가하여 촉진(promotion)이 수행되어야 비로소 마케팅은 주어진 목표달성을 위한 과업과 기능을 제대로 달성할 수 있게 된다.

일반적으로 촉진은 판매자가 각종 청중을 대상으로 제품 내지 서비스의 판매, 또는 아이디어를 받아들이는 것을 쉽게하기 위하여 정보를 제공해 주고 영향력을 행사하기 위하여 커뮤니케이션하는 것으로 정의할 수 있으며 마케팅 프로모션(marketing promotion) 또는 마케팅 커뮤니케이션(marketing communication)이라고도 부른다.

이러한 촉진을 구성하는 요소로는 다음과 같이 광고, 홍보, 인적판매, 판매촉진의 네 가지를 들 수 있는데, 기업이 소비자에게 촉진활동을 펼칠 때에는 이들 요소를 조합하여 시행하기 때문에 이를 촉진믹스(promotion mix)라고 한다.

(1) 광고(advertising)

어느 특정한 스폰서에 의한 모든 유료형태의 아이디어·상품 또는 서비스의 비인적 제시 및 촉진이다. 주로 이용되는 매체로는 신문·잡지·TV·라디오·옥외광고·DM 등이 있다.

(2) 홍보(publicity)

광고주가 대금을 지불함이 없이 기업의 영업활동과 관련이 있는 상업적 뉴스를 간행물에 게재하거나, 혹은 라디오나 TV 또는 무대를 통해서 주지시킴으로써 자사의 제품과 서비스 또는 기업에 대한 수요를 비인적 방법으로 환기시키는 활동 등이다. 광고에 비해 상당히 신뢰성이 높은 수단이다.

(3) 인적판매(personal selling)

판매를 목적으로 해서 한 사람 또는 여러 사람의 예상고객과의 대화를 통해 구매를 권유하는 구두제시 등이다. 대면판매를 함으로써 설득력이 높지만 상대적으로 고가의 매체이다.

(4) 판매촉진(sales promotion)

광고·홍보·인적판매 이외의 것으로서 소비자의 구매를 자극하거나 판매상의 효율성을 제고하려는 마케팅 활동, 예를 들면 진열·전시·전람회·사은품·경연·할인·쿠폰 등 비반복적 판매노력 등이다. 단기간에 판매를 신장시킬 수 있지만, 반복적으로 수행하기 곤란하고 자주 실시할 경우 제품이나 기업의 이미지가 손상된다는 단점이 있다.

2) 국제광고의 의의

광고는 불특정 다수에게 제품이나 서비스의 존재·특징·편의성을 제시하고 설득하여 그들의 욕구나 필요를 자극시킴으로써 그에 대한 구매행동을 촉진시키거나 혹은 광고주 자신에 대한 일반소비자의 신뢰를 높이기 위해서 행하는 비인적 유료 커뮤니케이션이다.

이처럼 광고가 소비자에게 제품이나 서비스에 대한 정보를 전달하고 설득력 있는 소구를 수행한다는 점에서는 국제광고나 국내광고가 다를 것이 없다. 그러나 국제광고(international advertising)는 이질적인 환경하에서 광고가 이루어지고, 그에 따라 언어·회화·도형·도안·색상 등의 선택이 달라진다는 점에서 국내광고와는 다른 전략이 필요하게 된다. 따라서 국제광고전략을 수립할 시에는 국제기관에 의한 규제여부, 경제발전의 수준, 현지국 정부의 규제정도, 언어·관습·미학 등의 문화적 차이, 광고매체의 유용성 여부, 경쟁의 성격, 광고대행사의 유용성 등을 고려하여 수행하여야 한다.

이러한 국제광고는 최근에 급속한 성장을 하고 있는데 그 이유로는 다음과 같다.[37)]

① 다국적기업의 수가 증가하고 있다.
② 세계적인 브랜드가 등장하고 있다.
③ 세계무역이 확대되고 있다.
④ 세계인의 생활수준이 향상되고 있다.
⑤ 커뮤니케이션과 교통수단의 발달로 국제간의 교류가 활발하게 이루어지고 있다.

한편, 앞서 언급한 바와 같이 기업이 이질적인 환경에서 국제광고를 효과적으로 수행하는 것이 어렵기 때문에 국제광고에는 많은 세계적인 광고대행사(advertising agency)들이 개입하게 된다. 주요 세계적인 광고대행사들은 [표 10. 8]에 나타나 있는 바와 같다.

37) S. W. Dunn and A. M. Barban, *Advertising : It's Role in Modern Marketing*, The Dryden Press, 1978.

[표 10.8] 세계 주요 광고대행사

순위	광고대행사	본사위치	수수료수입(백만$)		직원수	성장률* (USD)
			2021년	2020년		
1	Edelman nb	USA	984.9	840.0	6,004	17.20%
2	WeberShandwick nb	USA	860.0	820.0		4.90%
3	BCW	USA	772.0	715.0		8.00%
4	FleishmanHillard nb	USA	680.0	615.0		10.60%
5	Ketchum nb	USA	550.0	500.0		10.00%
6	Brunswick	UK	490.2	367.2	1,250	35.50%
7	Real Chemistry	USA	475.0	360.0	1,848	31.90%
8	FinsburyGloverHering nb	USA	394.0	334.0	1,099	18.00%
9	MSL	France	387.0	365.0	2,110	6.00%
10	Hill+Knowlton Strategies	USA	370.0	345.0		7.20%
11	BlueFocus nb	China	368.6	364.0	2,885	-1.30%
12	Ogilvy nb	USA	366.0	337.0		8.60%
13	MCGroup nb	Germany	297.7	217.5	1,719	36.90%
14	VectorInc. nb	Japan	292.4	214.6	1,155	36.30%
15	Golin nb	USA	282.0	252.0		11.90%
16	FTI Consulting	USA	267.6	228.7	814	17.00%
17	ICFNext nb	USA	215.4	232.8	1,178	-7.50%
18	Teneo Holdings	UK	200.0	170.0	1,000	17.60%
19	ICR	USA	195.0	106.0	378	84.00%
20	Evoke Kyne	USA	181.0	168.0	850	7.70%
21	WE Communications	USA	172.6	149.1	1,302	15.80%
22	APCO Worldwide	USA	172.4	143.0	926	20.60%
23	D&S Media	China	171.3	143.5	953	16.30%
24	FinnPartners nb	USA	162.2	108.9	1,032	49.00%
25	SunnySideUpGroupInc nb	Japan	145.8	103.2	328	41.40%
87	PR One	R.Korea	33.6	28.9	185	16.30%
107	medicom	R.Korea	25.0	28.0	180	-10.70%
125	KPR & Associates	R.Korea	18.4	13.7	119	34.00%

자료: The HOLMES REPORT (2022), GLOBAL TOP 250 PR AGENCY RANKING 2022.
*: 2020년 대비 성장률

3) 국제광고의 의사결정

일반적으로 국제광고 프로그램을 개발하기 위해서는 [그림 10.11]에 나타난 바와 같이 다섯 가지의 의사결정을 내려야 한다.

(1) 광고목표의 설정

광고목표는 일정기간 동안 특정의 표적청중(target audience)으로부터 달성해야 할 구체적 커뮤니케이션 과업이다. 따라서 국제광고목표를 결정하기 위해서는 먼저 상위목표인 국제마케팅목표에 따라 표적청중이 결정되며 이들에게 전달할 내용을 결정해야 한다. 그리고 기대하는 결과가 무엇인지를 결정해야 한다.

이와 같이 결정된 광고목표는 나중에 광고효과를 평가하는 기준이 된다. 따라서 다국적기업은 광고목표를 측정이 가능한 언어나 숫자로 구체적으로 세워야 한다.

(2) 광고예산의 책정

광고목표가 결정되고 나면 광고예산을 책정해야 한다. 광고예산책정방법은

[그림 10.11] 국제광고 의사결정

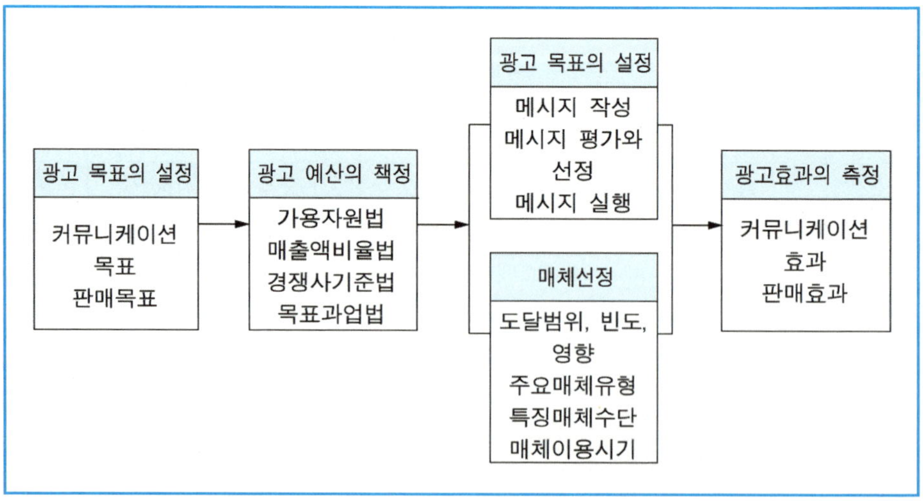

자료: 신길수, 이영환, 전게서, p.332.

이용 가능한 자금을 광고에 투입하는 가용자원법(affordable method), 현재 또는 예상되는 매출액의 일정비율을 광고비로 책정하는 매출액비율법(percentage of sales method), 경쟁자의 광고비 수준에 따라 자사의 광고비를 책정하는 경쟁사기준법(comparative parity method), 광고의 목표를 설정하고 그 목표들을 달성하기 위한 구체적인 과업을 결정하여 그 과업들을 수행하기 위한 비용을 광고비로 책정하는 목표과업법(objective and task method) 등이 있다.

(3) 광고메시지의 개발

광고예산의 상당 부분은 효과적인 메시지의 개발을 위해서 사용되는 경우가 많다. 광고메시지의 개발은 먼저 메시지 아이디어를 수집하고 다음으로 수집된 메시지 아이디어를 평가해서 선정한 뒤 마지막으로 이를 집행하는 절차를 거치게 된다.

특히 국제광고의 메시지는 해당 목표시장의 구매자 특성, 구매동기, 언어특성, 시장차별화의 정도를 고려하여 시장별로 현지 적응할 것인가 아니면 표준화할 것인가 또는 그 중간의 전략을 선택할 것인가를 세심하게 결정해야 한다.

(4) 광고매체의 선정

광고매체를 선정하기 위해서는 먼저 도달범위와 빈도 및 효과를 결정하고, 다음으로 주요 매체유형을 선정하며, 구체적인 매체기관을 선정한 뒤 마지막으로 매체별 광고시기를 결정하여야 한다.

여기서 도달범위란 일정기간 동안 광고캠페인에 노출시킬 표적청중의 수를 정하는 것이며, 빈도란 그 기간 동안 평균 몇 회 정도 메시지에 노출시킬 것인가를 정하는 것이다. 그리고 매체효과는 하나의 매체를 통해 노출되는 메시지의 계량적 가치를 말하는 것이다.

광고매체 유형을 선정하기 위해서는 신문·잡지·TV·라디오·옥외광고·DM 등 각 매체의 특성이나 장단점을 잘 파악해야 한다. 광고매체의 장단점은 [표 10. 9]에 제시되어 있는 바와 같다.

그 밖에도 목표 시장국의 소비자들이 어떠한 매체를 선호하고, 적합한 매체기관은 어느 곳이며, 적절한 광고 시기는 언제인가 등을 조사하여 매체에 대한 이용도, 매체이용 비용, 매체기관, 광고시기 등을 결정해야만 한다.

[표 10.9] 광고매체의 장단점

매체수단	장 점	단 점
신문	• 신축성이 있고 시기를 맞출 수 있다. • 고객층의 범위가 넓다. • 신뢰도가 높다.	• 단명하다. • 유심히 보는 독자가 적다. • 재생의 경우가 드물다.
텔레비젼	• 시청각을 동원함으로써 고객에게 보다 많은 관심을 끌 수 있다.	• 비용이 많이 소요된다. • 타광고와 혼합되는 경우가 많다. • 시청자의 선택범위가 적다.
우편	• 신축성이 있고 고객을 선별적으로 택할 수 있다. • 광고경쟁의 위험이 없다.	• 비교적 비용이 많이 소요된다. • 대량 우편 광고의 이미지가 있다.
라디오	• 대량이용이 가능함. • 지역과 인구계층을 선별할 수 있다. • 비용이 적다.	• 청각으로만 전달 • 텔레비젼보다 관심이 적다. • 단명하다.
잡지	• 지역과 인구계층을 선별하여 이용할 수 있다. • 신뢰와 권위가 있다. • 언제든지 재생할 수 있다. • 구전율도 높다.	• 부수의 낭비 • 광고 게재에 시간이 걸린다.
옥외광고	• 신축성이 있다. • 항상 재생할 수 있다. • 비용이 적게 든다 • 경쟁도 적다	• 고객의 선별적 이용이 불가능하다. • 창조성이 제한된다.

자료: 여운승, 전게서, p.690.

(5) 광고효과의 측정

광고의 효과를 평가하기 위해서는 광고를 실시하기 전, 실시 중, 또한 실시한 후에 평가를 하여 광고의 효과를 측정하고 그 결과에 따라 필요한 경우 광고의 내용 또는 방법을 수정해야만 한다. 광고효과를 측정하는 방법에는 커뮤니케이션 효과를 측정하는 방법과 판매효과를 측정하는 방법이 있다.

4) 국제광고의 표준화와 적응화

국제 광고 전략에 관한 기존의 연구는 개별 국가와 관계없이 광고를 모든 시장에 대하여 표준화시켜야 된다는 주장과 모든 국가는 특수한 문제를 갖고 있기 때문에 광고는 각 국가나 지역에 따라 차별화되어야 한다는 상반된 견해로 양분되어 있다.

표준화의 옹호론자들은 세계가 단일시장이며, 지역과 국가의 차이는 표면적인 것이라고 생각하고 있다. 따라서 소비자는 단일의 제품이나 광고메시지로 충분히 만족될 수 있다고 생각한다.[38)]

표준화 전략은 Coca-Cola, Pepsi-cola, Wendy's, McDonald's, Revlon, Ford 등의 다국적기업에서 사용되고 있으며, 이 전략을 사용하는 이유로 루티그리아노(A. Rutigliano)는 광고의사결정의 명확성, 광고 집행의 용역, 비용절감, 효율적인 운용, 세계적으로 일관된 이미지, 훌륭한 광고 아이디어를 세계적으로 이용할 수 있는 점 등을 들고 있다.[39)]

이와는 반대로, 차별화의 지지자들은 세계시장은 독특한 소비패턴, 라이프 스타일, 경제, 구매습관을 가진 수백 개의 국가로 이루어졌으며 광고메시지는 이러한 차이를 고려해야 한다고 주장하고 있다.[40)] 이러한 차이점 때문에 광고자는 현지시장에 적합한 메시지를 제작하는 것이 필수적이다. 여기서는 특히 제작자의 문화적 배경이 메시지의 구성(광고제작)에 영향을 미치는 반면에 수용자의 문화적 배경은 메시지 수용을 결정한다는 입장을 제시하고 있다.[41)] 따라서 여러 국가에 존재하는 문화적 차이에 효과적으로 대처하기 위해서는 해당지역의 특성에 적합한 각기 다른 광고메시지로 소구하여야만 한다는 것이다.

그러나 국제광고전략에서 표준화나 차별화를 택해야 한다는 일반화된 권고안은 없다. 일단의 학자들은 상황에 따라 두 전략을 절충하여 사용하는

38) 표준화의 옹호론자들은 다음과 같다.

① T. Levitt, "Globalization of Markets," *Harvard Business Review*, May-June 1983. pp.98~102.

② G. Miracle, "International Advertising Principles and Strategies," in P. Grubb and M. Kaskimies, (ed.), *International Marketing in Perspecive*, 1971.

③ A. Fatt, "The Danger of local International Advertising", *Journal of Marketing*, 31(1), 1967, pp.60~62

39) A. Rutiglino, "The Debate Goes on : Global vs. Local Advertising," *Management Review*, 75(6), 1986, pp.27~31.

40) 차별화 지지자들은 다음과 같다.

① J. Horkin, "Comparative Evaluation of International vs National Advertising Strategies," *Columbia Journal of World Business*, Spring 1980, pp.36~45.

② R. Green, W. Cunningham and I, Cunningham, "The Effectiveness of Standardized Golbal Advertising," *Journal of Advertising*, 4(3), 1975, pp.25~30.

③ J. K. Tayns, "It is too soon to Put a Tiger in Every Tank," *Columbia Journal of World Business*, March-April, 1969, pp.69~75.

41) 김상훈, "한국기업의 국제광고 선진화 방안", 광고연구, 1994년 겨울호(제 25호), p.102.

것이 바람직하다고 주장하고 있다. 즉, 표준화 광고 전략의 장점인 규모의 경제와 차별화전략의 장점인 지역 소구성을 모두 얻을 수 있는 절충전략을 사용할 것을 권하고 있다.[42)]

실제로 미국기업을 대상으로 조사한 결과, 전체의 66%가 절충전략을, 26%는 차별화전략을 그리고 단 8%만이 표준화 광고 전략을 사용하는 것으로 나타났다.[43)] 많은 다국적기업이 국제 광고시 제품이나 문화, 사용패턴 등을 고려하여 전략을 적용하고 있음[44)]을 나타내는 이러한 조사결과는 다국적 광고활동에서의 문화적 차이의 중요성을 암시하고 있다.

---

42) 절충화의 권고자들은 다음과 같다.

① D. M. Peebles, J.K.Ryans, Jr., and E.R.Vernon, "Coordinating International Advertising", *Journal of Marketing*, 42(1), 1978, pp.28~34.

② R. D. Buzzel, "The role of Advertising in the Marketing Mix," *Advertising Quarterly*, Spring 1972.

43) R. E. Hite and C. Fraser, "International Advertising Strategies of Multinational Corpo ra- tions", *Journal of Advertising Research*, August-September 1988, p.16.

44) P. R. Cateora, *op. cit.*, p.503.

읽어보기

"테슬라의 ESG지수 탈락은 사회적 거버넌스 미흡 때문"

클라리티 AI의 최고경영자가 일론 머스크에 일침을 가했다. 클라리티 AI는 기업의 지속가능성 평가를 위한 소프트웨어를 제공하는 전문 기술기업이다.

15일(현지시간) CNBC에 따르면 클라리티 AI의 CEO인 레베카 민겔라는 "많은 투자자들이 ESG(환경 · 사회 · 지배구조) 경영의 기후 영향에만 초점을 맞추곤 한다"며 "일론 머스크도 비슷한 오해를 하고 있다"고 전했다.

이같은 발언은 테슬라가 지난 5월 테슬라가 미국의 대표적인 ESG 지수에서 배제된 이후 나온 발언이다. 당시 테슬라는 차량 탄소 배출 추적을 소홀히 하고 생산공장 내 인종차별을 조장했다는 등의 이유에서 배제됐으며, 이에 머스크는 ESG가 "가짜 사회 전사들에 의해 무기화된 사기"라고 트위터에 올렸다.

이어 테슬라 측은 ESG 평가 자체에 결함이 있다며 문제 삼았다. 머스크는 "현재 ESG 평가 방법론은 근본적으로 결함이 있다. 절실히 필요한 변화를 달성하려면 ESG가 실제 영향을 측정할 수 있도록 발전해야 한다"고 전하기도 했다.

이를 두고 민겔라는 "머스크의 트윗은 ESG가 실제로 무엇을 다루고 있는지에 대한 사람들의 관심을 불러일으켰다"며 머스크 트윗의 순기능을 짚었다.

민겔라는 "머스크는 ESG가 기후 영향을 측정하고 있다고 생각해 테슬라가 ESG 지수 편입에 실패했다고 생각할 것이다"라며 "하지만 이는 머스크가 ESG의 정확한 의미를 모르고 있다는 것을 보여준다. 머스크는 똑똑한 데도 이런 착각을 했다"고 전했다.

민겔라에 따르면 환경뿐 아니라 사회적 거버넌스도 중요한 고려 요소다. 이와 같은 맥락에서 British Business Bank는 ESG를 "기업 리더십, 임원 보수, 감사, 내부 통제 및 주주 권리의 측면에서 ESG가 얼마나 강력하고 투명한지 등 기업이 환경과 사회에 미치는 영향을 총칭하는 용어"라고 설명한다.

테슬라는 올해 2월 수년간 대기 청정법을 위반하고 차량의 탄소 배출량 추적을 소홀히 한 데 대해 환경보호국의 조사를 받고 있으며, 같은 시점에 프리먼트 공장 내 노동자들을 인종 차별했다는 혐의로 캘리포니아 공정고용주택국(DFEH)에 의해 고소를 당하는 등 환경 · 노동 이슈가 끊이지 않고 있다. 이외에도 지난해 전국노동관계위원회는 테슬라의 노동 정책이 불공정하다고 언급한 바 있다.

한편 ESG지수에 편입된 기업들에 대해서도 논쟁은 끊이지 않는다. 일각에서는 일부 기업들이 ESG지수에 편입되기 위해 기업의 제품이나 서비스를 환경친화적으로 보이게 하는 홍보 기획에만 치중하고 있다고 지적했다. 그린피스 영국 지사는 "기업들이 주장하는 지속가능성과 관련해 상당한 회의감이 들고 있다"고 전했다.

자료: 한국경제TV(https://tinyurl.com/2ltj5mv7), 검색일:2022.12.8.

읽어보기

ESG 경영 우수 사례로 알아보는 스타벅스 친환경 마케팅

ESG란?

ESG는 기업의 비재무적 요소인 환경(Environment), 사회(Social), 지배구조(Governance)를 뜻하는 말이다. 기업에 친환경, 사회적 책임 경영, 지배구조 개선 등 투명한 경영을 고려해야 지속 가능한 발전이 가능하다는 철학을 담고 있다.

ESG 경영이란

기업 경영 방침에서 환경과 사회, 지배구조와 관련된 리스크를 고려하는 경영전략이다. 기존의 경영 방식에서는 투자자와 기업간의 관계를 중요시했다. ESG경영에서는 투자자와 기업뿐 아니라 소비자, 노동자, 협력업체, 지역사회, 자연환경 등 다양한 이해관계자(stakeholder)가 중요한 변수로 등장한다. 사람들은 ESG 경영이 기업에게 부담일 것이라고 예상한다. 이를 잘 이행한다면 긍정적인 브랜드 이미지를 획득하면서 기업 가치를 높일 수 있는 기회기도 하다.

ESG 경영의 효과

그렇다면 과연 비재무적 가치를 뜻하는 ESG경영은 기업의 매출 영역에서도 도움이 될까? 브랜드 가치나 이미지를 화폐 가치로 환산하기는 어렵다. 공기업이지만 최근 LH가 ESG 경영 활동을 화폐가치로 측정했다. LH의 보고서에 따르면 약 15.4조원의 성과를 거뒀다고 한다. LH의 ESG 경영 효과를 담은 뉴시스의 기사와 2022년 LH 지속가능경영보고서는 클릭을 통해 확인할 수 있다.

ESG 경영의 중요성

국내에서도 ESG 보고서를 발행하는 기업이 늘고 있다. 2020년 말 국내 상장기업 중 시가총액 상위 100대 기업 중 지속가능보고서 혹은 ESG보고서를 발간한 기업은 72개다. 2018년 말 기준 50개 기업이 발행했던 것과 비교한다면 2년 새 44% 증가한 수치다. 이제 해외뿐 아니라 국내에서도 ESG 경영에 대한 중요성이 대두되고 있으며 보고서 발행 기업의 증가는 관련 정보를 찾는 소비자들의 행태로도 인식할 수 있다. 소비자의 인텐트에 반응하는 기업이라면, '우리 회사는 환경과 사회와 지배구조에 관심이 많은 open-minded 기업'이라는 메시지를 던져야 할 때가 아닐까.

ESG 경영 우수 사례

1) 유니레버의 ESG 경영 우수 사례

다국적 생활용품 업체인 유니레버(Unilever)는 1930년 설립된 글로벌 기업이다. 립톤, 벤앤제리스, 도브, 퍼실 등 다양한 자회사를 설립했다. 유니레버는 생산 제품 특성상 플라스틱 포장을 피할 수 없음에도 지속가능경영을 내세우며 ESG 경영의 선도주자로 인정받았다. USLP(Unilever Sustainable Living Plan)이라는 유니레버의 비전을 통해 중장기적 목표와 과제를 제시하고 이를 고객들과 공유하고 있다.

2) '러브뷰티앤플래닛'의 리필스테이션

대표적인 예로, 2025년까지 플라스틱 사용량 50% 감소를 선언했다. 유니레버의 뷰티브랜드인 '러브뷰티앤플래닛'에서는 '리필스테이션'을 운영하고 있다. 빈 용기를 가져오면 리필스테이션에서 화장품을 덜어가는 방식으로 구매할 수 있다. 이와 같은 방식으로 플라스틱 사용량을 10만 톤 줄이고 대체 소재를 활용하여 2025년까지 플라스틱 사용량을 50% 감축하겠다고 했다.

3) '도브'의 자존감 프로젝트(Dove Self-Esteem Project)

위의 사례가 환경에 대한 이야기였다면 두 번째 유니레버의 새로운 마케팅 메시지는 사회와 밀접한 관련이 있다. 도브(Dove)의 '자존감 프로젝트(Dove Self-Esteem Project)'가 있다. 도브는 소녀들이 있는 그대로의 자신의 모습을 아름답게 받아들일 수 있는 광고 캠페인을 실행했다. 이는 실제 사회 문제를 반영하고 긍정적인 메시지를 전달함으로써 유니레버의 마케팅 철학을 잘 담고 있다.

지난 2021년 7월, 유니레버의 CBO(Chief Brand Officer and Chief Diversity & kInclusion Officer) 앨린 산토스(Aline Santos)는 "비즈니스는 맨 위나 맨 아래에서 시작하지 않는다. 최전선에서 시작된다(Get on the Front-line)'며 마케터가 주목해야 할 3가지 철학을 공개했다.

ESG 경영 철학을 반영한 유니레버의 3가지 마케팅 철학

첫째, 진짜가 돼라
브랜드는 사람들을 위한 실질적인 문제를 해결해야 한다

둘째, 선을 행해라
선한 영향력을 펼치기 위해 브랜드는 변화를 만들고 세상에 영향을 미쳐야 한다.

셋째, 놓쳐서는 안되게 만들어라
사람들이 우리 브랜드를 가장 먼저 생각하고 찾을 수 있도록 만들어야 한다.

4) 아모레퍼시픽의 '리필스테이션'

언급했던 '리필스테이션' 사례는 국내에서도 찾아볼 수 있다. 아모레퍼시픽은 국내 화장품 업계에서 최초로 이를 운영했다. 2020년 10월 중순 오픈한 '아모레퍼시픽 광교' 매장은 샴푸와 바디워시 총 15개 제품을 용기에 담을 수 있다. 리필용 용기가 없는 경우 현장에서 구매할 수도 있다. 플라스틱이 아닌 코코넛 껍질로 만들어진 리필용 용기는 환경친화적인 용기를 사용하려는 노력의 일환이다. 이같은 기업들의 ESG 경영 행태는 아모레퍼시픽 지속가능경영 디비전 오정화 상무의 말에 의하면 "새로운 경험과 친환경 가치, 수준 높은 서비스로 고객들의 높은 호응이 기대"를 이끌어낼 수 있을 것이다. 아모레퍼시픽의 ESG 경영에 대한 관심은 '아모레퍼시픽 지속가능성 보고서' 페이지에서도 함께 확인할 수 있다.

5) 스타벅스 친환경 마케팅은 ESG 경영 우수 사례일까?

스타벅스의 친환경 마케팅은 유명하다. 'From Bean To Cup'이라고 말하는 스타벅스는 커피의 원산지부터 매장까지 탄소 발자국을 줄이기 위해서 노력한다. 국내 업계 최초로 2018년 11월에 종이 빨대를 도입했다. 플라스틱 빨대에 익숙해져 있던 소비자들은 음료에 젖어 뭉툭하게 종이가 벗겨지는 빨대에 대해 부정적인 인식이 강했다.

현재는 환경에 대해 발빠른 대응을 했던 스타벅스를 '환경을 생각하는' 브랜드로 자리매김하게 해준 활동으로 인식된다. 또한 소비자들이 친환경 원두를 구입할 수 있도록 선택지를 제공하고 있다. 스타벅스의 자체 친환경 원두 구매 가이드라인인 C.A.F.E Practice를 통해 커피 원산지의 환경을 보호하는 동시에 최상품의 원두 커피를 공급받을 수 있도록 협력 관계를 구축했다고 한다.

유명한 친환경 마케팅 예시(이자 그린워싱으로 불리는)로 꼽히는 것은 리유저블컵과 MD다. 플라스틱으로 만들어진 리유저블컵을 재사용이 가능한 '친환경'이라는 메시지를 담아 제공하는 행사를 진행했다. 스타벅스에서 사용된 리유저블 컵은 폴리프로필렌 재질로 권장 사용 횟수가 20회에 불과하다.

스타벅스의 MD은 전체 연 매출의 약 10%를 차지하는 것으로 보인다. 10%라는 숫자는 적어 보이지만 1900억 원(2020년 기준)이라는 금액으로 놓고 본다면 절대 적지 않다. 스타벅스는 매출 신장을 위해 프리퀀시 이벤트와 MD 판매가 잦았다. 이러한 기업의 행보는 친환경에 주목하는 젊은 소비자들로 하여금 위선이라는 인식을 심어주게 만들었다.

자료: 인텐트 마케팅(https://tinyurl.com/2nq8d2uw) 검색일:2022.12.8.

11장

다국적기업의 국제생산관리

다국적기업은 세계에 위치한 생산기지에서 제품을 생산하게 된다. 다국적기업의 경영성과를 높이기 위해서는 최적의 생산입지를 선정해야만 하며, 각국에 위치한 입지에서의 생산 활동을 효과적으로 조정하는 것이 필요하다. 따라서 세계를 대상으로 한 최적입지의 선정문제, 투입물 및 산출물의 운송과 저장을 용이하게 하는 글로벌 로지스틱스의 문제, 그리고 상대적으로 비용이 저렴한 지역에서 원재료 및 부품을 조달할 수 있도록 하는 글로벌 소싱 문제 등은 다국적기업의 성과를 극대화하기 위한 통합적 관점에서 고려되어야 한다.

이 장에서는 다국적기업의 최적 생산입지 선정요인을 알아보고, 국제생산의 범세계적인 효율성을 달성하기 위한 글로벌 소싱 및 로지스틱스 전략에 관해서 고찰하도록 한다.

제①절 국제생산관리의 의의

제②절 국제 생산입지의 선정

제③절 글로벌 소싱

제④절 글로벌 로지스틱스

국내 생산 비중 '세계 1위' 현대차…생산성은 '최하위권'

전국민주노동조합총연맹 화물연대가 7일 만에 파업을 철회했지만, 현대자동차와 기아의 생산손실은 5000대씩, 1만 대에 달했다. 이 와중에 현대차 노동조합은 화물연대 파업을 지지하는 성명까지 냈다. 파업이 더 길어졌다면 2분기 실적에 큰 악영향을 미쳤을 것이라는 게 증권업계의 분석이다.

세계 시장에서 치열하게 경쟁 중인 다른 완성차업체와 비교해 현대차의 자국 생산 비중이 너무 높아 성장의 발목을 잡고 있다는 지적이 나온다.

지난 20일 한국경제신문이 자동차산업협회와 함께 세계 10대 완성차업체의 해외 생산 비중을 조사한 결과, 지난해 현대차의 자국 생산 비중은 10대 완성차업체 중 가장 높은 47.9%에 달했다. 세계 1위 도요타(26.5%)와 비교하면 20%포인트 이상 차이가 났다. 폭스바겐(14.1%) 르노 · 닛산(20.9%) 제너럴모터스(GM · 26.2%) 등의 자국 생산 비중도 20% 안팎에 불과했다.

지난 5년간 글로벌 완성차업체들은 점진적으로 자국 생산 비중을 줄였다. 2017년부터 지난해까지 도요타와 폭스바겐은 각각 자국 생산 비중을 6.2%포인트 줄였다. 현대차는 반대로 움직였다. 이 기간 국내 생산 비중이 3.9%포인트 올라갔다. '국내에 투자하라'는 회사 안팎의 요구를 수용한 결과였다. 지속해서 해외 생산기지를 늘린 폭스바겐은 31개국에서 122개 공장을 운영하고 있다. GM도 23개국에서 56개 생산공장을 가동 중이다. 이에 비해 현대차 · 기아의 해외 생산시설은 10개국 15개에 불과하다. 이항구 자동차연구원 연구위원은 "보호무역주의가 강화되면서 수요가 있는 지역에 직접 들어가 생산하는 '리저널(지역) 밸류체인'이 대세가 됐다"며 "현대차만 이 흐름에서 동떨어져 있다"고 설명했다.

자국 생산을 늘리더라도 국내 공장 생산성이 높다면 문제가 없다. 그러나 현대차 울산공장의 생산성은 기대 이하라는 게 전문가들의 지적이다. 울산공장의 '시간당 차량 생산 대수(UPH)'는 평균 45대로, 미국 앨라배마공장(68대)의 3분의 2 수준에 불과하다.

글로벌 완성차 업체 자국 생산 비중 (단위:%)

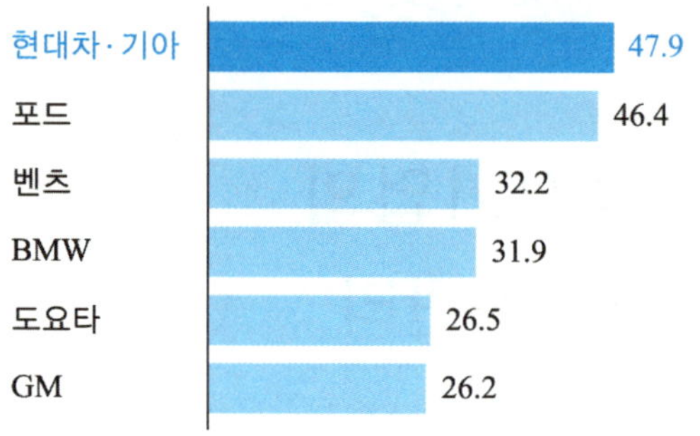

*2021년 기준　　자료:fourin, 자동차산업협회

현대차 국내외 공장 시간당 차량 생산 대수
(단위:대)

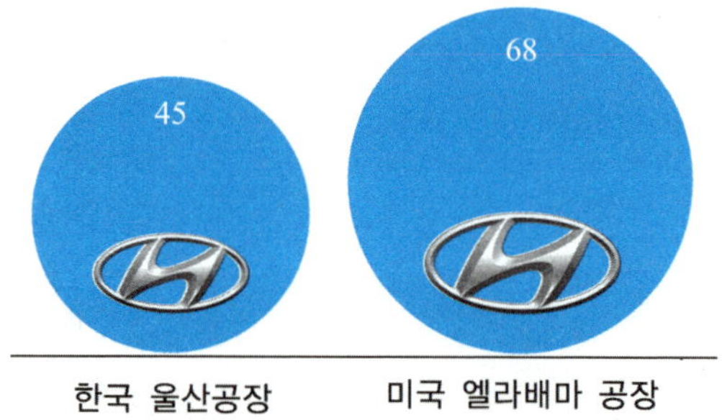

글로벌 완성차 업체 영업이익률 (단위:%)

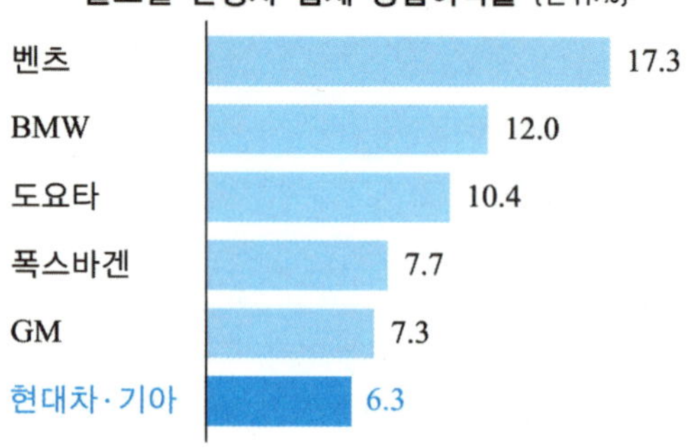

*2021년 기준　　자료:한국자동차연구원

앨라배마공장의 생산성이 높은 것은 높은 노동 유연성 덕이다. 시장 상황과 경영진 판단에 따라 차종별 생산량을 조정할 수 있다. 지난해엔 현지에서 인기를 끌고 있는 투싼과 싼타페를 더 생산하고, 수요가 감소한 아반떼와 쏘나타는 덜 만드는 전략으로 운영 효율을 높였다.

울산공장에선 차종별 생산량 조정이 쉽지 않다. 특정 차종 생산량을 늘리거나 줄일 때마다 노조의 허락을 얻어야 한다.

더 큰 문제는 인력을 얼마나 효율적으로 운용하는지 보여주는 지표인 편성효율이다. 울산공장의 편성효율은 50% 수준에 불과하다. 절반은 일하고 절반은 놀고 있다는 의미다. 앨라배마공장의 편성효율은 90% 수준이다.

생산성이 낮은 울산공장이 가장 많은 물량을 담당하는 역설은 현대차의 영업이익률에 부정적 영향을 미치고 있다. 현대차 · 기아의 작년 영업이익률은 6.3%다. 도요타(10.4%) 스텔란티스(10.1%) 등 상당수 경쟁사가 두 자릿수 이익률을 기록한 것과 대조적이다. 올 1분기엔 폭스바겐(13.5%) GM(10.4%) 등도 두 자릿수를 회복했지만 현대차 · 기아(7.3%)의 이익률은 1%포인트 상승하는 데 그쳤다.

업계에서는 현대차가 울산공장의 생산성을 높이거나 앨라배마공장 등 해외 생산 물량을 늘려야 한다는 지적이 나온다. 현대차 판매에서 미국 시장이 차지하는 비중은 1분기 22%에 달했지만, 전체 생산에서 미국 공장이 담당하는 비중은 9.3%에 불과했다.

정만기 자동차산업협회 회장은 “수출 위주 전력은 보호무역주의 확대 등으로 비효율성이 높아지고 있다”며 “현지 생산에 대한 인센티브, 미래차 기술 및 인력 확보 등을 위해 현지 진출 중요성이 더 커지고 있다”고 말했다.

현대차가 해외 생산 비중을 높이면 국내 자동차산업 기반이 위축된다는 반론도 나온다. 그러나 해외 생산을 못 늘리면 국내까지 어려워진다는 게 시장 전문가들의 분석이다.

자료 : 한국경제신문

생글생글(https://bre.is/HXsThJGW), 검색일(2022.6.28.)

제1절

국제생산관리의 의의

생산 활동이란 인간생활에 필요한 재화나 서비스 등을 만들어 공급하는 것으로 기업이나 경영 전체의 목적을 달성하는 데 절대적인 역할을 하고 있다. 이러한 생산 활동의 관리와 관련된 생산관리는 최적의 제품이나 서비스를 적기에 적가로 생산·공급할 수 있도록 여러 활동을 계획하고, 조직하고, 통제하는 기능을 의미한다.

과거에는 생산관리를 'production management'로 표기했으나 오늘날에는 'production and operations management' 또는 'operation management'로 표기한다. 협의의 생산 활동, 즉 물리적·화학적인 가치의 창출에만 전념하는 과거의 연구대상에서 기업의 전반에 걸친 창출활동으로서 제품 및 서비스 생산과 기업의 경영관리를 포함하게 되었다.

따라서 국제경영에 있어서 생산이라는 개념은 단순히 제품생산만을 의미하는 것이 아니라 제품생산에 필요한 원료의 확보에서부터 생산된 제품을 해외시장에 공급할 때까지의 모든 과정과 관련된 활동을 포괄하는 광의의 의미로 이해해야 한다.

이렇게 보면 국제생산관리(international production and operations management)는 다국적기업이 생산비나 운송비, 규모의 경제, 진입비용 그리고 여타 요인들을 고려하여 제품을 생산하고, 동시에 생산된 제품을 목표시장에 가장 효율적으로 조달할 수 있는 방안을 모색하는 데 그 의의가 있다.

생산입지의 선정과 관련해서 다국적기업이 어느 국가에 생산설비를 갖출 것인가에 대한 결정은 기업의 해외진출 동기와 밀접하게 관련된다. 만일 원·부자재 확보가 투자의 동기이면 원·부자재가 풍부한 국가를, 생산비용 절감이 주요 동기이면 노동력이 풍부하고 임금이 저렴한 국가를, 선진기술의 습득이 주요 동기이면 기술정보가 풍부한 국가를, 판매를 통한 매출액 신장이 주요 목적이면 자사 제품에 대한 거대한 시장규모를 가지고 있는 국가를, 그리고 무역장벽의 회피가 주요 목적이면 최적의 우회수출국이나 현지국을 투자 대상국으로 선정해야 한다.[45]

45) 김철, 「다국적기업론」, 법문사, 1996, p.334.

동기가 어떻든지 간에 최적의 생산입지를 선정하기 위해서는 세계의 여러 지역 중 몇 개 지역을 후보로 하여 그 국가의 환경과 기업의 전략적 대안에 따라 그 중 어느 지역이 가장 좋은가를 선택하여야 한다.

제2절 국제생산입지의 선정

1. 국제생산입지의 조사

다국적기업이 해외에 진출하여 제품을 생산하기 위해서는 무엇보다도 먼저 현지국의 생산 환경에 대한 면밀한 조사가 필요하다. 즉, 비교우위와 전략적 우위를 살릴 수 있고 투자환경이 양호한 최적 생산입지를 선정하기 위해서는 여러 후보 지역의 환경을 면밀하게 분석하고 이를 상호 비교·평가하는 것이 필요하다.

이처럼 국제생산입지를 선정하기 위해서는 각 후보지역의 생산여건과 관련된 문화적, 정치·법률적, 경제적 환경 등이 분석·평가되어야 하는데, 이 때에는 현시점에서의 환경뿐만 아니라 앞으로 예상되는 환경변화까지도 포함하는 것이어야 한다. 또한 이러한 환경 분석은 기업의 전략과 결부시켜 이루어져야만 한다.

2. 최적생산입지의 결정

대상지역에 대한 조사와 기업전략의 조화를 기초로 해외생산을 위한 최적의 생산입지 선정이 이루어지게 된다. 최적의 입지를 선정하는 데는 국가관련 변수(country-related variables)와 제품관련변수(product-related variables)가 결정적인 영향을 미친다.

국가관련 변수는 기업 활동의 입지선정에 있어서 전통적으로 강조되어 왔던 요인이다. 무역이론에서 강조하여 왔던 비교우위는 부존자원이 풍부하고 원재료·노동·자본·기술 등과 같은 생산요소의 구입비용이 가장 낮은 곳에 입지해야 한다는 것이다. 이외에도 정부의 서비스·물류의 효율성·정치적 위험·사회간접자본의 여부 등은 입지선정을 비교하는 데 중요한 고려요인이 되고 있다. 특히 한 국가가 전략적으로 중요한 생산입지가 되기 위해서는 비교우위와 경쟁우위를 살릴 수 있는 여건이 고려되어야 한다.

[표 11. 1] 전략적 생산입지 요건

요건	변수	내용
비교우위 요건	시장규모	GNI·1인당 GNI·인구·구매력지수·제품생산량 등을 감안하여 결정된다.
	투자환경	투자환경의 기초가 되는 요인으로는 기꺼이 좋은 투자환경을 제공하고자 하는 정부의 의도와 이를 실현하는 정부의 능력을 들 수 있다.
	기술과 노하우(현지)	다국적기업의 경영자는 현지국에서 생산을 하는 데 필요한 기술이나 노하우를 보유하고 있는가를 파악해야 한다.
	주요 생산국과의 거리	수입국이 생산국으로부터 멀리 떨어져 있을수록 제품의 운송비가 높아지며, 높은 운임은 생산국으로부터 멀리 떨어진 국가에서 먼저 생산한다.
거래촉진	제품 운송비	높은 운송비는 현지시장에 세워진 생산시설의 제품이 본사국에서 생산된 제품보다 경쟁력이 뛰어날 수 있는 가능성을 높여 준다.
	규모의 경제	본사국에서 낮은 규모의 경제를 갖고 있는 제품이 보다 짧은 모방시차(imitation lag)를 가지고 해외에서 생산될 가능성이 있다.
	현지소비자의 욕구	국가에 따라 동일한 제품이 어느 나라에서는 필수품으로 여겨지기도 하고, 또 다른 나라에서는 사치품으로 간주되기도 한다. 해외시장에서 필수품으로 여겨지는 제품은 필요하지 않은 제품보다는 보다 짧은 모방시차를 가지고 생산될 수 있다.

자료 : 여운승, 「마케팅관리」, 민영사, 1995, p.572.

이러한 변수를 고려하여 투자 대상국이 결정되면 그 다음에는 공장을 설립하기 위해 현지국 내에서 구체적인 지역을 선정해야 한다. 현지국에서 생산입지 선정시 고려해야 할 주요 변수로 생산비용 관련변수, 시장 관련변수, 지방정부의 투자유인 등이 있다.

생산비용 관련변수에는 각 지역의 노동력·임금·자본·기술·교통 및 도로시설 등이 포함되고, 시장 관련변수에는 각 지역의 인구 수·소득수준·도매량·유통구조 등이 포함되며, 지방정부의 투자유인에는 세금감면·공장부지 대여·지원금 등이 포함된다.[46]

46) 상게서, p.336.

제3절 글로벌 소싱

1. 글로벌 소싱의 의의

글로벌 소싱(global sourcing)은 다국적기업이 세계 시장을 대상으로 자원의 최적배분 시스템의 확립을 통하여 경영의 합리화를 추구함으로써 경쟁우위를 확보하고자 하는 활동과 관련된 개념이다.

국제적인 관점에서 글로벌 소싱과 생산전략은 [그림 11. 1]을 통해 쉽게 이해될 수 있다. 이 그림에서는 국가(자국 혹은 외국)에 따라서, 그리고 생산공정 단계(원료나 부품의 조달, 부품과 최종제품의 제조와 조립)에 따라서 선택할 수 있는 여러 가지 대안을 나타내고 있는데, 이에 따르면 글로벌 소싱과 생산전략은 입지와 생산 공정 단계를 심사숙고하는 것이 필요하다.

[그림 11. 1]에 나타난 것을 확장하면, 부품을 제조하고 최종제품으로 조립해서 여러 상이한 시장에서 판매하는 데는 수많은 경우의 조합이 있음을

[그림 11. 1] 글로벌 소싱과 생산전략

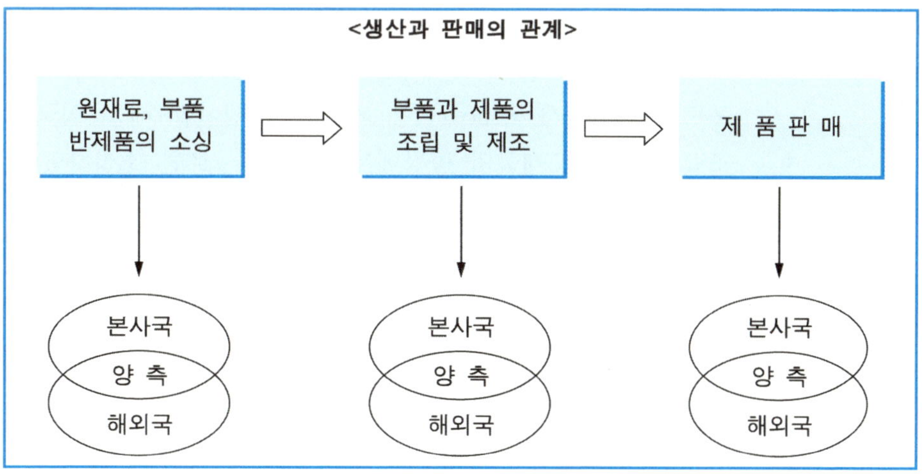

자료: J. D. Daniels and L. H. Radebaugh, *International Business : Environments and Operations*, 8th ed., Addison Wesley, 1998, p.760.

알 수 있다. 이 확장된 모델은 부품을 기업 내부에서 제조하거나 혹은 외부 제조업자로부터 구매할 수 있고, 최종조립 역시 기업 내부에서 하거나 외부에서 할 수도 있다는 사실을 설명하고 있다. 부품의 제조와 최종조립은 본국에서 하거나 혹은 제품을 판매하려는 국가나 제3국 등에서 할 수 있을 것이다.[47)]

부품이 생산되기 위해서는 원자재의 확보가 반드시 이루어져야 한다. 원자재 조달의 가장 간단한 방법은 국내에서 원자재를 확보하는 것이다. 국내에서 원자재를 확보하여 이를 이용하는 기업은 언어상의 차이, 원거리 및 장시간의 공급라인, 환율파동, 재고수준, 전쟁과 폭동, 파업, 정치적인 위험, 관세, 복잡한 운송채널 등으로 인한 여러 가지 문제를 피할 수 있다. 그러나 대부분은 국내에서 원자재를 구하기가 어렵거나 외국에서 조달하는 것보다 오히려 더 비싼 경우가 많다. 예를 들어 일본에서는 우라늄, 보크사이트, 니켈, 원유, 철광석, 구리 같은 원자재의 거의 대부분과 농산물의 30%가 수입되기 때문에 외국의 원자재 확보가 매우 중요하다.

포드자동차의 예를 들어보자. 포드는 자동차 조립을 멕시코의 Hermosillo에서 하고 미국으로 선적한다. 설계는 일본의 Toyo Kogyo Co.(Mazda)라는 기업이 하며 일부 일본부품을 사용한다. Ford는 일본에서 제조된 부품을 구입하여 최종조립과 판매를 위해 미국으로 보낼 수 있다. 혹은 일본과 미국에서 생산된 부품을 멕시코로 보내서 최종조립을 하고 이를 미국과 멕시코시장에서 판매할 수도 있다. 멕시코에서 최종조립 되는 각 부품들은 미국과 일본에서 제조된 것이며, 멕시코에서도 소량을 조달한다. 만약에 부품이 일본에서 생산된 것이라면 많은 원재료들은 아마도 수입이 될 것이다. 포드가 유럽에서 Escort라는 자동차를 생산할 때는 영국과 독일에서 최종조립을 위해 15개국의 공장에서 부품을 글로벌 소싱하였다. [그림 11. 2]는 그 과정이 어떻게 수행되었는지를 나타내고 있다.

포드 이외에도 많은 다국적기업들이 범세계적인 차원에서 부품의 소싱을 늘리고 있는데, 이렇게 글로벌 소싱이 증가하는 이유는 무엇인가? 다국적기업이 글로벌 소싱을 하는 이유는 비용절감, 품질개선, 범세계적 기술의 접촉 증대, 인도 및 신뢰성의 개선과 등과 같은 이유이다.[48)]

47) M. Kotabe and G. S. Omura, "Sourcing Strategies of European and Japanese Multinationals : A Comparison," *Journal of International Business Studies*, 20(1), 1989, pp. 120~122.

48) J. D. Daniels and L. H. Radebaugh, *op. cit.*, pp.760~761.

[그림 11.2] 포드의 글로벌 네트워크 예

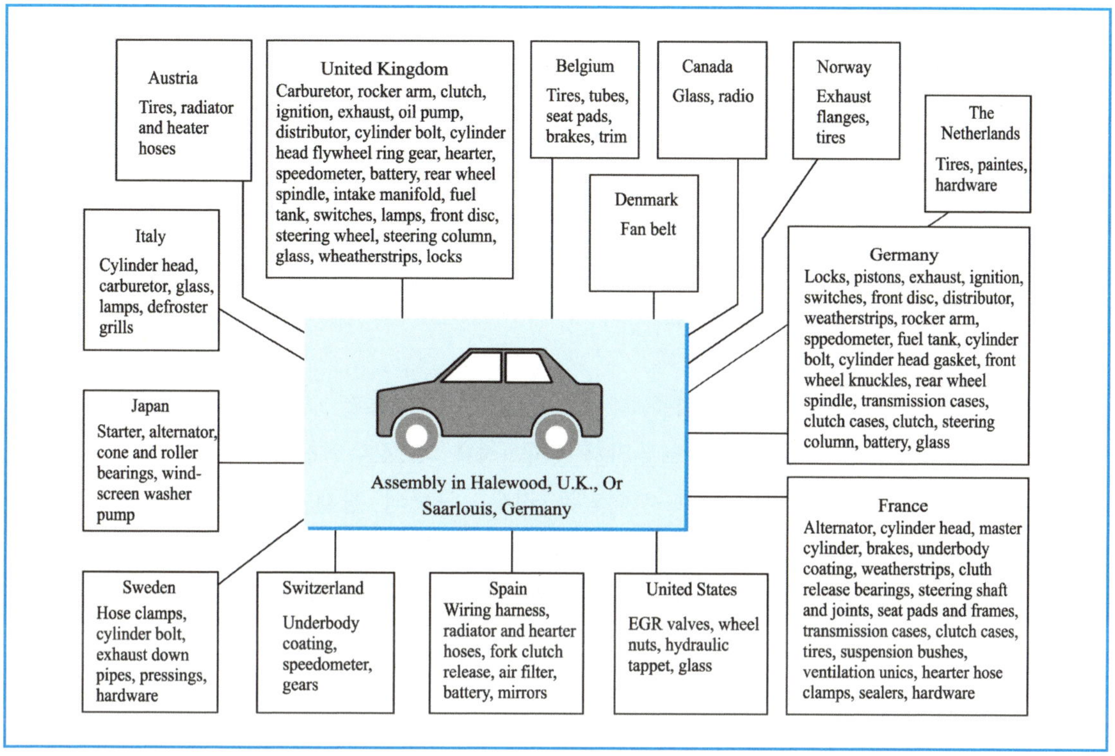

자료 : J. D. Daniels and L. H. Radebaugh, *International Business : Environments and Operations*, 8th ed., Addison Wesley, 1998, p.761.

주요 비용절감의 요소로는 저렴한 노동비용, 유연한 작업 규칙, 그리고 저가의 토지와 설비비용 등을 들 수 있다.

그 이외에도 해외 공급업체를 국내에 보완함으로써 공급의 신뢰성을 강화하기 위해, 해외에서만 얻을 수 있는 재료를 확보하기 위해, 높은 제품품질을 유지하기 위해, 국내에 공급원을 가진 경쟁자에 대응하기 위해, 해외시장에 진출하기 위해, 경쟁자의 해외소싱에 대응하기 위해, 그리고 해외에서 개발된 혁신적인 기술을 습득하기 위해서 해외 소싱을 이용할 수 있다.

그러나 어떤 면에서는 글로벌 소싱이 국내 소싱보다 더 비쌀 수가 있다. 예를 들어 글로벌 소싱을 하면 운송비와 커뮤니케이션 비용이 더 비싸지고 브로커와 대리인에 대한 수수료를 지불하는 경우도 많다. 공급라인이 길어지기 때문에 해외로부터 부품을 확보하는 데 많은 시간이 소요되고, 기획에서 상품화까지의 시간이 불확실할 수 있다. 글로벌 소싱은 재고 및 운송비용을 증가시키고, JIT(just in time)의 사용을 어렵게 한다.[49]

만약 수입부품이 에러가 있고, 재작업이 필요한 경우에 단위당 비용은 오르게 될 것이며, 일부 부품은 공급업자에게 반품되어야 할 것이다.

그렇다면 글로벌 소싱을 하게 된다면 도대체 어디에서 소싱을 해야 하는가? 혹자는 어디에서 소싱을 할 것인지를 결정하는 데 있어서 가장 중요한 요소를 무역장벽, 요소비용, 운송비용, 환율안정성 등으로 설명하는 표준입지이론(standard location theory)을 주장하였다.[50)]

다국적기업이 해외 어느 지역에 생산기지를 설립하여 소싱을 할 것인가를 결정하는 데 있어서는 소수의 국가에 집중시키는 방법과 여러 나라에 분산시키는 방법이 있다.

해외생산기지를 집중하는 요인들은 어떤 특정 국가에 저임금이나 양질의 노동력에 입각한 비교우위가 있을 경우, 보호무역장벽이 낮은 경우, 환율이 비교적 안정적이라고 기대되는 경우, 규모의 경제가 큰 산업, 그리고 소비자의 수요가 표준화된 경우이다. 그 반대로 보호무역장벽이 높으며 환율변동이 클 것으로 기대될 경우, 생산의 고정비용이 낮고, 각국의 수요가 다른 경우엔 여러 나라에 분산시키는 것이 유리하다.[51)]

2. 소싱의 방법

기업이 자사가 필요로 하는 제품이나 부품을 자체적으로 생산할 것인가, 아니면 타사에서 구입하여 조달할 것인가에 대한 의사결정은 기업의 생산전략을 수립하는 데 있어서 매우 중요한 부분이다. 예를 들어 자동차산업의 경우

49) 1960년대에 도요타가 처음 개발한 이 시스템은 주로 일본기업들이 잘 활용하고 있고 미국 제조업자들간에도 통합품질관리로써 인기를 얻고 있는 재고관리 시스템이다. JIT 시스템은 원자재와 부품은 기업이 과다 재고를 가지지 않도록 적기에 사용되어 생산공정에 인도되어야 한다는 사고에 근거를 두고 있다. 낮은 재고수준은 재무비용과 보관비용을 절감한다. 그러나 JIT를 이용하는 것은 부품이 거의 결함이 없어야만 하고 부품이 사용되는 시점에 정확하게 도착해야만 하는 것을 의미한다. 해외 소싱을 하는 경우에는 공급라인이 중단되면 중대한 문제가 발생할 수 있기 때문에 JIT를 사용하는 기업은 항상 커다란 위험을 갖고 있게 된다. 그러므로 해외 소싱을 할 경우에는 이러한 위험을 예방하기 위해서 많은 재고가 필요하게 된다.

50) P. M. Swamidass and M. Kotabe, "Component Sourcing Strategies of Multinationals : An Empirical Study of European and Japanese Multinationals," *Journal of International Business Studies*, 24(1), 1993, p.84.

51) 장세진, 「글로벌경영」, 박영사, 1998, p.409.

기업은 부품을 자체적으로 생산하여 조달할 것인가, 아니면 외부에서 구매하여 조달한 것인가에 대한 의사결정을 해야만 한다. GM의 경우는 자동차 가격의 70%, 포드는 50%, 크라이슬러는 30%, 도요타는 20%에 해당하는 부품만을 직접 생산하고 있다.[52)]

이처럼 다국적기업은 자사가 필요한 제품이나 부품을 모두 자체적으로 생산하여 조달할 수 없으며, 경우에 따라서는 다른 기업으로부터 조달하거나 혹은 계열기업과 공급계약을 맺어 외부에서 조달하는 방법으로, 수직적 통합(vertical integration), 외부 공급자로부터 구매, 공급자와의 일본식 계열(keiretsu) 관계 로 구분할 수 있다.

다국적기업은 이러한 방법들 가운데 하나를 선택하거나 혹은 이들을 혼용하여 사용할 수 있다. 수직적 통합에 따른 이점으로는 통제상의 이득과 경제적인 이득의 두 가지가 있다. 통제상의 이득은 확실한 조달원을 확보하고 부품의 품질, 배달, 비용 등을 통제할 수 있다는 것 등을 들 수 있다. 그리고 경제적인 이득으로는 단일 시스템으로 협동할 수 있어 제반 비용을 절감할 수 있다는 것을 들 수 있다.

그러나 수직적 통합을 하는 기업은 경제적인 변화에 대하여 적응하는 능력이 내부적인 네트워크를 이용하여 부품을 조달하는 기업에 비하여 떨어지게 된다. 이에 따라서 내부적인 네트워크의 효율적인 이용이 경쟁력으로 작용하는 일본기업의 영향을 받아서 미국의 기업들도 지속적인 관계를 유지하는 외부 공급자들로부터의 조달에 관심을 두게 되었다. 이에 따르면 가장 효율적인 소싱은 효율적인 공급체인에서 온다는 주장이 제기된다.[53)]

한편, 아웃소싱(outsourcing)의 여부를 결정하는 데 있어서는 다국적기업은 해당부품이 제품에 핵심적이고 현저하게 뛰어난 부품인지의 여부를 신중하게 고려하여야 한다. 다국적기업은 공급자가 대규모이거나, 저비용 구조를 갖고 있거나, 혹은 강한 수행동기를 갖고 있는 등의 특별한 비교우위가 있을 때 부품을 아웃소싱할 것이다. 또한 다국적기업들은 생산성과를 증진시키기 위해서 종업원을 몰입시키는 수단으로써 아웃소싱을 이용하기도 할 것이다.[54)] 아웃소싱의 여부를 결정하는 전략적인 하위시스템은 다음과 같다.

---

52) R. Johnson and P. R. Lawrence, "Beyond Vertical Integration-The Rise of the Value-Adding Partnership," *Havard Business Review*, July-August 1988, p.98.

53) 김신, 「국제경영학」, 박영사, 1997, p.399.

54) R. Venkatesan, "Strategic Sourcing : To make or Not to make," *Harvard Business Review*, November-December 1991, p.98.

첫째, 비용 등과 같이 가장 중요한 제품속성으로 소비자들이 인식하는 데 커다란 영향력을 갖는 것
둘째, 매우 드물고, 만약에 있다면 독립적인 공급자가 될 수 있는 전문화된 물리적 자산, 고도로 전문화된 디자인과 제조기술이 요구되는 것
셋째, 유동적이고 선도할 수 있는 기술을 포함하는 것

이러한 하위시스템과 관련하여 다국적기업은 자사와 비교해서 잠재적인 공급자들의 디자인과 생산능력을 결정하는 것이 필요하다. 만약 공급자가 완벽한 우위를 가진다면, 경영자는 최고의 공급자를 선택하는 비용이 얼마일 것이며 이러한 비용설정이 이해할 만한 수준의 것인지를 판단해야 할 필요가 있다.

제4절 글로벌 로지스틱스

1. 글로벌 로지스틱스의 의의

로지스틱스(logistics)는 불어로 병참을 의미하는 군사용어에서 유래되었다. 미군 규정에 따르면 병참이란 군수물자의 발주·생산계획·구입·재고관리·배급·운송·통신 외에도 규격화·품질관리 등 군 작전에 필요한 물자의 모든 것이 포함된다. 이것들이 기업에서 원재료 및 반제품의 재고관리·주문처리·운송·보관·포장·하역·배송·정보·통신·공장 및 창고의 입지선정 등을 구성요소로 하여 총비용의 개념이 도입된 시스템적 물자관리로 원용된 것이다.[55]

이처럼 원재료·부품 그리고 완제품을 판매자로부터 기업 내 시설을 거쳐 고객에게까지 전략적으로 이동시키는 데 필요한 모든 활동을 관리하는 과정을 의미하는 것으로 로지스틱스를 이해한다면, 글로벌 로지스틱스(global

55) 임석민, 「국제운송론」, 삼영사, 1999, p.32.

logistics)는 범세계적인 차원에서 원료취득지점으로부터 최종소비지점에 이르기까지의 제품의 흐름과 그에 따른 정보의 흐름을 용이하게 하는 모든 이동 및 저장활동과 관련된 계획, 조직, 통제를 의미하는 것으로 볼 수 있다. 즉, 자금과 노동을 세계 어느 지역에서 조달하고, 원재료·부품 그리고 완제품을 어느 지역에서 생산하며, 이들의 효과적인 공급 시스템을 어떻게 확립하는가를 추구하는 종합적인 시스템 어프로치를 말한다.

글로벌 로지스틱스는 [그림 11. 3]에서 볼 수 있는 바와 같이 물적공급과 물적유통으로 구분할 수 있다. 물적공급에는 제품을 생산하기 위한 원재료 획득·운송·재고·포장·하역·정보처리 등의 활동이 포함되고, 물적유통에는 생산된 제품을 소비자에게 제공하기 위해 수행되는 제품계획·포장·주문처리·운송·창고관리·하역·재고관리·정보처리 등의 활동이 포함된다.

[그림 11. 3] 글로벌로지스틱스의 범위

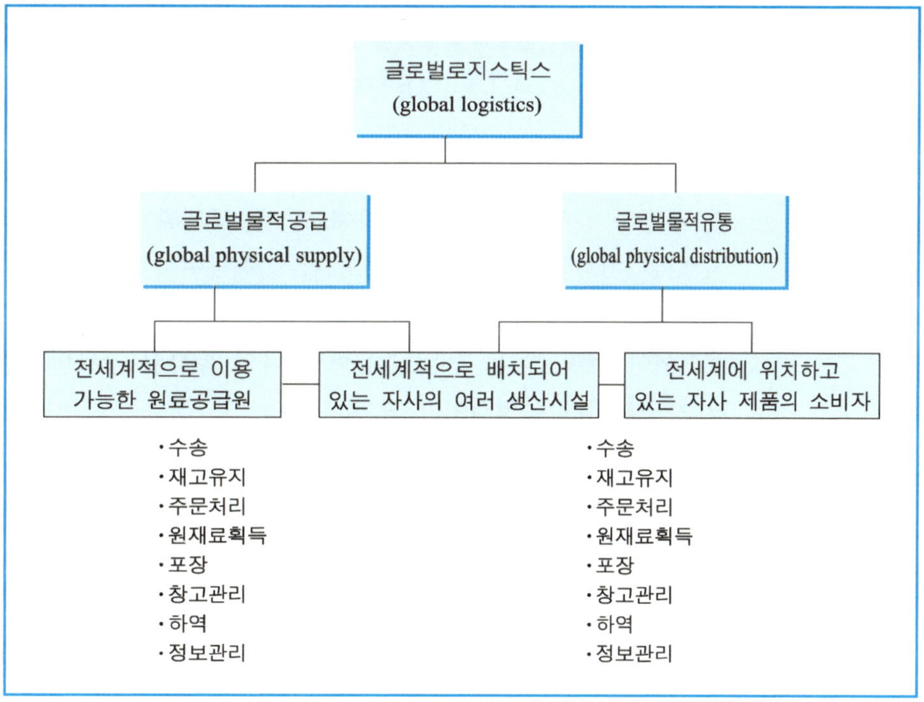

자료 : 강태구, 「국제경영학」, 박영사, 2000, p.422를 수정.

오늘날의 다국적기업에게 있어서는 각국의 상황과 제반 여건을 고려하여 전세계적으로 생산기지를 배치하고, 각국에 분산되어 있는 이들의 생산활동을 조정하며, 생산된 부품과 완제품들을 서로 다른 시장으로 이동시키는 물류 네트워크를 구축해야 한다. 그럼으로써 원재료나 부품 및 완제품의 흐름을 합리화하고 생산기지간의 유기적인 관계를 유지하는 것이 중요한 과제가 된다. 이러한 효율적인 로지스틱스관리를 통해서 다국적기업은 로지스틱스 비용을 최소화시킬 수 있게 된다.

그러나 로지스틱스 관리를 어렵게 만드는 다양한 요인들이 존재하고 있다. 외부적으로 기업은 많은 국가에서 다양한 형태의 정치적·법적, 경제적, 문화적 제약에 직면하고 있다. 가령 많은 정부에 의해 부과되는 관세·수입할당·환율통제·국경통행세 등과 같은 일종의 진입장벽이 가장 효율적인 국제간 로지스틱스 시스템 구축을 저해하고 있다. 또한 현지 자회사 또는 사업부의 경영층이 자신들의 위치를 위협할지도 모르는 로지스틱스 관리의 변화에 저항하려는 경향을 보이는 내부적 제약요인과 함께 로지스틱스 시스템에 따라 지속적인 변화를 거듭하는 기술적 동태성도 무시할 수 없는 요인이다.[56)]

따라서 다국적기업의 최고경영층은 범세계적 생산과 로지스틱스의 효율성을 추구하기 위해 내외부적 장애요인을 극복해야 할 것이며, 국제경영관리의 다른 기능과의 상호 관련성도 잘 이해하여야 할 것이다. 또한 국제 로지스틱스를 구성하고 있는 운송·포장·보관 등의 개개 기능이 합리적으로 수행되어야 하며, 이들 모든 기능이 하나의 통합된 글로벌 로지스틱스 시스템으로 구축되어 운영되어야 할 것이다.

2. 로지스틱스의 주요 기능

1) 운송

국제운송은 국제간에 교환경제가 형성됨에 따라 인간과 재화의 공간적 거리 극복과 장소적 이전을 가능케 하는 서비스를 의미한다. 교통경제학자들은 운송을 하나의 생산수단이라고 하며 장소효용(place utility)과 시간효용

56) 조동성, 「국제경영」, 경문사, 1999, pp.683~684.

(time utility) 및 형태효용(form utility)을 창출하는 것이라고 했다.[57] 이것은 자원의 합리적인 이용을 촉진함으로써 생산력의 증대, 생산비의 인하, 대규모의 경영을 가능케 하고 생산·유통·소비의 각 부문에 영향을 미친다. 특히 무역의 주요 수단으로서 일국의 산업구조 내지는 생산제도에 그리고 국제경제활동에 중요한 영향력을 갖는다.

국제운송의 주요 형태로는 선박에 의한 해상운송, 철도와 트럭에 의한 육상운송, 항공기에 의한 항공운송 등이 있다. 이들은 제각기 다른 특성이나 장단점을 갖고 있는데, 어떠한 운송수단을 선택할 것인가 하는 것은 운송비용 및 시간, 제품의 특성과 안전성 등을 고려해서 결정하게 된다.

해상운송은 국제물류를 주도하는 국제운송의 형태로 해상에서 선박을 이용하여 사람이나 화물을 운송하고 그 대가로서 운임을 받는 상행위이며 선박에 의한 운송업무를 말한다. 대량수송과 원거리수송에 적합하고 수송비가 저렴하지만, 속력이 늦다는 단점을 갖고 있는 해상운송은 최근 들어 육상과 항공으로 연결되어 복합운송·종합물류·총체적 서비스 관리체계로 확장·변화되고 있다.[58]

육상운송은 트럭을 이용한 도로운송과 철도운송으로 구분할 수 있다. 도로운송은 대규모 고정자본을 투입하지 않고도 이용이 가능하며, 문전까지 서비스를 해줄 수 있다는 편리성 때문에 오늘날 급속히 증가하고 있는 운송형태이다. 이는 소량의 화물을 단거리 운송할 경우 매우 경제성이 높으며, 최근에는 도로확충과 운반차량의 발전 및 대형화 추세에 따라서 한 나라의 종합수송체계의 핵심적인 역할을 수행하고 있을 뿐만 아니라, 일관운송이나 국제복합운송에서 문전까지의 역내수송을 담당하고 있다.

철도운송은 도로운송보다도 먼저 화물을 대량으로 수송하기 시작한 운송수단이다. 그러나 고속도로나 지방도로에 대한 대대적인 투자를 통해 도로망이 정비되고 대형트럭이 등장하게 됨에 따라 철도의 수송량은 최근 크게 감소하였다. 철도는 거액의 건설비가 투자되어야 하고, 노선이 한정되어 있으며, 화물의 집하와 인도시 트럭의 도움을 받아야 한다는 단점이 있다. 반면에, 장거리 운송이나 대량화물 운송시 공로운송에 비해 경제적이며, 안전하다는 장점이 있다. 특히, 컨테이너화(containerization)를 통한 복합운송의 도입으로 운송구간이 분할되어 간선운송을 철도가 맡고 지선운송을 트럭이 맡음으로써 철도의 역할이 다시 중요해 지고 있다.

57) J. J. Coyle, *Transportation,* West Publication, 1994, pp.3~9.

58) 방희석, 「국제운송론」, 박영사, 1999, pp.6~8.

항공운송이란 항공기의 선복(plane's space)에 여객과 화물을 탑재하고, 국내외의 공항에서 하늘을 통해 다른 공항까지 운항하는 최신식 운송시스템을 의미한다. 항공운송은 해상운송이나 육상운송에 비해 최근에 도입된 운송시스템이지만, 항공운송의 경제적 특성에 의해 가장 체계화된 유통시스템과 정보체계를 이용하여 물적 유통체제가 완벽하게 운용되고 있는 운송부문이다. 특히, 항공기술의 발달로 대량운송이 가능해졌고, 공간개념의 축소로 세계가 동일생활권화함에 따라 신속한 운송에 의한 교역의 증대와 상호 보완적인 물품의 교환이 절실히 요구되고 있어 항공운송은 일반화되어 가고 있다. 국제교역에 있어서도 화물의 대부분이 해상운송에 의존하고 있지만 산업구조가 중후장대형으로부터 소형경량의 고부가가치 제품이 크게 증가되면서 시장전략과 경쟁력 강화방안 등의 이유로 항공운송의 점유율이 계속 높아지고 있다.[59]

오늘날에는 컨테이너의 등장으로 이종의 여러 운송수단이 결합된 협동일관운송을 통해 문전에서 문전까지 수송하는 복합운송(multimodal transport)이 많이 활용되고 있다. 여기서 복합운송이란 두 개 이상의 상이한 운송수단에 의해서 단일의 복합운송인이 복합운송증권을 모든 운송구간에 대해서 일관책임을 지면서 단일의 복합운송운임률에 의해서 운송되는 형태를 의미한다. 여러 가지 복합운송 방법 가운데 특히 가장 많이 이용되는 루트는 해상운송과 육상운송이 결합된 형태이다.

59) 임석민, 전게서, p.397.

[표 11.2] 주요 운송수단의 장단점

구 분	장 점	단 점
철도	① 대량·중량물품 일시에 효율적으로 운송하는데 적합하다. ② 중·장거리 운송인 경우 운임이 저렴하다. ③ 비교적 사고율이 적다. ④ 비교적 전천후 운송수단이다.	① 근거리 운송에는 운임이 비교적 높은 편이며 경직적이다. ② 회차의 일관작업시 장시간 체류해야 한다. ③ 적기에 배차가 되지 않는다. ④ 발차역에서 화물수취가 불편하며 문전운송을 위해서는 꼭 트럭의 집배송이 꼭 필요하다.
자동차	① 문전에서 문전까지 일관운송이 가능하기 때문에 수취가 편리하다. ② 근거리 운송에 적합하고 대단히 경제적이며, 운임은 탄력적이다. ③ 비교적 간단한 포장으로 수송할 수 있으며 단위포장에서는 팔레트를 이용할 수 있다. ④ 필요한 때 언제나 즉시 배차가 가능하다.	① 대량수송에는 적합하지 못하다. ② 원거리 운송시에는 운임이 비싸고 안정성이 떨어진다. ③ 교통사고와 공해문제가 많이 발생하며 특히 대도시 및 공단주변에 도로나 고속도로의 체증을 유발하고 있다. ④ 중량제한을 다소 받는다.
선박	① 대량화물의 장거리 운송에 적합하며 운임이 저렴하고 탄력적이다. ② 대량수송에서 전용선에 의한 운송 및 일괄하역 작업이 가능하다. ③ 용적 및 중량화물의 수송에 가장 적합하며 원료화물의 주요한 운송수단이 되고 있다. ④ 일관운송체제의 확립은 어려우나 육상운송수단과 연계하여 해공복합운송의 주축이 되고 있으며 최근에는, Sea & Air 운송까지 발전되고 있다.	① 수송속도가 늦어 수송기간이 길다. ② 항만설비와 하역비가 비싸다. ③ 기후의 영향을 많이 받는다. ④ 항구에서 화물을 인수하기 때문에 상당히 불편하다. 단 컨테이너는 트럭을 통해 문전운송이 가능하다.
항공기	① 수송속도가 신속하여 계절성·유행성·신선도 유지에 필요한 상품의 수출을 가능하게 한다. ② 소량 및 경량상품의 원거리 수송에 가장 편리하다. ③ 물품의 파손율이 적고 화물포장이 간단하며 보험료가 저렴하다. ④ 당일수송을 통해 재고조정이 가능하기 때문에 금융비용을 극소화 할 수 있다.	① 운임이 가장 비싸고 아주 경직적이다. ② 중량제한과 용적제한을 받는다. ③ 기후가 나쁠 때는 운항이 중단된다. ④ 공항에서 물품을 인수해야 하기 때문에 아주 불편하다. 그러나 포워더를 통해 밴 트럭으로 문전운송이 가능하다.

자료: 이인근, 「국제물류운송론」, 삼영사, 1999, p.385.

2) 보관

보관은 제품의 생산과 소비의 거리를 조정하여 시간적 효용을 창출한다. 현대경제사회에 있어서는 생산과 소비는 시간적으로 격리되어 있으므로 보관기능에 의해서 이 장애를 제거할 수 있다.

보관의 목적은 가격의 안정, 수급량의 조절, 가공에 있다고 할 수 있지만, 로지스틱스 측면에서 보관은 생산에서 소비에 이르는 물품 흐름의 일부이므로 적시에 원료 및 부품을 공급하여 생산을 원활히 하고 그 제품을 수요에 적합하게 출하하여 판매효과를 높이는 일이 보관의 기능으로써 요청되고 있다.

특히, 오늘날 국제적으로 운송되는 제품들이 시시각각으로 변화하는 고객의 욕구에 신속하게 부응하고 경쟁기업과 효과적인 경쟁을 전개하기 위해서 그리고 범세계적인 통합적 로지스틱스를 수행하기 위해서는 이러한 보관의 기능이 점차 중요해지고 있다고 할 수 있다.

따라서 보관은 단순히 물품을 물리적으로 보존하고 관리하는 정태적이고 수동적인 저장의 의미를 벗어나 그 기능이 점차 동태적으로 변화하고 있어, 비용절감과 서비스향상을 위한 세계 각 지역의 적시운송을 연결하는 윤활유 역할을 수행할 뿐만 아니라 생산과 판매와의 조정역할, 그리고 제품의 집산·분류·구분·조합·검사장소의 기능도 수행하고 있다.

3) 하역

하역이란 각종 운반수단에 화물을 싣고 부리는 것과 보관화물의 창고 내에서의 쌓기와 내리기 또는 이에 관련된 작업을 총칭한다. 따라서 하역은 원래 운송과 보관 및 포장 사이에서 그 전후에 수행되는 취급 작업으로 운송과 보관의 부수적인 작업으로서 운송과 보관을 연결하는 기능을 갖고 있기 때문에 하역 자체의 가치보다는 운송과 보관을 지원하는 역할이 더 크다고 할 수 있다.

그러나 글로벌 로지스틱스에 있어서는 그 중요성이 높아지게 되며, 하역의 합리화가 종합적인 물류 합리화를 결정하는 경우도 적지 않다. 글로벌 로지스틱스의 경우에 있어서 하역작업은 대량의 살화물하역(bulk handling)과 개별화물취급하역(piece handling)으로 구분된다. 전자는 크레인의 적재방법이나 컨베이어의 연속작업이 중심이 되어 항만 및 공항의 창고시설과 연계되어 운영된다. 후자는 컨테이너 화물이나 팔레트 화물이 중심이 되어 제품을 컨테이너에 적입하는 과정에서부터 철도역 또는 트럭터미널 등의 내륙거점이나 공항 및 항만에서 하역작업이 이루어진다.

4) 포장

포장이란 물품의 운송·보관·하역·판매 등을 하는 데 있어 그 물품의 내용 및 외형을 보호하고 상품으로서의 가치를 유지하기 위하여 적절한 재료나 용기로 물품에 행하는 장비를 말한다.

포장의 종류에는 개장(unitary packing), 내장(interior packing), 외장(outer packing) 등이 있다. 개장이란 하나의 용기에 수용된 물품 하나를 보호하기 위하여 그것을 적절한 소용기나 재료를 가하는 포장을 의미한다. 내장이란 개장된 물품을 운송 또는 취급하기 좋도록 적절한 재료로 싸거나 용기에 수용하는 것이다. 외장은 한 포장물의 외부용기가 되는 장비를 총칭한다.

포장의 기본적인 목적은 내용물을 목적지까지 안전하게 보호하는 데 있다. 이는 국제운송을 위한 포장에 있어서도 마찬가지이다. 그러나 오늘날 국제운송을 위한 포장은 이외에도 목적지에서의 화물의 구분 용이성, 사용의 편리성, 판매의 편리성 및 촉진, 서류와 화물대조의 편리성 등과 같은 목적도 있다.

국제운송을 위한 포장은 튼튼하게 하여야 하나 화물의 중량 및 용적이 필요 이상으로 크게 되면 운송비의 부담이 커질 수 있다. 따라서 국제운송을 위한 포장시에는 가볍고, 부피가 적고, 튼튼하고, 값싸고, 보기 좋은 것으로 하되 제품의 종류, 성질 또는 도착지와 운송도중의 기후와 환적의 횟수 및 도착국의 화물포장 등에 관한 법규 및 상관습, 그리고 포장비, 운임 등을 충분히 고려하여 가장 합리적이고 안전한 포장을 하여야 한다.[60]

최근에는 공산품의 경우 대부분은 컨테이너(container)를 이용하여 제품을 운송하고 있다. 컨테이너는 각종 운송수단간에 호환성을 갖춘 대형용기이다. 1920년대 중반 미국철도에 의해 본격적으로 이용되었고, 제2차 세계대전 중에는 미군에 의해 군수물자의 해상운송에 본격적으로 컨테이너가 이용되었다. 그리고 1965년에는 유럽과 미국 간에 컨테이너 정기선이 취항하였다. 화물의 단위화(unitization)를 목적으로 하는 운송도구인 컨테이너는

60) 이용근, 「무역계약론」, 법문사, 1994, pp.236~237.

육상·해상·항공을 통한 화물운송에 있어서 경제성, 신속성, 안전성 등의 이점을 갖고 운송·보관·포장·하역 등의 전과정을 가장 합리적으로 일관운송할 수 있는 혁신적인 운송용구이다.

5) 정보[61]

글로벌 로지스틱스와 관련된 정보를 흔히 물류정보라고 하는데 여기서 물류정보란 물류관리의 주요 단계별 요인인 포장·하역·보관 및 운송 등 각 기능간을 연결시켜 전체적인 물류관리를 효율적으로 수행하는 정보 시스템을 의미한다.

물류시스템의 핵심인 일관운송체제를 화물의 집화·배송·수송·보관 및 하역 등 각 하위 시스템을 포함하는 복합적 개념으로 효율적인 운영을 하기 위해서는 이를 전체적으로 관리할 수 있는 물류정보 시스템의 확립이 필요하다. 이러한 각 기능적 주체(화주, 운송업자, 주선업자, 창고업자, 하역업자 등)를 연결하는 정보를 효율적으로 수집·처리·공급하고 관리함으로써 물류 서비스의 목표인 효율성·경제성·신속성·안정성 등을 촉진하는 데 기여할 수 있다.

오늘날 물류정보의 기술적 기능이 가능하게 된 것은 바로 컴퓨터 부문의 급속한 발전으로 이를 이용한 사무자동화(OA)와 기계공학과 전기공학의 결합에 의한 공장자동화(FA), 창고자동화(WA), 각종 하역기기의 메카트로닉스화 및 로봇화가 급속하게 진전되었고, 이들을 제어할 수 있는 각종 제어기기와 각 기능간을 연결할 수 있는 통신망 즉, 종합정보통신망(ISDN)과 부가가치통신망(VAN)의 구축에 따른 통신망의 급속한 발전에 기인한다. 따라서 물류부문에서도 이를 이용한 화물정보 시스템이 구축되기 시작하여 물류관리도 획기적인 발전을 기할 수 있게 된 것이다.

61) 이인근, 전게서, pp.474~475.

읽어보기

[SCM 디지털시대 유통핵심]

'인터넷시대 경영의 주인공은 공급망 관리(SCM)다.' 인터넷으로 인해 복잡하고 값비싼 전자문서교환(EDI) 체제를 별도로 구축할 필요가 없어지면서 SCM(Supply Chain Management)이 물류혁명 주역으로 등장하고 있다.

SCM이란 사슬처럼 엮인 공급망 전체에 대해 '동적' 최적화를 도모하는 개념이다. 기존 리스트럭처링이나 리엔지니어링 등은 노동비, 세금, 시간 등의 변수들을 기반으로 사업부문별 혹은 기업별 최적화에 그쳤다. 하지만 SCM은 정보, 물류, 현금과 관련한 업무 흐름을 공급망(Supply Chain) 전체 관점에서 재검토한다.

SCM 진가는 최근 존슨&존슨 사례에서 뚜렷하게 나타난다. 베이비오일로 유명한 존슨&존슨은 1990년대 중반 미국 내 물류거점을 12개에서 3개로 대폭 축소했다. 공급물량은 증가하는데 물류거점을 줄이자 모두 의아해 했지만 얼마만에 발주에서 납품까지 시간을 대폭 단축하고 재고비용도 감소시켰다.

존슨&존슨은 SCM 도입 이전 생활용품 등 3개 사업부문이 별도 구매·발송시스템으로 운영되었다. 상품흐름 정보도 사업부문별로 통제됐고 부문간 정보공유는 부분적으로만 이뤄졌다.

12개 물류거점을 3개로 통합하면서 부문간 벽을 허물어 버렸다. 정보도 공유하고 부문별로 흩어진 구매·발주 시스템을 통합했다. 고객에 대한 수주정보도 공유하고 사업부문별 수주정보도 통합했다.

물류센터 가동률이 30~70% 이상 높아졌고 중복 발주나 중복 보유는 급감했다. 수주에서 납품에 걸리는 시간도 단축되고 수주와 관련한 고객 부담과 상품재고도 줄일 수 있게 되면서 고객서비스 질도 향상됐다.

양판점이나 백화점과 같은 대형고객과는 전자문서교환(EDI) 체제를 구축해 고객 관련 정보시스템과 통합을 꾀했다. 존슨&존슨 EDI에 입력하면 그 즉시 모든 존슨&존슨 사업부에서는 고객 주문을 인식하고 납기에 맞춰 납품했다.

3M, 질레트, 베들레헴, 스틸, 타이슨푸드, 소니 등 대부분 선진기업이 SCM 구축에 주력하고 있다.

SCM은 기업간 제휴도 촉진한다. 협력업체, 제조업체, 물류업체, 유통업체 등 상품유통과 관련한 모든 업체가 공동으로 데이터 베이스를 구축하면 상호 재고 최소화가 가능해 진다.

최근 국내산업에서 대두되고 있는 의류산업 QR(Quick Response), 식품산업 ECR(Efficient Consumer Re-sponse) 등은 기업끼리 제휴하는 사례다.

디지털 시대 유통·물류와 관련한 핵심 키워드는 SCM이다.

자료 : 매일경제신문, 2000. 3. 13.
www.mk.co.kr

12장

다국적기업의 국제재무관리

다국적기업의 국제경영활동에 있어서 자금의 조달과 운용에 관한 관리인 국제재무관리는 중요한 관심사가 되고 있으며 앞으로도 그 중요성은 더욱 높아질 것으로 기대된다. 이 장에서는 국제재무관리의 의의와 외환시장, 환율, 환위험관리, 국제금융시장에서의 자금조달 등을 살펴보기로 한다.

제①절 국제재무관리의 의의

제②절 외환시장과 환율

제③절 환위험의 관리

제④절 다국적기업의 자금조달

싱가포르의 금융허브성공

1965년에 싱가포르가 말레이시아 연방에서 축출되다시피 분리독립했을 때 장차 싱가포르가 금융의 중심지가 될 것이라고 예견한 사람은 아무도 없었을 것이다.

싱가포르를 금융중심지로 만들겠다는 발상의 단초가 흥미롭다. 1968년에 이광요수상에게 보고서가 올라 갔는데 그 요지는 다음과 같았다. "세계 금융계는 취리히에서 시작합니다. 취리히은행이 아침 9시에 문을 열고 다음에 프랑크푸르트, 런던의 순서로 국제금융거래가 시작됩니다. 이들이 문을 닫을 즈음에는 뉴욕은행이 문을 열고 샌프란시스코로 넘어 갑니다. 샌프란시스코은행이 오후에 문을 닫으면 세계는 베일에 덮입니다. 다음 날 아침 취리히은행이 문을 열 때 까지 아무 일도 일어나지 않습니다. 만일 싱가포르에 금융센터를 둔다면 샌프란시스코은행이 문을 닫기 전에 싱가포르가 인계받아서 취리히은행이 문을 열 때 까지 금융거래를 담당할 것입니다. 그렇게 된다면 세계는 화폐와 은행업무에서 24시간 전세계 순환서비스 체제를 갖추게 될 것입니다."

이광요 수상은 즉시 국제금융센터구축에 착수했다. 그 핵심은 제 3세계속의 제 1세계건설이었다. 즉 그 당시에 제 3세계(후진권)에 속해 있던 아시아에서 싱가포르를 마치 사막속의 오아시스처럼 제 1세계(선진권)로 만들자는 것이었다. 외국은행들이 올 수 있도록 안정된 사회, 쾌적한 작업환경과 생활환경, 능률적인 사회기반시설, 그리고 노련하고 융통성있는 전문요원을 구비하는 작업에 착수했던 것이다. 또한 싱가포르의 통화위원회와 금융감독원이 금융산업을 선진적으로 감독할 수 있다는 점을 외국은행들에게 납득시키도록 노력했다.

싱가포르는 아시아 달러시장을 시작으로 소박하게 출발하였다. 처음에는 해외 금융기관으로부터 외화를 들여와 아시아 지역 은행들과의 거래를 주로 하였다. 그후 외국환 매매, 외국환 파생상품거래, 채권발행, 기금관리로 확장되었다. 아시아 달러시장은 동아시아의 무역과 투자가 전 세계로 확장되는 속도에 맞추어 기하급수적으로 증가했고 싱가포르는 거의 독점하다 시피 했다.

구체적인 유인책도 제공되었다. 비거주 해외 예금자들이 얻는 이자 수입에 대한 세금의 원천징수를 폐지하였고 아시아 달러 예금은 강제적인 유동성 확보와 지불준비금 강제규정에서 면제되었다.

1990년대에 이르러 싱가포르는 런던, 뉴욕, 도쿄에 이어서 세계에서 네 번째로 큰 외환시장을 보유하게 되었다. 싱가포르 금융센터의 성공요인은 법에 의한 지배, 독립적인 사법부, 안정되고 유능하고 깨끗한 정부이다. 이런 요인들이 건전한 거시 경제정책을 추구할 수 있게 하였고 인플레이션을 낮추어 안정된 환율과 함께 강력하고 안정된 싱가포르 달러를 만들어 주었다.

싱가포르 금융감독원은 엄격한 규칙과 철저한 감독으로 금융기관들이 금융거래의 원칙을 지키도록 하였는데 이는 해외투자자들이 싱가포르 금융시장에 대해서 강력한 신뢰를 갖도록 만들었다. 그 결과 싱가포르는 1987년의 주식대폭락(블랙먼데이)과 1997년의 아시아 외환위기에도 흔들리지 않고 위기를 비켜 갈 수 있었다.

또 하나의 성공요인은 국적을 가리지 않는 인재등용이었다. 금융당국의 최고책임자와 핵심간부, 공적 금융기관의 최고경영자와 핵심간부들을 임명할 때 런던, 홍콩등에서 활약하는 최고의 인재들을 등용한 사례가 흔하였고 이광요수상이 직접 만나서 설득한 경우도 없지 않았다. 이광요 수상 자신도 국제금융계의 거물들을 직접 만나서 조언을 듣곤 하였다.

싱가포르는 1997년 아시아 외환위기이후에 금융규제를 포지티브에서 네거티브로 전환하였다. 싱가포르 금융기관들이 아시아 외환위기의 사정권밖에서 꿋꿋하게 버틸 수 있을 정도로 강력하고 건전하며 외국 투자자들의 신임을 받고 있다는 자신감이 생긴 이후에 비로소 "할 수 없다고 명시된 것 이외에는 무엇이든지 할 수 있다"는 엄청난 자유를 금융기관에 부여하였다. 이는 싱가포르 정부가 금융의 안정성과 역동성을 어떻게 조화시키는 지를 보여주는 단적인 예이다.

자료 : 뉴스인사이트(https://bre.is/MdjR7a28), 검색일:2022.6.30.

제1절

국제재무관리의 의의

국제재무관리(international financing)란 다국적기업의 현지 자회사를 경영하는 데 소요되는 자금을 조달하고, 이를 운용하며, 운용함으로써 발생한 이익을 관리하는 활동이다. 즉, 국제경영을 위한 재무관리를 의미하는 것이다. 따라서 국제재무관리는 재무관리의 기본 기능인 자금조달, 투자, 운전자본관리를 국제적인 리스크와 상이한 금융기관 및 수단을 거치면서 투자, 자금조달 및 운전자금의 운용을 통한 기업의 현금흐름을 관리하는 것이라고 이해할 수 있다.

국제재무관리에 대한 이해는 다음과 같은 두 가지 점에서 기업경영에 도움을 준다.[1] 첫째, 경영자로 하여금 국제시장에서 발생하는 사건들이 기업에 미칠 영향을 파악할 수 있게 하고, 이 영향이 기업에 불리한 것으로 예상될 경우 어떻게 대처할 것인가를 의사결정 할 수 있게 해 준다. 둘째, 경영자로 하여금 사전에 국제시장에서 어떠한 사건이 어떻게 발생할 것인가를 예측할 수 있게 함으로써 기업에 유리한 방향으로 의사결정을 할 수 있게 해 준다.

기업에 큰 영향을 미치는 사건들로는 환율 및 이자율의 변화, 인플레이션, 경제성장 및 정치적 문제 등을 들 수 있다. 이러한 사건들은 서로 밀접하게 관련되어 있기 때문에 경영자는 이들 사건들 간의 복잡한 관계를 충분히 이해해야만 한다.

국제재무관리는 가능한 한 유리한 조건으로 자금을 조달하고 조달된 자금을 효율적으로 배분한다는 점에서 국내재무관리와 본질적으로 동일하다고 할 수 있다. 그러나 국제 재무관리에서는 자금의 조달과 운용에 관한 의사결정이 국내에서와는 다른 여러 이질적인 환경에서 이루어진다는 점에서 국내재무관리의 경우보다 위험에 보다 많이 노출되어 있고 이를 민감하게 처리해야 한다는 점에서 차이가 있다.

환경이 다름에 따라 국제재무관리에서 고려해야 할 위험에는 환위험(foreign exchange risk)과 정치적 위험(political risk)이 있다. 기업이 여러

1) M. D. Levi, *International Finance*, 2nd ed., McGraw-Hill, 1990, p.2.

나라에서 활동함에 따라 거래는 여러 가지의 통화로 이루어지기 때문에, 각국 통화간의 교환비율인 환율이 변할 경우 기업의 수익이 변동할 위험이 발생하는데 이를 환위험이라고 한다. 또한 기업이 제도가 서로 다른 나라에서 활동함에 따라 기업자산의 몰수, 과실송금의 제한 등과 같은 추가적 위험을 부담할 수도 있는데 이를 정치적 위험이라고 한다.[2)]

이러한 환위험과 정치적 위험은 다국적기업이 반드시 고려해야만 하는 중요한 요인이다. 오늘날에는 국제금융시장의 발전으로 선물거래와 스왑거래를 이용한 헤징 방법이 등장하여 다국적기업은 국제경영 활동시 환위험을 관리할 수 있는 수단을 가지게 되었으며, 국제적 투자활동을 원활하게 하기 위한 국제기구의 규범제정과 국가간에 이중과세방지협정 및 투자활동을 보장하는 조약을 체결하여 정치적 위험을 감소시키려는 노력을 하고 있다.

제2절 외환시장과 환율

1. 외환시장과 환율의 의의

외환시장(foreign exchange market)은 한 국가의 통화와 다른 국가의 통화가 서로 교환되는 시장을 의미한다. 국제무역과 다국적기업의 활동이 활발해지면서 외환시장의 규모는 계속 성장하였다.[3)]

외환시장은 특정장소에서 외환거래가 이루어지는 것이 아니다. 세계 각국의 은행이나 외환브로커(Broker)들이 단말기, 전화 또는 기타 통신기기를 이용하여 세계 곳곳에서 거래를 형성하는 점두시장(over-the-counter)이다. 외환거래는 대개 세계 각국의 상업은행, 투자은행, 중앙은행들 사이에서 일어나며 외환이 필요한 기업은 이들 은행을 통하여 외환을 거래한다.

환율(foreign exchange rate)은 한 나라의 통화 한 단위에 대한 다른 나라 통화 가격으로 한 나라의 통화와 다른 나라 통화와의 교환비율을 말한다.

2) 정한규, 「재무관리」, 경문사, 1995, pp.649~650.

3) 박정식, 「현대재무관리」, 다산출판사, 1996, pp.796~797.

통화는 상품의 교환가치를 측정하는 척도인 동시에 상품과의 직접교환을 매개하는 교환수단이다. 따라서 통화의 가치라 함은 일정단위의 통화가 가지고 있는 구매력을 의미한다.

통화의 자국 내에서의 구매력을 통화의 대내가치라고 하면 외국에 있어서의 구매력은 그 통화의 대외가치라고 할 수 있을 것이다. 그런데 통화는 본래 자국 내에서만 통용력을 가지고 있기 때문에 외국에서 구매력을 가지기 위해서는 외국통화와의 교환이 필요하다. 그러므로 통화의 대외 구매력은 자국의 통화와 외국통화와의 교환비율인 환율로서 표시되는 것이다.[4)]

외환시장에서 환율은 일반적으로 미국 달러를 기준으로 결정된다. 즉 1달러를 구입하는 데 필요한 자국통화의 가격으로 표시된다. 이처럼 외국통화를 기준으로 하여 외화 한 단위와 교환하기 위해서는 자국통화를 얼마나 지급하여야 하는가를 나타내는 환율표시방법을 자국통화 표시환율(rate in home currency)이라고 한다, 예를 들어 한국에서와 같이 $1=₩1,100으로 표시하는 방법이 자국통화 표시환율에 의한 환율표시방법이다.

반면 자국통화 한 단위로 외국통화를 몇 단위나 수취할 수 있는가를 표시하는 것을 외국통화 표시환율(rate in foreign currency)이라고 한다. 예컨대 영국에서와 같이 £1=$1.525로 표시하는 방법이다.

한국에서는 자국통화 표시환율을 사용하고 있기 때문에 $1=₩1,200에서 $1=₩1,100으로 변하였다면 보통 환율이 인하되었다고 말하고, 이때 원화의 대외가치는 상승(평가절상)하였음을 나타낸다.

외환시장에서의 외환거래는 크게 현물거래, 선물환거래, 스왑거래의 세 가지 유형으로 구분 할 수 있다.

현물거래(spot trade)는 외환의 매매계약 성립과 동시에 외환이 인도되는 거래를 말하며, 이때 적용되는 환율을 현물환율(spot rate)이라고 한다. 현물거래는 세계적으로 연결되어 있으며, 저렴한 비용으로 정보가 교환되기 때문에 환율은 서로 밀접한 관계를 맺고 있다.

예를 들어 [표 12. 1]에서 매매기준율을 보면 미국 달러화에 대한 원화의 환율은 1:1,202.00이며, 독일 마르크화에 대한 원화의 환율은 1:596.66이므로 미국 달러화에 대한 독일 마르크화의 환율은 1,202.00/596.66이다. 즉 1달러는 2.01마르크에 교환되어야 한다. 만일 달러화와 마르크화 사이에 이와 같은 균형환율로 거래가 이루어지지 않고, 1달러가 2.15마르크에 거래된다고 가정하자.

4) 정한규, 전게서, p.651.

한국의 원화를 미국 달러화로 교환하여 이것으로 다시 마르크화를 구입하고, 이 마르크화를 원화로 바꿀 경우 차익을 볼 수 있다. 즉 원화 1,202원을 미국의 1달러로 교환하여 이것으로 다시 2.15마르크를 구입하고, 이 마르크화를 원화로 바꿀 경우 1,282.81원이 되어 80.81원의 차익을 볼 수 있는 것이다. 이러한 거래를 외환재정거래(exchange arbitrage transaction)라고 한다. 현물환율들 사이에 불균형 상태가 발생하면 이와 같은 재정거래가 이루어져서 궁극적으로는 외환시장이 균형을 이루게 된다.

선물환거래(forward trade)는 매매계약 성립으로부터 일정기간 경과 후 외환의 인도가 이루어지는 거래를 말하며, 이때 적용되는 환율을 선물환율(forward rate)이라고 한다. 즉, 실질적인 외환거래 자체는 일정 기간이 경과한 후 이루어지지만, 가격 즉, 환율은 현시점에서 쌍방의 합의에 의해서 결정되는 것이다.

예를 들어, 현물거래에서 1달러를 구입하기 위해서는 2.04마르크가 필요하다고 하자. 그리고 선물환거래에서 1달러에 대한 1개월 선물환율은 2.03마르크, 3개월 선물환율은 2.01마르크, 6개월 선물환율은 2.00마르크라고 하자. 이 경우에는 선물환거래의 기간이 길어짐에 따라 1달러를 구입하는 데 필요한 독일 마르크화가 점차 줄게 된다. 마르크화의 가치가 현물거래에서보다 선물환거래에서 높은 경우 마르크는 달러에 대하여 할증(premium)되어 거래된다고 말한다. 반대로 달러화는 선물환거래에서 마르크화에 대하여 할인(discount)되어 거래된다고 한다.

스왑거래(swap trade)는 미래의 일정시점에 재매입 한다는 조건하에서 쌍방이 서로 다른 외화를 거래하는 것이다. 한국의 A사와 미국의 B사 간의 스왑거래를 살펴보자.

한국의 A사는 미국에 있는 자회사에 투자하기 위해 달러화가 필요하고, 미국의 B사는 한국의 자회사를 위하여 원화가 필요하다고 하자. 이 경우 A사는 자사가 보유한 원화를 B사에 빌려주는 대신 B사로부터 달러화를 받고, 6개월 후에는 다시 달러화를 되돌려 주고 원화를 받는 계약을 체결할 수 있다.

[표 12.1] 외환시세 (기준일자 : 2022. 6. 30, 413회차 최종고시)

통화명	현찰 살 때	현찰 팔 때	송금 보낼 때	송금 받을 때	외화수표 팔 때	매매 기준율	환가 료율	미화 환산율
미국 USD	1,324.27	1,278.73	1,314.20	1,288.80	1,287.56	1,301.50	3.44852	1.0000
일본 JPY (100)	971.05	937.65	963.70	945.00	944.51	954.35	2.05682	0.7333
유로 EUR	1,380.49	1,326.63	1,367.09	1,340.03	1,339.49	1,353.56	1.43900	1.0400
중국 CNY	203.78	184.38	196.02	192.14	0.00	194.08	4.47450	0.1491
홍콩 HKD	169.13	162.61	167.52	164.22	164.13	165.87	2.42000	0.1274
태국 THB	38.64	34.60	37.16	36.44	36.42	36.80	2.52800	0.0283
대만 TWD	49.43	40.66	0.00	0.00	0.00	43.71	2.66333	0.0336
필리핀 PHP	26.02	21.72	23.89	23.43	0.00	23.66	4.59400	0.0182
싱가포르 SGD	953.07	915.89	943.82	925.14	924.38	934.48	3.33966	0.7180
호주 AUD	912.21	876.97	903.53	885.65	884.87	894.59	3.19133	0.6874
베트남 VND (100)	6.24	4.94	5.64	5.54	0.00	5.59	4.30166	0.0043
영국 GBP	1,606.10	1,544.06	1,590.83	1,559.33	1,557.94	1,575.08	3.22666	1.2102
캐나다 CAD	1,027.19	987.51	1,017.42	997.28	996.25	1,007.35	3.68533	0.7740
말레이시아 MYR	313.89	273.44	0.00	292.34	0.00	295.29	4.12566	0.2269
러시아 RUB	27.15	20.46	25.66	23.94	0.00	24.80	2.97500	0.0191
남아공화국 ZAR	84.64	73.47	80.80	78.90	0.00	79.85	8.69900	0.0614
노르웨이 NOK	134.16	127.76	132.26	129.66	129.55	130.96	3.21266	0.1006
뉴질랜드 NZD	824.62	792.76	816.77	800.61	799.74	808.69	3.93466	0.6214
덴마크 DKK	186.40	177.50	183.76	180.14	180.07	181.95	1.58434	0.1398
멕시코 MXN	70.77	58.94	64.98	63.70	0.00	64.34	10.54200	0.0494
바레인 BHD	3,673.00	3,175.91	3,486.59	3,417.55	3,413.02	3,452.07	4.72466	2.6524
브라질 BRL	276.74	231.04	0.00	248.12	0.00	251.13	14.43000	0.1930
브루나이 BND	971.85	878.42	0.00	0.00	0.00	934.48	3.67500	0.7180
사우디아라비아 SAR	368.72	322.94	350.33	343.41	343.03	346.87	3.97033	0.2665
스웨덴 SEK	129.31	123.13	127.48	124.96	124.88	126.22	2.45433	0.0970
스위스 CHF	1,383.44	1,330.00	1,370.28	1,343.16	1,342.58	1,356.72	1.56534	1.0424
아랍에미리트공화국 AED	373.81	329.89	357.87	350.79	350.46	354.33	3.43642	0.2722
오만 OMR	3,681.38	3,177.69	0.00	0.00	0.00	3,380.52	4.25500	2.5974
요르단 JOD	1,999.05	1,688.83	0.00	0.00	0.00	1,835.68	6.56100	1.4104
이스라엘 ILS	409.98	342.90	0.00	0.00	0.00	372.71	2.75900	0.2864

이것이 바로 스왑거래이다. A사가 달러화의 차입이 어렵고, B사도 원화의 조달이 용이하지 않을 경우 이러한 스왑거래는 환위험의 헤지를 기할 수 있을 뿐만 아니라 자금흐름의 관리에 있어서도 쌍방 모두에게 유익할 수 있다.

2. 환율에 대한 시장균형이론

외환시장에서 결정되는 환율은 이론적으로 각국의 인플레이션과 이자율의 상호작용에 의하여 결정된다. 이들의 관계를 설명하는 이론으로는 구매력평가이론, 피셔효과, 국제피셔효과, 이자율평가이론, 선물환율의 불편추정치가설 등이 있다. 환율에 대한 시장균형이론은 [그림 12. 1]에 나타나 있다.

1) 구매력평가이론

구매력평가이론(purchasing power parity theory)은 카셀(G. Cassel)에 의해 체계화된 환율결정이론으로서, 가장 타당성 있는 이론으로 받아들여지고 있다. 이 이론은 두 나라 통화간의 현물환율은 두 나라간의 인플레이션율의 차이에 비례하여 변동한다는 이론이다. 즉, 양국간에 자유무역이 가능할 때, 동일한 재화에 대해서 가격이 동일해야 하므로, 만약 양국의 재화구성이 동일하다면, 환율은 두 국가의 물가수준의 비율과 동일할 것이다.

[그림 12. 1] 환율에 대한 시장균형이론

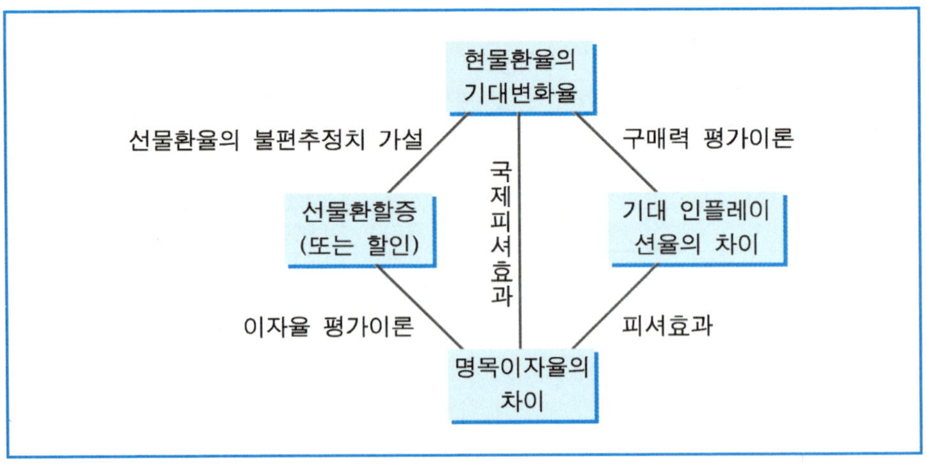

자료: 박정식, 전게서, p.801을 수정.

2) 피셔효과

피셔효과(Fisher effect)는 한 국가의 명목이자율은 그 나라의 실질이자율과 기대인플레이션율의 합이며, 실질이자율은 세계 어디에서나 같다는 것이다. 즉, 투자에 제한이 없다면 세계 어느 지역에서나 실질수익률은 같게 되며 단지 명목이자율만이 투자지역의 인플레이션율의 차이만큼 다르게 된다는 것이다.

예를 들어 한국과 미국의 실질이자율이 같고 한국의 인플레이션율이 미국의 인플레이션율보다 5% 높을 것으로 예상되면 한국의 명목이자율은 미국보다 5% 높아진다는 것이다.

3) 국제피셔효과

앞서 설명한 구매력평가이론과 피셔효과를 결합하면 국제피셔효과(international Fisher effect)가 성립된다. 두 이론을 이용하면 양국간의 기대인플레이션율의 차이만큼 명목이자율의 차이가 나고, 또한 명목이자율의 차이만큼 환율의 기대변화율이 결정될 것이라는 사실을 발견할 수 있다. 즉, 양국의 현물환율은 양국의 이자율의 차이만큼 변동한다는 이론이다.

예를 들어 한국과 미국의 실질이자율이 동일하고 원화의 명목이자율이 달러의 명목이자율보다 5% 높게 예상되면, 원화가 달러화에 대하여 5% 평가절하 된다는 것이다.

4) 이자율평가이론

이자율평가이론(interest rate parity theorem)이란 양국의 명목이자율 차이는 선물환의 할증이나 할인과 동일하다는 것이다. 즉, 정상적인 여건하에서 거래비용을 무시한다면 동일한 위험과 만기를 지닌 증권에 대한 양국의 금리차는 양 통화간의 선물환율의 차이와 같다는 이론이다.

5) 선물환율의 불편추정치 가설

외환시장은 효율적이므로 미래의 선물환율을 가장 잘 예측할 수 있는 것은 현재의 선물환율이라는 가설이 선물환율의 불편추정치 가설(unbiased estimator hypothesis)이다.

효율적인 외환시장에서는 새로운 관련 정보가 현물환율과 선물환율에 동시에 신속하게 반영되기 때문에 외환의 수급은 즉시 균형을 이루게 된다. 투자자들은 예측을 통한 초과이익을 얻을 수 없으므로 선물환율은 그 만기일의 현물환율에 대한 불편향적인 예측치가 된다. 이때 불편향적이라는 말의 뜻은 선물환율이 만기일의 현물환율과 항상 일치한다는 뜻이 아니다. 이는 선물환율과 만기일의 현물환율 사이에는 오차가 있으나 장기적으로 볼 때 그 차이의 정(+)과 부(−)가 서로 상쇄되어 예측에 의한 초과이익을 얻을 수 없다는 것을 의미한다.[5)]

제3절 환위험의 관리

1. 환위험의 의의

환위험(exchange risk)은 환율변동에 따라 기업의 영업성과가 악화될 가능성과 외환거래의 규제로 교환성을 제한받을 가능성 모두를 의미하지만 보통은 환율변동으로 손실을 볼 가능성, 즉 환차손의 발생 가능성을 말한다.

환위험은 대개 해외진출기업이 제3국 경유의 외화표시 달러를 차입하든지, 현지국에서 현지국 통화표시 외환을 차입하든지, 또는 수입유전스 및 설비의 연불수입 형태로 거액의 외화 채무를 부담하게 될 때 발생한다.[6)] 환위험을 계량화한 것을 환노출(foreign exchange exposure)이라고 하지만 통상적으로 환위험과 환노출은 같은 의미로 사용된다.

---

5) 원종근, 「국제경영」, 박영사, 1999, p.441.

6) 심재현, 「국제경영론」, 학문사, 1995, p.340.

2. 환노출의 종류

환노출은 일반적으로 발생원천 또는 발생범위에 따라 환산 환노출, 거래적 환노출, 및 경제적 환노출의 세 가지로 분류된다.

환산 환노출은 과거의 거래결과와, 거래적 환노출은 현재 진행 중인 거래와, 경제적 환노출은 미래의 거래와 관련이 있으며 이들을 차례로 설명하면 다음과 같다.

1) 환산 환노출

환산 환노출(translation exposure)은 회계 환노출(accounting exposure)이라고도 하며 이미 이루어진 거래의 결과로 대차대조표상에 기록된 현금, 받을어음, 지급어음 및 차입금과 같은 외화자산과 외화부채를 자국통화가치로 환산할 때 환율이 변동함으로써 발생하는 환노출을 말한다.

만일 다국적기업이 외화자산 또는 외화부채를 취득 당시의 환율을 적용하여 자국통화가치로 환산하게 되면 그동안 환율변동이 있었더라도 이익 또는 손실이 발생하지 않는다. 그러나 대차대조표 작성일 현재의 환율을 적용하여 자산 및 부채를 자국통화가치로 환산하는 경우에 자산 또는 부채의 취득일 이후 환율이 변동하였다면 이익 또는 손실이 발생하게 된다.

이와 같은 환산 환노출은 단지 대차대조표상의 환노출을 표시하는 것으로 실질적인 자금의 흐름에는 별다른 영향을 미치지는 않는다.

2) 거래적 환노출

거래적 환노출(transaction exposure)은 환율변동 이전에 발생한 거래의 결제가 환율변동 이후에 이루어질 때 나타나는 외화결제상의 환노출이다. 즉, 계약을 체결하여 외화표시채권이나 채무액이 확정된 후 계약의 이행으로 채권을 수령하거나 채무를 변제할 때, 자국통화로 환산된 채권이나 채무액이 환율의 변동으로 인해 계약 당시의 금액과 차이가 남으로써 발생하는 이익이나 손실을 말한다.

예를 들어 한국의 기업이 미 달러화표시 수출계약을 체결한 경우, 수출계약일로부터 결제일까지의 기간 중 달러화가 원화에 대하여 10% 하락하게 되면 10%의 환차손이 실현되게 된다.

3) 경제적 환노출

경제적 환노출(economic exposure)은 기업의 미래 영업활동과 관련된 환노출이다. 즉, 예상하지 못한 환율의 변동으로 기업의 기대 현금흐름이 변화함으로써, 이를 현가화한 기업의 가치가 변화할 가능성을 말한다. 이는 환율의 변동으로 인하여 생산원가와 중간재 및 완제품의 판매가격이 변화함에 따라 발생한다.

앞서 언급한 거래적 환노출은 거래의 결제시점에서 평가되는 단기적인 효과를 말하는 것임에 비해서, 경제적 환노출은 환율의 변동이 기업의 현금흐름에 영향을 미치는 장기적인 효과를 말하는 것이다. 따라서 기업의 장기적인 경영성과라는 측면에서 보면, 경영자가 보다 많은 주의를 기울여야 할 부분이 경제적 환노출에 관한 사항이라고 할 수 있다.

3. 환위험의 관리

1) 환위험관리의 의의

환위험관리는 환율변동으로부터 초래되는 환위험에 어떠한 관리기법을 활용하여 대응할 것인가 하는 것으로 귀착된다. 즉 기업이 직면하는 환위험을 극소화하거나 환차익을 극대화시키는 방향으로 전략을 수립하고 운영하는 것을 말하는데, 환노출을 완전히 제거하는 것은 불가능하기 때문에 환위험관리는 환노출의 종류에 따라 어느 정도의 환노출을 경영정책상 허용할 것인가 하는 문제라고 할 수 있다. 만일 기업의 목표를 장기적인 관점에서 주주의 부를 극대화하는 데 둔다면 환위험의 관리는 경제적 환노출을 중심으로 이루어지게 된다. 또한 기업의 목표를 단기적인 관점에서 당기순이익을 극대화시키는 데 둔다면, 환위험의 관리는 환산 환노출 및 거래적 환노출을 중심으로 이루어져야 한다.

2) 환위험관리기법

환위험관리전략은 환위험 극소화에 중점을 두는 방어적 전략(defensive strategy)과 환차익 극대화에 중점을 두는 적극적 전략(aggressive strategy)의 두 가지로 나눌 수 있는데, 현실적으로는 절충형의 전략을 활용하는 경우가 많다.

다국적기업이 환위험을 관리하기 위해 활용할 수 있는 기법은 대내적 관리기법과 대외적 관리기법으로 나눌 수 있다. 대내적 관리기법(internal management technique)은 은행이나 기업이 내부적인 자금관리기능의 일환으로 내부적으로 환위험을 관리하는 기법이다. 대외적 관리기법(external management technique)은 외환시장이나 금융시장의 대응거래를 통해서 환위험을 관리하는 방법이다. 일반적으로 대내적 관리기법으로 제거하지 못한 환위험은 대외적 관리기법을 통해 제거하거나 감소시키게 된다.

(1) 대내적 관리기법

가. 매칭(matching)

매칭은 통화별 자금유입과 자금유출의 금액과 시기를 의도적으로 일치시킴으로써 자금흐름의 환차손 위험을 근원적으로 예방하는 관리기법으로서, 다국적기업의 본지사간 자금거래뿐만 아니라 제3자와의 거래에도 활용될 수 있다. 매칭을 환위험 관리기법으로 활용하기 위해서는 상호간에 동일통화표시 자금수급(two-way cash flows)이 상존하여야 한다.

나. 선불과 지연(leading and lagging)

선불과 지연은 다국적기업의 본·자회사간 자금수급의 결제기간을 인위적으로 조정하여 자금지급을 선불하거나 영수자금의 수취를 지연시키는 관리기법이다.

즉, 지급통화가 강세를 보일 것으로 예측되는 경우에는 지급을 미리 하고, 반대로 약세를 보일 것으로 예측되는 경우에는 지급을 연기함으로써 환위험을 감소시키는 기법이다. 그러나 이 기법은 지급기업과 수취기업 사이의 대립적인 이해관계 때문에 다국적기업의 본사와 자회사 간이나 자회사 상호간 거래에 주로 활용되고 있으며 제3자와의 거래에는 활용되고 있지 않다.

다. 네팅(netting)

네팅이란 본사와 자회사간 또는 자회사 상호간에 동종 또는 이종 통화표시 채권·채무를 차감한 후 이러한 차감 잔액만을 정기적으로 결제하는 기법이다. 즉, 일정 기간에 상호간의 순채권 또는 순채무만을 결제함으로써 환위험에 노출되는 금액을 줄이는 기법으로서 차감 상당액의 외환매매 및 자금이체 비용을 절감함과 아울러 본사와 자회사 간 자금결제를 효율적으로 통제할 수 있다.

네팅에는 두 거래 당사자간에 이루어지는 양자간 네팅(bilateral netting)과 여러 자회사간에 이루어지는 다자간 네팅(multilateral netting)이 있다.

라. 가격정책(pricing policy)

환위험을 관리하기 위한 기법으로서의 가격정책에는 제품가격을 적시에 조정하는 가격조정(price variation)과 제품가격의 표시통화를 조정하는 가격표시통화정책(currency of invoicing policy)이 있다.

가격조정이란 현지통화의 약세가 예측될 때에는 현지제품의 가격을 통화가치의 하락 이전에 인상시켜서 여기에서 발생한 수익으로 환위험을 상쇄시키는 방법이다. 혹은 자국통화의 평가절하가 예측되는 경우에는 평가절하 이전에 그만큼의 제품가격을 인상시킴으로써 환율변동으로 인한 손실을 가격인상을 통해 만회하는 방법이다.

가격표시통화정책이란 거래제품의 가격표시를 어떤 통화표시로 할 것인가를 결정하는 정책을 말한다. 예를 들어 거래상품의 가격표시통화로 자국통화를 선택하거나 환율변화가 없는 통화를 선택함으로써 환위험을 회피할 수 있다. 또한 환차익을 획득하기 위하여 수출은 강세 예상통화로 표시하고 수입은 약세 예상통화로 표시하는 적극적인 환위험관리전략을 쓸 수도 있다.

마. 자산·부채관리(assets/liability management)

이 기법은 자산과 부채의 형태, 크기, 표시통화를 신축적으로 조정함으로써 환위험을 회피하는 방법이다. 이에는 방어적인 전략과 공격적인 전략이 있는데, 방어적인 전략은 강세통화나 약세통화에 관계없이 자산과 부채, 수익과 비용, 자금수입과 지급을 통화별로 가급적 일치시켜 환차손을 배제하고자 하는 방법이다. 공격적 전략은 강세통화의 경우는 자산, 수익 및 자금수입을 증대시켜 매입초과 포지션(long position)을 유지하는 반면에, 약세통화의 경우에는 부채, 비용 및 자금지급을 증대시켜 매도초과 포지션(short position)을 유지함으로써 환차익을 획득하는 방법을 말한다.

(2) 대외적 관리기법

가. 선물환시장 헤징(forward exchange market hedging)

이 기법은 선물환 매매계약에 의하여 미래 일정 시점의 불확실한 현물환율을 현재 시점에서 사전에 확정된 환율로 대체시켜 위험을 없애고자 하는 가장 전통적인 환위험 관리방법이다.

선물환 헷징은 미래시점에서 이루어질 외환매매거래의 환율을 현재시점에서 거래당사자간에 미리 합의 계약한다는 점과 동 계약을 이행하기 위한 자금의 준비를 필요로 한다는 점에 특징이 있다.

나. 자금시장 헤징(money market hedging)

이 기법은 금융계약에 의해 환위험의 가능성을 없앤다는 점에서 선물환시장을 통한 관리방법과 별다른 차이가 없으나, 이용시장이 국내금융시장과 국제외환현물시장이라는 점에서 차이가 있다. 즉, 이 방법은 국내금융시장에서 자금을 차입하여 이를 외화로 환전하여 외환시장에서 운용함으로써 환위험에 대응하는 방법이다.

이 방법은 선물환시장을 통하는 방법보다 장기계약체결이 가능하며, 외환선물환시장이 발달하지 못한 지역과의 거래에 대해 사용될 수 있다. 그러나 자금시장 헷징은 외환시장과 자금시장을 동시에 이용하여야 하므로 비용이 많이 드는 방법이다.[7]

다. 스왑거래(swap transaction)

스왑거래는 외국환의 매입거래와 매출거래가 동시에 성립하는 외국환 매매거래의 한 형태를 말한다. 이는 두 거래 당사자간에 주어진 양의 한 통화를 다른 통화로 교환하고, 정해진 기간이 지난 후 원래의 화폐금액을 다시 교환하는 거래를 말한다.

스왑거래는 현물환시장에서의 외국통화매입(매출)거래와 선물환시장에서의 외국통화매출(매입)거래가 같은 금액으로 동시에 발생하므로 환 포지션을 발생시키지 않는다. 따라서 스왑거래는 현물환율이 변동하더라도 이에 따른 환위험이 발생하지 않기 때문에 환위험관리기법의 하나로 이용된다.

스왑거래의 원리가 기업의 환위험 관리에 원용된 형태로는 평형대출(parallel

7) 정한규, 전게서, p.670.

loan), 통화스왑(currency swap), 신용스왑(credit swap) 등이 있다.

평형대출은 두 다국적기업이 각각 자국에 있는 상대기업의 자회사에게 자국통화로 동시에 대출을 해 주고 일정 기간의 경과 후 차입한 통화로 전액 상환하는 방법이다. 통화스왑은 기업들이 많이 사용하는 스왑거래인데, 이는 일정시점에 미리 약정한 이자율에 따라 서로 다른 통화를 지급하고 일정 기간의 경과 후 그 차액을 상환하는 방법이다. 그리고 신용스왑은 다국적기업이 자회사의 국내은행 또는 중앙은행과 미래 일정시점까지 통화를 교환, 사용하기로 계약하는 방법을 말한다.

제4절 다국적기업의 자금조달

1. 자금조달의 원천

국제재무관리에 있어서 또 하나 중요한 과제는 필요한 자금을 가장 저렴한 비용과 유리한 조건으로 적기에 조달하는 것이다. 국제경영활동을 전개하는데 필요한 자금을 조달하는 원천으로는 국내경영에서와 마찬가지로 기업 내부와 기업 외부의 원천으로 구분할 수 있다.[8]

[표 12. 2] 다국적 기업의 자금조달 원천

기업내부의 원천	· 본국의 모회사로부터 투자 및 추가투자와 외화대부 · 현지국에서의 주식발행 · 감가상각충당금을 포함한 내부유보
기업외부의 원천	· 해외진출을 위한 융자를 목적으로 설립된 본국정부의 기관, 또는 국제적 금융기관 · 현지금융기관(은행, 보험회사 등), 본국금융기관의 현지지점 및 자기유전스(usance)의 사용 · 금융지주회사의 이용

8) 심재현, 전게서, p.333.

[그림 12.2] 자금조달방법

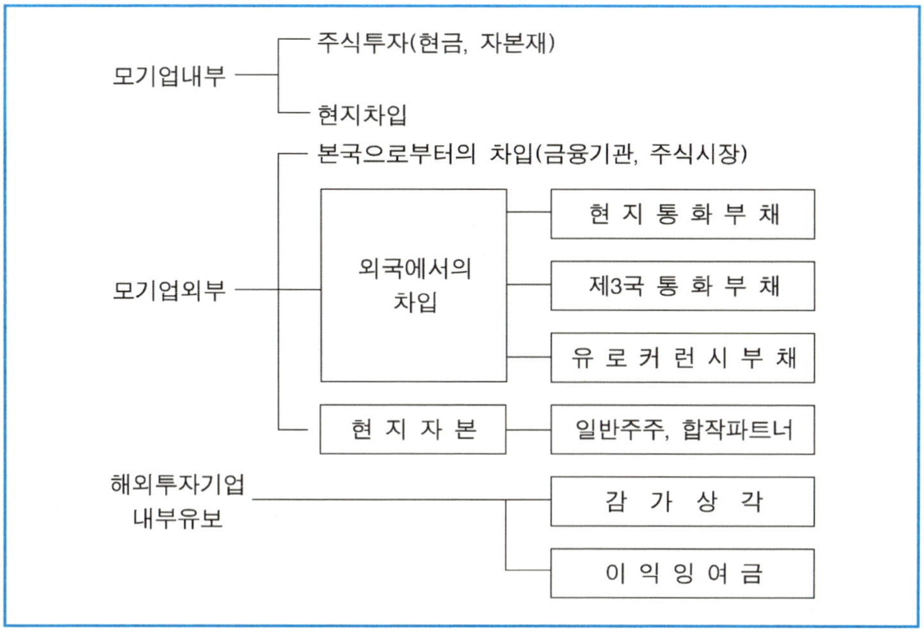

자료: 어윤대, "해외투자를 위한 자금조달", 고대경제논총, 1981, p.33.

한편, 다니엘스 등(J. D. Daniels and L. H. Ladebaugh)은 [그림 12. 3]에 나타난 바와 같이, 다국적기업의 해외 자회사의 자금원은 본사 또는 다른 해외 자회사로부터의 증자와 융자 이외에도 본사의 보증하에 현지나 국제금융시장에서 기채(起債)하는 방법, 본사나 다른 해외 자회사와의 실물거래에 대한 대금지불의 조절 등이 존재한다고 하였다.

또한 다국적기업에 대한 기업 외부의 자금원천은 민간과 공공으로 분류하는데 이에는 대규모의 은행기관에 의한 자금원과 일부 특수기관의 자금원이 있다. 특히, 유럽에서는 상업은행, 증권회사, 기타 금융기관과 자본시장 등이 있다. 최근에 유럽 각국의 자본시장이 확대는 유로달러와 유로본드 시장의 출현과 확대라고 할 수 있다.

[그림 12.3] 자금조달의 원천

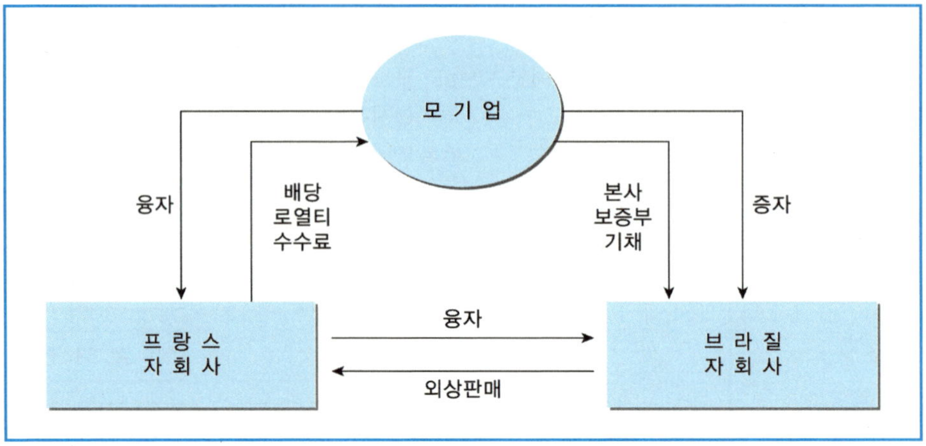

자료: J.D. Daniels and L.H. *Ladebaugh*, *International Business : Environments and Operations*, 8th ed., Addison Wesley, 1998, p.837.

2. 금융시장

다국적기업이 외화표시자금을 조달하기 위해서는 금융시장을 이용하는 경우가 많다.

금융시장은 자금거래가 이루어지는 시장으로 직접금융시장과 간접금융시장으로 나눌 수 있다. 직접금융시장과 간접금융시장은 중개기능(financial intermediation)의 여부로 판단할 수 있다. 중개기능이란 금융기관이 조달한 예수금 등을 금융기관의 독자적인 심사와 판단으로 대출하거나, 또는 다른 방법으로 운용함으로써 예금자와 투자자를 중개해 주는 기능이다. 중개기능이 있으면 간접금융시장이고 없으면 직접금융시장인데, 간접금융의 대표적인 기관은 은행이며, 직접금융의 대표적인 기관은 증권회사이다.

금융시장은 또한 장소별로는 역내시장(onshore market)과 역외시장(offshore market)으로 구분할 수 있다. 역내시장이란 거래가 이루어지는 그 나라 정부의 통제를 받는 시장을 말하며, 반대로 통제 불가능한 시장을 역외시장이라고 한다.

이러한 기능과 장소를 기준으로 금융시장을 구분하면 [표 12.2]에서 볼 수 있는 바와 같이 네 가지로 분류할 수 있다.

현지금융시장이란 외국에서 그 나라 법화로 은행으로부터 차입하는 것을 의미한다.

유로달러(eurodollar)란 미국 이외의 나라에 예치되어 있는 달러표시 정기예금을 의미한다. 여기서 유로는 자국 통화가 자국이 아닌 나라에 예금되어 있다는 것을 의미한다. 따라서 유로달러시장뿐만 아니라 유로엔시장,

[표 12.3] 금융시장의 유형

금융방법 \ 금융시장	역내시장	역외시장
간접금융	현지금융시장	유로달러/유로커런시시장
직접금융	외국본드시장	유로본드시장

유로파운드시장, 유로마르크시장 등도 존재하게 된다. 이들 유로형태의 통화를 총칭해서 유로커런시(eurocurrency)라고 하며 이들이 거래되는 시장을 유로커런시시장이라고 한다.

유로커런시시장에서 차입자에게 적용되는 금리는 런던은행간 거래금리(Libor : London Inter Bank Offered Rate)를 기준금리로 하여 가산금리(spread)를 붙여 이자율을 책정한다. 유로커런시시장은 주로 기업의 단기자금원으로 많이 이용된다.

외국 본드(foreign bond)란 차입자가 외국에서 당해국 통화표시로 발행한 채권이다. 예를 들어, 한국기업이 달러표시로 발행한 채권이 미국 증권거래소에 상장되어 거래된다면 이것이 외국 본드이다. 외국 본드 중 특히 미국에서 미국 달러화로 거래되는 본드를 양키본드(Yankee bond)라 하고, 일본에서 엔화로 거래되는 본드를 사무라이본드(Samurai bond)라고 한다.

유로본드(Euro bond)란 본드에 표시된 통화의 발행국 이외의 지역에서 거래되는 본드를 말한다. 유로라는 용어는 앞서 언급한 바와 같이 역외라는 뜻을 갖고 있다. 예를 들어 한국의 차입자가 달러표시 본드를 발행하여 런던시장에서 매각하면 이 본드는 유로본드가 되는 것이다.

찾아보기

가

가격결정방법 295
가격정책 350
가맹회사 219
가산금리 355
가치관 106
가치사슬 194
간접수출 26, 213
간접수출의 단점 215
간접수출의 장점 214
개방시스템 19
개인적 특성 252
개인주의와 권력격차 113
개장 333
거래적 환노출 347
거시경제적 접근 77
거시적 위험 129
거시적 환경 20
경영 16
경영 사이클 22
경영기능 18
경영기능의 개념 18
경영의 관리과정 17
경영의 순환과정 17
경영자원확보효과 237
경쟁우위 188
경쟁우위의 원천 192
경제 109
경제동맹 162
경제성장촉진효과 238
경제적 종속화 239
경제적 환경 20
경제적 환노출 348
경험곡선 190
계량적 분석방법 133
계약생산 27, 221
계약생산의 단점 222
계약생산의 장점 222
고급요소 72
고용창출효과 238
고용축소 237
고지마 77
공공재 81
공동시장 162
공산주의 127
과점적 경쟁이론 81
관련산업 73
관리계약 27, 221
관리계약의 단점 221
관리계약의 장점 221
관세동맹 152, 162
관세인하 151
광고대행 304
광고매체의 장단점 308

교육 103
구매력비교지수 144
구매력평가이론 344
구매자의 교섭력 190
구입적 사회 106
국가간 차이 192
국가경쟁력 우위이론 72
국가경쟁력우위이론 74
국가위험 129
국가주권 침해 239
국내마케팅 270
국내투자감소 237
국민총소득 143
국부론 60
국외수취 요소소득 143
국외지급 요소소득 143
국제경영 21
국제경영자에 대한 보상 257
국제경영자에 대한 평가 256
국제경영자의 선발 250
국제경영전략 184, 223
국제경영활동 28
국제경쟁전략 188
국제경제기구 149
국제경제시스템 79
국제광고 303
국제광고 의사결정 306
국제광고의 표준화 308
국제기업 34
국제마케팅 270
국제마케팅 조사의 항목 277
국제마케팅믹스 287
국제마케팅의 환경 274
국제마케팅조사 275
국제무역이론 58
국제무역패턴 72
국제법 135
국제사업부 조직 263
국제상업회의소 136
국제생산관리 318
국제생산입지의 선정 319
국제수지 148
국제수지개선효과 236, 238
국제수지표 148
국제유통경로전략 301
국제재무관리 339
국제제품전략 288
국제촉진전략 302
국제통화기금 149, 150
국제투자분쟁해결센터 136
국제피셔효과 345
귀인 253
규모의 경제 193
근대 무역이론 63
글로벌 로지스틱스 326
글로벌 소싱 321
글로벌 프로그램 개발 204
글로벌로지스틱스의 범위 327
글로벌전략 분석의 절차 201
글로벌화 171
금융시장 354
금융시장의 유형 355
금융허브 338
급진주의적 접근 79
기능별 조직의 단점 260
기능별 조직의 장점 260
기능전략 184
기본요소 72
기본적 활동 194
기술 108
기술 확산 23
기술격차이론 67
기술선진국 67
기술후진국 67
기업 15
기업 국제화 21
기업 특유의 우위 80
기업 특유의 우위요소 87

기업경영 15
기업과 이해관계자 16
기업목적지향성 272
기업의 역할 15
기업의 외부환경 20
기업전략 184
기존 기업들간의 경쟁 190
길핀 79

나

남미공동시장 169
내국민대우 152
내국민대우의 원칙 157
내부거래 84
내부적 평가 211
내부화 우위요소 87
내부화의 이익 84, 85
내부화이론 84
내부환경분석 278
내장 333
네팅 350
뉴 라운드 154
닉커보커 81

다

다각적 통합 86
다국적 기업의 자금조달 원천 352
다국적기업 34, 36
다국적기업의 발전과정 46
다국적기업의 자금조달 352
다국적기업의 정의 35, 37
다국적기업의 특징 38
다국적기업조직 259
다국적기업조직의 유형 260
다국적회사 34
다자간 무역협상 153
단독투자 227
단순모형 242
대내적 관리기법 349
대외적 관리기법 351
대의민주주의 125
대체품의 위협 190
대표수요이론 66
더닝 87
데이비드 리카르도 61
델파이 기법 132
도달범위 307
도로운송 329
도입기 69, 290
독재주의 127
독점적 우위이론 80
동경 라운드 153
동구경제상호원조회의 163
동작 99

라

라가지 77
라이센싱 26, 217
라이센싱의 단점 218
라이센싱의 장점 218
러그만(A. Rugman)의 모형 242
레온티에프의 역설 64
로우 컨텍스트 문화 114
루트(F. Root)의 모형 241
린더 66

마

마라케시 각료회의 155
마케팅 커뮤니케이션 302
마케팅 프로모션 302
마케팅믹스의 구성요소 280
마케팅믹스전략 272, 279
마케팅전략 수립절차 281
마케팅전략의 개발 293
마케팅정보시스템 275
매도초과 포지션 350
매입초과 포지션 350
매칭 349
매트릭스 조직 264
매트릭스 조직의 단점 265
매트릭스 조직의 장점 265
머독 115
메가 FTA 172
메가 FTA 회원국 178
모방가격 296
목표이익법 295
몸짓언어 99
무역이론의 전개과정 58
무역이익 62
무역자유화의 원칙 151
무역정책검토기구 158
무역패턴 68, 70
무형재산의 권리 217
묵시적 언어 99
문화 94
문화와 경쟁우위 118
문화의 개념 94
문화의 구성요소 96
문화의 구성인자 95
문화의 보편성 116
문화인식 254
문화적 적응능력 252
문화적 특성 111
문화적 환경 20, 117
문화지향성 111
물류정보 334
물질문명 107
미국마케팅학회 270
미시적 위험 129
미시적 환경 20
미학 101
민주주의 124, 125

바

반응 81
반응기간 68
방어적 전략 349
밴드웨건효과 82
버나드 259
버논 68, 83
버클리 84
범세계기업 34
범세계적 세분화전략 197
범세계적 저원가전략 197
범세계적 차별화전략 197
범위의 경제 193
법제도 135
베네룩스 관세동맹 163
보관의 목적 332
보상전략 133, 134
복합운송 330
복합적 인수·합병 228
본국 지향주의 186
본원적 경쟁전략 188, 190
본원적 전략 192
봉합입찰가격 296
부가가치사슬 198
부메랑 효과 230
부분적 자유국가 127

부족주의 104
부족집단 104
부존자원의 고갈과 환경문제 239
북미자유무역협정 166
분업론 60
분쟁해결 방법 136
분쟁해결기구 158
불문법 135
불편추정치 가설 346
불확실성지수 123
브래들리 효과 83
브래튼 우즈 150
브렉시트 166
비 자유국가 127
비교생산비 62
비교우위론 61
비음성언어 97, 99

사

사교적 능력 252
사무라이본드 355
사업부 조직의 단점 264
사업부 조직의 장점 264
사업전략 184
사회문화적 지배 239
사회적 책임지향성 272
사회제도 103
사회조직 103
사후협상 133, 134
산업공동화 초래 237
산업의 경쟁구조 분석 188
산업조직론적 접근 80
상대적인 시장점유율 81
상호주의 152
생산요소확보효과 236
생산입지 특유의 우위요소 87
생산제휴 232
생산효율지향형투자 226
서술법 132
석유 메이저 225
선물환거래 342
선물환시장 헤징 351
선물환율 342
선불과 지연 349
선호색 102
성문법 135
성숙기 69, 290
성장기 69, 290
성취적 사회 106
세계 지향주의 186, 187
세계기업 34
세계은행 150
세계의 문해율 106
세계의 주요 종교 101
세계화 149
세분시장 282
소비자중심 가격결정 296
소비자지향성 271
소비자후생증대효과 238
소비재 104
쇠퇴기 70, 291
수량제한의 철폐 151
수요시차 68
수요조건 73
수직적 인수합병 227
수직적 통합 85
수출대리점 213
수출조합 213
수출중개인 213
수평적 인수합병 227
수평적 통합 86
수평적 투자 81
순이익 42
스놉효과 82
스왑거래 342, 351

습득기간 68
시간엄수 99
시간에 대한 인식 99
시간의 차이 68
시간효용 328
시나리오 분석법 133
시너지 효과 228
시민의 자유 125
시스템적 접근방법 19
시장불완전성 85
시장세분화 282
시장세분화의 기준 282
시장점유율 확대 77
시장접근의 원칙 157
시장지향형투자 225
시장침투 가격전략 297
시장확보효과 236
신규설립 229
신보호무역주의 223
신설의 단점 229
신설의 장점 229
신설합병 228
신용스왑 352
신제품 개발과정 293
신제품개발전략 291
신중상주의 59

아

아시아태평양 경제협력체 170
아웃소싱 325
안데안 그룹 168, 169
알리버(R. Aliber) 76
앙리 페이욜 17
애덤 스미스 60
애들러 110
앤소프 184
양키본드 355
양허 152
언더독 효과 83
언어 97
업무수행능력 251
역내시장 354
역외시장 354
연구개발비 43
연구개발이론 66
영업본부 219
오자와 78
외국 본드 355
외국비용의 원천 80
외국통화 표시환율 341
외부환경분석 279
외장 333
외환브로커 340
외환시세 343
외환시장 340
외환재정거래 342
요소가격균등화정리 64
요소부존 72
요소부존이론 63
우루과이 라운드 154
우주기업 34
우호적 인수합병 228
원가우위 188
원가우위전략 190
원가중심 가격결정 295
웰스 83
윌리암슨 84
유럽 석탄·철강공동체 164
유럽공동체 164
유럽연합 164
유럽자유무역연합 164
유로달러 355
유로본드 355
유로커런시 355
유엔국제무역거래법위원회 136

유통경로 298, 299
유통경로의 기능 299
유통경로의 유형 300
유형제품 289
육상운송 329
음성언어 97
이노베이션 182
이문화 이해능력 117
이윤극대화 77
이자율 차이 76
이자율격차이론 75
이전가격 297
이전가격결정방법 297
이전거래 131
인구 142
인구성장률 142
인구수 142
인도 · 태평양 경제 프레임워크 177
인사관리 249
인수합병 227
인수합병의 단점 228
인수합병의 장점 228
인적자원관리 249
인플레이션 146, 147
일괄인하방식 151
일류 상품 44
일반이사회 158

자

자국중심주의 118
자국중심주의적 행동 118
자국통화 표시환율 341
자금시장 헤징 351
자금조달의 원천 352, 354
자문제도 132
자본시장불완전이론 77
자산부채관리 350
자원지향형투자 225
자원추구 46
자유무역지대 152
자유무역지역 161
자유무역협정 171
자유화추세 126
잠재적인 진입기업 189
장소효용 328
재산몰수 131
재산수용 131
재판 136
재포지셔닝 286
적극적 전략 349
적대적 인수합병 228
적응화 308
전략의 수준 185
전략적 생산입지 요건 320
전략적 성향 186
전략적 제휴 230
전략적 제휴의 특성 231
전사적 마케팅 지향성 272
전체주의 124, 127
절대생산비 60
절대우위론 60
절충이론 87
점두시장 340
정상시장거래 84
정치 · 법적 환경 20
정치구조 103, 105
정치동맹 163
정치적 권리 125
정치적 불안정 128
정치적 불확실성 128
정치적 위험 128
정치적 위험의 관리전략 133
정치적 이념 124
정치적 이념의 유형 124
제품개발전략 289

제품별 조직 261
제품별 조직의 단점 261
제품별 조직의 장점 261
제품수명주기 289
제품수명주기의 단계별 특성 70
제품수명주기의 단계별 특징 291
제품수명주기이론 68, 83
제품연장전략 289
제품을 차별화 81
제품적응전략 289
제품포지셔닝 284
조달제휴 232
조부조항 152
조정 136
조직능력 평가 204
종교 100
종교법 135
종속이론 79
주요 운송수단의 장단점 331
중간재시장 85
중개기능 354
중립적 인수합병 228
중상주의 59
중재 136
중재와 소송 138
중재의 단점 137
중재의 장점 137
지각가치법 296
지식지향형투자 226
지역 지향주의 186, 187
지역경제통합 149, 161
지역별 조직 262
지역별 조직의 단점 263
지역별 조직의 장점 262
지역주의 149, 171
지역화 149
지원산업 73
지원활동 194
직접수출 26, 216
직접수출의 단점 216
직접수출의 장점 216
집중화전략 191

차

차별 없는 무역정책 152
차별화전략 191
챈들러 184
철도운송 329
체스터 버나드 17
체크 리스트법 132
초국적기업 34
초기 고가전략 296
촉진 302
촉진믹스 302
최혜국 대우 152
최혜국대우의 원칙 157
충성도 210

카

카셀 344
카타제나 협정 169
카토라 270
캇슨 84
컨테이너화 329
케네디 라운드 151, 153
코굿의 국제경쟁전략 198
코오스 84
클럭혼 110
클럭혼의 모형 110
킨들버거 80

타

타일러 94
타협 136
태도 106
턴키 프로젝트 220
턴키운영 26, 220
턴키운영의 단점 220
턴키운영의 장점 220
통제 가능한 요소 274
통제 불가능한 요소 274
통화스왑 352
통화지역이론 76
투명성의 원칙 158
트루먼 효과 82
특수이해집단 104
특화 60

파

파시즘 127
판매제휴 232
판매촉진 303
펄뮤터 186
페어웨더 270
평형대출 351
포괄적 · 점진적 환태평양동반자 협정 174
포스너 67
포장 333
포터 72
포터의 가치사슬 195
포터의 국제경쟁전략 유형 196
표음언어 98
표준입지이론 324
풍요한 사회 106
프랜차이징 26, 219
프랜차이징의 단점 219
프랜차이징의 장점 219
프리덤 하우스 125
플랜트 수출 220
피노체트 127
피셔효과 345
피터 드러커 17

하

하역 332
하이 컨텍스트 문화 114
하이머 80
할인 342
할증 342
합병이익 298
합작투자 27, 229
합작투자의 단점 230
합작투자의 장점 229
해상운송 329
해외간접투자 223
해외경제환경 142
해외시장에 대한 평가 211
해외시장진출방식 212
해외시장진출방식의 모형 241
해외시장진출방식의 영향요인 240
해외시장진출방식의 특징 232
해외시장진출전략 211
해외시장진출형태 88
해외직접투자 27, 223
해외직접투자의 동기 224
해외직접투자의 유형 224
해외직접투자이론 75
해외진출형태 227
해외파견인의 교육훈련 253
해외파견인의 선발 251
핵심역량 194

핵심전략 203
핵심제품 289
행동 81
행동-반응 81
헥셔-오린의 정리 63
현금흐름 147
현대 무역이론 66
현물거래 341
현물환율 341
현지국 방문조사 131
현지국 보호시장 추구전략 197
현지국 시장상황 부응전략 197
현지국 지향주의 186, 187
현지인 채용 252
혐오색 102
형태효용 329
호프바우어 67
혼합투자 27
홀의 모형 114
홉스테드 111
홉스테드의 모형 111
화물의 단위화 333
확장제품 289
환노출 347
환산 환노출 347
환위험 40, 346
환위험관리기법 349
환위험의 관리 348
환율 340
환태평양경제동반자협정 174
회색조치 155
회피전략 134
훌륭한 기업시민 134
흡수합병 228

A

A. Smith 60
A.D. Chandler 184
absolute advantage theory 60
achieving society 106
acquisitive society 106
action 81
action-reaction 81
administration of enterprise 15
advanced factors 72
advertising 303
advertising agency 304
aesthetics 101
affluent society 106
AFTA 169
AFTA회원국 170
aggressive strategy 349
AMA 270
American Marketing Association 270
APEC 170
APEC 회원국 171
arbitration 136
arm' s length transaction 84
ASEAN자유무역지역 169
assets/liability management 350
attribution 253
augmented product 289
authoritarianism 127
avoiding strategy 134

B

B. Kogut 198
band wagon effect 82
basic factors 72

BI 285
body language 99
boomerang effect 230
Bottom-up 커뮤니케이션 182
Bradley effect 83
brand identity 285
Bretton Woods 150
BREXIT 166
Broker 340
bulk handling 332
business 15
business analysis 294
business cycle 22
business level strategy 184
buyer-based pricing 296

C

C.I. Barnard 259
C.P. Kindleberger 80
Cartagena Agreement 169
cash flow 147
check list method 132
CI 285
civil law 135
civil liberties 125
COMECON 163
commercialization 294
common law 135
common market 162
communism 127
company 15
comparative advantage theory 61
compensation strategy 133
competitive advantage 188
Comprehensive Progressive Trans Pacific Partnership 174
compromise 136
concern 15
concessions 152
conciliation 136
confiscation 131
conglomerate integration 86
conglomerate M&A 228
consolidated profit 298
consolidation 228
consumer goods 104
containerization 329
contract manufacturing 27, 221
controllable factor 274
core 79
core competence 194
core product 289
corporate identity 285
corporate level strategy 184
corporation 15
cosmocorp 34
cost leader-ship 188
cost-based pricing 295
country risk 129
CPTPP 174
CPTPP 경제효과 175
credit swap 352
cultural awareness 254
culture 94
currency area theorem 76
currency swap 352
customer loyalty 210
customs union 152, 162

D

D. Metha 66
D. Ricardo 61

decline 291
decline stage 70
defensive strategy 349
delphi method 132
demand lag 68
demand-differential pricing 296
democracy 124
differential return theory 75
direct export 216
direct exporting 26
discount 342
dispute settlement body 158
distribution channel 298
domestic marketing 270
DSB 158

E

E. Heckscher and B. Ohlin 63
E. Tylor 94
E.T. Hall 114
EC 164
economic exposure 348
economic union 162
economies of scale 193
economies of scope 193
ECSC 164
education 103
EFTA 164
enterprise 15
EPRG profile 186
EPRG 프로필 186
ethnocentric behavior 118
ethnocentrism 118, 186
EU 164
EU 회원국 165
Euro bond 355
eurocurrency 355
eurodollar 355
European Community 164
European Free Trade Association 164
European Union 164
EU통합의 목적 165
exchange arbitrage transaction 342
exchange risk 40, 346
experience curve 190
export association 213
export broker 213
export commission house 213
expropriation 131

F

F. Kluckhohn 110
F. Knickerbocker 81
fascism 127
financial intermediation 354
firm 15
firm-specific advantage 80
Fisher effect 345
foreign bond 355
foreign direct investment 27, 223
foreign exchange market 340
foreign exchange rate 340
foreign indirect investment or foreign portfolio investment 223
form utility 329
forward exchange market hedging 351
forward rate 342
forward trade 342
franchisee 219
franchising 26, 219
franchisor 219
Free Trade Agreement 171

free trade area 152, 161
Freedom House 125
friendly M&A 228
FTA 161, 171
functional level strategy 184

G

G. 67
G. Cassel 344
G. Hofstede 111
G. Ragazzi 77
G.P. Murdock 115
gains from trade 61
GATT와 WTO 156
GATT의 성립 150
GATT의 원칙 150
GATT의 주요 관세협상 154
GATT의 활동 153
general council 158
generic competitive strategy 188
geocentrism 186
global corporation 34
global cost leadership strategy 197
global differentiation strategy 197
global segmentation strategy 197
global sourcing 321
Globalism 171
globalization 149
GNI 42, 143
going-rate pricing 296
good corporate citizen 134
grand tours 131
grandfather clause 152
greenfield 229
grey area measures 155
Gross National Income 143
growth 290
growth stage 69

H

H. Perlmutter 186
H.I. Ansoff 184
HCC 114
high context culture 114
horizontal direct investment 81
horizontal integration 86
horizontal M&A 228
hostile M&A 228
human resource management 249

I

IBRD 150
ICC 136
ICSID 136
IMF 149, 150
indirect export 213
indirect exporting 26
inflation 146
input-output table 65
inter-nalization advantage 87
interest rate parity theorem 345
interior packing 333
Interna 150
internal transaction 84
internalization theory 84
international balance of payment 148
international business 21
International Center for Settlement of Investment Disputes 136

International chamber of Commerce 137
international financing 339
international firm 34
international Fisher effect 345
International Major Oil Company 225
international marketing 270
International marketing mix 287
international marketing research 275
International Monetary Fund 150
international production and operations management 318
introduction 290
introduction stage 69
IPEF 177

J

J. Fayerweather 270
J.D. Daniels 353
J.H. Dunning 87
joint venture 27, 229

K

K. Kojima 77
K. Simmomds 130
kinesics 99
knowledge seeker 226

L

L.H. Ladebaugh 353
language 97
LCC 114
leading and lagging 349
Leontief paradox 65
Libor 355
licensing 26, 217
litigation 136
location-specific advantage 87
logistics 326
London Inter Bank Offered Rate 355
long position 350
low context culture 114

M

M&A 227
M. 67
M. Casson 84
M. Porter 72
macro environment 20
macro risk 129
management 16
management contract 27, 221
management function 18
management process 17
Market Access 157
market seeker 225
market segment 282
market segmentation strategy 282
market-penetration pricing 297
market-skimming pricing 296
marketing communication 302
marketing information system 275
marketing mix 279
marketing mix strategy 272
marketing promotion 302
Marrakesh 155
matching 349

material culture 107
maturity 290
maturity stage 69
McDougall and Kemp 75
Mega FTA 172
mercantilism 59
MERCOSUR 168
merger 228
Mergers and acquisitions 227
MFN 152
micro environment 20
micro risk 129
ministerial conference 158
mixed venture 27
MNC 34
MNE 34, 36
MNF 34
money market hedging 351
monopolistic advantage theory 80
Most Favored Nation Treatment 157
most favored nation treatment 152
MTN 153
multilateral trade negotiation 153
multimodal transport 330
multinational corporation 34
multinational enterprise 34, 36
multinational firm 34

N

N.J. Adler 110
NAFTA 166
NAFTA 회원국 167
national differences 192
national responsiveness strategy 197
National Treatment 157
national treatment 152
negotiation 133
neo-mercantilism 59
Net Income 42
netting 350
neutral M&A 228
New Round 154
nonverbal language 97
North American Free Trade Agreement 166

O

O.Williamson 84
OEM 222
offshore market 354
old hands 132
onshore market 354
open system 19
Original Equipment Manufacturer 222
outer packing 333
outsourcing 325
over-the-counter 340
ownership-specific advantage 87

P

P. Buckley 84
P.R. Cateora 270
parallel loan 352
perceived-value pricing 296
perception of time 99
periphery 79
personal selling 303
personnel management 249
piece handling 332
Pinochet 127

place utility 328
plant export 220
PLC 289
political instability 128
political rights 125
political risk 128
political structure 103
political uncertainty 128
political union 163
polycentrism 186
positioning 284
PPP 144
premium 342
price 295
pricing policy 350
product 288
product differentiation 81, 284
product life cycle 289
product life cycle theory 68
production-efficiency seeker 226
promotion 302
promotion mix 302
protected market strategy 197
public goods 81
publicity 303
punctuality 99
Purchasing Power Parity index 144
purchasing power parity theory 344

Q

qualitative method 132
quantitative method 133

R

R. Coase 84
R. Gilpin 79
R. Vernon 66, 68, 83
rate in foreign currency 341
rate in home currency 341
raw material seeker 225
RCEP 173
reaction 81
reaction lag 68
regiocentrism 186
regionalism 149, 171
regionalization 149
religion 100
repositioning 286
representative demand theory 66
representative democracy 125
resourceseeking 46

S

S. 66
S. Robock 130
S.H. Hymer 80
sales promotion 303
Samurai bond 355
scenario method 133
sealed-bid pricing 296
short position 350
silent language 99
Snob Effect 82
social institution 103
social organization 103
sole venture 227
special interest groups 104

specialization 60
spot rate 341
spot trade 341
spread 355
standard location theory 324
strategic alliance 230
suburb 104
Support Activities 194
swap trade 342
swap transaction 351
synergy effect 228
system selling 289
systems approach 19

T

T. Ozawa 78
tangible product 289
target profit pricing 295
technology gap theory 67
The Wealth of Nations 60
theocratic law 135
theory of research and development factor 66
time utility 329
TNC 34
Top-Down 방식 202
totalitarianism 124
TPP 174
TPP와 CPTPP 경제규모 175
trade policy review body 158
transaction exposure 347
transfer pricing 297
transfer restriction 131
translation exposure 347
transnational corporation 34
transnational enterprise 34
tribal group 104
tribalism 104
Truman effct 82
turnkey operation 26, 220
turnkey project 220

U

unbiased estimator hypothesis 346
UNCITRAL 136
uncontrollable factor 274
Underdog effect 83
unitary packing 333
United Nations Commission on International Trade Law 136
unitization 333
UR 155

V

value added chain 198
value and attitude 106
value chain 194
verbal language 97
vertical integration 85
vertical M&A 227

W

W. Gruber 66
W. Leontief 64
welfare 60
Wells 83
working party 160

world enterprise 34
WTO 150, 155
WTO 협정문 159
WTO 협정문의 구성 158
WTO의 기능 156
WTO의 성격 155
WTO의 운영원칙 157
WTO의 조직 158
WTO의 조직도 160

Y

Yankee bond 355

저자 약력

정한경

- 명지대학교 경영학사
- 고려대학교 경영학석사
- 명지대학교 경영학박사
- 현, 서경대학교 경영학부 교수

〈저서〉

- 경영학원론(형설출판사, 2015)
- 세계화와 무역(형설출판사, 2012)

서경

- 서경대학교 경영학사
- 성균관대학교 경영학석사
- 성균관대학교 경영학박사
- 현, 서경대학교 경영학부 초빙교수

〈저서〉

- 경영학원론(형설출판사, 2015)

이규창

- 서경대학교 경영학사
- 성균관대학교 경영학석사
- University Sussex Msc
- 성균관대학교 경영학박사
- 현, 배화여자대학교 국제무역물류학과 겸임교수

〈저서〉

- FTA 시대를 위한 무역실무 에센스 (계영, 2016)

송인규

- 서경대학교 이학사
- 서경대학교 경영학석사
- 서경대학교 경영학박사
- 현, 서경대학교 금융정보공학과 부교수

〈논문〉

- 소비자 적개심이 국가이미지와 구매의도에 미치는 영향(2020)

최창열

- 서경대학교 경영학사
- 동국대학교 경영학석사
- 동국대학교 경영학박사
- 현, 서경대학교 글로벌비즈니스어학부 부교수

〈저서〉

- 알기쉬운 거시경제학(두남, 2022)
- 무역학개론(청람, 2020)

다국적 기업 경영론[개정2판]

초　　판 1쇄 발행 / 2003년 2월 20일
개 정 판 1쇄 발행 / 2009년 8월 24일
개정 2판 1쇄 발행 / 2023년 5월 26일

공저 정한경 · 서경 · 이규창 · 송인규 · 최창열
발행처 형설출판사
경기도 파주시 회동길 37-23 · 전화 (031) 955-2361~4 · 팩시밀리 (031) 955-2341
발행인 장진혁
등록 라-제9호 · 1962년 5월 1일
홈페이지 http://www.hyungseul.co.kr
e-mail hs@hyungseul.co.kr

정가 27,000원

ISBN 978-89-472-8655-8 93320

개정 2판

다국적 기업 경영론